Beck'sche Musterverträge, Band 21

Nebendahl: Teilzeitarbeitsvertrag

Teilzeitarbeitsvertrag

Herkömmliche Teilzeitarbeit, Abrufarbeit und Arbeitsplatzteilung

von

Dr. Mathias Nebendahl

Rechtsanwalt und Notar, Fachanwalt für Arbeitsrecht
und Verwaltungsrecht in Kiel

3., überarbeitete Auflage

26.4.2005 Udo Pauli

Verlag C. H. Beck München 2005

Verlag C. H. Beck im Internet:
beck.de

ISBN 3 406 50353 5

Wilhelmstraße 9, 80801 München
Druck und Bindung: Nomos Verlagsgesellschaft
In den Lissen 12, 76547 Sinzheim

Satz: jürgen ullrich typosatz, 86720 Nördlingen

Gedruckt auf säurefreiem, alterungsbeständigem Papier
(hergestellt aus chlorfrei gebleichtem Zellstoff)

Inhaltsverzeichnis

A. Einführung und Textabdruck

I. Einführung

1. Wirtschaftliche und soziale Bedeutung der Teilzeitarbeit in der Bundesrepublik Deutschland

Seit der letzten Auflage dieses Bandes der Beck'schen Musterverträge „Der Teilzeitarbeitsvertrag" ist das Recht des Teilzeitarbeitsverhältnisses durch das **Teilzeit- und Befristungsgesetz (TzBfG) vom 21.12.2000**[1] neu gefasst worden. Das Gesetz, das sowohl Regelungen zur Teilzeitarbeit als auch zu befristeten Arbeitsverhältnissen enthält, und ab dem 1.1.2001 das bisherige BeschFG[2] abgelöst hat, dient in seinem die Regelung von Teilzeitarbeitsverhältnissen umfassenden Teil der Umsetzung der EG-Richtlinie 97/81/EG vom 15.12.1997.[3] Die bisherigen Änderungen des Gesetzes[4] betrafen im Wesentlichen Regelungen des „Befristungsteiles" des Gesetzes.

Erklärtes gesetzgeberisches Ziel war es, durch verstärkte Förderung der Teilzeitarbeit eine nachhaltige Beschäftigungssicherung zu erreichen. Zu diesem Zweck soll das Gesetz dazu dienen, das vorhandene Arbeitsvolumen durch individuelle Verkürzung der Arbeitszeit in Form der Teilzeitarbeit auf mehr Menschen zu verteilen.[5] Gestützt auf die Angaben des Statistischen Bundesamtes aus dem Mikrozensus 1999 ging der Gesetzgeber dabei davon aus, dass in der Bundesrepublik Deutschland bei 32,5 Mio. abhängig Erwerbstätigen rund 6,3 Mio. Teilzeitbeschäftigungsverhältnisse existierten, von denen rund 4,3 Mio. nach Angaben der Bundesanstalt für Arbeit sozialversicherungspflichtige Beschäftigungsverhältnisse waren. Damit lag die Bundesrepublik Deutschland mit einer Teilzeitquote von 19,5% vor den Niederlanden (38,7%), Großbritannien (24,9%), Schweden (23,2%) und Dänemark (22,3%) im Mittelfeld.[6] Außerdem weist die Zahl der Teilzeitarbeitsverhältnisse nach wie vor eine deutlich steigende Tendenz auf.

Nach dem Willen des Gesetzgebers soll die Teilzeitarbeit darüber hinaus eine gleichstellungs- und gesellschaftspolitische Bedeutung haben, weil Frauen mit etwa 87% den Großteil der Teilzeitbeschäftigten stellen. Der Gesetzgeber konstatiert, dass die Hälfte der Teilzeitbeschäftigten ihre Teilzeittätigkeit aus persönlichen und familiären Gründen ausüben, um mehr Zeit für Familie, ehrenamtliche Aufgaben und außerberufliche Interessen zu haben. Außerdem soll die durch Teilzeitarbeit gewonnene Zeit zu Aus- und Weiterbildungszwecken genutzt werden, was wiederum ausweislich der amtlichen Gesetzesbegründung der Förderung der Chancengleichheit zwischen Männern und Frauen und der besseren Vereinbarkeit von Beruf und Familie dienen soll.[7]

Dem im Zuge der Gesetzeserörterung vermehrt erhobenen Einwand, dass eine Steigerung der Anzahl der Teilzeitarbeitsverhältnisse zu einer weiteren Erhöhung der Arbeitskosten führen würde, stellt die amtliche Begründung entgegen, dass die Förderung von Teilzeitarbeit auch für die Arbeitgeberseite im Hinblick auf größere Flexibilität, Produktivität und bessere Arbeitsqualität positive Effekte zeigen würde.

Mit dem Recht des Teilzeitarbeitsverhältnisses befassen sich die allgemeinen Vorschriften in den §§ 1, 2, 4 Abs. 1 und 5 TzBfG sowie die Regelungen des allein das Teilzeitarbeitsverhältnis betreffenden zweiten Abschnittes des Gesetzes in den §§ 6–13 TzBfG. In § 2 TzBfG findet sich die Definition des Teilzeitarbeitsverhältnisses. § 4 Abs. 1 TzBfG normiert das von dem EU-Recht vorgegebene Verbot der Diskriminierung von Teilzeitbeschäftigten, während § 5 TzBfG das Verbot festschreibt, Arbeitnehmer wegen der Inanspruchnahme von Teilzeitarbeit zu benachteiligen. Neu ist die in § 6 TzBfG begründete Verpflichtung des Arbeitgebers, Arbeitnehmern auch in leitenden Positionen Teilzeitarbeit zu ermöglichen. Ebenfalls neu ist die in § 7 TzBfG enthaltene Verpflichtung des Arbeitgebers, Arbeitsplätze, die ausgeschrieben werden, auch für Teilzeitbeschäftigte auszuschreiben, soweit der Arbeitsplatz sich hierfür eignet, und Arbeitnehmer, die an Teilzeitarbeit Interesse geäußert haben, über entsprechende Teilzeitmöglichkeiten zu informieren. Von besonderer Bedeutung ist darüber hinaus der in § 8 TzBfG normierte Anspruch des Arbeitnehmers auf Verringerung seiner Arbeitszeit zu den in dieser Vorschrift niedergelegten Konditionen. Hiermit korrespondiert ein Anspruch auf vorrangige Berücksichtigung bei der Rückkehr von Teilzeitarbeit in Vollzeittätigkeit in § 9 TzBfG. Schließlich sieht § 10 TzBfG die Verpflichtung des Arbeitgebers vor, teilzeitbeschäftigte Arbeitnehmer an Aus- und Weiterbildungsmaßnahmen diskriminierungsfrei zu beteiligen. Neben diesen Neuregelungen enthält das TzBfG in den §§ 12 und 13 Rahmenregelungen für Abrufarbeitsverhältnisse und Job-sharing-Arbeitsverhältnisse, die im Wesentlichen der bisherigen Rechtslage entsprechen.

Ziel des nunmehr in dritter Auflage vorliegenden Bandes aus der Reihe „Beck'sche Musterverträge“ ist es, Arbeitnehmern und Arbeitgebern, die die Begründung eines Teilzeitarbeitsverhältnisses ins Auge fassen, eine Hilfestellung zur arbeitsvertraglichen Regelung der – nicht immer unkomplizierten – Regelungsmaterien zu geben, die für die Begründung eines im täglichen Arbeitsleben problemlosen Teilzeitarbeitsverhältnisses unverzichtbar sind. Mit der 3. Auflage wird das Werk auf den aktuellen Stand der Gesetzgebung, Rechtsprechung und rechtswissenschaftlichen Diskussion im Sommer 2004 gebracht. Berücksichtigt werden dabei nicht nur die Änderungen, die sich durch die Neuregelung des TzBfG und für geringfügige Beschäftigungsverhältnisse durch das zweite Gesetz für moderne Dienstleistungen am Arbeitsmarkt (sog. Hartz II-Gesetz)[8] seit der 2. Auflage 2000 ergeben haben, sondern auch die zwischenzeitlich vorliegende Rechtsprechung und wissenschaftliche Auseinandersetzung zu den Neuregelungen, auf die in den weiterführenden Hinweisen verwiesen wird.

2. Gang der Darstellung

Im vorliegenden Band finden sich **drei Vertragsmuster** zu verschiedenen Gestaltungsformen von Teilzeitarbeitsverträgen. Es handelt sich hierbei zunächst um einen Vertrag für ein **herkömmliches Teilzeitarbeitsverhältnis,** der Vertragsart, in der in Deutschland immer noch die meisten Teilzeitarbeitsverträge abgeschlossen werden. Des Weiteren finden sich ein Vertragsmuster für einen Teilzeitarbeitsvertrag in der Form der Abrufarbeit oder sog. **kapazitätsorientierten variablen Arbeitszeit** (KAPOVAZ) und ein Muster für die Teilzeitarbeit in der Form der Arbeitsplatzteilung, dem sog. **Job-sharing.** In allen Vertragsmustern werden verschiedene Regelungsvarianten vorgeschlagen, um der Variationsbreite, die bei der Konzeption eines Teilzeitarbeitsvertrages im Einzelfall besteht, Rechnung zu tragen und Hinweise zu geben, wie der abzuschließende Teilzeitarbeitsvertrag in geeigneter Weise an die jeweiligen betrieblichen Besonderheiten angepasst werden kann.

Die Auswahl der Vertragsmuster und ihrer jeweiligen Variationen ist abgestimmt auf die in der betrieblichen Wirklichkeit bei Abschluss und Durchführung von Teilzeitarbeitsverträgen auftretenden praktischen Probleme. Dementsprechend wendet sich dieses Buch auch in erster Linie an die mit den Problemen der Teilzeitarbeit im alltäglichen Gebrauch konfrontierten Leser, also insbesondere gegenwärtige und künftige Teilzeitarbeitnehmer und die immer größere Zahl von Arbeitgebern, in deren Betrieben Teilzeitarbeitsverhältnisse bestehen. Der Verfasser hofft jedoch darüber hinaus, dass das Buch auch für die Steuer- und Rechtsberater der genannten Personenkreise hilfreiche Dienste leisten kann, indem es einen überschaubaren Überblick über die im Zusammenhang mit der Teilzeitarbeit auftretenden arbeits-, steuer- und sozialversicherungsrechtlichen

Fragestellungen liefert und praktische Hinweise für den Entwurf von Teilzeitarbeitsverträgen für den betrieblichen Gebrauch gibt.

Für die arbeitsvertragliche Fixierung der Regelungen, denen ein Teilzeitarbeitsverhältnis unterfallen soll, besteht ein besonderes Bedürfnis, weil aufgrund der historischen Entwicklung des modernen Arbeitsrechts die meisten arbeitsrechtlichen Schutzgesetze am Leitbild des Vollzeitarbeitnehmers ausgerichtet sind und daher deren Anwendung auf Teilzeitarbeitsverhältnisse – gerade auch bei Vereinbarung einer flexibilisierten Form der Teilzeitarbeit – nur unter Schwierigkeiten möglich ist. Als ein Beispiel sei hier nur die Berechnung der Urlaubsvergütung nach § 11 Abs. 1 BUrlG genannt. Bei einem Vollzeitarbeitnehmer bemisst sich nach dieser Vorschrift die Höhe des Urlaubsentgelts nach dem durchschnittlichen Arbeitsverdienst, den der Arbeitnehmer in den letzten 13 Wochen/drei Monaten vor dem Beginn des Urlaubs erhalten hat. Führt diese Regel bei herkömmlichen Teilzeitarbeitsverhältnissen, bei denen lediglich die tägliche Arbeitszeit herabgesetzt ist, noch zu vertretbaren Ergebnissen, ist dies spätestens dann nicht mehr der Fall, wenn die Teilzeitarbeit in der Weise ausgeführt wird, dass der Teilzeitarbeitnehmer mit in Zeitperioden deutlich variierender Arbeitszeit tätig wird oder seine Arbeitsleistung nach Bedarf abgerufen werden kann. Hier ist die Höhe des Urlaubsentgelts bei strikter Anwendung des § 11 Abs. 1 BUrlG letztlich von der Zufälligkeit der periodischen Arbeitszeitschwankung bzw. des vorherigen Arbeitsabrufs durch den Arbeitgeber im Referenzzeitraum abhängig. Zur sachgerechten Berechnung des Urlaubsentgelts müssen daher Lösungen gefunden werden, die von der – auf den Vollzeitarbeitnehmer ausgerichteten – gesetzlichen Konzeption abweichen. Weitere Beispiele lassen sich ohne große Mühe finden. Auf sie wird in den Erläuterungen der jeweiligen vertraglichen Regelungen hingewiesen.

Das festzustellende **gesetzliche Regelungsdefizit** wird auch nicht durch die Neuregelung der Teilzeitarbeitsverhältnisses im TzBfG in einer, eine schriftlich fixierte arbeitsvertragliche Regelung überflüssig machenden Weise kompensiert. Es ist bereits dargestellt worden, dass das TzBfG lediglich „Grundsätze“ – Diskriminierungsverbot, Benachteiligungsverbot, Verpflichtung zur Förderung der Teilzeitarbeit –, Informationsansprüche sowie einen Anspruch auf Verkürzung der Arbeitszeit bzw. auf bevorzugte Berücksichtigung bei einer Verlängerung der Arbeitszeit und Rahmenregelung für Abrufarbeitsverhältnisse und Job-sharing-Arbeitsverhältnisse enthält. All diese Regelungen erfordern jedoch eine Ausfüllung durch arbeitsvertragliche Vereinbarungen.

Auch die verschiedensten tariflichen Regelungen, die speziell für Teilzeitarbeitsverhältnisse existieren, sind nicht geeignet, arbeitsvertragliche Vereinbarungen für das konkrete Teilzeitarbeitsverhältnis zu ersetzen. Zum einen finden derartige tarifliche Regelungen nach § 4 Abs. 1 TVG nur dann Anwendung, wenn sowohl der Arbeitnehmer als auch der Arbeitgeber tarifgebunden, also Mitglied der den Tarifvertrag schließenden Gewerkschaft oder Arbeitgebervereinigung ist. Das ist gerade in kleineren oder mittleren Unternehmen häufig nicht der Fall. Darüber hinaus finden sich auch heute noch keineswegs flächendeckend tarifvertragliche Vereinbarungen für Teilzeitarbeitsverhältnisse, so dass auch aufgrund des begrenzten räumlichen und fachlichen Geltungsbereichs der bestehenden Tarifverträge ein erheblicher arbeitsvertraglicher Regelungsbedarf verbleibt.

Der bestehende **arbeitsvertragliche Regelungsbedarf** wird schließlich auch nicht durch die inzwischen recht umfangreiche Rechtsprechung von BAG und EuGH[9] zur Zulässigkeit einzelvertraglicher oder tariflicher Bestimmungen für Teilzeitarbeitsverhältnisse eingeschränkt, auf die in der Erläuterung der einzelnen vertraglichen Vorschriften gesondert hingewiesen wird. Charakteristisches Merkmal der Rechtsprechung Oberster Gerichte ist es nämlich, dass diese nur anhand konkret zu entscheidender Sachverhaltsgestaltungen darüber judizieren können, ob eine bestimmte vertragliche oder tarifliche Regelung unzulässig ist. Nur in den seltensten Fällen lassen sich aus den Entscheidungsgründen unmittelbar umsetzbare Vorgaben für andere Teilzeitarbeitsverhältnisse im Einzelfall gewinnen. Es ist meist gerade notwendig, unter Berücksichtigung der vorliegenden Judikate die arbeitsvertraglichen Bestimmungen so zu fassen, dass die von BAG und EuGH gezogenen Grenzen wirksamer vertraglicher Vereinbarung nicht überschritten und die – angesichts der vielfältigen Gestaltungsmöglichkeiten für Teilzeitarbeitsverhältnisse – für das jeweilige Arbeitsverhältnis geeigneten Regelungen gefunden werden.

Um die mit dem Buch angestrebte Zielsetzung zu erreichen, wird im Folgenden zunächst ein Überblick über die verschiedenen Arten der Teilzeitarbeit und mit dieser verwandte Rechtsinstitute gegeben, um dann auf die allgemeinen rechtlichen Rahmenbedingungen der Teilzeitarbeit hinzuweisen. Erläutert werden anschließend die Vertragsmuster für die drei ausgewählten Vertragsarten. Bestehen – wie häufig – bei bestimmten Regelungskomplexen verschiedene Gestaltungsmöglichkeiten, sind diese jeweils einzeln aufgeführt und in ihren rechtlichen Voraussetzungen und Konsequenzen nachfolgend kommentiert. Ergänzt wird dies durch Hinweise auf weitere Regelungsmöglichkeiten für besondere Sachverhaltskonstellationen. Ohne damit einen Anspruch auf eine vollständige Darstellung der gesamten möglichen Regelungsbreite erheben zu können, soll hierdurch dem Verwender dieses Buches Hilfestellung für die Abfassung eines geeigneten, alle notwendigen Regelungskomplexe umfassenden und rechtswirksamen Teilzeitarbeitsvertrages gegeben werden. Unter den vertiefenden Hinweisen findet der interessierte Leser eine detailliertere Behandlung auftretender rechtlicher Zweifelsfragen und Problemfälle. Durch weiterführende Nachweise der einschlägigen Veröffentlichungen in Rechtsprechung – insbesondere von BAG und EuGH, aber auch der Instanzgerichte – sowie arbeitsrechtlicher Fachliteratur, ohne deren Kenntnisnahme eine beratende Tätigkeit ausgeschlossen ist, wird eine vertiefte rechtliche Auseinandersetzung mit Einzelproblemen eines Teilzeitarbeitsvertrages ermöglicht.

Hingewiesen werden muss in diesem Zusammenhang darauf, dass es angesichts der Variationsmöglichkeiten und der Regelungsbreite in der Praxis des Arbeitslebens einen allgemeingültigen und für alle Lebenssachverhalte geltenden Entwurf eines Teilzeitarbeitsvertrages nicht geben kann. Naturgemäß kann dies auch das vorliegende Buch nicht leisten. Der Leser wird daher auch bei Verwendung dieses Buches nicht von der Pflicht entbunden, die praktische Eignung einer hier vorgeschlagenen arbeitsvertraglichen Regelung für das konkret zu normierende Teilzeitarbeitsverhältnis kritisch zu prüfen und die vorgeschlagenen Musterregelungen gegebenenfalls an die betrieblichen Besonderheiten im Einzelfall anzupassen. Die Erläuterungen der Vertragsmuster liefern ihm hierfür die notwendigen Informationen.

3. Rechtliche Grundlagen der Teilzeitarbeit

a) Begriff des Teilzeitarbeitsverhältnisses. Während in der Vergangenheit die Voraussetzungen für die Annahme eines Teilzeitarbeitsverhältnisses nicht unumstritten waren, lieferte zunächst § 2 Abs. 2 BeschFG und nunmehr § 2 Abs. 1 TzBfG eine **Legaldefinition des Teilzeitarbeitsverhältnisses.** Danach sind teilzeitbeschäftigt die Arbeitnehmer, deren regelmäßige Wochenarbeitszeit kürzer ist als die eines vergleichbaren vollzeitbeschäftigten Arbeitnehmers. Ist eine regelmäßige Wochenarbeitszeit nicht vereinbart, so ist stattdessen auf die regelmäßige Arbeitszeit im Durchschnitt eines bis zu einem Jahr reichenden Beschäftigungszeitraums im Vergleich zu vollzeitbeschäftigten Arbeitnehmern des Betriebes mit derselben Art des Arbeitsverhältnisses und der gleichen oder ähnlichen Tätigkeit abzustellen. Ausdrücklich wird darüber hinaus in § 2 Abs. 2 TzBfG klargestellt, dass auch ein nach § 8 Abs. 1 Nr. 1 SGB IV geringfügig beschäftigter Arbeitnehmer teilzeitbeschäftigt ist.

Nach dieser Definition bestehen drei Voraussetzungen für die Annahme eines Teilzeitarbeitsverhältnisses. Es muss nämlich zunächst überhaupt ein **Arbeitsverhältnis** gegeben sein. In diesem Arbeitsverhältnis muss des Weiteren die Arbeitszeit gegenüber der betriebsüblichen Arbeitszeit **verkürzt** sein. Schließlich muss die Verkürzung **auf Dauer,** nicht nur vorübergehend sein.

aa) Vorliegen eines Arbeitsverhältnisses. Ein Teilzeitarbeitsverhältnis ist nur dann gegeben, wenn ein Arbeitsverhältnis vorliegt, der Beschäftigte also Arbeitnehmereigenschaft aufweist. Abzugrenzen ist daher der Teilzeitarbeitsvertrag von den vertraglichen Beziehungen aufgrund eines freien Dienstvertrages. Auch derartige Beschäftigungsverhältnisse können nämlich durchaus in Form von Teilzeitverträgen durchgeführt werden, wie bspw. bei nebenberuflichen Handels- oder Versicherungsvertretern oder auch teilzeitbeschäftigten Geschäftsführern kleinerer GmbH's.

Die erforderliche Abgrenzung ist nach den gleichen Kriterien vorzunehmen, die auch bei Vollzeitbeschäftigten zur Feststellung eines Arbeitsverhältnisses angelegt werden.[10] Unabhängig von der von den Vertragsparteien gewählten Bezeichnung liegt daher ein (Teilzeit-) Arbeitsverhältnis vor, wenn der Beschäftigte seine Tätigkeit **eingegliedert in die betriebliche Organisation** und aufgrund bestehender **Bindungen an fachliche Weisungen in persönlicher Abhängigkeit zum Arbeitgeber** erbringt. Demgegenüber ist ein freier Dienstvertrag anzunehmen, wenn der Beschäftigte seine Tätigkeit im Wesentlichen frei gestalten und seine Arbeitszeit selbst festlegen kann.[11]

Die Umsetzung dieser Abgrenzungskriterien stößt bei Teilzeitbeschäftigten mitunter auf besondere Schwierigkeiten, da in dem Maße, in dem die individuelle vertragliche Arbeitszeit sinkt, die persönliche Abhängigkeit von einem Arbeitgeber abnimmt.[12] Die hierdurch hervorgerufenen Abgrenzungsschwierigkeiten werden bei Sonderformen der Teilzeitarbeit, bspw. bei der sog. Telearbeit,[13] noch dadurch verstärkt, dass die Eingliederung in die betriebliche Organisation am Betriebssitz gelockert wird oder sogar vollständig entfällt. Ungeachtet dessen ist auch in diesem Fall die erforderliche Abgrenzung nach dem Maß der vertraglich begründeten persönlichen Abhängigkeit vorzunehmen, in der der Beschäftigte seine vertraglichen Verpflichtungen erbringen muss, da sich nicht nach der Dauer der Arbeitszeit entscheidet, ob ein Arbeitsverhältnis vorliegt. Nach diesen Kriterien sind von der Rechtsprechung z. B. Putzfrauen,[14] Zeitungsausträger,[15] halbtags in einer Anwaltskanzlei tätige Rechtsassessoren,[16] Sekretariatsmitarbeiter[17] oder Orchestermusiker[18] als (Teilzeit-) Arbeitnehmer anerkannt worden. Demgegenüber ist das Vorliegen eines (Teilzeit-) Arbeitsvertrages bei Sozialarbeitern in der offenen Jugendarbeit mit einer wöchentlichen Arbeitszeit von sieben Stunden,[19] Psychologen in einer Behindertenwerkstatt mit 18 Wochenstunden[20] und Volkshochschuldozenten[21] verneint worden.

Abzugrenzen sind die (Teilzeit-) Arbeitnehmer darüber hinaus von den sog. **arbeitnehmerähnlichen Personen** (vgl. § 12a TVG, § 5 Abs. 1 Satz 2 ArbGG). Bei diesem Personenkreis handelt es sich um freie Dienstnehmer, also fachlich nicht an Weisungen des Dienstgebers gebundene, selbständig Tätige, die jedoch aufgrund des geringen Umfanges ihres Geschäftsbetriebes vergleichbar einem Arbeitnehmer sozial schutzbedürftig sind. Die Abgrenzung findet daher grundsätzlich nach den gleichen Kriterien statt, wie die von sonstigen freien Dienstnehmern. Im Einzelfall ist die Abgrenzung zwischen Teilzeitarbeitnehmern und teilzeitbeschäftigten arbeitnehmerähnlichen Personen schwierig zu handhaben. Besonders gilt dies für aufgrund flexibler Teilzeitarbeitsmodelle nicht oder nur am Rande in die betriebliche Organisation eingegliederte Teilzeitbeschäftigte.[22] In Zweifelsfällen ist bei solchen Organisationsmodellen wegen der **besonderen Schutzbedürftigkeit der Beschäftigten** regelmäßig ein **Arbeitsverhältnis anzunehmen.**[23] Als Besonderheit ist zu vermerken, dass auf die arbeitnehmerähnlichen Personen teilweise arbeitsrechtliche Schutzvorschriften Anwendung finden. Dies gilt zwar nicht für das TzBfG, wohl aber bspw. für die Regelungen über den gesetzlichen Mindesturlaub (vgl. § 2 BUrlG). In der Praxis muss daher bei Teilzeitverträgen mit arbeitnehmerähnlichen Personen darauf geachtet werden, dass – ausnahmsweise – arbeitsrechtliche Regelungen anzuwenden sind.

bb) Verkürzte Arbeitszeit. Von Vollzeitbeschäftigten unterscheiden sich Teilzeitarbeitnehmer naturgemäß durch die Dauer der jeweiligen persönlichen Arbeitsverpflichtung. § 2 Abs. 1 Satz 1 TzBfG definiert diesen Unterschied gesetzlich in der Weise, dass teilzeitbeschäftigt die Arbeitnehmer sind, deren regelmäßige wöchentliche Arbeitszeit kürzer ist als die vergleichbarer vollzeitbeschäftigter Arbeitnehmer. Hieraus ergeben sich drei Abgrenzungskriterien für die Annahme eines Teilzeitarbeitsverhältnisses.

Der **Vergleich mit dem Vollzeitbeschäftigten** ist nach dem in § 2 Abs. 2 Satz 1 TzBfG angeordneten Grundsatz zunächst auf der Basis der **regelmäßigen wöchentlichen Arbeitszeit** des Teilzeitbeschäftigten mit den vergleichbaren vollzeitbeschäftigten Arbeitnehmern vorzunehmen. Danach liegt ein Teilzeitarbeitsverhältnis vor, wenn die wöchentliche Arbeitszeit des Teilzeitarbeitnehmers die des Vollzeitbeschäftigten unterschreitet. Regelmäßig lässt sich die vereinbarte Wochenarbeitszeit des Teilzeitarbeitnehmers aus dem Arbeitsvertrag entnehmen, zumal § 2 Abs. 1 Ziffer 7 NachwG vorschreibt, dass in dem zu erstellenden Nachweis die vereinbarte Arbeitszeit enthalten sein muss. Auf ein bestimmtes Maß der geringeren Arbeitszeit kommt es nicht an, so dass auch ein Arbeitnehmer, der nur eine Wochenstunde weniger als vergleichbare Vollzeitarbeitnehmer arbeitet, als Teilzeitarbeitnehmer anzusehen ist. Auch ein bestimmter Mindestumfang der wöchentlichen Arbeitszeit ist nicht erforderlich, so dass die in § 2 Abs. 2 TzBfG enthaltene Festlegung, dass auch diejenigen Arbeitnehmer teilzeitbeschäftigt sind, die eine geringfügige Beschäftigung nach § 8 Abs. 1 Satz 1 SGB IV ausüben, lediglich eine gesetzgeberische Klarstellung enthält. Ist eine regelmäßige Wochenarbeitszeit für den Teilzeitarbeitnehmer nicht vereinbart, was insbesondere bei flexiblen Formen der Teilzeitarbeit – Abrufarbeit, Job-sharing – häufig der Fall sein wird, so sieht § 2 Abs. 1 Satz 2 TzBfG vor, dass eine Teilzeitbeschäftigung anzunehmen ist, wenn die regelmäßige Arbeitszeit im Durchschnitt eines bis zu einem Jahr reichenden Beschäftigungszeitraums unter der eines vergleichbaren vollzeitbeschäftigten Arbeitnehmers liegt. Vergleichsmaßstab muss in diesen Fällen der Zeitraum sein, für den der Arbeitsvertrag des teilzeitbeschäftigten Arbeitnehmers eine bestimmte Dauer der Arbeitsverpflichtung normiert. Dieser Zeitraum kann bis zu einem Jahr lang sein, wird aber regelmäßig kürzer bemessen sein. Ist das Teilzeitarbeitsverhältnis für eine Zeit von weniger als einem Jahr befristet, muss der entsprechend kürzere Zeitraum als Vergleichszeitraum herangezogen werden. Folge dieser Regelung ist es, dass Arbeitnehmer auch dann als Teilzeitbeschäftigte qualifiziert werden müssen, wenn sie in einem Arbeitsverhältnis mit langen Freistellungsphasen arbeiten, z. B. in Saisonarbeitsverhältnissen, auch wenn sie während der Arbeitsphasen dieses Arbeitsverhältnisses die gleiche wöchentliche Arbeitszeit zu erbringen haben, wie vollzeitbeschäftigte Arbeitnehmer.[24]

Als zweite Voraussetzung für die Annahme eines Teilzeitarbeitsverhältnisses kommt es auf die verkürzte Arbeitszeit im Vergleich zu einem **vergleichbaren, vollzeitig beschäftigten Arbeitnehmer** an. Nach § 2 Abs. 1 Satz 3 TzBfG ist ein vollzeitbeschäftigter Arbeitnehmer vergleichbar, wenn er in derselben Art des Arbeitsverhältnisses tätig ist und die gleiche oder eine ähnliche Tätigkeit ausübt. Diese Definition wirft mehrere Probleme auf. Unklar ist zunächst die Bedeutung des Verweises auf die Art der Tätigkeit. Nach der gesetzlichen Begründung ist hiermit z. B. ein befristetes bzw. unbefristetes Arbeitsverhältnis gemeint.[25] Allerdings dürfte es für den Vergleich der wöchentlichen Arbeitszeit eines teilzeitig bzw. vollzeitig beschäftigten Arbeitnehmers nicht darauf ankommen, ob die jeweiligen Arbeitsverhältnisse befristet oder unbefristet sind. In der Praxis dürfte daher dem Kriterium der Art des Arbeitsverhältnisses für die Abgrenzung keine Bedeutung zukommen. Anders verhält es sich mit dem Kriterium der gleichen oder ähnlichen Tätigkeit. Arbeitnehmer sind dann vergleichbar, wenn ihre Tätigkeiten unter Berücksichtigung aller wesentlicher Umstände der unmittelbaren Leistungserbringung im Wesentlichen gleichartig sind. Kriterien hierfür liefern die arbeitsvertraglichen Stellen- oder Arbeitsplatzbeschreibungen, die gleiche Eingruppierung innerhalb einer Vergütungsordnung, wobei Eingruppierungsunterschiede aufgrund von Regelungen über den Bewährungs- oder Zeitaufstieg unmaßgeblich sind, oder die Möglichkeit der Austauschbarkeit durch Ausübung des arbeitgeberseitigen Direktionsrechtes.[26] Die Vergleichbarkeit ist grundsätzlich arbeitsplatzbezogen vorzunehmen, so dass persönliche Merkmale wie das Lebensalter, die Betriebszugehörigkeit oder die Ausbildung und Qualifikation grundsätzlich nicht entscheidend sind, sofern diese persönlichen Merkmale nicht zugleich besondere Anforderungen des jeweiligen Arbeitsplatzes darstellen, also zugleich arbeitsplatzbezogen sind.

Als drittes Kriterium stellt § 2 Abs. 1 TzBfG klar, dass die Definition des Teilzeitarbeitnehmers **betriebs- und nicht unternehmens- oder konzernbezogen** zu erfolgen hat. Maßgeblich für die vorzunehmende Abgrenzung ist daher die Arbeitszeit, die in dem jeweiligen Betrieb von vergleichbaren Vollzeitbeschäftigten erbracht wird. Unerheblich ist demgegenüber, ob in anderen Betrieben des gleichen Unternehmens oder Konzerns längere oder kürzere Arbeitszeiten für Vollzeitbeschäftigte üblich sind. Dies hat zur Folge, dass in Fällen, in denen die betriebsübliche Arbeitszeit unterhalb der tarifüblichen Arbeitszeit liegt, trotz des Umstandes, dass die Arbeitnehmer unterhalb der tarifüblichen Arbeitszeit arbeiten, kein Teilzeitarbeitsverhältnis anzunehmen ist. Demgegenüber kann trotz einer Arbeitszeit im Umfang einer nach tariflichen Regelungen für einen Vollzeitbeschäftigten üblichen Arbeitszeit ein Teilzeitarbeitsverhältnis vorliegen, wenn die regelmäßige Wochenarbeitszeit im Betrieb oberhalb der tarifüblichen Arbeitszeit liegt. Problematisch wird die Abgrenzung bei Tätigkeiten, die in einem Betrieb ausschließlich in Teilzeitarbeit verrichtet werden, wie dies bspw. bei Zeitungsausträgern oder Reinigungskräften häufig der Fall ist. Hier fehlt es an der an sich erforderlichen Vergleichsperson im Betrieb. Beschäftigt ein Kleinstbetrieb darüber hinaus überhaupt keinen weiteren Arbeitnehmer, entfällt sogar die Möglichkeit eines Vergleiches mit der betriebsüblichen Arbeitszeit sonstiger Arbeitnehmer. Für diese Fallkonstellationen schreibt § 2 Abs. 1 Satz 4 TzBfG vor, dass zur Ermittlung der in den Vergleich einzubeziehenden Arbeitszeit eines vollzeitbeschäftigten Arbeitnehmers auf anwendbare Tarifverträge, hilfsweise auf im jeweiligen Wirtschaftszweig übliche Tarifverträge zurückzugreifen ist. Den Vergleichsmaßstab bildet danach die durch

Tarifvertrag festgelegte Arbeitszeit eines Arbeitnehmers mit gleichen oder ähnlichen Tätigkeiten. Ist der Arbeitgeber einseitig tarifgebunden, so sind die Tarifverträge zugrunde zu legen, die nach ihrem räumlichen, zeitlichen und fachlichen Geltungsbereich auf den Betrieb Anwendung finden. Fehlt es an der Tarifbindung des Arbeitgebers, so kann auf Arbeitszeitregelungen in Tarifverträgen zurückgegriffen werden, die in der Branche des Arbeitgebers üblich sind. Existieren mehrere Tarifverträge, so wird der am weitesten verbreitete Tarifvertrag als Vergleichsmaßstab heranzuziehen sein.[27] Existiert für den Wirtschaftszweig keine tarifliche Regelung, wird als Vergleichsmaßstab hilfsweise auf die in der jeweiligen Branche übliche Arbeitszeit eines in Vollzeit beschäftigten vergleichbaren Arbeitnehmers zurückzugreifen sein.[28]

cc) Dauerhafte Verkürzung der Arbeitszeit. Zur Annahme eines Teilzeitarbeitsverhältnisses ist es weiter erforderlich, dass die Verkürzung der Arbeitszeit gegenüber vergleichbaren Vollzeitbeschäftigten nicht nur vorübergehend, sondern auf Dauer vorgesehen ist.[29] Hierdurch unterscheidet sich das Teilzeitarbeitsverhältnis bspw. von der Kurzarbeit, bei der zur Überbrückung vorübergehender wirtschaftlicher Schwierigkeiten für das Unternehmen die regelmäßige betriebliche Arbeitszeit für beschränkte Dauer verkürzt wird, von vornherein aber feststeht, dass nach Überwindung der Krise die normalen betrieblichen Arbeitszeiten wieder gelten.

Von der – beschränkten – Arbeitsfreistellung bzw. dem Sonderurlaub[30] unterscheidet sich die Teilzeitarbeit ebenfalls durch die **Dauerhaftigkeit der Arbeitszeitverkürzung.** Der Arbeitnehmer wird nämlich im ersten Fall, meist aus persönlichen Gründen, ganz oder teilweise für eine vorher bestimmte, begrenzte Zeit unter Wegfall seines Vergütungsanspruchs von der Arbeitspflicht befreit. Nach Ablauf dieser Zeit, bspw. nach Wegfall des persönlichen Grundes, hat er wieder die frühere, vertraglich vereinbarte Zeit zu arbeiten. Demgegenüber steht beim Teilzeitarbeitnehmer von vornherein auf Dauer fest, dass er nur eine bestimmte, verkürzte wöchentliche Arbeitsleistung erbringen muss.

Die Kurzarbeit kann ebenso wie die zeitlich beschränkte Arbeitsfreistellung und der unbezahlte Sonderurlaub sowohl bei Vollzeitarbeitnehmern als auch in Kombination zur Teilzeitarbeit auftreten. So besteht ohne weiteres die Möglichkeit, dass ein Teilzeitarbeitnehmer für gewisse Zeit ganz oder teilweise von seiner Arbeitsverpflichtung freigestellt wird. Der Teilzeitarbeitnehmer kann bei Vorliegen einer entsprechenden Vereinbarung mit dem Arbeitgeber kurzarbeiten. Kurzarbeitergeld erhält er allerdings nur, wenn er in der Arbeitslosenversicherung versichert ist.[31]

Auch das sog. Eintagesarbeitsverhältnis[32] ist anhand des Merkmales der Dauerhaftigkeit von der Teilzeitarbeit abzugrenzen. Ein Eintagesarbeitsverhältnis ist nämlich von vornherein nur auf eine kurzfristige Aushilfstätigkeit für einen Tag gerichtet und daher entsprechend zeitlich befristet. Es kann demzufolge unabhängig vom tatsächlichen zeitlichen Umfang der Arbeitsleistung nicht gegenüber der betriebsüblichen wöchentlichen Arbeitszeit verkürzt sein.

dd) Irrelevante Kriterien. Keine entscheidende Bedeutung für die Annahme eines Teilzeitarbeitsverhältnisses kommt demgegenüber dem Zweck der Beschäftigung des Arbeitnehmers zu. Dieser kann sowohl vollzeitig als auch in Teilzeitarbeit auf Dauer oder auch nur zur Aushilfe beschäftigt werden. In gleicher Weise irrelevant ist es, ob das Arbeitsverhältnis als befristetes oder unbefristetes Arbeitsverhältnis vertraglich ausgestaltet ist, beides ist sowohl teilzeitig als auch vollzeitig möglich und – mit den entsprechenden Einschränkungen[33] – rechtlich zulässig.

Gleiches gilt schließlich auch für die verschiedenen Formen flexibler Arbeitszeitgestaltung, die ebenfalls grundsätzlich unabhängig von einer Teilzeit- oder Vollzeitbeschäftigung arbeitsvertraglich regelbar sind. So können einerseits durchaus Teilzeitarbeitnehmer verpflichtet sein, zu starren Arbeitszeiten ohne jede Form der Flexibilisierung zu arbeiten. Andererseits sind Flexibilisierungsmodelle denkbar, die Vollzeitbeschäftigten ein besonders hohes Maß eigener Entscheidungsfreiheit über die Lage der Arbeitszeit einräumen. So sind bspw. Gleitzeitregelungen[34] und Freischichtenmodelle[35] in ihrer Umsetzung völlig unabhängig von dem zeitlichen Umfang der vom Arbeitnehmer nach dem geschlossenen Arbeitsvertrag zu erbringenden Arbeitsleistung. Demgegenüber sind andererseits bestimmte Teilzeitarbeitsformen, z.B. die Abrufarbeit oder das Job-sharing, beinahe zwingend mit einer Arbeitszeitflexibilisierung verbunden.

Unbeachtlich für die Einordnung eines Teilzeitarbeitsverhältnisses ist schließlich das Vorliegen einer Mehrfachbeschäftigung,[36] also die Begründung von zwei oder mehreren Arbeitsverhältnissen nebeneinander. Für die Charakterisierung als Teilzeitarbeitsverhältnis ist die Übernahme mehrere Tätigkeiten vollkommen unmaßgeblich; es muss für jedes Arbeitsverhältnis gesondert entschieden werden, ob dieses teilzeitig oder vollzeitig erfüllt wird. Es kann daher ein Arbeitnehmer durchaus neben einem Vollzeitarbeitsverhältnis ein weiteres Teilzeitarbeitsverhältnis eingehen, genauso wie er neben einem Teilzeitarbeitsverhältnis weitere derartige Arbeitsverhältnisse mit einem oder mehreren Arbeitgebern begründen kann.[37]

b) Erscheinungsformen der Teilzeitarbeit. Da Teilzeitarbeitsverhältnisse durch vertragliche Vereinbarung zwischen Arbeitnehmer und

Arbeitgeber begründet werden, finden sich in der betrieblichen Praxis die verschiedensten Modelle vertraglicher Regelungen über eine Teilzeitbeschäftigung von Arbeitnehmern.

Am häufigsten ist die sog. **herkömmliche Teilzeitarbeit** anzutreffen, bei der ebenfalls eine Vielzahl von Regelungsvariationen möglich sind. Neben einer regelmäßigen Verkürzung der täglichen Arbeitszeit kommt bspw. in Betracht, dass der Arbeitnehmer seine Arbeit ganztägig verrichtet, aber tageweise, wochenweise oder monatsweise von der Arbeit freigestellt wird. Darüber hinaus wird die Variationsbreite noch durch die Möglichkeit erhöht, die Arbeitszeit gleichmäßig oder ungleichmäßig sowie regelmäßig oder unregelmäßig zu verkürzen.[38] Bei der sog. **Abrufarbeit** wird arbeitsvertraglich ein bestimmtes, vom Arbeitnehmer zu leistendes Arbeitszeitdeputat für einen festgelegten Zeitraum, den meist einen oder mehrere Monate währenden Bezugszeitraum, vereinbart. Der Arbeitgeber ist berechtigt, die Arbeitsleistung innerhalb des vereinbarten Rahmens je nach Arbeitsanfall abzurufen. Beim **Job-sharing** teilen sich zwei oder mehrere Arbeitnehmer einen Arbeitsplatz, wobei jedes Teilzeitarbeitsverhältnis vollkommen unabhängig voneinander besteht. Für die Art und Weise der Teilung des Arbeitsplatzes sind wiederum eine Vielzahl von Möglichkeiten denkbar. Es obliegt bei derartigen Verträgen grundsätzlich den an der Arbeitsplatzteilung beteiligten Arbeitnehmern, die Arbeitszeit untereinander aufzuteilen und – gegebenenfalls – ihren Bedürfnissen entsprechend zu flexibilisieren.

Da die in der betrieblichen Praxis aufzufindenden Teilzeitarbeitsverträge in aller Regel einer dieser drei Grundformen zugeordnet werden können, werden nachfolgend drei Vertragsmuster für diese Grundformen näher erläutert. Ungeachtet dessen bestehen noch weitere Möglichkeiten für vertraglich zu vereinbarende Teilzeitarbeitsverhältnisse. Zu nennen sind zum einen die dem Job-sharing verwandte Vertragsform des **Job-pairing,** bei dem sich zwei oder mehrere Arbeitnehmer zu einer Arbeitnehmereigengruppe[39] zusammenschließen und, statt jeweils selbständiger, inhaltlich aufeinander bezogener Arbeitsverträge wie beim Job-sharing, als **Gruppe** einen **einheitlichen Arbeitsvertrag** mit dem Arbeitgeber schließen.[40] Bei sog. **Bandbreitenverträgen** wird dem Arbeitnehmer arbeitsvertraglich das Recht eingeräumt, die betriebliche Normalarbeitszeit innerhalb einer vorher festgelegten Bandbreite zu unter- bzw. überschreiten.[41] Zu nennen ist des Weiteren der sog. **Jahresarbeitsvertrag,** bei dem der Arbeitnehmer zu Beginn eines jeden Jahres berechtigt ist, die von ihm für das Folgejahr gewünschte Arbeitszeit durch Bestimmung eines Abschlages von der jeweiligen betriebsüblichen Arbeitszeit neu zu bestimmen. In diesem Modell besteht die Möglichkeit, von einer Teilzeitarbeit auf Vollzeitarbeit und umgekehrt zu wechseln. Innerhalb des gewählten Abschlages sind die verschiedensten Formen der Verkürzung der Arbeitszeit – täglich, wöchentlich, monatlich, variabel oder statisch – denkbar.[42] Beim sog. **Baukastensystem** teilt der Arbeitgeber die regelmäßige betriebliche Arbeitszeit in Einheiten mit bestimmter Stundenzahl auf. Diese Einheiten kann sich der Arbeitnehmer nach eigenen Vorstellungen zusammenstellen; er kann die gewählte Zusammenstellung unter Beachtung der vertraglichen Vorgaben auch später wieder verändern.[43] Vereinzelt finden sich in der Praxis schließlich sog. **Cafeteria-Systeme,** bei denen dem Arbeitnehmer die Möglichkeit eingeräumt wird, selbst zwischen einer Verkürzung der Arbeitszeit, der Gewährung zusätzlicher sozialer Leistungen durch den Arbeitgeber oder einer Vergütungserhöhung zu entscheiden.[44]

Nicht zur Teilzeitarbeit gehört demgegenüber der sog. Langzeiturlaub, das Sabbatical. In diesem Modell arbeitet der Arbeitnehmer regelmäßig vollzeitig während der betriebsüblichen Arbeitszeit; er wird jedoch periodenweise für eine längere Zeit von der Arbeitsleistung – regelmäßig unter Fortzahlung der Vergütung – freigestellt.[45] Während der Arbeitsperioden ist der Arbeitnehmer nach den Regeln zu behandeln, die auch sonst für einen Vollzeitarbeitnehmer gelten.

c) Rechtliche Rahmenbedingungen für Begründung und Bestand des Teilzeitarbeitsverhältnisses. Die zwischen einem Teilzeitarbeitnehmer und dem Arbeitgeber bestehenden Rechte und Pflichten richten sich – wie auch sonst im Arbeitsverhältnis – in erster Linie nach der arbeitsvertraglichen Vereinbarung, daneben aber auch – soweit im Betrieb vorhanden – nach Regelungen in mit dem Betriebsrat geschlossenen Betriebsvereinbarungen oder nach tarifvertraglichen Bestimmungen, soweit diese für den Betrieb Anwendung finden und aufgrund beiderseitiger Tarifverbindung von Arbeitgeber und Arbeitnehmer gemäß § 4 Abs. 1 TVG das jeweilige Arbeitsverhältnis erfassen. Grundsätzlich finden auch die Arbeitnehmerschutzgesetze auf Teilzeitarbeitsverhältnisse Anwendung. Eine Ausnahme besteht nur bei den Gesetzen, die nach ihrem Sinn und Zweck gerade an das Bestehen eines Vollzeitarbeitsverhältnisses anknüpfen, also gerade die Einhaltung der betriebsüblichen Arbeitszeit oder die Überschreitung bestimmter Arbeitszeitgrenzen voraussetzen.

Von besonderer Bedeutung für das Teilzeitarbeitsverhältnis ist darüber hinaus das **Verbot unterschiedlicher Behandlung von Teilzeit- und Vollzeitarbeitnehmern.** In § 4 Abs. 1 Satz 1 TzBfG ist – wie bisher schon in § 2 Abs. 1 BeschFG – festgeschrieben, dass der Arbeitgeber einen teilzeitbeschäftigten Arbeitnehmer nicht wegen der Teilzeitarbeit schlechter behandeln darf als einen vergleichbaren vollzeitbeschäftigten Arbeitnehmer, es sei denn, dass sachliche

Gründe eine unterschiedliche Behandlung rechtfertigen. Neu ist die darüber hinaus in § 4 Abs. 1 Satz 2 TzBfG aufgenommene Regelung, wonach einem teilzeitbeschäftigten Arbeitnehmer Arbeitsentgelt oder eine andere teilbare geldwerte Leistung mindestens in dem Umfang zu gewähren ist, die dem Anteil seiner Arbeitszeit an der Arbeitszeit eines vergleichbaren vollzeitbeschäftigten Arbeitnehmers entspricht. Damit ist der bereits in der Vergangenheit in der Rechtsprechung[46] anerkannte pro-rata-temporis-Grundsatz festgeschrieben worden, der im Vergütungsbereich eine nicht lediglich proportional an der Arbeitszeit orientierte Ungleichbehandlung von Teilzeit- und Vollzeitbeschäftigten untersagt.

Die Regelung in § 4 Abs. 1 TzBfG stellt eine für den Vergleich zwischen Teilzeit- und Vollzeitarbeitsverhältnissen geltende Konkretisierung des **allgemeinen arbeitsrechtlichen Gleichbehandlungsgrundsatzes**[47] dar. Das Diskriminierungsverbot in § 4 Abs. 1 TzBfG geht inhaltlich nicht über den allgemeinen Gleichbehandlungsgrundsatz hinaus.[48] § 4 Abs. 1 TzBfG untersagt (lediglich) die Ungleichbehandlung von teilzeit- und vollzeitbeschäftigten Arbeitnehmergruppen, berührt aber nicht die aus dem Prinzip der Vertragsfreiheit folgende Berechtigung zur individuellen Besserstellung, so lange diese nicht auf einem generalisierenden Prinzip beruht.[49]

Im Verhältnis zu den sonstigen **einfachgesetzlichen Gleichbehandlungsgeboten** in den §§ 611a, 611b, 612 Abs. 3 BGB sowie § 75 Abs. 1 BetrVG stellt § 4 Abs. 1 TzBfG die speziellere und daher die einfachgesetzlichen Gleichbehandlungsgebote im Bereich der Teilzeitarbeit verdrängende Regelung dar. Lediglich § 611a BGB hat insoweit einen weitergehenden Anwendungsbereich, als durch diese Vorschrift die Diskriminierung bei der Einstellung eines Arbeitnehmers untersagt wird, während § 4 Abs. 1 TzBfG ein bereits bestehendes Teilzeitarbeitsverhältnis voraussetzt. § 611a BGB kann daher im Einzelfall eingreifen, wenn eine sachlich nicht gerechtfertigte, auf der Teilzeitarbeit beruhende Ungleichbehandlung gerade bei der Einstellung gegeben ist.[50]

Neben die einfachgesetzlichen Diskriminierungsverbote sowie den allgemeinen Gleichheitsgrundsatz tritt der verfassungsrechtlich **durch Art. 3 GG normierte Gleichheitssatz.**[51] Während der allgemeine Grundsatz des Art. 3 Abs. 1 GG neben dem einfachgesetzlich ausgestalteten Diskriminierungsverbot nach § 4 Abs. 1 TzBfG in der Arbeitsrechtspraxis aufgrund der einfachgesetzlichen Ausgestaltung in § 4 Abs. 1 TzBfG keinen Anwendungsbereich mehr haben wird, kann das in § 3 Abs. 2 und 3 GG niedergelegte verfassungsrechtliche Gleichberechtigungsgebot[52] im Einzelfall eine gesonderte Bedeutung entfalten, sofern nicht die europarechtlichen Gleichbehandlungsgebote den Sachverhalt erfassen.[53]

Zu berücksichtigen ist in diesem Zusammenhang zunächst der aus Art. 141 EGV (früher Art. 119 EGV) folgende **gemeinschaftsrechtliche Entgeltgleichheitsgrundsatz** für Männer und Frauen. Art. 141 EGV verbietet die mittelbare oder unmittelbare Diskriminierung beim Entgelt wegen des Geschlechtes.[54] Der erste – in der Praxis seltene Fall – ist gegeben, wenn eine benachteiligende Regelung im Entgeltbereich unmittelbar die Geschlechtzugehörigkeit zum Abgrenzungsmerkmal wählt.[55] Anzunehmen ist dies beispielsweise bei Regelungen, nach denen ein Verheiratetenzuschlag nur Männern, nicht aber Frauen gewährt wird,[56] oder wenn eine Regelung das Bezugsalter für eine Betriebsrente für Männer und Frauen in unterschiedlicher Höhe festlegt.[57] Hierunter sind auch Fälle zu fassen, in denen Kindererziehungszeiten bei der Rente nur für Mütter berücksichtigt werden.[58] Eine Diskriminierung kann hier unabhängig vom zeitlichen Umfang der Arbeitsleistung vorliegen, so dass für die Teilzeitarbeit typische Besonderheiten nicht bestehen.

Besonderheiten lassen sich jedoch bei der sog. mittelbaren Geschlechtsdiskriminierung feststellen. Eine **mittelbare Diskriminierung wegen des Geschlechts** soll gegeben sein, wenn die unterschiedliche Regelung zwar nicht direkt an das Geschlecht anknüpft, also unterschiedslos auf Männer und Frauen anzuwenden ist, die Regelung aber für die Angehörigen eines Geschlechts wesentlich nachteiligere Wirkung entfaltet, als bei Personen des anderen Geschlechts, sofern diese nachteiligen Wirkungen gerade auf dem Geschlecht oder der Geschlechterrolle beruhen.[59] Bei allen Unsicherheiten im Anwendungsbereich[60] liegt danach grundsätzlich dann eine unzulässige mittelbare Diskriminierung wegen des Geschlechts vor, wenn die Gruppe von Arbeitnehmern, die in sachlich nicht zu rechtfertigender Weise schlechter behandelt wird, gegenüber der besser behandelten Gruppe eine erkennbar unterschiedliche Geschlechterzusammensetzung – typischerweise einen größeren Frauenanteil – aufweist. Angesichts des Umstandes, dass heute in den meisten Fällen überdurchschnittlich viele Frauen Teilzeitarbeit leisten, stellt daher eine unterschiedliche Behandlung von Teilzeit- und Vollzeitarbeitnehmern, häufig auch eine mittelbare Diskriminierung der teilzeitbeschäftigten Frauen dar. Eine mittelbare Diskriminierung wegen des Geschlechts scheidet in einer solchen Konstellation nur dann aus, wenn der Arbeitnehmer nachweisen kann, dass von der Regelung Frauen und Männer im gleichen Verhältnis begünstigt und benachteiligt werden, oder ein nicht an das Geschlecht anknüpfender objektiver Faktor als Grund für die Ungleichbehandlung gegeben ist;[61] hieran werden deutlich höhere Anforderungen gestellt, als an den die Ungleichbehandlung nach § 4 Abs. 1 TzBfG rechtfertigenden sachlichen Grund.[62]

Bei Anwendung der Diskriminierungsverbote ist danach zunächst von § 4 Abs. 1 TzBfG auszugehen und zu untersuchen, ob eine Ungleichbehandlung vergleichbarer vollzeit- und teilzeitbeschäftigter Arbeitnehmer gegeben ist. Anschließend muss geklärt werden, ob die **Ungleichbehandlung „wegen der Teilzeitarbeit"** oder aus anderen Gründen erfolgt. Ist Letzteres der Fall, ist die Ungleichbehandlung keineswegs ohne weiteres zulässig. Es muss vielmehr zusätzlich anhand des allgemeinen arbeitsrechtlichen Gleichbehandlungsgrundsatzes die Zulässigkeit der unterschiedlichen Behandlung untersucht werden. Einen Unterfall des allgemeinen arbeitsrechtlichen Gleichbehandlungsgrundsatzes stellt auch die Ungleichbehandlung einer Gruppe von Teilzeitbeschäftigten gegenüber einer anderen Gruppe ebenfalls teilzeitbeschäftigter Arbeitnehmer mit unterschiedlichem Arbeitszeitvolumen dar.[63] Dieser Fall wird von § 4 Abs. 1 TzBfG aufgrund der eindeutigen Anknüpfung an den Vergleichsmaßstab des vollzeitbeschäftigten Arbeitnehmers nicht erfasst.[64]

Lässt sich demgegenüber eine durch Teilzeitarbeit motivierte Ungleichbehandlung zwischen Teilzeitbeschäftigten und Vollzeitbeschäftigten feststellen, muss diese **durch sachliche Gründe gerechtfertigt** sein. Gerechtfertigt kann eine Ungleichbehandlung nur sein, wenn sich aus dem Zweck der Vergünstigung, bei deren Gewährung differenziert wird, Gründe ergeben, die es unter Berücksichtigung aller Umstände rechtfertigen, dem teilzeitbeschäftigten Arbeitnehmer die Leistung, die dem Vollzeitbeschäftigten gewährt wird, gekürzt oder überhaupt nicht zu gewähren.[65] Anzulegen ist dabei ein besonders strenger Rechtfertigungsmaßstab, weil in der Ungleichbehandlung Teilzeitbeschäftigter regelmäßig zugleich eine – mittelbare – Diskriminierung aufgrund des Geschlechtes liegt und damit zugleiche eine Überprüfung am europarechtlichen Gleichbehandlungsgebot des Art. 141 EGV erforderlich ist.[66] Ein sachlicher Grund ist danach gegeben, wenn objektive Gründe gegeben sind, die einem wirklichen Bedürfnis des Unternehmens entsprechen und für die Erreichung des Ziels geeignet und erforderlich sind.[67] Eine gerechtfertigte Ungleichbehandlung liegt daher vor, wenn der Arbeitgeber nachweisen kann, dass er aus nachvollziehbaren Erwägungen ein unternehmerisches Interesse daran hat, statt Teilzeit-Vollzeitbeschäftigte zu gewinnen. Demgegenüber wird der bloße Hinweis auf die höheren Personalkosten oder größeren organisatorischen Schwierigkeiten, die mit der Teilzeitarbeit regelmäßig verbunden sind, nicht zur objektiven Rechtfertigung einer Ungleichbehandlung ausreichen.[68] Gleiches gilt für den Hinweis auf die „angeblich" geringere soziale Bedürftigkeit von Teilzeitarbeitnehmern, deren geringere Einsatzbereitschaft oder Identifikation mit dem arbeitgebenden Unternehmen.[69]

Knüpft eine Arbeitgeberleistung an die Dauer der Arbeitszeit an, ist es danach regelmäßig zulässig, dem Teilzeitbeschäftigten die Leistung zeitanteilig gekürzt zu gewähren.[70] Darüber hinaus können sich zulässige Differenzierungskriterien daraus ergeben, dass ein bestimmter Arbeitsplatz Anforderungen stellt, die nur vollzeitig erfüllt werden können oder eine zusätzliche Leistung des Arbeitgebers an einem bestimmten Mindestumfang der Beschäftigung anknüpft.[71]

Verstößt eine arbeitsvertragliche Regelung oder eine einseitige Maßnahme des Arbeitgebers gegen das Benachteiligungsverbot in § 4 Abs. 1 TzBfG, den arbeitsvertraglichen Gleichbehandlungsgrundsatz oder das gemeinschaftsrechtliche Verbot der – mittelbaren oder unmittelbaren – Geschlechtsdiskriminierung, so ist sie nach § 134 BGB nichtig. Die entstehende Regelungslücke muss mittels einer ergänzenden Vertragsauslegung der arbeitsvertraglichen Vereinbarung geschlossen werden, wobei die Arbeitsgerichte in der Praxis regelmäßig bemüht sein werden, die Rechtsstellung des Teilzeitbeschäftigten an die des Vollzeitarbeitnehmers anzugleichen.[72] Sind bspw. Vergütungsregelungen aus den genannten Gründen unwirksam, kann der Teilzeitbeschäftigte nach § 612 Abs. 2 BGB die übliche Vergütung, also die zeitanteilig gekürzte Vergütung des Vollzeitbeschäftigten, verlangen. Insoweit entfaltet § 4 Abs. 1 TzBfG unmittelbar anspruchsbegründende Wirkung. Es erfolgt eine „Anpassung nach oben“.[73] Demgegenüber scheidet eine Beseitigung des Gleichheitsverstoßes zumindest für die Vergangenheit durch Herabsetzung der Vergütung der Vollzeitbeschäftigten regelmäßig aus. Für die Zukunft ist dies im Rahmen der üblichen arbeitsvertraglichen Instrumentarien demgegenüber denkbar.[74] Einseitigen Anordnungen des Arbeitgebers, die wegen ihrer diskriminierenden Wirkung unwirksam sind, muss der teilzeitbeschäftigte Arbeitnehmer nicht folgen; ihm steht insoweit ein Leistungsverweigerungsrecht nach § 273 BGB zu, wobei ihm regelmäßig nach § 615 Abs. 1 BGB der Annahmeverzugslohn verbleibt.[75] In Einzelfällen kann der Verstoß gegen das Diskriminierungsverbot nach § 4 Abs. 1 TzBfG auch einen Schadensersatzanspruch aus § 280 Abs. 1 BGB nach sich ziehen,[76] während umstritten ist, ob das Diskriminierungsverbot aus § 4 Abs. 1 TzBfG als Schutzgesetz im Sinne des § 823 Abs. 2 BGB angesehen werden kann und daher deliktische Schadensersatzansprüche begründen kann.[77]

d) Teilzeitarbeit und Kündigungsschutz. Der Teilzeitarbeitnehmer kann sich bei drohender Auflösung des Teilzeit-Arbeitsverhältnisses durch Kündigung seitens des Arbeitgebers grundsätzlich in gleicher Weise auf die gesetzlichen oder tariflichen Kündigungsschutzvorschriften berufen wie ein Vollzeitarbeitnehmer.

aa) Sonderkündigungsschutz. Zunächst gilt für Teilzeitarbeitnehmer ohne jede Einschränkung der Sonderkündigungsschutz aufgrund besonderer arbeitsrechtlicher Schutzgesetze. Nach **§ 9 Abs. 1 MuSchG** darf der Arbeitgeber auch einer teilzeitbeschäftigten Arbeitnehmerin während der **Schwangerschaft** und **bis zum Ablauf von vier Monaten nach der Entbindung** nicht kündigen, wenn dem Arbeitgeber zur Zeit der Kündigung die Schwangerschaft oder Entbindung bekannt war oder innerhalb von zwei Wochen nach Zugang der Kündigung mitgeteilt wird. Die Überschreitung dieser Frist ist dann für die Arbeitnehmerin unschädlich, wenn sie auf einem von der Frau nicht zu vertretenden Umstand beruht und die Mitteilung unverzüglich nachgeholt wird.[78] In besonderen Ausnahmefällen kann die Kündigung nach Zustimmung der nach jeweiligem Landesrecht für den Arbeitsschutz zuständigen obersten Landesbehörde wirksam erklärt werden.[79]

Für in der **Elternzeit** befindliche (männliche oder weibliche) Arbeitnehmer enthält § 18 Abs. 1 BErzGG eine vergleichbare Regelung. Danach darf der Arbeitgeber das Arbeitsverhältnis eines (Teilzeit-) Arbeitnehmers ab dem Zeitpunkt, von dem an die Elternzeit verlangt worden ist, höchstens jedoch acht Wochen vor deren Beginn, bis zum Ende der Elternzeit nicht kündigen. Den besonderen Kündigungsschutz geniessen nach § 18 Abs. 2 BErzGG auch (männliche oder weibliche) Arbeitnehmer, die während der Elternzeit berechtigterweise bis zu 30 Stunden pro Woche bei ihrem bisherigen Arbeitgeber teilzeitbeschäftigt sind. Dies gilt unabhängig davon, ob sich die Teilzeitarbeitsvereinbarung lediglich auf eine Verringerung der Arbeitszeit erstreckt und deswegen das ursprüngliche Vollzeitarbeitsverhältnis und das Teilzeitarbeitsverhältnis ein einheitliches Arbeitsverhältnis darstellen,[80] oder aber das Teilzeitarbeitsverhältnis auch inhaltlich verändert wird. In beiden Fällen umfasst das Kündigungsverbot sowohl das „alte Vollzeitarbeitsverhältnis", als auch das Teilzeitarbeitsverhältnis bei dem gleichen Arbeitgeber.[81]

Demgegenüber erfasst der Kündigungsschutz weder ein – berechtigtes oder aufgrund wirksamer Zustimmungsverweigerung des alten Arbeitgebers unberechtigtes – Teilzeitarbeitsverhältnis bei einem anderen Arbeitgeber,[82] noch ein nicht nach § 15 Abs. 4 BErzGG während der Elternzeit zulässiges, also 30 Wochenstunden überschreitendes Teilzeitarbeitsverhältnis.[83]

Nach § 18 Abs. 2 Nr. 2 BErzGG kommt ausnahmsweise ein Kündigungsschutz für Teilzeitarbeitnehmer auch dann in Betracht, wenn diese keine Elternzeit in Anspruch nehmen. Voraussetzung ist lediglich, dass dem Teilzeitarbeitnehmer ein Anspruch auf Elternzeit nach § 15 BErzGG zusteht und er darüber hinaus einen Anspruch auf Erziehungsgeld hat oder nur aufgrund einer Überschreitung der Einkommensgrenzen nicht hat. Damit werden alle erziehungsgeldberechtigten Teilzeitarbeitnehmer in den Sonderkündigungsschutz des § 18 BErzGG einbezogen, sofern sie nur Anspruch auf Erziehungsgeld haben oder wegen Überschreitung der Einkommensgrenzen nicht haben, auch dann, wenn sie statt Elternzeit zu nehmen das Teilzeitarbeitsverhältnis fortsetzen,[84] bzw. nach der Geburt des Kindes begründen.[85]

Kennt der Arbeitgeber die das Kündigungsverbot des § 18 Abs. 2 Nr. 2 BErzGG begründenden Tatsachen nicht, muss der zur Inanspruchnahme der Elternzeit berechtigte Arbeitnehmer im Falle einer Kündigung in analoger Anwendung des § 9 Abs. 1 Satz 1 MuSchG sich innerhalb von zwei Wochen nach Ausspruch der Kündigung auf den Kündigungsschutz berufen, will er den Kündigungsschutz nicht verlieren.[86]

In allen Fällen des Kündigungsverbotes kommt eine Kündigung nur mit Zustimmung der nach Landesrecht für den Arbeitsschutz zuständigen obersten Landesbehörde in Betracht, die bei jeder Entscheidung die vom Bundesminister für Arbeit und Sozialordnung mit Zustimmung des Bundesrates am 2. 1. 1986 erlassene allgemeine Verwaltungsvorschrift zum Kündigungsschutz bei Erziehungsurlaub[87] zu beachten hat. Die Zustimmungen werden erfahrungsgemäß nur in seltenen Fällen erteilt.

Uneingeschränkt gilt auch der Kündigungsschutz für **Schwerbehinderte** nach den §§ 85 ff. SGB IX für als Schwerbehinderte anerkannte oder gemäß § 2 Abs. 3 SGB IX gleichgestellte teilzeitbeschäftigte Arbeitnehmer. Eine Kündigung ist daher nur in Ausnahmefällen mit vorheriger Zustimmung des zuständigen Integrationsamtes möglich. In gleicher Weise sind Teilzeitarbeitnehmer nach **§ 2 ArbPlSchG** bzw. **§ 78 ZDG** vor einer Kündigung ihres Arbeitsverhältnisses während des **Wehr- bzw. Zivildienstes** geschützt.

Auf den besonderen Kündigungsschutz der **§§ 15, 16 KSchG** können sich Teilzeitarbeitnehmer schließlich auch dann berufen, wenn sie **Mitglied eines betriebsverfassungs-** oder **personalvertretungsrechtlichen Organs** – Betriebs- bzw. Personalrat, Jugend- und Auszubildendenvertretung etc. –, Wahlbewerber zu einem derartigen Organ oder Mitglied eines Wahlvorstandes sind.

bb) Allgemeiner Kündigungsschutz. Genau wie Vollzeitarbeitnehmer können sich unter den Voraussetzungen der §§ 1, 23 KSchG auch Teilzeitbeschäftigte auf den allgemeinen Kündigungsschutz nach dem KSchG berufen. Dies gilt unabhängig sowohl vom Umfang der vom Teilzeitarbeitnehmer zu erbringenden Arbeitsleistungen,[88] als auch von dem eventuellen Bestehen einer Hauptbeschäftigung neben der als Nebentätigkeit ausgeübten Teilzeitbeschäftigung.[89] Übt der Arbeitnehmer nebeneinander mehrere Teilzeitbeschäftigungen aus, kann er für jede dieser Beschäftigungen gesondert den allgemeinen Kündigungsschutz erwerben.

Notwendig ist nach **§ 1 Abs. 1 KSchG** allein, dass der Teilzeitarbeitnehmer bereits **länger als sechs Monate im Betrieb** beschäftigt war. Maßgeblich ist der **rechtliche Bestand** des Arbeitsverhältnisses, so dass sich die sechsmonatige Wartefrist bei Bestehen eines Teilzeitarbeitsverhältnisses weder verlängert noch verkürzt, unabhängig davon, ob es bei der Teilzeitbeschäftigung bspw. um eine Halbtagstätigkeit, ein Job-sharing-Arbeitsverhältnis oder um Arbeit auf Abruf handelt.[90] Weiter verlangt die sog. Kleinbetriebsklausel in **§ 23 Abs. 1 Satz 2 KSchG** für die Anwendbarkeit des KSchG, dass im Betrieb in der Regel **mehr als zehn Arbeitnehmer** beschäftigt werden.[91] Nach § 23 Abs. 1 Satz 4 KSchG werden bei der maßgeblichen Arbeitnehmerzahl die Arbeitnehmer mit dem Faktor 0,5 berücksichtigt, deren regelmäßige wöchentliche Arbeitszeit nicht mehr als 20 Stunden, und mit dem Faktor 0,75 diejenigen, deren regelmäßige Arbeitszeit nicht mehr als 30 Stunden wöchentlich beträgt.[92] Der EuGH hat durch Entscheidung vom 30. 11. 1993[93] die Vereinbarkeit der Kleinbetriebsklausel alten Rechts mit europäischem Recht bejaht. Die Kleinbetriebsklausel trifft nämlich Vollzeitbeschäftigte in kleinen Betrieben ebenso wie Teilzeitarbeitnehmer, so dass diese Vorschrift keine Diskriminierung der Teilzeitbeschäftigten, mithin auch keine mittelbare Diskriminierung weiblicher Arbeitnehmer wegen ihres Geschlechts darstellen kann. Es wird daher auch zukünftig von der Wirksamkeit des § 23 Abs. 1 Satz 4 KSchG auszugehen sein.

Unterfällt das Teilzeitarbeitsverhältnis unter den o.g. Voraussetzungen dem allgemeinen Kündigungsschutz, kann auch ein Teilzeitarbeitsverhältnis nur durch ordentliche Arbeitgeberkündigung aufgelöst werden, wenn diese **sozial gerechtfertigt** ist. Erforderlich ist daher gemäß **§ 1 Abs. 2 KSchG** das Vorliegen eines **personen-, verhaltens-** oder **betriebsbedingten Kündigungsgrundes.** Bei der Beurteilung personen- oder verhaltensbedingter Kündigungsgründe bestehen grundsätzlich keine Unterschiede zwischen Teilzeit- und Vollzeitbeschäftigten. Die Behauptung, dass der Teilzeitarbeitnehmer wegen des Bestehens einer weiteren Beschäftigung weniger sozial schutzbedürftig ist, stellt daher keine ausreichende Kündigungsrechtfertigung dar.[94] Durch § 11 TzBfG wird darüber hinaus klargestellt, dass die Kündigung eines Arbeitsverhältnisses unwirksam ist, wenn sie gerade darauf beruht, dass der Arbeitnehmer sich weigert, von einem Vollzeit- in ein Teilzeitarbeitsverhältnis oder umgekehrt zu wechseln. Über den Wortlaut hinaus dürfte dieses Kündigungsverbot auch auf die Weigerung eines Teilzeitbeschäftigten auszudehnen sein, in ein anderes Teilzeitarbeitsverhältnis mit einem höheren oder geringeren Umfang der Arbeitszeit zu wechseln.[95] Das Kündigungsverbot erfasst sowohl die Beendigungs- als auch die Änderungskündigung und ist nicht an die einschränkenden Voraussetzungen der §§ 1, 23 KSchG geknüpft, wirkt also auch in Kleinbetrieben und bei Kündigungen während der ersten sechs Monate des Arbeitsverhältnisses. Das Kündigungsverbot gilt allerdings nur, wenn gerade die Weigerung des Arbeitnehmers tragender Grund für die Kündigung ist, nicht aber, wenn die Weigerung lediglich die Kündigungsentscheidung ausgelöst hat, die Kündigungsentscheidung selbst aber auf anderen, die Kündigung rechtfertigenden Gründen beruht.[96] Dies wird durch § 11 Satz 2 TzBfG ausdrücklich klargestellt.

Besonderheiten können sich jedoch bei der sozialen Rechtfertigung betriebsbedingter Kündigungen aufgrund der Teilzeitarbeit ergeben. Die Entscheidung des Arbeitgebers, bestimmte Tätigkeiten im Betrieb statt bisher durch Teilzeitbeschäftigte in der Zukunft durch Vollzeitbeschäftigte ausführen zu lassen und deshalb eines oder mehrere Teilzeitarbeitsverhältnisse zu beenden, stellt nämlich typischerweise eine unternehmerische Entscheidung dar. Zu der **vom Arbeitgeber festzulegenden Organisation und Gestaltung des Betriebes** gehört auch die Entscheidung über die Kapazität an Arbeitskräften und an Arbeitzeit und wie diese Kapazität verteilt werden soll. Von den Arbeitsgerichten ist danach nur zu überprüfen, ob die Unternehmerentscheidung auf einem von plausiblen unternehmenspolitischen Gründen getragenen Konzept beruht, ob dieses Konzept tatsächlich umgesetzt worden ist und der Wegfall des (Teilzeit-) Arbeitsplatzes tatsächlich Folge dieser Entscheidung ist.[97] Demgegenüber ist den Arbeitsgerichten die Überprüfung verwehrt, ob die Unternehmerentscheidung zweckmäßig oder wirtschaftlich vernünftig ist.[98] Fallen aufgrund einer derartigen Unternehmerentscheidung Teilzeitarbeitsplätze fort, liegt ein betriebsbedingter Kündigungsgrund vor. Der Kündigungsgrund entfällt jedoch, wenn der Teilzeitarbeitnehmer, dessen Arbeitsplatz weggefallen ist, auf einem anderen freien Arbeitsplatz im Unternehmen weiterbeschäftigt werden kann. Andererseits ist der Arbeitgeber jedoch weder verpflichtet, zur Vermeidung von Kündigungen dem Teilzeitarbeitnehmer einen höherdotierten freien Arbeitsplatz anzubieten noch dazu Vollzeitarbeitsplätze in Teilzeitarbeitsplätze umzuwandeln.[99] Nach dem vom BAG[100] aus dem Verhältnismäßigkeitsgrundsatz hergeleiteten **Vorrang der Änderungskündigung vor** einer **Beendigungskündigung** besteht jedoch die Verpflichtung des Arbeitgebers, dem teilzeitbeschäftigten Arbeitnehmer die Fortsetzung des Arbeitsverhältnisses in Vollzeittätigkeit oder Teilzeittätigkeit mit längerer Arbeitszeit anzubieten, sofern eine vergleichbare Stelle im Unternehmen zu besetzen ist. Unterlässt der Arbeitgeber dieses Angebot, so ist die Kündigung unwirksam, wenn bei hypothetischer Betrachtung der Arbeitnehmer den Vorschlag des Arbeitgebers zumindest unter Vorbehalt angenommen hätte.[101] Fällt allerdings die Teilzeitstelle vollkommen weg, ohne durch eine Stelle mit längerer Arbeitszeit ersetzt zu werden und ist darüber hinaus keine freie Stelle dieser Art im Unternehmen vorhanden, entfällt die Erfordernis der Unterbreitung eines entsprechenden Änderungsangebots durch den Arbeitgeber.

Kommen für die Kündigung aus betriebsbedingten Gründen mehrere Arbeitnehmer in Betracht, hat der Arbeitgeber nach **§ 1 Abs. 3 KSchG** zwischen den in Betracht kommenden Arbeitnehmern eine **soziale Auswahl** vorzunehmen. Einzubeziehen sind in die Sozialauswahl alle im Betrieb – nicht im Unternehmen – beschäftigten, vergleichbaren Arbeitnehmer, also diejenigen, die nach ihrer Ausbildung und ihrem Tätigkeitsbereich sofort oder nach kurzer Einarbeitungszeit untereinander ausgetauscht werden können.[102] Das BAG[103] beantwortet die Frage nach der Vergleichbarkeit vollzeit- und teilzeitbeschäftigter Arbeitnehmer differenziert unter Berücksichtigung der betrieblichen Organisation. Hat der Arbeitgeber eine Organisationsentscheidung getroffen, aufgrund derer für bestimmte Arbeiten Vollzeitkräfte vorgesehen sind, so kann die Entscheidung als freie Unternehmerentscheidung nur darauf überprüft werden, ob sie offenbar unsachlich, unvernünftig oder willkürlich ist. Liegt danach eine bindende Unternehmerentscheidung vor, sind bei der Kündigung einer Teilzeitkraft die Vollzeitkräfte nicht in die Sozialauswahl einzubeziehen. Will der Arbeitgeber demgegenüber in einem bestimmten Bereich lediglich die Zahl der insgesamt geleisteten Arbeitsstunden abbauen, ohne dass eine derartige Organisationsentscheidung vorliegt, sind sämtliche in dem betroffenen Bereich beschäftigten Arbeitnehmer ohne Rücksicht auf ihr Arbeitszeitvolumen in die Sozialauswahl einzubeziehen. Die Sozialauswahl ist anhand der auch sonst üblichen Kriterien, insbesondere der Dauer der Betriebszugehörigkeit, des Lebensalters und der Anzahl der unterhaltsberechtigten Angehörigen, vorzunehmen.[104]

cc) Änderungskündigung. Eine Änderungskündigung kann durch den Arbeitgeber gegenüber Teilzeitbeschäftigten häufiger ausgesprochen werden, um die vertraglich vereinbarte Dauer oder Lage der Arbeitszeit zu verändern. Die Anforderungen, die an die Wirksamkeit der Änderungskündigung gestellt werden, unterscheiden sich nicht von denjenigen bei Vollzeitbeschäftigten. Es ist also auch hier eine am Einzelfall orientierte Abwägung zwischen dem Interesse des Teilzeitarbeitnehmers an der Beibehaltung seiner bisherigen Arbeitszeit und den vom Arbeitgeber angeführten Gründen, die für eine Änderung der Arbeitsbedingungen sprechen, vorzunehmen.[105] Allgemeine Regeln lassen sich hier kaum aufstellen, jedoch wird eine Änderungskündigung zur Herabsetzung der Arbeitszeit unter die Grenze der Sozialversicherungspflichtigkeit zum Zwecke der Ersparung von Sozialabgaben regelmäßig nicht sozial zu rechtfertigen sein.[106]

dd) Außerordentliche Kündigung. Sowohl bei der außerordentlichen Beendigungskündigung als auch bei der außerordentlichen Änderungskündigung gelten für Teilzeitarbeitsverhältnisse keine Besonderheiten.[107] Es ist daher auf die allgemeinen Grundsätze zu verweisen.[108]

ee) Kündigungsfristen. Auch bei der Kündigung eines Teilzeitarbeitsverhältnisses sind die tariflichen oder gesetzlichen Kündigungsfristen einzuhalten. Maßgeblich für das Eingreifen verlängerter Kündigungsfristen ist auch bei Teilzeitarbeitnehmern allein der rechtliche Bestand des Beschäftigungsverhältnisses, so dass der geringere Umfang der Arbeitszeit eines Teilzeitbeschäftigten nicht zur Verlängerung der Wartefrist für das Eingreifen verlängerter Kündigungsfristen führt. Gleiches gilt auch für tarifliche Regelungen, die nach Ablauf einer bestimmten Dauer der Betriebszugehörigkeit den Ausspruch einer ordentlichen Kündigung gänzlich ausschließen.[109]

e) **Die betriebsverfassungsrechtliche Stellung des Teilzeitbeschäftigten im Betrieb.** Die betriebsverfassungsrechtliche Stellung von Teilzeit- und Vollzeitarbeitnehmern im Betrieb unterscheidet sich nicht. Teilzeitarbeitnehmer sind daher nach **§ 7 BetrVG** bei den Betriebsratswahlen unabhängig vom Umfang ihrer Arbeitsleistung **wahlberechtigt,** wenn sie das 18. Lebensjahr vollendet haben.[110] Unerheblich ist, in welcher Form der Teilzeitarbeit der Arbeitnehmer tätig ist, ob er ständig oder nur vorübergehend arbeitet und ob er am Tag der Wahl oder der Aufstellung der Wählerliste im Betrieb anwesend ist.[111]

In den Betriebsrat **wählbar** sind Teilzeitarbeitnehmer nach **§ 8 BetrVG,** wenn sie wahlberechtigt sind und dem Betrieb zum Zeitpunkt der Betriebsratswahl mindestens sechs Monate angehört haben. Bei der Berechnung der sechsmonatigen Wartezeit kommt es auf den rechtlichen Bestand des Arbeitsverhältnisses und die Zugehörigkeit des Arbeitnehmers zur Belegschaft an.[112] Die Wählbarkeit wird daher nicht dadurch ausgeschlossen, dass der teilzeitbeschäftigte Arbeitnehmer während der Wartezeit aufgrund seiner Teilzeitbeschäftigung häufig nicht im Betrieb anwesend war.[113]

Die Teilzeitbeschäftigten sind unabhängig vom Umfang ihrer Tätigkeit bei der Berechnung der Mindestzahlen zu berücksichtigen, die nach § 1 BetrVG für die Errichtung des Betriebsrates, nach § 9

BetrVG für die Bestimmung der Größe des Betriebsrates, für die Anzahl der Freistellungen nach § 38 Abs. 1 BetrVG, für das Eingreifen der Beteiligungsrechte nach den §§ 95 Abs. 2, 99 Abs. 1 und 111 Abs. 1 BetrVG, die Unterrichtung der Arbeitnehmer nach § 110 BetrVG oder die Bildung eines Wirtschaftsausschusses nach § 106 BetrVG maßgeblich sind.

Ist ein teilzeitbeschäftigter Arbeitnehmer in den Betriebsrat gewählt worden, hat er die gleichen Rechte und Pflichten wie ein Vollzeitarbeitnehmer. Wird er nach § 38 BetrVG von seiner beruflichen Tätigkeit freigestellt, ist er nur im Verhältnis von seiner individuellen Arbeitszeit zur betriebsüblichen Arbeitszeit eines Vollzeitbeschäftigten auf die Anzahl der nach § 38 Abs. 1 BetrVG freizustellenden Arbeitnehmer anzurechnen.[114]

Das **teilzeitbeschäftigte Betriebsratsmitglied** ist verpflichtet, die Betriebsratsaufgaben soweit wie möglich während seiner individuellen Arbeitszeit wahrzunehmen. Ist dies aus betriebsbedingten Gründen nicht möglich, entsteht zunächst gemäß § 37 Abs. 3 BetrVG ein entsprechender Freizeitanspruch. Nimmt ein nicht freigestelltes teilzeitbeschäftigtes Betriebsratsmitglied Betriebsratsaufgaben außerhalb seiner individuellen Arbeitszeit wahr und kann er nicht entsprechend von der Arbeit freigestellt werden, hat er einen Anspruch auf zusätzliche Vergütung. Ein Anspruch auf Überstundenzuschläge ist erst dann begründet, wenn die reguläre Arbeitszeit eines Vollzeitbeschäftigten überschritten wird.[115]

Die Beteiligungsrechte des Betriebsrates erfassen die Arbeitsverhältnisse von Teilzeitbeschäftigen ebenso wie die von vollzeitbeschäftigten Arbeitnehmern. Von besonderer Bedeutung ist die Mitbestimmung des Betriebsrats bei der Einführung und Verteilung von Teilzeitarbeit im Betrieb gemäß § 87 Abs. 1 Nr. 2, 3 BetrVG.[116] Darüber hinaus ist der Betriebsrat bei der Personalplanung gemäß § 92 BetrVG, der Ausschreibung von Arbeitsplätzen nach § 93 BetrVG, der Aufstellung von Auswahlrichtlinien nach § 95 BetrVG und bei personellen Einzelmaßnahmen nach § 99 BetrVG zu beteiligen.[117]

f) Sozialversicherungsrechtliche Rahmenbedingungen der Teilzeitarbeit. Im Gegensatz zu Vollzeitarbeitsverträgen werfen Teilzeitarbeitsverträge im Hinblick auf deren Sozialversicherungspflichtigkeit besondere Fragen auf. Dies gilt insbesondere für die sog. geringfügig Beschäftigen.

Besondere Probleme treten darüber hinaus bei Mehrfachbeschäftigungen, bei Arbeitszeitmodellen mit längeren Freistellungsperioden und beim Wechsel von der Vollzeit- zur Teilzeitarbeit auf. Hinzuweisen ist darüber hinaus auf die in § 20 Abs. 2 SGB IV für Arbeitsverhältnisse mit einem Arbeitsentgelt oberhalb der Geringfügigkeitsgrenze bis zu 800,– € monatlich eingeführte **sozialversicherungsrechtliche Gleitzone.**[117a]

aa) Sozialversicherungsrechtliche Behandlung geringfügig Beschäftigter. Eine Definition der geringfügigen Beschäftigung für sämtliche Zweige der Sozialversicherung finden sich in § 8 Abs. 1 SGB IV. Danach kann eine geringfügige Beschäftigung in zwei Fallkonstellationen vorliegen.

Nach § 8 Abs. 1 Nr. 1 SGB IV ist eine „echte" geringfügige Beschäftigung, eine sog. **geringfügig entlohnte Beschäftigung,** gegeben, wenn die Beschäftigung regelmäßig ausgeübt wird und das aus dieser Beschäftigung erzielte Arbeitsentgelt regelmäßig 400,– € im Monat nicht übersteigt. Eine regelmäßige Beschäftigung liegt vor, wenn die Beschäftigung nicht lediglich gelegentlich ausgeübt wird. Die Regelmäßigkeit setzt nicht zwingend ein Dauerarbeitsverhältnis voraus. Ausreichend ist vielmehr eine Beschäftigung, die von vornherein auf ständige Wiederholung gerichtet ist und über mehrere Jahre hinweg ausgeübt werden soll. Dies kann auch bei einem über ein Jahr hinausgehenden Rahmenvertrag der Fall sein, selbst wenn aufgrund dieses Vertrages maximal nur Arbeitseinsätze an 50 Arbeitstagen innerhalb des Kalenderjahres erfolgen sollen.[118]

Als weitere Voraussetzung einer geringfügigen Beschäftigung darf die in § 8 Abs. 1 Nr. 1 SGB IV bundeseinheitlich auf 400,– € monatlich bezifferte Verdienstobergrenze nicht überschritten werden. Zu beachten ist allerdings, dass zur Feststellung der Geringfügigkeit des Verdienstes das gesamte Arbeitsentgelt einbezogen wird. Berücksichtigt werden muss daher nicht nur die monatliche Vergütung, sondern bspw. auch einmal jährlich fällige Gratifikationen oder Sonderzuwendungen sowie ein zusätzliches Urlaubsgeld, sofern der Arbeitnehmer bei vorausschauender Betrachtung ihre Gewährung mit hinreichender Sicherheit erwarten und als Teil seines Einkommens einplanen konnte. Da diese Beträge bei ganzjähriger Beschäftigung auf alle Beschäftigungsmonate verteilt werden, kann deren Einbeziehung zur Versicherungspflichtigkeit der Tätigkeit für das gesamte Kalenderjahr führen, wenn bei deren Einbeziehung die Geringverdienergrenze überschritten wird.[119] Zu berücksichtigen ist, dass es für die Höhe des maßgeblichen Arbeitsentgelts nicht allein auf dessen tatsächlichen Zufluss ankommt, sondern auch solche Entgelte berücksichtigt werden, die der Beschäftigte zwar hätte beanspruchen können, die ihm tatsächlich aber nicht zugeflossen sind.[120] Anderes gilt allerdings aufgrund der Regelung in § 23 a Abs. 1 SGB IV für Einmalzahlungen wie das Weihnachts- oder Urlaubsgeld, bei denen die Beitragspflicht nur besteht, wenn die Sonderleistung tatsächlich zur Auszahlung gelangt.[121] Nach § 17 SGB IV i. V. m. der ArEV[122] bleiben bei der Ermittlung des Gesamteinkommens bestimmte Einkommensbestandteile – z. B. Abfindungen, Beihilfen, Jubiläumsgeschenke oder Reisekosten – sowie pauschalbesteuerte Zuwendungen – verbilligtes Essen in der Betriebskantine, Direktversicherungsbeiträge o. ä. – unberücksichtigt.[123] Darüber hinaus werden bei der Bestimmung der Versicherungspflichtigkeit nur gelegentliche und nicht vorhersehbare Überschreitungen der Verdienstobergrenze – ein Zeitraum von bis zu zwei Monaten im Kalenderjahr – nicht berücksichtigt.[124]

Wie bei der Ermittlung der wöchentlichen Arbeitszeit ist bei schwankender Höhe des Arbeitsentgeltes der regelmäßige Betrag durch eine vorausschauende Schätzung zu ermitteln. Die aufgrund der Schätzung vorgenommene versicherungsrechtliche Bewertung bleibt für die Vergangenheit auch dann maßgebend, wenn sie infolge nicht sich voraussehbarer Umstände mit den tatsächlichen Arbeitsentgelten aus der Beschäftigung nicht übereinstimmt.

Die zweite Alternative der geringfügigen Beschäftigung bildet die sogenannte **kurzfristige Beschäftigung** nach § 8 Abs. 1 Nr. 2 SGB IV. Diese liegt vor, wenn die Beschäftigung innerhalb eines Jahres seit ihrem Beginn auf längstens zwei Monate oder fünfzig Arbeitstage begrenzt zu sein pflegt oder im Voraus vertraglich begrenzt ist. Auf die Höhe des erzielten Arbeitsentgelts kommt es hierbei nicht an. Bei Verlängerung einer zunächst in den o. g. Grenzen beschränkten Tätigkeit über diese Grenzen hinaus tritt die Versicherungspflicht mit Vereinbarung der Verlängerung, nicht erst mit Überschreiten der Höchstgrenzen ein. Demgegenüber führt eine Verkürzung einer ursprünglich auf längere Zeit angelegten Tätigkeit nicht zur Versicherungsfreiheit, da eine einmal bestehende Versicherungspflicht nicht nachträglich entfallen kann.

Eine kurzfristige Beschäftigung nach § 8 Abs. 1 Nr. 2 SGB IV liegt demgegenüber nicht vor, wenn die – kurzzeitige – Tätigkeit berufsmäßig ausgeübt wird und ihr Entgelt 400,– € im Monat übersteigt. Das Kriterium der Berufsmäßigkeit ist erfüllt, wenn der Arbeitnehmer durch die Tätigkeit seinen Lebensunterhalt überwiegend oder doch in einem solchen Umfang erwirbt, dass seine wirtschaftliche Stellung zu einem erheblichen Teil auf dieser Beschäftigung beruht.[125] Ist die Beschäftigung nach ihrer jeweiligen Eigenart darauf angelegt, nicht auf Dauer ausgeübt zu werden, liegt dementsprechend keine Berufsmäßigkeit vor. Dies gilt bspw. für kurzzeitige Tätigkeiten zwischen Schulentlassung und der Aufnahme von Studium oder Wehrdienst, anders allerdings, wenn es sich um eine vorbereitende Tätigkeit auf eine Ausbildung handelt oder Anhaltspunkte dafür vorliegen, dass die kurzfristige Tätigkeit in absehbarer Zeit wiederholt werden soll.[126]

Hinzuweisen ist schließlich auf die Sonderregelung für **geringfügige Beschäftigung in Privathaushalten** in § 8 a SGB IV, nach der die Regelungen über geringfügige Beschäftigungen auch bei geringfügigen Beschäftigungen, die ausschließlich in Privathaushalten ausgeübt werden, entsprechend gelten. Ziel dieser Regelung ist es, dem Problem der Schwarzarbeit, die häufig in privaten Haushalten ausgeübt wird, gerecht zu werden und diese Tätigkeit zu legalisieren, um abhängig Beschäftigte oder selbständig Tätige, die in privaten Haushalten Dienstleistungen erbringen, dazu zu veranlassen, dies unter dem Schutz der Sozialversicherung und unter Vermeidung der Schwarzarbeit zu tun. Die Privilegierung beschränkt sich auf einfache Dienstleistungen, die keine besonderen Fachkenntnisse erfordern, wie Hilfen im Haushalt, Kinderbetreuung, Gartenpflege etc.[127]

Übt der Arbeitnehmer mehrere geringfügige und jeweils für sich allein betrachtet versicherungsfreie Tätigkeiten aus, müssen diese zur Bestimmung der Sozialversicherungspflicht nach § 8 Abs. 2 SGB IV **zusammengerechnet** werden, so dass für die gesamte Tätigkeit eine Versicherungspflicht besteht, wenn aufgrund der Addition die Schwellenwerte überschritten werden. Wird dabei die Geringfügigkeitsentgeltgrenze überschritten, ist der Beschäftigte in beiden Arbeitsverhältnissen sozialversicherungspflichtig. Zusammengerechnet werden gleichfalls mehrere kurzfristig geringfügige Beschäftigungen nach § 8 Abs. 1 Nr. 2 SGB IV, wenn der Arbeitnehmer diese gleichzeitig oder nacheinander innerhalb eines Kalenderjahres ausübt. War dies bereits bei Aufnahme der ersten kurzfristigen Beschäftigung beabsichtigt und steht fest, dass die Grenzen des § 8 Abs. 1 Nr. 2 SGB IV überschritten werden, gilt die Beschäftigung von Anfang an als nicht geringfügig. Ist diese Gewissheit zu Beginn des Beschäftigungsverhältnisses noch nicht gegeben, endet die Geringfügigkeit an dem Tag, an dem während der Beschäftigung ungewiss wird, ob sie innerhalb der zunächst beabsichtigten Frist beendet wird, spätestens jedoch, wenn die Zwei-Monats- bzw. die 50-Tage-Grenze tatsächlich überschritten wird.[128] Zusammengerechnet wird darüber hinaus eine nicht geringfügige Beschäftigung mit einer wegen des Entgeltes geringfügige Beschäftigung nach § 8 Abs. 1 Nr. 1 SGB IV, wenn der Beschäftigte nicht nur eine derartige geringfügige Beschäftigung nach § 8 Abs. 1 Nr. 1 SGB IV ausübt, nicht aber bei entsprechenden kurzfristigen Beschäftigungen. In diesem Fall bleibt die zeitlich zuerst aufgenommene geringfügige Beschäftigung versicherungsfrei, während die zweite und jede weitere geringfügige Beschäftigung der Hauptbeschäftigung hinzuaddiert wird.[129] Nicht zusammengerechnet werden allerdings eine kurzfristige Beschäftigung nach § 8 Abs. 1 Nr. 2 SGB IV mit einer geringfügig entlohnten Beschäftigung nach § 8 Abs. 1 Nr. 1 SGB IV oder mit einer sozialversicherungspflichtigen Hauptbeschäftigung. Erfüllt die kurzfristige Beschäftigung allerdings gleichzeitig die Voraussetzungen einer geringfügig entlohnten Beschäftigung, kommt es bei Vorliegen einer weiteren geringfügigen Beschäftigung dennoch zu einer Zusammenrechnung.[130]

Für den Bereich der **Krankenversicherung** sieht § 7 Abs. 1 Satz 1 SGB V grundsätzlich Krankenversicherungsfreiheit vor. Die Versicherungsfreiheit entfällt nach § 7 Abs. 1 Satz 2 SGB V i.V.m. § 8 Abs. 2 SGB IV, wenn die geringfügig entlohnte Beschäftigung aufgrund Zusammenrechnung mit einer anderen geringfügig entlohnten oder sozialversicherungspflichtigen Hauptbeschäftigung zur Überschreitung der Geringfügigkeitsgrenzen in § 8 Abs. 1 Nr. 1 SGB IV führt. Für den Bereich der Krankenversicherung besteht allerdings insoweit eine Einschränkung, als bei Personen, die in der gesetzlichen Krankenversicherung nicht versicherungspflichtig sind, eine Zusammenrechnung der Einkünfte aus der geringfügigen Beschäftigung mit der nicht sozialversicherungspflichtigen – Hauptbeschäftigung nicht erfolgt. Dies trifft geringfügig Beschäftigte, die in ihrer Hauptbeschäftigung als Beamter, selbständig Erwerbstätiger, Student oder Arbeitnehmer mit einem die Beitragsbemessungsgrenze übersteigenden Jahresarbeitsentgelts tätig sind. Die geringfügige Beschäftigung dieses Personenkreises bleibt krankenversicherungsfrei.

Die entsprechende Regelung gilt auch für den Bereich der **sozialen Pflegeversicherung** aufgrund der in § 20 Abs. 1 Satz 1 SGB XI erfolgten Anknüpfung der Versicherungspflichten der Pflegeversicherung an die Versicherungspflicht in der gesetzlichen Krankenversicherung und die nach § 54 Abs. 2 Satz 1 SGB XI erfolgende Berechnung der Beiträge zur Pflegeversicherung unter Anknüpfung an die krankenversicherungsrechtliche Beitragsregelung.

In der gesetzlichen **Rentenversicherung** bleiben geringfügig Beschäftigte oder geringfügige Selbständige grundsätzlich beitragsfrei, es sei denn, die Zusammenrechnung mit anderen geringfügigen Beschäftigungen oder mit einer nicht geringfügigen Hauptbeschäftigung nach § 8 Abs. 2 SGB IV ergibt eine Versicherungspflicht. Ebenso wie in der gesetzlichen Krankenversicherung wird eine geringfügige Beschäftigung jedoch nur dann mit einer nicht geringfügigen Hauptbeschäftigung zusammengerechnet, wenn die Hauptbeschäftigung versicherungpflichtig ist. Für den Bereich der gesetzlichen Rentenversicherung regelt § 5 Abs. 2 Satz 2 SGB VI ein Wahlrecht des geringfügig entlohnten Arbeitnehmers.[131] Dieser kann durch schriftliche Erklärung gegenüber dem Arbeitgeber auf seine Versicherungsfreiheit verzichten und damit in der gesetzlichen Rentenversicherung für die Dauer des Versicherungsverhältnisses versicherungspflichtig werden. Das Wahlrecht kann nur mit Wirkung für die Zukunft ausgeübt werden. Mit dessen Ausübung erlischt das Wahlrecht für die Dauer der Beschäftigung. Es kann bei mehreren geringfügigen Beschäftigungen nur einheitlich erklärt werden. Entscheidet sich der geringfügig Beschäftigte für eine Versicherungspflicht in der gesetzlichen Rentenversicherung, kann er neben den Rentenanwartschaften nach Erfüllung der entsprechenden Wartezeiten auf Ansprüche auf Berufs- und Erwerbsunfähigkeitsrente sowie Rehabilitationsleistungen erwerben.

In der **Arbeitslosenversicherung** bleiben geringfügig Beschäftigte generell versicherungsfrei, § 27 Abs. 2 Satz 1 SGB III. Die Zusammenrechnung einer geringfügigen Beschäftigung mit einer nicht geringfügigen Beschäftigung unterbleibt in diesem Versicherungszweig, § 27 Abs. 2 Satz 1, 2. Hs. SGB III.

Der Bereich der **Unfallversicherung** kennt die geringfügige Beschäftigung schließlich überhaupt nicht. Nach § 2 Abs. 1 Nr. 1 SGB VII sind kraft Gesetzes Beschäftigte gegen die Risiken Arbeitsunfall und Berufskrankheit gesetzlich unfallversichert. Auf den Umfang der Beschäftigung kommt es nicht an. Auch geringfügig beschäftigte Personen sind daher in den Schutz der gesetzlichen Unfallversicherung einbezogen.

bb) Verteilung der Beitragslast. Auch bei Teilzeitarbeitsverhältnissen haben Arbeitgeber und Arbeitnehmer die Beträge zu den einzelnen Zweigen der Sozialversicherung grundsätzlich jeweils **zur Hälfte** zu tragen (§ 249 Abs. 1 SGB V, § 168 Abs. 1 Nr. 1 SGB VI, § 346 Abs. 1 SGB III, § 58 Abs. 1, 3 SGB XI; bei der Pflegeversicherung nur in den Bundesländern, die jeweils einen bundesweiten gesetzlichen Feiertag gestrichen haben). Der Arbeitgeber hat die Summe dieser Beiträge, den Gesamtsozialversicherungsbeitrag, nach den §§ 28 d, 28 e Abs. 1, 28 h SGB IV an die zuständige Einzugsstelle, die Krankenkasse, zu entrichten. Den Arbeitnehmeranteil darf er nach § 28 g SGB IV vom auszuzahlenden Arbeitsentgelt einbehalten.

Auch bei der **Beitragspflicht** bestehen für geringfügig Beschäftigte Besonderheiten.[132] § 249 b Satz 1 SGB V sieht für den Bereich der **Krankenversicherung** vor, dass der Arbeitgeber für einen in der Krankenversicherung Versicherten, der zusätzlich eine geringfügige Beschäftigung ausübt und in dieser geringfügig entlohnten Beschäftigung versicherungsfrei oder versicherungspflichtig ist, einen Pauschalbetrag in Höhe von 11% des Arbeitsentgeltes zu tragen hat. Für in ihrer Hauptbeschäftigung oder als Familienangehörige gesetzlich Krankenversicherte, die eine geringfügige Beschäftigung im Privathaushalt nach § 8 a SGB IV ausüben, beträgt der Pauschalbeitrag nach § 249 b Satz 2 SGB V 5%. Die Anknüpfung an den „Versichertenkreis" führt daher nur dann zur Beitragspflicht (Pauschalbeitrag), wenn der gerinfügig Beschäftigte in anderer Weise gesetzlich krankenversichert ist, etwas als Familienversicherter im

Sinne des § 10 Abs. 1 SGB V oder als gemäß § 9 SGB V freiwillig versicherter Beamter, der eine geringfügige Nebenbeschäftigung ausübt. Mit dieser Regelung wird sichergestellt, dass der Arbeitgeber den pauschalen Beitrag von 11%/5% nur für diejenigen geringfügig entlohnten Beschäftigten entrichten muss, die – anderweitig – in den Schutz der gesetzlichen Krankenversicherung einbezogen sind und damit bei Krankheit Leistungsansprüche aus der gesetzlichen Krankenversicherung haben. Demgegenüber muss der Pauschalbetrag für geringfügig entlohnte Beschäftigte, die in ihrer Hauptbeschäftigung nicht in der gesetzlichen Krankenversicherung versichert sind, nicht entrichtet werden. Dies betrifft z. B. Selbständige, über der Beitragsbemessungsgrenze verdienende Arbeitnehmer oder nicht freiwillig gesetzlich krankenversicherte Beamte.

Das Beitragsrecht der **gesetzlichen Rentenversicherung** sieht in § 172 Abs. 3 SGB VI vor, dass der Arbeitgeber für geringfügig entlohnte Beschäftigung nach § 8 Abs. 1 Nr. 1 SGB IV, die in dieser Beschäftigung versicherungsfrei oder von der Versicherungspflicht befreit sind, einen Beitragsanteil in Höhe von 12% des Arbeitsentgeltes, das bei versicherungspflichtiger Beschäftigung beitragspflichtig wäre, zu tragen hat. Bei Tätigkeiten in Privathaushalten beträgt der Pauschalbeitrag 5%.[133] Die arbeitsgeberseitige Beitragspflicht gilt – mit Ausnahme der nach § 5 Abs. 3 SGB VI versicherungsfreien Studenten – bezogen auf alle versicherungsfreien geringfügig beschäftigten Personen, also auch für Personengruppen, die bereits in ihrer Hauptbeschäftigung versicherungsfrei oder von der Versicherungspflicht befreit sind, etwa Beamte. Den Pauschalbeiträgen des Arbeitgebers nach § 172 Abs. 3 SGB VI kommt nach § 76 b SGB VI anwartschaftsbegründende bzw. -erhöhende Wirkung zu. Ein Anspruch auf Rehabilitationsleistungen nach den §§ 9 ff. SGB VI und Renten wegen verminderter Erwerbsunfähigkeit nach den §§ 43 ff. SGB VI kann allerdings nicht erworben werden.

Entscheidet sich der geringfügig entlohnte Beschäftigte nach § 5 Abs. 2 Satz 2 SGB VI für die Begründung der Versicherungspflicht seiner geringfügigen Beschäftigung durch schriftliche Erklärung gegenüber dem Arbeitgeber, so folgt aus § 163 Abs. 8 SGB VI und § 168 Abs. 1 Nr. 1 b SGB VI die Verpflichtung des Arbeitnehmers zur Zahlung eines Beitrages auf der Basis einer Mindestbemessungsgrenze von 155,– €. Übersteigt das Arbeitsentgelt den Betrag von 155,– €, so ist als Beitragsbemessungsgrundlage das tatsächlich erzielte Arbeitsentgelt maßgebend. Hiervon trägt der Arbeitgeber einen Beitragsanteil in Höhe von 12% des der Beschäftigung zugrunde liegenden Arbeitsentgeltes. Der Arbeitnehmer trägt die Differenz zum vollen Beitragssatz der gesetzlichen Rentenversicherung, zur Zeit also einen anteiligen Beitrag in Höhe von 7,5% des maßgebenden Arbeitsentgeltes. Der Verzicht auf die Versicherungsfreiheit wirkt ex-nunc. Er gilt für die gesamte Dauer des Beschäftigungsverhältnisses sowie aller übrigen parallel ausgeübten geringfügigen Beschäftigungsverhältnisse und kann nicht widerrufen werden. Der Verzicht kann sich darüber hinaus nur auf geringfügige Beschäftigungen im Sinne von § 8 Abs. 1 Nr. 1 SGB IV beziehen, nicht aber auf kurzfristige Beschäftigungen nach § 8 Abs. 1 Nr. 2 SGB IV.[134]

Für versicherungsfrei geringfügig entlohnte Beschäftigungen fallen im Bereich der **Pflege- bzw. Arbeitslosenversicherung** pauschale Beiträge nicht an. Beitragsfrei sind darüber hinaus die kurzfristigen Beschäftigungen im Sinne von § 8 Abs. 1 Nr. 2 SGB IV in sämtlichen Bereichen der Sozialversicherung.

Soweit geringfügig entlohnte Beschäftigungen durch Zusammenrechnung mit versicherungspflichtigen Beschäftigungen der Versicherungspflicht in der Kranken-, Pflege- und Rentenversicherung unterliegen, besteht zu diesen Versicherungszweigen die übliche Beitragspflicht. Hierfür gelten die üblichen beitragsrechtlichen Regelungen.

Folgt die Sozialversicherungspflichtigkeit einer Beschäftigung erst aus der Zusammenrechnung mehrerer geringfügiger Tätigkeiten, hat jeder Arbeitgeber den Sozialversicherungsbeitrag abzuführen, der auf das bei ihm bestehende Arbeitsverhältnis entfällt. Dies gilt auch dann, wenn dem Arbeitgeber das Bestehen eines weiteren Beschäftigungsverhältnisses nicht bekannt gewesen ist. Stellt sich erst nachträglich heraus, dass eine Versicherungspflicht bestanden hat, so ist der Arbeitgeber unabhängig von einer entsprechenden Kenntnis[135] nach **§ 28e Abs. 4 SGB IV** zur **Nachentrichtung der Beiträge,** Arbeitgeber- und Arbeitnehmeranteil, **verpflichtet.** Diese Verpflichtung endet erst, wenn die Beitragsforderungen – regelmäßig in vier Jahren nach Ablauf des Kalenderjahres, in dem die Beiträge fällig geworden sind, § 25 SGB IV – verjährt sind. Durch die seit dem 1.4.2003 geltende Neuregelung in § 8 Abs. 2 Satz 3 SGB IV ist die Problematik allerdings für den Arbeitgeber erheblich entschärft. Nach dieser Vorschrift beginnt die Versicherungspflicht und – daran anknüpfend – die Beitragspflicht nämlich erst mit Bekanntgabe der Zusammenrechnungsentscheidung der Einzugsstelle oder eines Rentenversicherungsträgers. Der Arbeitgeber ist dadurch weitgehend vor Überraschungen geschützt.[136]

Vom Arbeitnehmer kann der Arbeitgeber den Arbeitnehmeranteil an den nachentrichteten Sozialversicherungsbeitrag nach § 28g SGB IV grundsätzlich nur durch Einbehalt eines Teils des Arbeitsentgelts bei den nächsten drei Vergütungszahlungen zurückerlangen, danach nur dann, wenn der Abzug ohne Verschulden des Arbeitgebers unterblieben ist. Ist der Arbeitnehmer grob fahrlässig oder vorsätzlich seinen Pflichten nach § 28o Abs. 1 Satz 1 SGB IV, insbesondere auch der Pflicht zur Mitteilung weiterer Beschäftigungsverhältnisse, nicht nachgekommen, kann der Arbeitgeber später, auch nach Ausscheiden des Arbeitnehmers, die Nachzahlung des Arbeitnehmeranteils verlangen (§ 28g Satz 4 SGB IV). Da ein grob fahrlässiges Verhalten des Arbeitnehmers anzunehmen ist, wenn dieser trotz entgegenstehender ausdrücklicher arbeitsvertraglicher Regelung den Arbeitgeber nicht über weitere Beschäftigungsverhältnisse informiert hat, empfiehlt es sich, eine entsprechende Regelung in den Arbeitsvertrag aufzunehmen.[137]

Den Arbeitgeberanteil kann der Arbeitgeber vom Arbeitnehmer nur zurückverlangen, wenn er nachweisen kann, dass er den Arbeitsvertrag nur unter der Voraussetzung der Beitragsfreiheit geschlossen hat und bei Kenntnis der Sozialversicherungspflichtigkeit hiervon Abstand genommen hätte.[138] Hierfür reicht es nicht aus, dass sich eine Bestimmung im Arbeitsvertrag findet, dass der Arbeitnehmer anderweitige Beschäftigungsverhältnisse mitzuteilen hat. Vielmehr muss der Arbeitgeber darlegen, dass er bei Kenntnis der anderweitigen Beschäftigung den Arbeitsvertrag nicht geschlossen oder alsbald aufgelöst hätte. In der Praxis dürfte dies nur selten gelingen. Gegebenenfalls sollte dies im Arbeitsvertrag fixiert werden.

cc) Besonderheiten bei längeren Arbeitsunterbrechungen. Nach § 7 Abs. 3 SGB IV entfällt die Versicherungspflicht in allen Zweigen der Sozialversicherung, sofern das Arbeitsverhältnis zwar rechtlich fortbesteht, der Arbeitnehmer über einen Monat jedoch ohne Entgeltzahlung beschäftigt wird und keine der Ausnahmen des § 7 Abs. 3 Satz 2 SGB IV vorliegt. Dies kann insbesondere bei Teilzeitarbeitsverhältnissen eintreten, in denen der Arbeitnehmer nicht kontinuierlich, sondern mit längeren Freizeitzeiträumen tätig wird, und das Arbeitsentgelt entsprechend nach den Arbeitsphasen diskontinuierlich ausgezahlt wird. Es empfiehlt sich hier, unabhängig von der zeitlichen Lage und Dauer der Arbeitsphasen eine **kontinuierliche monatliche Auszahlung der Vergütung** in **Höhe des Monatsdurchschnittsverdienstes vorzunehmen,** um ein Erlöschen des Sozialversicherungsschutzes zu verhindern, wobei jedoch beachtet werden muss, ob der monatliche Durchschnittsverdienst die Grenze der die Sozialversicherungsfreiheit begründenden geringfügigen Entlohnung nach § 8 Abs. 1 Nr. 1 SGB IV unterschreitet. Eine derartige Vergütungsauszahlung hat darüber hinaus den Vorteil, dass die Höhe des von der Krankenkasse regelmäßig nach Ende des sechswöchigen Lohnfortzahlungszeitraumes zu zahlenden Krankengeldes nicht von den Zufälligkeiten des Umfanges der Arbeitsleistung vor der Erkrankung abhängig ist.[139]

Eine entsprechende Problematik stellt sich auch für die Rentenversicherung. Zur Vermeidung von Nachteilen bei der Rentenberechnung empfiehlt es sich, auch hier bei diskontinuierlicher Arbeitsleistung mit längeren Freizeitphasen das Arbeitsentgelt gleichmäßig auf alle Monate zu verteilen und unabhängig von den Zeiträumen der tatsächlichen Arbeitsleistung monatlich auszuzahlen. Es besteht nämlich dann eine durchgehende Versicherungspflicht in der Rentenversicherung, selbst wenn zwischen den einzelnen Arbeitsphasen ganze Kalendermonate ohne tatsächliche Arbeitsleistung liegen.

dd) Gleitender Ruhestand durch Teilrente. Durch das Rentenreformgesetz 1992 ist in den §§ 41, 42 SGB VI der gleitende Übergang älterer Arbeitnehmer aus dem Arbeitsleben in den Ruhestand geregelt worden. Parallel hierzu hat der Gesetzgeber in mehreren Schritten die **Regelaltersgrenze** für den Bezug von Altersrenten von 60 bis 63 Jahren für Frauen und Männer schrittweise auf die Regelaltersgrenze von 65 Jahren angehoben. Im Einzelnen ist dies für die verschiedenen Rentenarten in den §§ 236ff. SGB VI geregelt. Dies bedeutet, dass die volle Altersrente aller Rentenarten erst vom 65. Lebensjahr an bezogen werden kann. Eine Ausnahme gilt nur für Schwerbehinderte, bei denen die Altersgrenze mit Vollendung des 63. Lebensjahres erreicht wird. Zugleich mit der schrittweisen Erhöhung der Regelungsaltersgrenze hat der Gesetzgeber die Möglichkeit geschaffen, vor Erreichung der neuen Altersgrenze vorzeitig in den Ruhestand zu treten. In diesem Fall reduziert sich – differenziert nach den einzelnen Rentenarten – die Vollrente. Für jeden Monat der vorzeitigen Inanspruchnahme muss der Arbeitnehmer einen Abschlag von 0,3% seines Rentenanspruches in Kauf nehmen, für ein Jahr also in Höhe von 3,6% und für die höchstmögliche Zeit des vorzeitigen Renteneintritts von fünf Jahren in Höhe von 18%. Wegen der Einzelheiten ist auf die nach den einzelnen Rentenarten differenzierten Voraussetzungen in den §§ 236 bis 237a SGB VI zu verweisen.[140]

§ 42 SGB VI erlaubt dem älteren Arbeitnehmer vor Erreichen der neuen Regelaltersgrenze (65 Jahre) bei Vorliegen der ansonsten für den Bezug einer Vollrente erforderlichen Voraussetzungen eine Teilrente in Höhe von einem Drittel, der Hälfte oder zwei Dritteln der ihm zustehenden Vollrente in Anspruch zu nehmen. Da dies unter den o. g. Voraussetzungen auch vorzeitig erfolgen kann, wird dem Arbeitnehmer damit ein **gleitender Übergang in den Ruhestand** ermöglicht. Je nach Umfang der gewählten Teilrente gestattet § 34 Abs. 2, 3 SGB VI durch Festlegung von Hinzuverdienergrenzen neben dem Bezug der Teilrente die Fortsetzung der Arbeitstätigkeit in einem mit dem Umfang der Teilrente korrespondierenden verminderten Umfang. Wird die für die gewählte Teilrente geltende Hinzuverdienergrenze überschritten, bewirkt dies nicht, dass die Teilrente insgesamt wegfällt, sondern lediglich, dass die jeweils niedrigere Teilrente gewährt wird.

Wählt der Arbeitnehmer eine Teilrente, so vermindert sich der Rentenanspruch naturgemäß nur anteilig um den vorzeitig abgerufenen Teil der Rente; der Abschlag wirkt sich folglich – abhängig vom Umfang der weiterhin geleisteten, verminderten (Teilzeit-) Arbeit – nur zu einem Drittel, der Hälfte oder zu zwei Dritteln auf das Rentenkonto aus. Durch Fortsetzung der Teilzeittätigkeit verbunden mit dem Hinausschieben des Bezugs einer Vollrente über die Regelaltersgrenze von 65 Jahren hinaus kann das Rentenkonto wieder aufgefüllt werden, so dass die Verluste, die wegen des vorzeitigen Bezugs der Teilrente eingetreten sind, wieder ausgeglichen werden können.[141]

Nach § 41 Satz 1 SGB VI kann eine betriebsbedingte Kündigung nicht damit begründet werden, dass der Arbeitnehmer einen Anspruch auf Altersrente hat. Demgegenüber schließt die Vorschrift aber eine Kündigung wegen des tatsächlichen Bezuges einer Altersrente nicht aus. Gleichzeitig ist es nicht ausgeschlossen, die betriebsbedingte Kündigung bei Erreichen des 65. Lebensjahres damit zu begründen, einen vernünftigen Altersaufbau der Belegschaft zu erreichen und/oder Aufstiegschancen für jüngere Mitarbeiter zu eröffnen.[142]

Aus § 41 Satz 2 SGB VI folgt weiter, dass es grundsätzlich zulässig ist, Arbeitsverhältnisse auf die Vollendung des 65. Lebensjahres zu befristen. Darüber hinaus sieht § 41 Satz 2 SGB VI vor, dass eine auf einen Zeitpunkt vor Vollendung des 65. Lebensjahres wegen des dann möglichen Rentenbezuges abgeschlossene Befristungsabrede gegenüber dem Arbeitnehmer als auf die Vollendung des 65. Lebensjahres abgeschlossen gilt, sofern die Vereinbarung nicht innerhalb der letzten drei Jahre vor dem Zeitpunkt des – vor Vollendung des 65. Lebensjahres liegenden – Rentenbezuges abgeschlossen oder vom Arbeitnehmer bestätigt worden ist.[143]

ee) Unfallversicherung. Besonderheiten bei der Unfallversicherung bestehen für Teilzeitarbeitsverhältnisse nicht. Vollkommen unabhängig vom Umfang der Arbeitsleistung besteht nach § 2 Abs. 1 SGB VII eine Versicherungspflicht für alle Arbeitnehmer gegen Schäden an Gesundheit, Leib oder Leben bei Arbeits- und Wegeunfällen oder Berufskrankheiten. Der Arbeitnehmer ist durch den Arbeitgeber bei der jeweils zuständigen Berufsgenossenschaft zu versichern. Die Beiträge sind allein vom Arbeitgeber auf der Grundlage der Gesamtlohnsumme des Betriebes und der Gefahrenstufe, in die der Betrieb eingeordnet ist, zu erbringen.

g) Steuerrechtliche Rahmenbedingungen der Teilzeitarbeit. Grundsätzlich unterliegt das Arbeitseinkommen aus einer Teilzeitbeschäftigung in gleicher Weise der **Lohnsteuerpflicht** wie dasjenige aus einer Vollzeitbeschäftigung. Besonderheiten ergeben sich jedoch auch hier bei den Einkünften aus einer geringfügig entlohnten Beschäftigung im Sinne des § 8 Abs. 1 Nr. 1 SGB IV. Mit Wirkung ab dem 1.4.2003 ist die steuerliche Behandlung der geringfügig beschäftigten Arbeitnehmer grundlegend neu geregelt worden. Die ursprünglich bestehende Steuerfreiheit des Arbeitslohns aus geringfügigen Beschäftigungen nach § 3 Nr. 39 EStG entfällt mit diesem Zeitpunkt mit der Folge, dass Freistellungsbescheinigungen letztmalig für Arbeitslohn für die vor dem 1.4.2003 endenden Lohnzahlungszeiträume wirken, während der Arbeitslohn für Lohnzahlungszeiträume ab dem 1.4.2003 stets steuerpflichtig ist.

Die **Besteuerung des Entgeltes** bei kurzzeitigen oder geringfügigen Beschäftigungen kann nach § 40a EStG pauschaliert erfolgen. Für die nach § 8 Abs. 1 Nr. 1 oder § 8a SGB IV aufgrund ihres Entgeltes geringfügig beschäftigten Arbeitnehmer beträgt der pauschalierte Steuersatz 2% des Arbeitsentgeltes, wenn der Arbeitgeber Beiträge nach § 168 Abs. 1 Nr. 1b oder 1c SGB VI oder nach § 172 Abs. 3 oder 3a SGB VI zu entrichten hat. Anwendbar ist diese Regelung mithin bei Arbeitnehmern, die nach § 8 Abs. 1 Nr. 1 SGB IV geringfügig beschäftigt sind, deren Arbeitsentgelt aus der Beschäftigung mithin regelmäßig 400,00 € im Monat nicht überschreitet. Außerdem muss aufgrund dieses geringfügigen Beschäftigungsverhältnisses Rentenversicherungspflicht bestehen. In diesem Fall deckt die **Pauschalsteuer** sowohl die Lohnsteuer als auch den Solidaritätszuschlag und die Kirchensteuer ab. Ist der wegen des Entgeltes nach § 8 Abs. 1 Nr. 1 SGB IV geringfügig beschäftigte Arbeitnehmer nicht rentenversicherungspflichtig, kann eine Pauschalversteuerung nach § 40a Abs. 2 EStG mit einem Steuersatz von 20% erfolgen. Der Pauschalsteuersatz deckt allein die Lohnsteuer ab, so dass Solidaritätszuschlag und Kirchensteuer zusätzlich anfallen und ebenfalls pauschaliert werden müssen.

Bei einem nach § 8 Abs. 1 Nr. 2 SGB IV kurzzeitig beschäftigten Arbeitnehmer kann eine Pauschalversteuerung erfolgen, wenn die Dauer der Beschäftigung 18 zusammenhängende Arbeitstage nicht übersteigt und der Arbeitslohn während der Beschäftigungsdauer 62,00 € durchschnittlich je Arbeitstag nicht übersteigt oder die Beschäftigung zu einem unvorhersehbaren Zeitpunkt sofort erforderlich wird. In diesem Fall beträgt der Pauschalsteuersatz für die Lohnsteuer 25% des Arbeitslohnes. Auch hier müssen Solidaritätszuschlag und Kirchensteuer gesondert – ebenfalls pauschaliert – abgeführt werden.

Sämtliche Pauschalierungen setzen nach § 40a Abs. 4 EStG weiter voraus, dass der Arbeitslohn des Arbeitnehmers aus der Beschäftigung je Arbeitsstunde 12,00 € nicht übersteigt. Außerdem ist die Pauschalierung bei Arbeitnehmern unzulässig, die für eine andere Beschäftigung von demselben Arbeitgeber Arbeitslohn beziehen, der nach den §§ 39b bis 39d EStG dem Lohnsteuerabzug unterworfen wird. Die Pauschalversteuerung kann daher bei mehreren derartigen Arbeitsverhältnissen eines Arbeitnehmers bei verschiedenen Arbeitgebern jeweils gesondert erfolgen, ohne dass eine Zusammenrechnung erfolgt. Mehrere vertraglich getrennte Arbeitsverhältnisse bei einem Arbeitgeber werden jedoch zusammengerechnet, so dass hier regelmäßig der Wegfall der Pauschalierung wegen Überschreitung der Pauschalierungsgrenzen eintreten wird.[144]

Bei der Berechnung der durchschnittlichen Vergütung sind nicht nur die laufenden Bezüge zu berücksichtigen, sondern auch andere Leistungen des Arbeitgebers, die zum Arbeitsentgelt gehören, wie z.B. das Weihnachtsgeld, das Urlaubsgeld oder andere Sonderzuwendungen, nicht aber steuerfreie Zuwendungen des Arbeitgebers. Die steuerpflichtigen Sonderzahlungen werden, auch wenn sie nur einmal im Jahr gewährt werden, gleichmäßig auf den gesamten Bezugszeitraum aufgeteilt, so dass – wird bei Aufteilung der Zusatzleistungen die Geringfügigkeitsgrenze überschritten – bezüglich des gesamten Arbeitsentgelts im Bezugszeitraum die Veranlagung zur Einkommensteuer nach den individuellen Steuermerkmalen durchgeführt werden muss.

Wird die Lohnsteuer pauschaliert abgeführt, ist allein der **Arbeitgeber Einkommensteuerschuldner.** Der Arbeitnehmer braucht keine Lohnsteuerkarte vorzulegen. Dies bedeutet jedoch nicht, dass der Arbeitgeber im Verhältnis zum Arbeitnehmer verpflichtet ist, die Einkommensteuer endgültig zu tragen.[145] Im Regelfall wird man jedoch ohne Vorliegen einer entgegenstehenden Vereinbarung, für deren Bestehen der Arbeitgeber darlegungs- und beweispflichtig wäre, annehmen müssen, dass die Lohnsteuer endgültig vom Arbeitgeber zu tragen ist. Ist eine andere Regelung gewollt, empfiehlt es sich daher, dies im Arbeitsvertrag ausdrücklich festzuhalten.[146]

Gegen den Willen des Arbeitnehmers ist der Arbeitgeber nicht berechtigt, die Lohnsteuer pauschal abzuführen. Vielmehr kann der Arbeitnehmer unter Vorlage der Lohnsteuerkarte verlangen, dass die Besteuerung nach seinen individuellen Steuermerkmalen erfolgt.[147] Andererseits hat er aber auch keinen Anspruch auf Durchführung der Pauschalierung, so dass der Arbeitgeber gegen seinen Willen hierzu nicht gezwungen werden kann. Für das jeweils laufende Kalenderjahr sind Arbeitgeber und Arbeitnehmer an die einmal gewählte Art der Besteuerung gebunden.[148] Etwas anderes gilt nur, wenn die Besonderheiten des Arbeitsverhältnisses Anlass für einen Wechsel der Besteuerungsart geben, der Wechsel folglich nicht als Rechtsmissbrauch gewertet werden kann.

II. Textabdruck der Vertragsmuster

Teilzeit-Arbeitsvertrag

Zwischen
der Firma ...... (Arbeitgeber)
und
Herrn/Frau ......, wohnhaft in ......,
geboren am ...... (Arbeitnehmer),
wird

- ein Teilzeitarbeitsvertrag geschlossen.
- ein Teilzeitarbeitsvertrag mit dem Recht des Arbeitgebers zum Abruf der Arbeitsleistung nach Bedarf (Abrufarbeitsverhältnis) geschlossen.
- ein Job-sharing-Teilzeitarbeitsvertrag geschlossen.

1. Vertragsmuster: Herkömmliche Teilzeitarbeit

§ 1
Vertragsgegenstand

Der Arbeitnehmer wird als Teilzeitarbeitnehmer für die Tätigkeit eines ...... eingestellt.

Der Arbeitnehmer wird mit folgenden Aufgaben im Betrieb betraut: ...... Der Arbeitgeber ist berechtigt, dem Arbeitnehmer aus betrieblichen Gründen auch eine andere zumutbare Tätigkeit unter Beibehaltung der vereinbarten Vergütung innerhalb des Betriebes sowie aller Betriebsteile in ...... zuzuweisen.

§ 2
Beginn der Arbeitszeit, Probezeit

- **Variante 1:**
  Das Arbeitsverhältnis beginnt am ...... Die ersten ...... (drei bis sechs) Monate des Arbeitsverhältnisses gelten als Probezeit, während der die Vertragsparteien das Arbeitsverhältnis jederzeit mit einer Frist von zwei Wochen kündigen können.

- **Variante 2:**
  Das Arbeitsverhältnis beginnt am ...... und ist bis zum ...... (drei bis sechs Monate später) als Probearbeitsverhältnis befristet. Innerhalb dieser Zeit kann das Arbeitsverhältnis von beiden Seiten mit einer Frist von zwei Wochen gekündigt werden. Es endet nach Ablauf der Probezeit, ohne dass es einer Kündigung bedarf. Wird das Arbeitsverhältnis nach Ablauf der Probezeit einvernehmlich verlängert, gilt es von Anfang an als Dauerarbeitsverhältnis.

§ 3
Arbeitszeit

- **Variante 1:**
  Die regelmäßige wöchentliche Arbeitszeit beträgt die Hälfte (ein Viertel etc.) der im Betrieb üblichen Arbeitszeit eines Vollzeitbeschäftigten. Die Arbeitszeit des Arbeitnehmers erstreckt sich täglich von ...... bis ...... Uhr.

- **Variante 2:**
  Die regelmäßige wöchentliche Arbeitszeit beträgt ...... Stunden. Die Arbeitszeit des Arbeitnehmers erstreckt sich von montags bis mittwochs von ...... bis ...... Uhr.

- **Variante 3:**
  Die regelmäßige wöchentliche Arbeitszeit beträgt ...... Stunden. Montags, dienstags und mittwochs erstreckt sich die tägliche Arbeitszeit von ...... bis ...... Uhr, donnerstags von ...... bis ...... Uhr und freitags von ...... bis ...... Uhr.

- **Variante 4:**
  Die regelmäßige wöchentliche Arbeitszeit beträgt ...... Stunden. Die tägliche Arbeitszeit des Arbeitnehmers beträgt ...... Stunden. Der Arbeitnehmer ist berechtigt, die Lage der täglichen Arbeitszeit in der Zeit von ...... bis ...... Uhr, bei nur durch eine unbezahlte Pause von 30 Minuten unterbrochener Anwesenheit frei festzulegen. Er ist verpflichtet, bei Beginn und Beendigung der Arbeit die betrieblichen Zeiterfassungsgeräte zu benutzen.

- **Variante 5:**
  Die regelmäßige Arbeitszeit für den Zeitraum von zwei Wochen beträgt ...... Stunden. Der Arbeitnehmer ist verpflichtet, jeweils im turnusmäßigen wochenweisen Wechsel beginnend ab Montag, den ......, täglich von ...... bis ...... Uhr zu arbeiten, und in der jeweils folgenden Woche mit der Arbeit auszusetzen.

- **Variante 6:**
  Die regelmäßige wöchentliche Arbeitszeit bestimmt sich nach der im Betrieb geltenden Betriebsvereinbarung über die Arbeitszeit von Teilzeitbeschäftigten. Die Lage der täglichen Arbeitszeit richtet sich ebenfalls nach dieser Betriebsvereinbarung.

- **Variante 7:**
  Der Arbeitnehmer arbeitet vollzeitig zu den betriebsüblichen Arbeitszeiten in den Monaten von Januar bis Juni eines Jahres. In den Monaten Juli bis Dezember eines Jahres ruhen die beiderseitigen Verpflichtungen aus diesem Vertrag.
  Dem Arbeitnehmer ist bekannt, dass er während des Ruhens des Arbeitsverhältnisses nicht sozialversicherungspflichtig ist und er daher selbst für die Aufrechterhaltung der notwendigen sozialen Sicherung – z. B. Krankenversicherung – zu sorgen hat.

§ 4
Vergütung

1. Vergütungshöhe

Der Arbeitnehmer erhält für seine vertraglichen Leistungen ein Arbeitsentgelt von ...... € im Monat/in der Woche/in der Stunde.

2. Fälligkeit

- **Variante 1:**
  Das Arbeitsentgelt wird jeweils am 1./15. eines Monats fällig und ist bargeldlos auf ein vom Arbeitnehmer anzugebendes Konto bei einem Kreditinstitut im Inland zu zahlen.

- **Variante 2:**
  Das Arbeitsentgelt ist jeweils am letzten Werktag der Woche/des Monats fällig, in der/dem der Arbeitnehmer Arbeitsleistungen erbracht hat. Es ist bargeldlos auf ein vom Arbeitnehmer anzugebendes Konto bei einem Kreditinstitut im Inland zu zahlen.

§ 5
Arbeitsverhinderung, Vergütungsfortzahlung

1. Persönliche Arbeitsverhinderung

Der Arbeitnehmer hat dem Arbeitgeber jede Arbeitsverhinderung unverzüglich anzuzeigen, sobald er von ihr Kenntnis erlangt. Er ist verpflichtet, seine persönlichen Angelegenheiten in der arbeitsfreien Zeit zu erledigen, soweit nicht zwingende Gründe dem entgegenstehen.

Bei persönlicher Verhinderung, die auf vorhersehbaren Ereignissen beruht, wird eine Vergütung gemäß § 616 Abs. 1 BGB nicht gezahlt.

2. Krankheitsbedingte Arbeitsunfähigkeit

Eine krankheitsbedingte Arbeitsunfähigkeit hat der Arbeitnehmer dem Arbeitgeber unverzüglich, möglichst bis ...... Uhr des ersten Krankheitstages, anzuzeigen und ebenfalls unverzüglich, spätestens jedoch vor Ablauf des auf den dritten Krankheitstag folgenden Arbeitstages eine ärztliche Arbeitsunfähigkeitsbescheinigung vorzulegen.

Der Arbeitnehmer hat bei krankheitsbedingter Arbeitsunfähigkeit Anspruch auf Fortzahlung der Vergütung nach Maßgabe der gesetzlichen Bestimmungen.

§ 6
Zusätzliche betriebliche Leistungen

1. Betriebliche Sonderleistungen

- **Variante 1:**
  Der Arbeitnehmer erhält die üblichen zusätzlichen betrieblichen Leistungen entsprechend der Betriebsvereinbarung über ......

- **Variante 2:**
  Der Arbeitnehmer erhält folgende zusätzliche betriebliche Leistungen:
  Art: ...... Höhe: ......,
  Art: ...... Höhe: ......,
  Art: ...... Höhe: ......
  Die Zahlungen erfolgen freiwillig und können vom Arbeitgeber für die Zukunft jederzeit gekürzt oder in vollem Umfang widerrufen werden.

2. Weihnachtsgratifikation

Besteht das Arbeitsverhältnis am ...... (Stichtag) in einem ungekündigten Zustand, erhält der Arbeitnehmer eine Weihnachtsgratifikation in Höhe von ...... € (z. B. einem halben Monatsgehalt), die mit dem Novembergehalt ausgezahlt wird.

Der Arbeitnehmer ist zur Rückzahlung der Weihnachtsgratifikation verpflichtet, wenn er vor dem 31. März des Folgejahres aus dem Arbeitsverhältnis ausscheidet.

§ 7
Betriebliche Altersversorgung

- **Variante 1:**
  Der Arbeitnehmer erhält Leistungen aus der betrieblichen Altersversorgung entsprechend der im Betrieb geltenden Ruhegeldordnung.
- **Variante 2:**
  Der Arbeitnehmer erhält bei Eintritt in den Ruhestand/bei Ausscheiden aus dem Arbeitsverhältnis mit Vollendung des 65. Lebensjahres Leistungen aus der betrieblichen Altersversorgung in Höhe von ...... €/von ...... % seines zuletzt im Durchschnitt der letzten ...... Jahre bezogenen Monatsgehalts (ohne Zulagen, Sonderzuwendungen, Urlaubsgeld, Provisionen, Prämien etc.), sofern er dem Unternehmen bei Eintritt in den Ruhestand/bei Ausscheiden mindestens ...... Jahre angehört.

§ 8
Vermögenswirksame Leistungen

Der Arbeitgeber gewährt dem Arbeitnehmer einen Betrag von ...... (13,–) € zur vermögenswirksamen Anlage in einer der Anlageformen nach dem 5. VermbG. In Monaten, in denen der Arbeitnehmer Arbeitsleistungen nicht erbringt, besteht kein Anspruch auf Gewährung der vermögenswirksamen Leistung.

§ 9
Urlaub, Urlaubsvergütung

1. Urlaubsdauer

- **Variante 1:**
  Dem Arbeitnehmer wird im Kalenderjahr Erholungsurlaub für ...... Werktage/Arbeitstage gewährt. Der Urlaub ist grundsätzlich zusammenhängend zu nehmen.

- **Variante 2:**
  Dem Arbeitnehmer wird im Kalenderjahr Erholungsurlaub in dem im Manteltarifvertrag für ...... in der jeweiligen Fassung festgelegten Umfang gewährt. Der Urlaub beträgt zur Zeit ...... Werktage/Arbeitstage. Er ist grundsätzlich zusammenhängend zu nehmen.

- **Variante 3:**
  Dem Arbeitnehmer wird im Kalenderjahr Erholungsurlaub von ...... Werktagen/Arbeitstagen gewährt. Für jeden gewährten Urlaubstag verringert sich das Urlaubsvolumen um die Anzahl der Stunden, die der Arbeitnehmer ohne den Urlaub gearbeitet hätte. Der Urlaub ist grundsätzlich zusammenhängend zu nehmen.

2. Urlaubsentgelt

- **Variante 1:**
  Der Arbeitnehmer erhält für jeden Urlaubstag ein Urlaubsentgelt in Höhe des Durchschnitts des täglichen Verdienstes der dem Urlaub vorhergehenden 13 Wochen/3 Monate.

- **Variante 2:**
  Der Arbeitnehmer erhält für jeden Urlaubstag ein Urlaubsentgelt in Höhe des Durchschnitts des täglichen Verdienstes des dem Urlaub vorhergehenden Kalenderjahres/Kalenderhalbjahres.

- **Variante 3:**
  Der Arbeitnehmer erhält für jeden Urlaubstag ein Urlaubsentgelt in Höhe des Entgelts für die durchschnittliche tägliche Arbeitsleistung aufgrund der vereinbarten Arbeitszeit im Bezugszeitraum (Stundendeputat : Werktage im Bezugszeitraum × Urlaubstage).

3. Zusätzliches Urlaubsgeld

- **Variante 1:**
  Der Arbeitnehmer erhält ein zusätzliches Urlaubsgeld von ...... € pro Urlaubstag.

- **Variante 2:**
  Der Arbeitnehmer erhält ein zusätzliches Urlaubsgeld. Dieses beträgt pro Urlaubstag ...... % des täglichen Urlaubsentgelts.

§ 10
Mehrarbeit, Überstunden

1. Verpflichtung zur Ableistung von Überstunden

- **Variante 1:**
  Der Arbeitnehmer ist in dringenden Fällen auf Anweisung des Arbeitgebers verpflichtet, Überarbeit bis zu ...... Stunden wöchentlich zu leisten.

- **Variante 2:**
  Die Leistung von Überstunden ist ausgeschlossen.

2. Überstundenvergütung

- **Variante 1:**
  Die Überarbeit ist nur zuschlagspflichtig, wenn die betriebliche Arbeitszeit von täglich ...... Stunden und wöchentlich ...... Stunden überschritten wird. In diesem Fall erhält der Arbeitnehmer eine Überstundenvergütung von einem ...... tel der vereinbarten Arbeitsvergütung pro Stunde zuzüglich eines hierauf berechneten Zuschlages von ...... v. H.

- **Variante 2:**
  Jede Stunde der Überarbeit wird mit einem Anteil von einem ...... tel der vereinbarten Arbeitsvergütung zuzüglich eines hierauf berechneten Zuschlages von ...... v. H. vergütet.

§ 11
Nebentätigkeit, Wettbewerbsabrede

1. Nebentätigkeit

- **Variante 1:**
  Der Arbeitnehmer steht bei Vertragsschluss in einem weiteren Arbeitsverhältnis zu ...... mit einer wöchentlichen Arbeitszeit von ...... Stunden.
  Er ist berechtigt, weitere Teilzeitarbeitsverhältnisse einzugehen, soweit hierdurch nicht die berechtigten Interessen des Arbeitgebers beeinträchtigt oder die gesetzlichen Arbeitszeitgrenzen überschritten werden. Unzulässig ist eine weitere Teilzeitarbeit als ......
  Der Arbeitnehmer ist verpflichtet, dem Arbeitgeber die Aufnahme einer weiteren Beschäftigung unverzüglich anzuzeigen.

- **Variante 2:**
  Die Parteien sind sich darüber einig, dass es sich bei dem Arbeitsverhältnis um eine geringfügige Tätigkeit i. S. d. § 8 Abs. 1 SGB IV handelt.
  Der Arbeitnehmer ist verpflichtet, dem Arbeitgeber jede Änderung einer für das Bestehen der Sozialversicherungspflicht der Tätigkeit oder der Beitragshöhe maßgeblichen Tatsache unverzüglich mitzuteilen.

2. Wettbewerbsverbot

Der Arbeitnehmer ist nicht berechtigt, selbständig oder für einen Dritten in den Bereichen ...... tätig zu werden.

§ 12
Schlussbestimmungen

1. Tarifverträge

Soweit vorstehend nicht abweichend geregelt, finden die jeweils geltenden Tarifverträge, in deren fachlichen und räumlichen Geltungsbereich der Betrieb fällt, in dem der Arbeitnehmer beschäftigt ist, Anwendung. Bei mehreren in Betracht kommenden Tarifverträgen gilt der sachnähere.

2. Vertragsänderungen, Nebenabreden

Änderungen und Ergänzungen des Vertrages einschließlich seiner einvernehmlichen Auflösung oder Kündigung bedürfen der Schriftform. Nebenabreden zu diesem Vertrag bestehen nicht.

3. Salvatorische Klausel

Die Unwirksamkeit einzelner der vorstehenden Bestimmungen lassen die Wirksamkeit des Vertrages im Übrigen unberührt. Die Parteien sind verpflichtet, die unwirksame Bestimmung durch eine wirksame Bestimmung zu ersetzen, die dem mit der unwirksamen Bestimmung wirtschaftlich Gewolltem am nächsten kommt.

......, den ......

......	......
Arbeitgeber	Arbeitnehmer

2. Vertragsmuster: Abrufarbeit

§ 1
Vertragsgegenstand

Der Arbeitnehmer wird als Teilzeitarbeitnehmer (Arbeit auf Abruf) für die Tätigkeit eines ...... eingestellt.
Der Arbeitnehmer wird mit folgenden Aufgaben im Betrieb betraut: ...... Der Arbeitgeber ist berechtigt, dem Arbeitnehmer aus betrieblichen Gründen auch eine andere zumutbare Tätigkeit unter Beibehaltung der vereinbarten Vergütung innerhalb des Betriebes sowie aller Betriebsteile in ...... zuzuweisen.

§ 2
Beginn der Arbeitszeit, Probezeit

- **Variante 1:**
  Das Arbeitsverhältnis beginnt am ...... Die ersten ...... (drei bis sechs) Monate des Arbeitsverhältnisses gelten als Probezeit, während der die Vertragsparteien das Arbeitsverhältnis jederzeit mit einer Frist von zwei Wochen kündigen können.

- **Variante 2:**
  Das Arbeitsverhältnis beginnt am ...... und ist bis zum ...... (drei bis sechs Monate später) als Probearbeitsverhältnis befristet. Innerhalb dieser Zeit kann das Arbeitsverhältnis von beiden Seiten mit einer Frist von zwei Wochen gekündigt werden. Es endet nach Ablauf der Probezeit, ohne dass es einer Kündigung bedarf. Wird das Arbeitsverhältnis nach Ablauf der Probezeit einvernehmlich verlängert, gilt es von Anfang an als Dauerarbeitsverhältnis.

§ 3
Festlegung der Arbeitszeit

1. Arbeitszeitdeputat

Die wöchentliche/monatliche/jährliche Arbeitzeit des Arbeitnehmers beträgt ...... Stunden.

2. Abruf der Arbeitsleistung

Der Arbeitnehmer muss seine Arbeitsleistung nur auf Abruf durch den Arbeitgeber erbringen. Die Lage der Arbeitszeit wird vom Arbeitgeber entsprechend dem Arbeitsanfall im Betrieb unter angemessener Berücksichtigung der persönlichen Wünsche des Arbeitnehmers nach folgenden Grundsätzen festgelegt:

a) Dauer der Arbeitszeit

- **Variante 1:**
  Die Arbeitszeit beträgt ...... aufeinander folgende Stunden pro Tag der Arbeitsleistung.
- **Variante 2:**
  Die Dauer der Arbeitszeit beträgt mindestens ...... (drei) und höchstens ...... aufeinander folgende Stunden pro Tag der Arbeitsleistung.

b) Lage der Arbeitszeit

- **Variante 1:**
  Die Arbeitszeit ist auf die ...... -Schicht beschränkt.
- **Variante 2:**
  Die Arbeitszeit ist auf die Vormittagsstunden von 8.30 Uhr bis 12.30 Uhr beschränkt.
- **Variante 3:**
  Der Arbeitgeber wird den Arbeitnehmer nur an den Werktagen ...... /in den Monaten ...... zur Arbeitsleistung einsetzen.
- **Variante 4:**
  Der Arbeitnehmer darf auch außerhalb der Geschäftszeiten eingesetzt werden.
- **Variante 5:**
  Der Arbeitnehmer darf auch zweimal am Tag zur Arbeitsleistung abgerufen werden. Die ununterbrochene Arbeitszeit muss jeweils mindestens ...... Stunden betragen.
- **Variante 6:**
  Der Arbeitgeber ist verpflichtet, die Arbeitsleistung des Arbeitnehmers mindestens ...... Mal pro Woche für eine Mindestzeit von ...... Stunden abzurufen.

3. Durchführung des Arbeitsabrufs

Der Arbeitgeber ruft die Arbeitsleistung des Arbeitnehmers jeweils spätestens vier Tage im Voraus unter Angabe der zeitlichen Lage – Datum, Beginn und Ende der täglichen Arbeitszeit – ab. Erfolgt der

Abruf nicht innerhalb dieser Frist, ist der Arbeitnehmer zur Arbeitsleistung nicht verpflichtet.

Der Abruf erfolgt in der Weise, dass

- **Variante 1:**
  der Arbeitgeber die festgelegte Arbeitszeit am Montag einer Woche für die darauf folgende Woche durch Aushang am Schwarzen Brett ...... (genauer Ort) bekannt gibt. Ist der Arbeitnehmer an diesem oder dem darauf folgenden Tag nicht zur Arbeit eingeteilt, wird er über die Festlegung der Arbeitszeit in der Folgewoche anderweitig in geeigneter Weise unterrichtet.
- **Variante 2:**
  der Arbeitgeber durch telefonische Mitteilung den Arbeitnehmer über die Festlegung der Arbeitszeit informiert.
- **Variante 3:**
  der Arbeitgeber die schriftliche Mitteilung über die Festlegung der Arbeitszeit einer Woche jeweils am Montag der vorausgehenden Woche in das dem Arbeitnehmer zugewiesene Fach im Büro ...... einwirft. Arbeitet der Arbeitnehmer an diesem und dem folgenden Tag nicht, wird er über die Festlegung der Arbeitszeit anderweitig in geeigneter Weise unterrichtet.

4. Arbeitszeitguthaben, -defizit

Die Übertragung von Arbeitszeitguthaben oder Arbeitszeitdefiziten auf den nachfolgenden Bezugszeitraum ist bis zu ...... (zehn) Stunden zulässig. Die Übertragung größerer Arbeitszeitüberhänge bedarf der vorherigen Zustimmung des Arbeitgebers.

§ 4
Vergütung

1. Vergütungshöhe

- **Variante 1:**
  Der Arbeitnehmer erhält eine Monatsvergütung von ...... € brutto für die in § 3 Nr. 1 vereinbarte Arbeitszeit. Für jede weitere Stunde, die der Arbeitnehmer im Rahmen dieses Vertrages arbeitet, erhält der Arbeitnehmer eine Vergütung von ...... € brutto.
- **Variante 2:**
  Der Stundenlohn beträgt ...... € brutto. Die Vergütung für die in § 3 Nr. 1 vereinbarte Stundenzahl ist auch dann zu zahlen, wenn

der Arbeitgeber die volle Stundenzahl nicht oder nicht wirksam abgerufen hat.

2. Fälligkeit

- **Variante 1:**
  Das Arbeitsentgelt wird jeweils am 1./15. eines Monats fällig und ist bargeldlos auf ein vom Arbeitnehmer anzugebendes Konto bei einem Kreditinstitut im Inland zu zahlen.

- **Variante 2:**
  Das Arbeitsentgelt ist jeweils am letzten Werktag der Woche/des Monats fällig, in der/dem der Arbeitnehmer Arbeitsleistungen erbracht hat. Es ist bargeldlos auf ein vom Arbeitnehmer anzugebendes Konto bei einem Kreditinstitut im Inland zu zahlen.

§ 5
Arbeitsverhinderung, Vergütungsfortzahlung

1. Persönliche Arbeitsverhinderung

Der Arbeitnehmer hat dem Arbeitgeber jede Arbeitsverhinderung unverzüglich anzuzeigen, sobald er von ihr Kenntnis erlangt, auch wenn der Arbeitgeber die persönliche Arbeitszeit des Arbeitnehmers noch nicht festgelegt hat. Der Arbeitnehmer ist verpflichtet, seine persönlichen Angelegenheiten in der arbeitsfreien Zeit zu erledigen, soweit nicht zwingende Gründe dem entgegenstehen.

Bei persönlicher Verhinderung, die auf vorhersehbaren Ereignissen beruht, wird eine Vergütung gemäß § 616 Abs. 1 BGB nicht gezahlt.

2. Krankheitsbedingte Arbeitsunfähigkeit

Eine krankheitsbedingte Arbeitsunfähigkeit hat der Arbeitnehmer dem Arbeitgeber unverzüglich, möglichst bis ...... Uhr des ersten Krankheitstages anzuzeigen und ebenfalls unverzüglich, spätestens jedoch vor Ablauf des auf den dritten Krankheitstag folgenden Arbeitstages, eine ärztliche Arbeitsunfähigkeitsbescheinigung vorzulegen.

Der Arbeitnehmer hat bei krankheitsbedingter Arbeitsunfähigkeit einen Anspruch auf Fortzahlung der Vergütung nach Maßgabe der gesetzlichen Bestimmungen für die Krankheitszeit, während der eine Beschäftigung erfolgt wäre. Im gleichen Umfang gilt die Arbeitsleistung als erbracht.

§ 6
Zusätzliche betriebliche Leistungen

1. Betriebliche Sonderleistungen

- **Variante 1:**
  Der Arbeitnehmer erhält die üblichen zusätzlichen betrieblichen Leistungen entsprechend der Betriebsvereinbarung über ......

- **Variante 2:**
  Der Arbeitnehmer erhält folgende zusätzliche betriebliche Leistungen:
  Art: ...... Höhe: ......,
  Art: ...... Höhe: ......,
  Art: ...... Höhe: ......
  Die Zahlungen erfolgen freiwillig und können vom Arbeitgeber für die Zukunft jederzeit gekürzt oder in vollem Umfang widerrufen werden.

2. Weihnachtsgratifikation

Besteht das Arbeitsverhältnis am ...... (Stichtag) in einem ungekündigten Zustand, erhält der Arbeitnehmer eine Weihnachtsgratifikation in Höhe von ...... € (z.B. einem halben Monatsgehalt), die mit dem Novembergehalt ausgezahlt wird.

Der Arbeitnehmer ist zur Rückzahlung der Weihnachtsgratifikation verpflichtet, wenn er vor dem 31. März des Folgejahres aus dem Arbeitsverhältnis ausscheidet.

§ 7
Betriebliche Altersversorgung

- **Variante 1:**
  Der Arbeitnehmer erhält Leistungen aus der betrieblichen Altersversorgung entsprechend der im Betrieb geltenden Ruhegeldordnung.

- **Variante 2:**
  Der Arbeitnehmer erhält bei Eintritt in den Ruhestand/bei Ausscheiden aus dem Arbeitsverhältnis mit Vollendung des 65. Lebensjahres Leistungen aus der betrieblichen Altersversorgung in Höhe von ...... €/von ...... % seines zuletzt im Durchschnitt der letzten ...... Jahre bezogenen Monatsgehalts (ohne Zulagen,

Sonderzuwendungen, Urlaubsgeld, Provisionen, Prämien etc.), sofern er dem Unternehmen bei Eintritt in den Ruhestand/bei Ausscheiden mindestens ...... Jahre angehört.

§ 8
Vermögenswirksame Leistungen

Der Arbeitgeber gewährt dem Arbeitnehmer einen Betrag von ...... (13,–) € zur vermögenswirksamen Anlage in einer der Anlageformen nach dem 5. VermbG. In Monaten, in denen der Arbeitnehmer Arbeitsleistungen nicht erbringt, besteht kein Anspruch auf Gewährung der vermögenswirksamen Leistung.

§ 9
Urlaub, Urlaubsvergütung

1. Urlaubsdauer

- **Variante 1:**
  Dem Arbeitnehmer wird im Kalenderjahr Erholungsurlaub für ...... Werktage/Arbeitstage gewährt. Der Urlaub ist grundsätzlich zusammenhängend zu nehmen.

- **Variante 2:**
  Dem Arbeitnehmer wird im Kalenderjahr Erholungsurlaub in dem im Manteltarifvertrag für ...... in der jeweiligen Fassung festgelegten Umfang gewährt. Der Urlaub beträgt zur Zeit ...... Werktage/Arbeitstage. Er ist grundsätzlich zusammenhängend zu nehmen.

2. Anrechnung auf das Arbeitszeitdeputat

Während der Zeit, für die der Arbeitnehmer Erholungsurlaub erhalten hat, wird er nicht zur Arbeitsleistung herangezogen. Die Zeit, für die der Arbeitnehmer nach Ziffer 3 Urlaubsentgelt erhält, wird auf das Arbeitszeitdeputat nach § 3 Nr. 1 angerechnet. In diesem Umfang gilt die Arbeitsleistung als erbracht.

3. Urlaubsentgelt

- **Variante 1:**
  Der Arbeitnehmer erhält für jeden Urlaubstag ein Urlaubsentgelt in Höhe des Durchschnitts des täglichen Verdienstes der dem Urlaub vorhergehenden 13 Wochen/3 Monate.

- **Variante 2:**
  Der Arbeitnehmer erhält für jeden Urlaubstag ein Urlaubsentgelt in Höhe des Entgelts für die durchschnittliche tägliche Arbeitsleistung aufgrund der vereinbarten monatlichen Arbeitszeit (Stundendeputat : Werktage im Monat × Urlaubstage).

- **Variante 3:**
  Der Arbeitnehmer erhält für jeden Urlaubstag ein Urlaubsentgelt in Höhe des Entgelts für die durchschnittliche tägliche Arbeitsleistung aufgrund der vereinbarten Arbeitszeit im Bezugszeitraum (Stundendeputat : Werktage im Bezugszeitraum × Urlaubstage).

4. Zusätzliches Urlaubsgeld

- **Variante 1:**
  Der Arbeitnehmer erhält ein zusätzliches Urlaubsgeld von ...... € pro Urlaubstag.

- **Variante 2:**
  Der Arbeitnehmer erhält ein zusätzliches Urlaubsgeld. Dieses beträgt pro Urlaubstag ...... % des täglichen Urlaubsentgelts.

§ 10
Mehrarbeit, Überstunden

1. Verpflichtung zur Ableistung von Überstunden

- **Variante 1:**
  Der Arbeitnehmer ist in dringenden Fällen auf Anweisung des Arbeitgebers verpflichtet, Überarbeit bis zu ...... Stunden wöchentlich zu leisten.

- **Variante 2:**
  Die Leistung von Überstunden ist ausgeschlossen.

2. Überstundenvergütung

- **Variante 1:**
  Die Überarbeit ist nur zuschlagspflichtig, wenn die betriebliche Arbeitszeit von täglich ...... Stunden und wöchentlich ...... Stunden überschritten wird. In diesem Fall erhält der Arbeitnehmer eine Überstundenvergütung von einem ...... tel der vereinbarten Arbeitsvergütung pro Stunde zuzüglich eines hierauf berechneten Zuschlages von ...... v. H.

- **Variante 2:**
  Jede Stunde der Überarbeit wird mit einem Anteil von einem ...... tel der vereinbarten Arbeitsvergütung zuzüglich eines hierauf berechneten Zuschlages von ...... v. H. vergütet.

§ 11
Nebentätigkeit, Wettbewerbsabrede

1. Nebentätigkeit

- **Variante 1:**
  Der Arbeitnehmer steht bei Vertragsschluss in einem weiteren Arbeitsverhältnis zu ...... mit einer wöchentlichen Arbeitszeit von ...... Stunden.
  Er ist berechtigt, weitere Teilzeitarbeitsverhältnisse einzugehen, soweit hierdurch nicht die berechtigten Interessen des Arbeitgebers beeinträchtigt oder die gesetzlichen Arbeitszeitgrenzen überschritten werden. Unzulässig ist eine weitere Teilzeitarbeit als ......
  Der Arbeitnehmer ist verpflichtet, dem Arbeitgeber die Aufnahme einer weiteren Beschäftigung unverzüglich anzuzeigen.

- **Variante 2:**
  Die Parteien sind sich darüber einig, dass es sich bei dem Arbeitsverhältnis um eine geringfügige Tätigkeit i. S. d. § 8 Abs. 1 SGB IV handelt.
  Der Arbeitnehmer ist verpflichtet, dem Arbeitgeber jede Änderung einer für das Bestehen der Sozialversicherungspflicht der Tätigkeit oder der Beitragshöhe maßgeblichen Tatsache unverzüglich mitzuteilen.

2. Wettbewerbsverbot

Der Arbeitnehmer ist nicht berechtigt, selbständig oder für einen Dritten in den Bereichen ...... tätig zu werden.

§ 12
Schlussbestimmungen

1. Tarifverträge

Soweit vorstehend nicht abweichend geregelt, finden die jeweils geltenden Tarifverträge, in deren fachlichen und räumlichen Geltungsbereich der Betrieb fällt, in dem der Arbeitnehmer beschäftigt ist,

Anwendung. Bei mehreren in Betracht kommenden Tarifverträgen gilt der sachnähere.

2. Vertragsänderungen, Nebenabreden

Änderungen und Ergänzungen des Vertrages einschließlich seiner einvernehmlichen Auflösung oder Kündigung bedürfen der Schriftform. Nebenabreden zu diesem Vertrag bestehen nicht.

3. Salvatorische Klausel

Die Unwirksamkeit einzelner der vorstehenden Bestimmungen lassen die Wirksamkeit des Vertrages im Übrigen unberührt. Die Parteien sind verpflichtet, die unwirksame Bestimmung durch eine wirksame Bestimmung zu ersetzen, die dem mit der unwirksamen Bestimmung wirtschaftlich Gewolltem am nächsten kommt.

……, den ……

……	……
Arbeitgeber	Arbeitnehmer

3. Vertragsmuster: Job-sharing-Vertrag

§ 1
Vertragsgegenstand

Der Arbeitnehmer wird als Teilzeitarbeitnehmer im Job-sharing-System für die Tätigkeit eines …… eingestellt.
Der Arbeitnehmer wird mit folgenden Aufgaben im Betrieb betraut:
……
Der Arbeitgeber ist berechtigt, dem Arbeitnehmer aus betrieblichen Gründen auch eine andere zumutbare Tätigkeit unter Beibehaltung der vereinbarten Vergütung innerhalb des Betriebes und aller Betriebsteile in …… zuzuweisen.

§ 2
Beginn der Arbeitszeit, Probezeit

- **Variante 1:**
  Das Arbeitsverhältnis beginnt am …… Die ersten …… (drei bis sechs) Monate des Arbeitsverhältnisses gelten als Probezeit, wäh-

rend der die Vertragsparteien das Arbeitsverhältnis jederzeit mit einer Frist von zwei Wochen kündigen können.

- **Variante 2:**
  Das Arbeitsverhältnis beginnt am ...... und ist bis zum ...... (drei bis sechs Monate später) als Probearbeitsverhältnis befristet. Innerhalb dieser Zeit kann das Arbeitsverhältnis von beiden Seiten mit einer Frist von zwei Wochen gekündigt werden. Es endet nach Ablauf der Probezeit, ohne dass es einer Kündigung bedarf. Wird das Arbeitsverhältnis nach Ablauf der Probezeit einvernehmlich verlängert, gilt es von Anfang an als Dauerarbeitsverhältnis.

§ 3
Arbeitszeit

1. Arbeitszeitdeputat

- **Variante 1:**
  Der Arbeitszeitanteil des Arbeitnehmers beträgt ...... Stunden pro Monat.

- **Variante 2:**
  Der Arbeitnehmer ist verpflichtet, sein vertragliches Arbeitszeitdeputat von ...... Stunden innerhalb von ...... Monaten zu erfüllen.

2. Arbeitszeitguthaben, -defizit

Die Übertragung von Arbeitszeitguthaben oder Arbeitszeitdefiziten auf den nachfolgenden Bezugszeitraum ist bis zu ...... (zehn) Stunden zulässig. Die Übertragung größerer Arbeitszeitüberhänge bedarf der vorherigen Zustimmung des Arbeitgebers.

§ 4
Zusammensetzung des Job-sharing-Teams

1. Begründung des Teams

Der Arbeitnehmer teilt seinen Arbeitsplatz mit ...... anderen Arbeitnehmern, dem (den) Job-sharing-Partner(n). Er bildet mit dem (den) Job-sharing-Partner(n) das Job-sharing-Team.

2. Veränderung des Teams

Der Arbeitgeber ist berechtigt, die Zusammensetzung des Job-sharing-Teams jederzeit aus betrieblichen Gründen zu ändern. Er wird bei seiner Entscheidung berechtigte Wünsche des Arbeitnehmers berücksichtigen.

§ 5
Verteilung der Arbeit zwischen den Job-sharing-Partnern

1. Besetzung des Arbeitsplatzes

Der Arbeitnehmer ist verpflichtet, den ihm zugewiesenen Arbeitsplatz mit dem/den anderen Job-sharing-Partner(n) ständig zu besetzen. Eine gleichzeitige Tätigkeit mehrerer Job-sharing-Partner ist unzulässig/ist nur für die Dauer von ...... Stunden pro Tag zulässig.

2. Verteilung der Arbeitszeit

Die Job-sharing-Partner sind gemeinsam verpflichtet, sich untereinander über die Aufteilung ihrer Arbeitszeit im Rahmen der betriebsüblichen Arbeitszeit abzustimmen. Die Abstimmung erfolgt auf der Grundlage, dass

- **Variante 1:**
  der Wechsel zwischen den Job-sharing-Partnern täglich/wöchentlich/monatlich erfolgt.
- **Variante 2:**
  einer der Job-sharing-Partner täglich von 8.30 Uhr bis 13.15 Uhr und der andere von 12.45 Uhr bis 17.30 Uhr arbeitet.
- **Variante 3:**
  die Job-sharing-Partner jeweils abwechselnd ganztägig arbeiten.
- **Variante 4:**
  die Job-sharing-Partner fortlaufend im wöchentlichen Wechsel arbeiten, wobei der Arbeitnehmer am ...... erstmalig seine Arbeitsleistung zu erbringen hat.

Eine Abweichung von diesen Vorgaben bedarf der Zustimmung des Arbeitgebers.

3. Aufstellung des Arbeitszeitenplans

Die Job-sharing-Partner haben dem Arbeitgeber jeweils ...... Tage im Voraus einen Arbeitszeitenplan für den Zeitraum von ...... Wochen/Monaten vorzulegen. Können sich die Job-sharing-Partner über die Aufteilung der Arbeitszeit nicht bis zu diesem Termin einigen, ist der Arbeitgeber berechtigt, die Aufteilung der Arbeitszeit für die Arbeitnehmer verbindlich vorzunehmen/gilt der Arbeitszeitenplan für die vorangegangene Periode fort.

§ 6
Vertretung bei Arbeitsausfall

1. Vertretungspflicht

- **Variante 1:**
  Der Arbeitnehmer ist verpflichtet, seinen Job-sharing-Partner zu vertreten, wenn dieser an der Erledigung der Arbeitsleistung verhindert ist und eine Vertretung aus dringenden betrieblichen Gründen geboten ist. In anderen Fällen der persönlichen Arbeitsverhinderung eines Job-sharing-Partners, insbesondere bei Krankheit, Urlaub etc., sorgt der Arbeitgeber für eine Vertretung.

- **Variante 2:**
  Ist ein Job-sharing-Partner an der Erbringung der Arbeitsleistung verhindert, so sorgt der Arbeitgeber für eine Vertretung. Die Job-sharing-Partner können die Vertretung im Einzelfall unter sich regeln.

2. Auswirkung auf das Arbeitszeitdeputat

Vertritt der Arbeitnehmer einen Job-sharing-Partner bei persönlicher Arbeitsverhinderung, wird die Vertretungszeit auf die vertraglich vereinbarte Arbeitszeit nicht angerechnet. Die Vertretungszeit wird gesondert in Höhe des in § 7 vereinbarten Entgeltes vergütet.

§ 7
Vergütung

1. Vergütungshöhe

- **Variante 1:**
  Der Arbeitnehmer erhält für seine vertraglichen Leistungen ein Arbeitsentgelt von ...... € im Monat/in der Woche/in der Stunde.

- **Variante 2:**
  Der Arbeitnehmer erhält unabhängig von der tatsächlichen Arbeitsleistung eine monatliche Vergütung in Höhe eines Zwölftels

des Betrages, der sich aus der Multiplikation des in § 3 Nr. 1 vereinbarten Arbeitszeitdeputats und einer Stundenvergütung von …… € ergibt.

2. Fälligkeit

- **Variante 1:**
  Das Arbeitsentgelt wird jeweils am 1./15. eines Monats fällig und ist bargeldlos auf ein vom Arbeitnehmer anzugebendes Konto bei einem Kreditinstitut im Inland zu zahlen.

- **Variante 2:**
  Das Arbeitsentgelt ist jeweils am letzten Werktag der Woche/des Monats fällig, in der/dem der Arbeitnehmer Arbeitsleistungen erbracht hat. Es ist bargeldlos auf ein vom Arbeitnehmer anzugebendes Konto bei einem Kreditinstitut im Inland zu zahlen.

§ 8
Arbeitsverhinderung, Vergütungsfortzahlung

1. Persönliche Arbeitsverhinderung

Der Arbeitnehmer hat dem Arbeitgeber jede Arbeitsverhinderung unverzüglich anzuzeigen, sobald er von ihr Kenntnis erlangt. Er ist verpflichtet, seine persönlichen Angelegenheiten in der arbeitsfreien Zeit zu erledigen, soweit nicht zwingende Gründe dem entgegenstehen.

Die Job-sharing-Partner sind verpflichtet, bei Erstellung des Arbeitszeitplanes vorhersehbare persönliche Arbeitsverhinderungen zu berücksichtigen und den Plan in Abstimmung untereinander und mit dem Arbeitgeber nachträglich anzupassen, wenn persönliche Arbeitsverhinderungen nach dessen Aufstellung erkennbar werden.

Bei persönlicher Verhinderung, die auf vorhersehbaren Ereignissen beruhen, wird eine Vergütung gemäß § 616 Abs. 1 BGB nicht gezahlt.

2. Krankheitsbedingte Arbeitsunfähigkeit

Eine krankheitsbedingte Arbeitsunfähigkeit hat der Arbeitnehmer dem Arbeitgeber unverzüglich, möglichst bis …… Uhr des ersten Krankheitstages, anzuzeigen und ebenfalls unverzüglich, spätestens jedoch vor Ablauf des auf den dritten Krankheitstag folgenden Arbeitstages eine ärztliche Arbeitsunfähigkeitsbescheinigung vorzulegen.

Der Arbeitnehmer hat bei krankheitsbedingter Arbeitsunfähigkeit Anspruch auf Fortzahlung der Vergütung nach Maßgabe der gesetzlichen Bestimmungen für die Krankheitszeit, während der eine Beschäftigung erfolgt wäre. Im gleichen Umfang gilt die Arbeitsleistung als erbracht.

Die Höhe der Krankenvergütung ergibt sich aus dem aktuellen Arbeitszeitenplan bzw. dem Arbeitszeitenplan aus der vorangegangenen Periode. / Der Arbeitnehmer erhält als Krankenvergütung für jeden Tag der Krankheit den Durchschnitt seines täglichen Arbeitsentgelts im Bezugszeitraum.

§ 9
Zusätzliche betriebliche Leistungen

1. Betriebliche Sonderleistungen

- **Variante 1:**
  Der Arbeitnehmer erhält die üblichen zusätzlichen betrieblichen Leistungen entsprechend der Betriebsvereinbarung über ......

- **Variante 2:**
  Der Arbeitnehmer erhält folgende zusätzliche betriebliche Leistungen:
  Art: ......, Höhe: ......,
  Art: ......, Höhe: ......,
  Art: ......, Höhe: ......
  Die Zahlungen erfolgen freiwillig und können vom Arbeitgeber für die Zukunft jederzeit gekürzt oder in vollem Umfang widerrufen werden.

2. Weihnachtsgratifikation

Besteht das Arbeitsverhältnis am ...... (Stichtag) in einem ungekündigten Zustand, erhält der Arbeitnehmer eine Weihnachtsgratifikation in Höhe von ...... € (z.B. einem halben Monatsgehalt), die mit dem Novembergehalt ausgezahlt wird.

Der Arbeitnehmer ist zur Rückzahlung der Weihnachtsgratifikation verpflichtet, wenn er vor dem 31. März des Folgejahres aus dem Arbeitsverhältnis ausscheidet.

§ 10
Betriebliche Altersversorgung

- **Variante 1:**
  Der Arbeitnehmer erhält Leistungen aus der betrieblichen Altersversorgung entsprechend der im Betrieb geltenden Ruhegeldordnung.

- **Variante 2:**
  Der Arbeitnehmer erhält bei Eintritt in den Ruhestand/bei Ausscheiden aus dem Arbeitsverhältnis mit Vollendung des 65. Lebensjahres Leistungen aus der betrieblichen Altersversorgung in Höhe von ...... €/von ...... % seines zuletzt im Durchschnitt der letzten ...... Jahre bezogenen Monatsgehalts (ohne Zulagen, Sonderzuwendungen, Urlaubsgeld, Provisionen, Prämien etc.), sofern er dem Unternehmen bei Eintritt in den Ruhestand/bei Ausscheiden mindestens ...... Jahre angehört.

§ 11
Vermögenswirksame Leistungen

Der Arbeitgeber gewährt dem Arbeitnehmer einen Betrag von ...... (13,–) € zur vermögenswirksamen Anlage in einer der Anlageformen nach dem 5. VermbG. In Monaten, in denen der Arbeitnehmer Arbeitsleistungen nicht erbringt, besteht kein Anspruch auf Gewährung der vermögenswirksamen Leistung.

§ 12
Urlaub, Urlaubsvergütung

1. Urlaubsdauer

- **Variante 1:**
  Dem Arbeitnehmer wird im Kalenderjahr Erholungsurlaub für ...... Werktage/Arbeitstage gewährt. Der Urlaub ist grundsätzlich zusammenhängend zu nehmen.

- **Variante 2:**
  Dem Arbeitnehmer wird im Kalenderjahr Erholungsurlaub in dem im Manteltarifvertrag für ...... in der jeweiligen Fassung festgelegten Umfang gewährt. Der Urlaub beträgt zur Zeit ......

Werktage/Arbeitstage. Er ist grundsätzlich zusammenhängend zu nehmen.

2. Anrechnung auf das Arbeitszeitdeputat

Die Zeit, für die der Arbeitnehmer nach Ziffer 3 Urlaubsentgelt erhält, wird auf das Arbeitszeitdeputat nach § 3 Nr. 1 angerechnet. In diesem Umfang gilt die Arbeitsleistung als erbracht.

3. Urlaubsentgelt

- **Variante 1:**
  Der Arbeitnehmer erhält für jeden Urlaubstag ein Urlaubsentgelt in Höhe des Durchschnitts des täglichen Verdienstes der dem Urlaub vorhergehenden 13 Wochen/3 Monate.

- **Variante 2:**
  Der Arbeitnehmer erhält für jeden Urlaubstag ein Urlaubsentgelt in Höhe des Entgelts für die durchschnittliche tägliche Arbeitsleistung aufgrund der vereinbarten monatlichen Arbeitszeit (Stundendeputat : Werktage im Monat × Urlaubstage).

- **Variante 3:**
  Der Arbeitnehmer erhält für jeden Urlaubstag ein Urlaubsentgelt in Höhe des Entgelts für die durchschnittliche tägliche Arbeitsleistung aufgrund der vereinbarten Arbeitszeit im Bezugszeitraum (Stundendeputat : Werktage im Bezugszeitraum × Urlaubstage).

4. Zusätzliches Urlaubsgeld

- **Variante 1:**
  Der Arbeitnehmer erhält ein zusätzliches Urlaubsgeld von ...... € pro Urlaubstag.

- **Variante 2:**
  Der Arbeitnehmer erhält ein zusätzliches Urlaubsgeld. Dieses beträgt pro Urlaubstag ...... % des täglichen Urlaubsentgelts.

§ 13
Mehrarbeit, Überstunden

1. Verpflichtung zur Ableistung von Überstunden

- **Variante 1:**
  Der Arbeitnehmer ist in dringenden Fällen auf Anweisung des Arbeitgebers verpflichtet, Überarbeit bis zu ...... Stunden wöchentlich zu leisten.

- **Variante 2:**
  Die Leistung von Überstunden ist ausgeschlossen.

2. Überstundenvergütung

- **Variante 1:**
  Die Überarbeit ist nur zuschlagspflichtig, wenn die betriebliche Arbeitszeit von täglich ...... Stunden und wöchentlich ...... Stunden überschritten wird. In diesem Fall erhält der Arbeitnehmer eine Überstundenvergütung von einem ...... tel der vereinbarten Arbeitsvergütung pro Stunde zuzüglich eines hierauf berechneten Zuschlages von ...... v. H.

- **Variante 2:**
  Jede Stunde der Überarbeit wird mit einem Anteil von einem ...... tel der vereinbarten Arbeitsvergütung zuzüglich eines hierauf berechneten Zuschlages von ...... v. H. vergütet.

§ 14
Nebentätigkeit, Wettbewerbsabrede

1. Nebentätigkeit

- **Variante 1:**
  Der Arbeitnehmer steht bei Vertragsschluss in einem weiteren Arbeitsverhältnis zu ...... mit einer wöchentlichen Arbeitszeit von ...... Stunden.
  Er ist berechtigt, weitere Teilzeitarbeitsverhältnisse einzugehen, soweit hierdurch nicht die berechtigten Interessen des Arbeitgebers beeinträchtigt oder die gesetzlichen Arbeitszeitgrenzen überschritten werden. Unzulässig ist eine weitere Teilzeitarbeit als ......
  Der Arbeitnehmer ist verpflichtet, dem Arbeitgeber die Aufnahme einer weiteren Beschäftigung unverzüglich anzuzeigen.

- **Variante 2:**
  Die Parteien sind sich darüber einig, dass es sich bei dem Arbeitsverhältnis um eine geringfügige Tätigkeit i.S.d. § 8 Abs. 1 SGB IV handelt.
  Der Arbeitnehmer ist verpflichtet, dem Arbeitgeber jede Änderung einer für das Bestehen der Sozialversicherungspflicht der Tätigkeit oder der Beitragshöhe maßgeblichen Tatsache unverzüglich mitzuteilen.

2. Wettbewerbsverbot

Der Arbeitnehmer ist nicht berechtigt, selbständig oder für einen Dritten in den Bereichen ...... tätig zu werden.

§ 15
Schlussbestimmungen

1. Tarifverträge

Soweit vorstehend nicht abweichend geregelt, finden die jeweils geltenden Tarifverträge, in deren fachlichen und räumlichen Geltungsbereich der Betrieb fällt, in dem der Arbeitnehmer beschäftigt ist, Anwendung. Bei mehreren in Betracht kommenden Tarifverträgen gilt der sachnähere.

2. Vertragsänderungen, Nebenabreden

Änderungen und Ergänzungen des Vertrages einschließlich seiner einvernehmlichen Auflösung oder Kündigung bedürfen der Schriftform. Nebenabreden zu diesem Vertrag bestehen nicht.

3. Salvatorische Klausel

Die Unwirksamkeit einzelner der vorstehenden Bestimmungen lassen die Wirksamkeit des Vertrages im Übrigen unberührt. Die Parteien sind verpflichtet, die unwirksame Bestimmung durch eine wirksame Bestimmung zu ersetzen, die dem mit der unwirksamen Bestimmung wirtschaftlich Gewolltem am nächsten kommt.

......, den ......

......	......
Arbeitgeber	Arbeitnehmer

B. Vertragsmuster mit Anmerkungen

Teilzeit-Arbeitsvertrag

Zwischen
der Firma ...... (Arbeitgeber)
und
Herrn/Frau ......, wohnhaft in ......,
geboren am ...... (Arbeitnehmer),
wird

- ein Teilzeitarbeitsvertrag geschlossen.
- ein Teilzeitarbeitsvertrag mit dem Recht des Arbeitgebers zum Abruf der Arbeitsleistung nach Bedarf (Abrufarbeitsverhältnis) geschlossen.
- ein Job-sharing-Teilzeitarbeitsvertrag geschlossen.

Inhalt der Erläuterungen

Ein Teilzeitarbeitsverhältnis wird wie jedes andere Arbeitsverhältnis auch durch arbeitsvertragliche Vereinbarung begründet. Es gelten daher für den Teilzeitarbeitsvertrag die gleichen rechtlichen Anforderungen, die auch sonst an das Zustandekommen und den Bestand eines wirksamen Arbeitsvertrages gestellt werden.

1. Verpflichtung zur Ausschreibung als Teilzeitarbeitsplatz

Nach § 7 Abs. 1 TzBfG ist der Arbeitgeber, der einen Arbeitsplatz öffentlich oder innerhalb eines Betriebes ausschreibt, verpflichtet, diesen auch als Teilzeitarbeitsplatz auszuschreiben, wenn sich der Arbeitsplatz hierfür eignet. Die Verpflichtung zur Ausschreibung eines Teilzeitarbeitsplatzes hat mithin zwei Voraussetzungen. Zum einen muss der Arbeitgeber den Arbeitsplatz überhaupt öffentlich oder intern ausschreiben. Eine Ausschreibungsverpflichtung wird durch § 7 Abs. 1 TzBfG nicht begründet,[149] kann jedoch aus anderen Rechtsvorschriften, z. B. § 93 BetrVG folgen. Selbstverständlich kann sich der Arbeitgeber auch freiwillig zur öffentlichen oder internen Ausschreibung eines Arbeitsplatzes entscheiden.

Erfolgt die Ausschreibung, muss der Arbeitsplatz auch als **Teilzeitarbeitsplatz ausgeschrieben werden,** wobei es der Entscheidung des Arbeitgebers obliegt, in welcher Form er den Teilzeitarbeitsplatz ausgestalten will. Der Arbeitgeber ist demgegenüber nicht verpflichtet, den Arbeitsplatz für alle möglichen Formen der Teilzeitarbeit auszuschreiben.[150]

Entscheidend ist die Frage, ob sich ein Arbeitsplatz für eine Teilzeitbeschäftigung eignet. Grundsätzlich obliegt die **Beurteilung der Eignung** der unternehmerischen Entscheidung des Arbeitgebers,[151] die vom Arbeitsgericht nicht auf ihre sachliche Rechtfertigung oder Zweckmäßigkeit überprüft werden kann, sondern nur darauf, ob die Beurteilung offenbar unsachlich, unvernünftig oder willkürlich ist.[152] Gerichtlich überprüfbar ist aber auch, ob überhaupt ein entsprechendes arbeitgeberseitiges Organisationskonzept vorliegt, das in Umsetzung der unternehmerischen Entscheidung der Eignung als Teilzeitarbeitsplatz entgegensteht.[153] Danach ist ein Arbeitsplatz nicht als Teilzeitarbeitsplatz geeignet, wenn aufgrund eines arbeitgeberseitigen Organisationskonzeptes der Arbeitgeber festgelegt hat, dass der Betrieb nur mit volltags- statt halbtagsbeschäftigten Arbeitnehmern geführt wird.[154] Gleiches gilt erst recht dann, wenn die am Arbeitsplatz anfallenden Tätigkeiten und Aufgaben den Umfang einer Vollzeitbeschäftigung ausmachen und diese nicht auf mehrere Personen aufgeteilt werden können.[155]

Die Ausschreibung einer Stelle als Teilzeitarbeitsplatz begründet keineswegs eine Verpflichtung des Arbeitgebers, die Stelle auch mit einem Teilzeitbeschäftigten zu besetzen. Der Arbeitgeber muss allerdings unter Berücksichtigung des Benachteiligungsverbotes in § 4 Abs. 1 TzBfG die Auswahlentscheidung nachvollziehbar vornehmen. Dies schließt es aus, einen Bewerber allein mit der Begründung abzulehnen, dass dieser eine Teilzeittätigkeit statt einer Vollzeittätigkeit wünscht.

Verletzt der Arbeitgeber die Verpflichtung zur Ausschreibung eines Arbeitsplatzes als Teilzeitarbeitsplatz, obwohl der Arbeitsplatz für die Teilzeitarbeit geeignet wäre, ergeben sich hieraus Sanktionen nicht.[156] Insbesondere folgt aus einer solchen Verletzung kein Einstellungs- oder Schadensersatzanspruch des nicht eingestellten Bewerbers für einen Teilzeitarbeitsplatz. Umstritten ist allerdings, ob der Betriebsrat nach § 99 Abs. 2 Nr. 5 BetrVG der Einstellung des vom Arbeitgeber ausgewählten Vollzeit-Arbeitnehmers mit der Begründung widersprechen darf, dass die Ausschreibung zu Unrecht nicht auch für Teilzeitarbeitnehmer erfolgt ist.[157] Richtigerweise wird ein Zustimmungsverweigerungsrecht aufgrund der engen Wortlautfassung des § 99 Abs. 2 Nr. 5 BetrVG nur bei vom Betriebsrat nach § 93 BetrVG verlangten internen Ausschreibungen begründet sein, nicht aber bei sonstigen Ausschreibungen, die unter § 7 Abs. 1 TzBfG fallen.

§ 7 Abs. 2 TzBfG verpflichtet den Arbeitgeber, diejenigen Arbeitnehmer, die den Wunsch nach Veränderung von Dauer und Lage ihrer vertraglich vereinbarten Arbeitszeit angezeigt haben, über entsprechende Arbeitsplätze zu informieren, die im Betrieb oder Unternehmen besetzt werden sollen. Hierzu gehören nicht nur Teilzeit-, sondern auch Vollzeitarbeitsplätze, die entweder durch Ausscheiden von Arbeitnehmern frei werden oder aber vom Arbeitgeber neu geschaffen werden. Die Verletzung dieser Verpflichtung kann einen Schadensersatzanspruch des Arbeitnehmers nach § 280 Abs. 1 BGB begründen.[158] Ein Schaden wird allerdings nur relativ selten darlegbar sein. Außerdem wird dem Arbeitnehmer nur selten die Darlegung gelingen können, dass bei erfolgter Information der Arbeitsplatz mit ihm besetzt worden wäre.[159]

Schließlich besteht nach § 7 Abs. 3 TzBfG eine Verpflichtung des Arbeitgebers zur Information der Arbeitnehmervertretungen – Betriebsrat, Personalrat oder kirchliche Mitarbeitervertretung – über vorhandene und geplante Teilzeitarbeitsplätze sowie die Umwandlung von Teilzeitarbeitsplätzen in Vollzeitarbeitsplätze und umgekehrt.[160]

2. Anspruch auf Abschluss eines Teilzeitarbeitsvertrages

Das deutsche Privatrecht, zu dem auch das Arbeitsrecht gehört, wird durch den Grundsatz der **Vertragsfreiheit** geprägt. Es besteht folglich für die an einem Teilzeitarbeitsvertrag beteiligten Arbeitgeber und Arbeitnehmer grundsätzlich weder ein Anspruch auf Abschluss eines Teilzeitarbeitsvertrages gegen den Willen der anderen Partei – sog. Abschlussfreiheit, noch ein Anspruch auf Festlegung besonderer Vertragsbedingungen – sog. Inhaltsfreiheit. Der Arbeitnehmer kann daher vom Arbeitgeber grundsätzlich nicht den erstmaligen Abschluss eines Teilzeitarbeitsvertrages verlangen, wenn zwischen ihnen noch keine vertraglichen Beziehungen bestehen.

Anders verhält es sich seit Inkrafttreten des TzBfG im Hinblick auf Teilzeitwünsche von Arbeitnehmern, die bereits in einem Arbeitsverhältnis stehen. Nach § 8 Abs. 1 TzBfG kann ein Arbeitnehmer, dessen Arbeitsverhältnis bereits sechs Monate bestanden hat, verlangen, dass seine vertraglich vereinbarte Arbeitszeit reduziert wird. Grundsätzliche Voraussetzung ist es nach § 8 Abs. 7 TzBfG allerdings, dass der Arbeitgeber im Unternehmen in der Regel mindestens 15 Arbeitnehmer beschäftigt, wobei Auszubildende nicht mitzurechnen sind und es nicht darauf ankommt, ob die Arbeitnehmer teilzeitig oder vollzeitig beschäftigt sind. Anspruchsberechtigt sind alle Arbeitnehmer, ohne dass es relevant ist, ob sie befristet oder unbefristet, vollzeitig oder teilzeitig, in flexiblen oder unflexiblen Arbeitsverhältnissen oder sogar in gekündigten Arbeitsverhältnissen beschäftigt werden.[161]

Der Arbeitnehmer muss nach § 8 Abs. 2 TzBfG seinen **Wunsch nach Verringerung der Arbeitszeit** und den Umfang der Verringerung spätestens drei Monate vor deren Beginn gegenüber dem Arbeitgeber geltend machen. Der Geltendmachung, die nicht an eine bestimmte Form gebunden ist, also auch mündlich erfolgen kann, aus „Beweisgründen" aber schriftlich erfolgen sollte, muss sich die vom Arbeitnehmer für die Zukunft gewünschte vertragliche Dauer der Arbeitszeit entnehmen lassen. Ein bestimmtes Mindestreduzierungsvolumen schreibt das Gesetz nicht vor, so dass auch eine Arbeitszeitreduzierung um wenige Wochenstunden möglich ist. Begrenzt wird das Reduzierungsverlangen jedoch durch den Grundsatz des Rechtsmissbrauches bei Reduzierungsverlangen von wenigen Minuten.[162] Der Änderungswunsch muss sich grundsätzlich im Rahmen des vertraglich vereinbarten Arbeitszeitmodells halten. Es ist daher ausgeschlossen, dass der Arbeitnehmer mit einem auf § 8 Abs. 1 TzBfG gestützten Teilzeitwunsch das vertraglich vereinbarte Arbeitszeitmodell z. B. von einer festen Wochenarbeitszeit hin zu einem flexiblen Teilzeitarbeitszeitmodell verändert.[163] Darüber hinaus begründet der Anspruch nach § 8 Abs. 1 TzBfG auch keinen Anspruch auf inhaltliche Änderung der vertraglich vereinbarten Tätigkeit selbst[164] oder auf Zuweisung eines anderen freien Arbeitsplatzes, der den Arbeitszeitwünschen des Arbeitnehmers entspricht.[165]

Mit der Geltendmachung des Anspruches auf Verringerung der Arbeitszeit kann der Arbeitnehmer zugleich einen Wunsch auf **Neufestlegung der Lage der Arbeitszeit** äußern, ohne dass dies jedoch zwingend erforderlich ist. Auch hier gilt, dass sich der Wunsch im Rahmen des bisherigen Arbeitszeitmodells halten muss. Die Veränderung der Lage der Arbeitszeit kann darüber hinaus nicht isoliert, sondern nur im Zusammenhang mit einer Verkürzung der Arbeitszeit geltend gemacht werden, wobei die Verkürzung allerdings – wie gezeigt – auch nur wenige Stunden umfassen kann.[166]

Verbindet der Arbeitnehmer den Wunsch nach einer Verkürzung der Arbeitszeit mit einer bestimmten Verteilung der Lage der Arbeitszeit, kann das hierin liegende Änderungsangebot vom Arbeitgeber nur einheitlich angenommen oder abgelehnt werden.[167]

Das Änderungsangebot des Arbeitnehmers muss einen bestimmten Termin enthalten, zu dem die Änderung der Arbeitszeit eintreten soll[168], und muss nach § 8 Abs. 2 Satz 1 TzBfG spätestens drei Monate vor diesem Termin geltend gemacht werden. Enthält das Angebot des Arbeitnehmers keinen bestimmten Termin oder hält es die Drei-Monats-Frist nicht ein, liegt ein unzureichendes Angebot vor mit der Folge, dass die Fiktionswirkungen des § 8 Abs. 5 Sätze 2 und 3 TzBfG bei einer Versäumung der dem Arbeitgeber eingeräumten Reaktionsfristen (dazu siehe unten) nicht eintreten. Die Verhandlungsobliegenheit des Arbeitgebers wird allerdings auch durch ein Angebot ausgelöst, das die Drei-Monats-Frist nicht wahrt.[168a] Allerdings hindern die Mängel des Angebotes auch nicht eine erneute Antragstellung vor Ablauf der in § 8 Abs. 6 TzBfG genannten Frist.[169] Aus diesem Grunde wird man ein verspätetes Angebot regelmäßig mit dem Inhalt auszulegen haben, dass es zum nächsten zulässigen Termin wirkt.[169a]

Der Arbeitgeber hat nach Stellung eines entsprechenden Teilzeitantrages des Arbeitnehmers die Obliegenheit, den Teilzeitwunsch des Arbeitnehmers auf seine Realisierbarkeit zu überprüfen und **mit dem Arbeitnehmer über den Teilzeitwunsch zu verhandeln.**[170] Spätestens einen Monat vor dem Termin, zu dem die verringerte Arbeitszeit nach dem Wunsch des Arbeitnehmers wirken soll, muss der Arbeitgeber gemäß § 8 Abs. 5 Satz 1 TzBfG dem Arbeitnehmer seine Entscheidung über das Änderungsangebot mitteilen. Einigen sich Arbeitgeber und Arbeitnehmer auf die geänderten Arbeitsbedingungen, kommt eine neue arbeitsvertragliche Vereinbarung zustande. Lehnt der Arbeitgeber die geänderten Arbeitsbedingungen ab, hindert dies zunächst das Zustandekommen der vom Arbeitnehmer gewünschten geänderten Arbeitsbedingungen. Jedoch kann der Arbeitnehmer die Ablehnung auf ihre Rechtmäßigkeit arbeitsgerichtlich überprüfen lassen.[171] Lehnt der Arbeitgeber nicht spätestens einen Monat vor dem vom Arbeitnehmer gewünschten Änderungstermin den Änderungsantrag schriftlich[172] ab, fingiert § 8 Abs. 5 Sätze 2 und 3 TzBfG eine Einigung über die Verkürzung und – ggf. – Veränderung der Lage der Arbeitszeit entsprechend dem Änderungswunsch des Arbeitnehmers.[173]

Verweigern kann der Arbeitgeber die Zustimmung zum Änderungswunsch des Arbeitnehmers nach § 8 Abs. 4 Satz 1 TzBfG nur, wenn **betriebliche Gründe den Wünschen des Arbeitnehmers entgegenstehen.** § 8 Abs. 4 Satz 2 TzBfG nennt insoweit beispielhaft als betriebliche Gründe, dass die Verringerung der Arbeitszeit die Organisation, den Arbeitsablauf oder die Sicherheit im Betrieb wesentlich beeinträchtigt oder unverhältnismäßige Kosten verursacht. Gegen den Widerstand in der arbeitsrechtlichen Literatur[174] geht das BAG[175] davon aus, dass aus den Beispielen in § 8 Abs. 4 Satz 2 TzBfG zu folgern ist, dass ein betrieblicher Grund zur Ablehnung des Arbeitnehmerwunsches nur vorliegt, wenn eine wesentliche Beeinträchtigung der Organisation, des Arbeitsablaufes oder der Sicherheit im Betrieb eintreten würde. Es reicht nicht jeder rational nachvollziehbare Grund zur Ablehnung des Teilzeitverlangens aus; der Grund muss vielmehr hinreichend gewichtig sein. Dies macht es erforderlich, dass der Arbeitgeber darlegt, dass der von ihm benannte Versagungsgrund auf einem – vom Gericht inhaltlich nicht nachprüfbaren – Organisationskonzept beruht, welches im Betrieb tatsächlich durchgeführt wird, wobei die Durchführung des Organisationskonzeptes der vollen gerichtlichen Nachprüfung unterliegt. Darüber hinaus muss – ebenfalls gerichtlich voll nachprüfbar – vom Arbeitgeber dargelegt werden, dass der Teilzeitwunsch des Arbeitnehmers mit dem Organisationskonzept nicht in Übereinstimmung zu bringen ist, wobei auch zumutbare Änderungen von betrieblichen Abläufen oder des Personaleinsatzes unter Wahrung des Organisationskonzeptes zu berücksichtigen sind. Schließlich ist in einer dritten Stufe das Gewicht der entgegenstehenden betrieblichen Gründe zu untersuchen um festzustellen, ob betriebliche Belange oder das betriebliche Organisationskonzept und die zugrunde liegenden unternehmerischen Aufgabenstellungen wesentlich beeinträchtigt werden.[176] Die derart gewichtigen Belange können sich sowohl auf die Verringerung der Arbeitszeit selbst als auch auf die Verteilung der Lage der Arbeitszeit beziehen.[176a]

Danach dürften **ausreichende Verweigerungsgründe** beispielsweise anzuerkennen sein, wenn die Auftragsbearbeitung in einer Hand erfolgen muss[177] oder wenn das pädagogische Konzept des Arbeitgebers die vollzeitige Tätigkeit des Arbeitnehmers – z. B. eines Kinderbetreuers – erfordert.[178] Die Erforderlichkeit von Spezialkenntnissen stellt einen ausreichenden Verweigerungsgrund dar, wenn die Spezialkenntnisse für die Tätigkeit erforderlich sind und andere Arbeitnehmer mit entsprechenden Spezialkenntnissen nicht in zumutbarer Weise beschafft werden können. Dies muss vom Arbeitgeber allerdings konkretisiert dargelegt werden. Ein ausreichender Verweigerungsgrund kann auch darin liegen, dass der Arbeitnehmer häufig nicht im Voraus planbare Dienstreisen wahrnehmen muss[179] oder regelmäßig an häufig im Voraus nicht planbaren Besprechungen teilnehmen muss.[180] Demgegenüber reichen die bei jeder Aufteilung eines Vollzeitarbeitsplatzes in Teilzeitarbeitsplätze eintretenden organisatorischen Schwierigkeiten als Verweigerungsgrund nicht aus. Dies gilt auch im Hinblick auf die mit einem Teilzeitwunsch verbundenen Kosten. Die regelmäßig mit der Teilung eines Arbeitsplatzes verbundenen Kostenerhöhungen rechtfertigen die Verweigerung der Zustimmung zu einem Teilzeitwunsch eines Arbeitnehmers nicht. Eine unverhältnismäßige Kostenbelastung im Sinne des § 8 Abs. 4 Satz 2 TzBfG liegt dementsprechend nur dann vor, wenn zusätzliche Kosten bei Realisierung des Teilzeitwunsches hinzutreten, z. B. der Arbeitgeber aufgrund des Teilzeitwunsches neue kostspielige Betriebsmittel anschaffen muss oder aber eine Teilzeitersatzkraft mit überdurchschnittlichem, erheblichem finanziellen Aufwand einarbeiten muss.[181]

Einen erneuten, auf weitere Verringerung der vertraglich vereinbarten Arbeitszeit gerichteten Teilzeitwunsch kann der Arbeitnehmer nach einem erfolgreichen Teilzeitwunsch bzw. einem vom Arbeitgeber wirksam abgelehnten Teilzeitwunsch gemäß § 8 Abs. 6 TzBfG erst nach Ablauf von zwei Jahren geltend machen. Hiervon werden auch die aufgrund des Eintritts der gesetzlichen Fiktion nach § 8 Abs. 5 TzBfG oder durch gerichtliche Entscheidung erfolgreichen Teilzeitwünsche erfasst. Nicht ausgeschlossen sind allerdings frühzeitige weitere Teilzeitwünsche des Arbeitnehmers nach unwirksamen Arbeitszeitverlangen, weil der Arbeitnehmer entweder keinen Termin für die Änderungen der Arbeitszeit benannt oder die Drei-Monats-Frist des § 8 Abs. 2 S. 1 TzBfG nicht eingehalten hat.[182] Die Sperrfrist wird darüber hinaus auch nicht durch unberechtigte Ablehnungen des Arbeitgebers ausgelöst.[183]

Einen mit dem Anspruch auf Verringerung der Arbeitszeit korrespondierenden **Anspruch auf Verlängerung der Arbeitszeit** kennt das TzBfG nicht. § 9 TzBfG begründet allerdings eine Verpflichtung des Arbeitgebers, einen Arbeitnehmer, der seine vertraglich vereinbarte Arbeitszeit verlängern will und dies dem Arbeitgeber mitgeteilt hat, bei der Besetzung eines entsprechenden freien Arbeitsplatzes bei gleicher Eignung bevorzugt zu berücksichtigen, sofern nicht innerbetriebliche Gründe oder Arbeitszeitwünsche anderer teilzeitbeschäftigter Arbeitnehmer entgegenstehen. Dieser Anspruch setzt lediglich voraus, dass der Arbeitnehmer teilzeitig tätig ist, nicht jedoch, dass die Teilzeittätigkeit durch eine vorangegangene Verkürzung der Arbeitszeit in Anwendung des § 8 TzBfG entstanden ist.

Neben dem nunmehr gesetzlich normierten Teilzeitanspruch aus § 8 TzBfG kann ein Teilzeitanspruch auch – in Ausnahmefällen – aus anderen Rechtsgrundlagen resultieren.

Eine seltene Ausnahme kann aus der arbeitgeberseitigen Fürsorgepflicht folgen, wenn der bisher vollzeitbeschäftigte Arbeitnehmer bspw. aus krankheitsbedingten oder familiären Gründen ohne eine Änderung der arbeitsvertraglichen Vereinbarung das Arbeitsverhältnis nicht mehr fortsetzen kann bzw. so eine Kündigung vermieden wird und die Ermäßigung dem Arbeitgeber zumutbar ist. Zumutbar ist eine derartige Herabsetzung der Arbeitszeit dem Arbeitgeber allerdings regelmäßig nur, wenn sie nicht mit organisatorischen Schwierigkeiten oder höheren Kosten, insbesondere Lohnkosten, verbunden ist. Ist im Betrieb des Arbeitgebers eine vergleichbare Teilzeitstelle unbesetzt, dürfte demgegenüber die Zumutbarkeit der Umsetzung von einem Vollzeit- auf den freien Teilzeitarbeitsplatz regelmäßig gegeben sein.

Ein Anspruch auf Herabsetzung der Arbeitszeit kann sich darüber hinaus aus dem **arbeitsrechtlichen Gleichbehandlungsgrundsatz** ergeben. Hat der Arbeitgeber in der Vergangenheit – unabhängig von den Voraussetzungen des § 8 TzBfG – auf Wunsch betroffener Arbeitnehmer in die Herabsetzung der Arbeitszeit eingewilligt, wird er dies auch auf späteres Verlangen anderer vollzeitbeschäftigter Arbeitnehmer tun müssen, sofern sich nicht die betriebliche Organisation und die wirtschaftliche Lage des Unternehmens zwischenzeitlich merkbar verändert haben oder andere anerkennenswerte sachliche Gründe nunmehr gegen die vom Arbeitnehmer begehrte Herabsetzung der Arbeitszeit sprechen.

Ein Anspruch auf Herabsetzung der Arbeitszeit kann sich für Arbeitnehmer des **öffentlichen Dienstes** auch aufgrund der **Betreuung eines Kleinkindes** ergeben. Zu § 50 Abs. 2 BAT hat das BAG[184] entschieden, dass die Betreuung eines Kleinkindes einen wichtigen Grund für die Gewährung von Sonderurlaub darstellt und der Arbeitnehmer die Beurlaubung verlangen kann, wenn die dienstlichen Verhältnisse dies gestatten. Entsprechendes dürfte auch für die vorübergehende teilweise Herabsetzung der Arbeitszeit gelten.

Einen Teilzeitanspruch begründet für in der Elternzeit befindliche Arbeitnehmer beiderlei Geschlechts § 15 Abs. 4–7 BErzGG. Nach dieser Vorschrift kann der in der **Elternzeit** befindliche Arbeitnehmer nach Vollendung der Wartezeit von 6 Monaten gegenüber einem Arbeitgeber, der in der Regel mehr als 15 Arbeitnehmer beschäftigt, für eine begrenzte Zeit, mindestens aber 3 Monate, eine Verringerung der Arbeitszeit auf einen Umfang zwischen 15 und 30 Wochenstunden verlangen, wenn dem dringende betriebliche Gründe nicht entgegenstehen. Der Arbeitnehmer muss den Teilzeitwunsch grundsätzlich 8 Wochen vor Beginn der gewünschten Teilzeit, bei einer Teilzeittätigkeit unmittelbar nach der Geburt des Kindes 6 Wochen vor Beginn der Tätigkeit, dem Arbeitgeber schriftlich mitteilen. Will dieser den Teilzeitantrag ablehnen, muss er dies innerhalb von 4 Wochen schriftlich tun. Eine mit dem § 8 Abs. 5 TzBfG vergleichbare Fiktion kennt der Teilzeitanspruch aus § 15 Abs. 4–7 BErzGG nicht. Der Teilzeitanspruch aus § 15 Abs. 4–7 BErzGG tritt neben den Teilzeitanspruch aus § 8 TzBfG, so dass ein in der Elternzeit befindlicher Arbeitnehmer seinen Teilzeitanspruch wahlweise auf die eine oder andere Rechtsgrundlage stützen kann.[185]

Darüber hinaus ist der Arbeitgeber nach § 15 Abs. 4 Satz 2 BErzGG verpflichtet, die Teilzeitarbeit des in der Elternzeit befindlichen Arbeitnehmers bei einem anderen Arbeitgeber zuzustimmen, wenn dringende betriebliche Gründe dem nicht entgegenstehen. Dies muss der Arbeitgeber binnen vier Wochen nach entsprechender Antragstellung des Arbeitnehmers dem Arbeitnehmer schriftlich unter Angabe der Gründe mitteilen. Unterbleibt die Mitteilung, ist der Arbeitnehmer berechtigt, die Teilzeittätigkeit bei dem anderen Arbeitgeber aufzunehmen.[186]

Nach § 81 Abs. 5 Satz 1 SGB IX ist der Arbeitgeber verpflichtet, die Einrichtung von Teilzeitarbeitsplätzen für **Schwerbehinderte** zu fördern. Gestützt auf die in dieser gesetzlichen Verpflichtung ausgeprägte Fürsorgepflicht können daher Schwerbehinderte, die aus gesundheitlichen Gründen nicht mehr in der Lage sind, einen Vollzeitarbeitsplatz auszufüllen, vom Arbeitgeber nach § 81 Abs. 5 Satz 2 SGB IX die Verschaffung eines Teilzeitarbeitsplatzes verlangen, sofern dies für den Arbeitgeber zumutbar und nicht mit unverhältnismäßigem Aufwand verbunden ist. Neben diesen Voraussetzungen kennt der Teilzeitanspruch für Schwerbehinderte weder eine Wartezeit noch eine betriebliche Mindestgröße. Der schwerbehinderungsrechtliche Teilzeitanspruch besteht neben dem Teilzeitanspruch aus § 8 TzBfG, so dass der Schwerbehinderte den Teilzeitanspruch – bei Vorliegen der Voraussetzungen – auf § 8 TzBfG stützen kann und darüber hinaus gestützt auf § 81 Abs. 5 Satz 2 SGB IX eine weitere Verringerung der Arbeitszeit auch nach einem Teilzeitverlangen nach § 8 TzBfG beanspruchen kann, ohne die Wartezeit des § 8 Abs. 6 TzBfG einhalten zu müssen.[187]

Das **Altersteilzeitgesetz** sieht eine finanzielle Förderung durch das Arbeitsamt bei Umwandlung von Vollzeitarbeitsplätzen von in § 2 ATG näher beschriebenen älteren Arbeitnehmern in Teilzeitarbeitsverhältnisse vor, um den in § 1 Abs. 1 ATG niedergelegten Grundsatz des Gesetzes, durch Altersteilzeit älteren Arbeitnehmern einen gleitenden Übergang vom Erwerbsleben in die Altersrente zu ermöglichen, zu erreichen.[188] Das ATG begründet seinerseits keinen Anspruch des älteren Arbeitnehmers auf Schaffung eines Teilzeitarbeitsplatzes. Ein solcher Anspruch ist jedoch in einer Vielzahl von zwischenzeitlich in Ergänzung zum ATG geschlossenen Tarifverträgen geregelt, so z. B. im Bereich der chemischen Industrie oder im öffentlichen Dienst. In einem nach dem ATG begründeten Altersteilzeitverhältnis kann der Arbeitnehmer nicht eine weitere Verkürzung der Arbeitszeit gestützt auf § 8 TzBfG verlangen.[189] Für **Teilzeitverträge**, die älteren Arbeitnehmern einen gleitenden Übergang in den

Ruhestand ermöglichen sollen, gelten weiterhin die Regelungen über die **Teilrente** in den §§ 41, 42 SGB VI. Nach § 42 SGB VI können ältere Arbeitnehmer unter den in den §§ 236ff. SGB VI – differenziert nach den einzelnen Rentenarten – genannten Voraussetzungen vorzeitig einen Teil ihrer Rente – ein Drittel, die Hälfte, zwei Drittel – in Anspruch nehmen, wenn sie gleichzeitig ihre Arbeitsleistung entsprechend einschränken. Nach § 42 Abs. 3 SGB VI haben Versicherte, die wegen der beabsichtigten Inanspruchnahme einer Teilrente ihre Arbeitsleistung einschränken wollen, einen Anspruch gegen ihren Arbeitgeber, dass er mit ihnen die Möglichkeiten einer derartigen Einschränkung erörtert. Macht der Arbeitnehmer hierzu für seinen Arbeitsbereich Vorschläge, hat der Arbeitgeber zu diesen Vorschlägen Stellung zu nehmen. Man wird hieraus einen Anspruch des Arbeitnehmers auf Herabsetzung der Arbeitszeit in dem begehrten Umfang zumindest dann herleiten können, wenn aufgrund der von ihm unterbreiteten Vorschläge die Einrichtung eines Teilzeitarbeitsplatzes im Betrieb ohne größere Schwierigkeiten möglich ist.[190]

3. Form des Teilzeitarbeitsvertrages

Grundsätzlich kann ein Teilzeitarbeitsvertrag zwischen Arbeitgeber und Arbeitnehmer ohne weiteres **mündlich** geschlossen werden; ein Zwang zum Abschluss eines schriftlichen Vertrages besteht regelmäßig nicht.[191] Etwas anderes gilt nach § 14 Abs. 4 TzBfG für befristete Arbeitsverhältnisse. Nach dieser Vorschrift bedarf die Befristung des Arbeitsvertrages zu ihrer Wirksamkeit der Schriftform. Dies gilt selbstverständlich auch für befristete Teilzeitarbeitsverhältnisse.

In Einzelfällen kann die Schriftform jedoch durch Tarifvertrag oder gesetzliche Regelung zur Wirksamkeitsvoraussetzung für das Zustandekommen eines Arbeitsvertrages erhoben worden sein. Dies gilt bspw. nach § 4 BAT für Arbeitsverträge im öffentlichen Dienst oder gemäß § 4 BBiG für Berufsausbildungsverträge. Schreibt eine – tarifliche – Formvorschrift für einen Teilzeitarbeitsvertrag die Schriftform vor, muss jeweils im Einzelfall untersucht werden, ob es sich um ein **konstitutives** oder lediglich ein **deklaratorisches Schriftformerfordernis** handelt.[192] Im ersten Fall wäre ein lediglich mündlich abgeschlossener Teilzeitarbeitsvertrag nach § 125 BGB unwirksam,[193] im zweiten Fall stünde die Verletzung der Formvorschrift der Wirksamkeit des Vertrages nicht entgegen. Angesichts der Vielzahl der bei der praktischen Abwicklung eines Teilzeitarbeitsverhältnisses auftretenden Probleme ist sowohl dem Arbeitgeber als auch dem Arbeitnehmer der Abschluss eines schriftlichen Vertrages dringend zu empfehlen, um Unklarheiten und Streitigkeiten von vornherein zu vermeiden.

4. Abschluss des Teilzeitarbeitsvertrages

Der Abschluss eines Teilzeitarbeitsvertrages setzt grundsätzlich das Vorliegen **inhaltlich korrespondierender Willenserklärungen** der Vertragspartner – Arbeitgeber und Arbeitnehmer – gerichtet auf den Abschluss eines Teilzeitarbeitsvertrages voraus. Unterschreiben Arbeitnehmer und Arbeitgeber zeitgleich einen gemeinsam ausgehandelten schriftlichen Arbeitsvertrag, entstehen keine Probleme beim Zustandekommen des Arbeitsvertrages. Etwas anderes kann jedoch gelten, wenn der Arbeitsvertrag nur mündlich geschlossen oder die zum Vertragsschluss führenden Willenserklärungen nicht zeitgleich abgegeben werden, der Arbeitnehmer sich bspw. eine Überlegungsfrist einräumen lässt.

Normalerweise gibt der Arbeitgeber gegenüber dem Arbeitnehmer ein Angebot auf Abschluss eines Teilzeitarbeitsvertrages zu bestimmten, näher bezeichneten Bedingungen ab. An dieses Angebot ist der Arbeitgeber nach § 145 BGB grundsätzlich bis zu dem Zeitpunkt gebunden, zu dem normalerweise mit der Annahme zu rechnen ist. Der Arbeitgeber kann aber im Angebot auch eine Frist bestimmen, bis zu deren Ablauf er sich an das Angebot gebunden fühlt. Bei Bestimmung des Zeitpunktes, bis zu dem mit der Annahme eines Angebotes auf Abschluss eines Arbeitsvertrages zu rechnen ist, ist nach § 147 BGB zwischen einem Vertragsangebot unter Anwesenden und einem unter Abwesenden zu unterscheiden. Ein Angebot unter Anwesenden kann nur sofort angenommen werden; das gilt auch für ein am Telefon unterbreitetes Vertragsangebot – § 147 Abs. 1 BGB. Demgegenüber ist ein unter Abwesenden unterbreitetes Angebot, z.B. mittels Einschaltung der Post, nach § 147 Abs. 2 BGB bis zu dem Zeitpunkt annehmbar, in welchem der Anbietende den Eingang der Annahmeerklärung unter regelmäßigen Umständen erwarten darf. Die gesetzliche Annahmefrist setzt sich zusammen aus der Zeit für die Übermittlung des Angebots an den Empfänger, dessen angemessene Bearbeitungs- und Überlegungszeit sowie aus der Zeit für die Übermittlung der Annahmeerklärung an den Antragenden. Verzögernde Umstände, die der Anbietende kennt, z.B. urlaubsbedingte Ortsabwesenheit des Empfängers, Krankheit, Arbeitskampf oder Störung der Beförderungsmittel, führen zu einer Verlängerung der Annahmefrist.[194] Lehnt der Arbeitnehmer das Angebot ab oder nimmt es nicht innerhalb der Annahmefrist an, ist das Angebot abgelehnt, ein Vertrag kommt nicht zustande. Jedoch gilt nach § 150 BGB die verspätete Annahme eines Arbeitsvertragsangebots ebenso wie die Annahme des Angebots unter Erweiterungen, Einschränkungen oder sonstigen Änderungen als neues Angebot, welches wiederum vom Vertragspartner innerhalb der genannten Zeitgrenzen angenommen werden kann.

Die Annahme eines Vertragsangebots kann ausdrücklich oder stillschweigend sowie durch schlüssiges Verhalten erfolgen. Das Schweigen des Empfängers einer verspäteten Annahmeerklärung kann insbesondere als Annahme zu werten sein, wenn keine Umstände vorliegen, die eine Änderung des Willens des Anbietenden erkennen lassen. Ein Teilzeitarbeitsvertrag kommt daher auch dann zustande, wenn der Arbeitnehmer das Arbeitsvertragsangebot des Arbeitgebers zwar verspätet annimmt, dieser aber der Annahmeerklärung nicht innerhalb angemessener Frist widerspricht. In diesem Fall ist nämlich regelmäßig weiterhin von einer inhaltlichen Willensübereinstimmung von Arbeitgeber und Arbeitnehmer auszugehen. Demgegenüber führt das Schweigen des Arbeitgebers auf eine mit inhaltlichen Änderungen verbundene Annahmeerklärung des Arbeitnehmers wegen der inhaltlichen Unterschiede der beiden Erklärungen grundsätzlich nicht zum Vertragsschluss.[195]

Zusätzliche Besonderheiten sind beim Abschluss eines Teilzeitarbeitsvertrages mit einem **minderjährigen Arbeitnehmer** zu beachten. Grundsätzlich bedarf der Abschluss eines derartigen Arbeitsvertrages nach den §§ 107, 108 BGB der Einwilligung – vorherigen Zustimmung oder nachträglichen Genehmigung – der gesetzlichen Vertreter des Minderjährigen, also nach § 1626 Abs. 1 BGB grundsätzlich beider Eltern.[196] Verzichtbar ist die Einwilligung im Einzelfall nach § 113 Abs. 1 BGB, wenn die Personensorgeberechtigten dem Minderjährigen gestattet haben, in Dienst oder Arbeit zu treten. Eine derartige generelle Ermächtigung deckt ohne weiteres den Abschluss eines Teilzeitarbeitsvertrages ebenso wie dessen Auflösung.[197]

Soll ein Teilzeitarbeitsvertrag mit einem **Ausländer** geschlossen werden, können sich besondere Wirksamkeitsvoraussetzungen aus eventuellen mangelnden Sprachkenntnissen des Ausländers ergeben. Ein Angebot zum Abschluss eines Vertrages wird nämlich nach § 130 Abs. 1 BGB nur wirksam, wenn es dem Arbeitnehmer zugegangen ist. Das ist nur dann der Fall, wenn der ausländische Arbeitnehmer das mündliche Angebot aufgrund seiner Sprachkenntnisse verstehen konnte.[198] Ist dies nicht der Fall, kommt ein Arbeitsvertrag auch dann nicht zustande, wenn der ausländische Arbeitnehmer dem Vertrag zustimmt. Nimmt der Arbeitnehmer trotz des Mangels des Vertragsschlusses die Arbeit auf, entsteht ein sog. **fehlerhaftes Arbeitsverhältnis.**[199] Wird dem ausländischen Arbeitnehmer ein schriftliches Vertragsangebot überreicht, geht es ihm erst zu, wenn die zur Übersetzung erforderliche Zeitspanne abgelaufen ist.[200] Reicht der ausländische Arbeitnehmer den unterschriebenen Vertragstext an den Arbeitgeber nach Ablauf eines angemessenen Prüfungszeitraums zurück, ist davon auszugehen, dass er den Vertragstext verstanden hat oder sich notfalls hat übersetzen lassen. Der Vertrag ist dann mit dem schriftlich niedergelegten Inhalt zustande gekommen. Aus Gründen der Rechtssicherheit und Rechtsklarheit ist dem Arbeitgeber auf jeden Fall zu empfehlen, Vertragsangebote an ausländische Arbeitnehmer, deren mangelnde Sprachkenntnisse bekannt sind, übersetzen zu lassen und dem Arbeitnehmer eine Übersetzung der Vertragsofferte zukommen zu lassen.

5. Inhaltliche Anforderungen an einen wirksamen Teilzeitarbeitsvertrag

Das Zustandekommen eines wirksamen Arbeitsvertrages setzt voraus, dass die Vertragsparteien – Arbeitnehmer und Arbeitgeber – über die wesentlichen Bestandteile des zu schließenden Vertrages Einigkeit erzielt haben. Es muss daher zum einen feststehen, zwischen wem der Arbeitsvertrag geschlossen wird, wer also Arbeitgeber und wer Arbeitnehmer ist. Im Regelfall wird diese Feststellung keinerlei Probleme aufwerfen. Zweifel können jedoch in Einzelfällen insbesondere dann auftreten, wenn mehrere Unternehmen zusammen einen gemeinsamen Betrieb unterhalten[201] oder das arbeitgebende Unternehmen in einen Unternehmensverbund – Konzern – integriert ist und ein Einsatz des Arbeitnehmers in mehreren dieser Unternehmen in Betracht kommt.[202] Besonders in derartigen Fällen empfiehlt es sich, die Vertragsparteien durch möglichst präzise Bezeichnung im Vertragskopf klarzustellen.

Einen weiteren unverzichtbaren Bestandteil eines wirksamen Teilzeitarbeitsvertrages bildet die Einigung über die Art und den Umfang der vom Arbeitgeber zu erbringenden Arbeitsleistung. Es muss Einigkeit darüber erzielt werden, dass der Arbeitnehmer überhaupt Teilzeitarbeit erbringen und in welcher Form dies geschehen soll. Es ist daher notwendig, die Form der vertraglich vereinbarten Teilzeitarbeit im Arbeitsvertrag möglichst präzise zu umschreiben. Wird eines der nachfolgend dargestellten Grundmuster eines Teilzeitarbeitsvertrages gewählt, sollte daher – wie im Vertragsmuster vorgeschlagen – bereits im Vertragskopf die gewählte Form der Teilzeitarbeit fixiert werden.

Neben diesen unverzichtbaren Bestandteilen eines jeden Arbeitsvertrages, den sog. essentialia, kann eine vertragliche Regelung eines Teilzeitarbeitsverhältnisses – abhängig von dessen jeweiligen Besonderheiten – zusätzliche Bestimmungen über alle Komplexe enthalten, die auch sonst in Arbeitsverträgen geregelt werden, wie z.B.

Regelungen über den Ort der Arbeitsleistung, die Höhe und die Auszahlungsmodalitäten der Vergütung, Dienstfahrzeuge, Geheimhaltungspflichten, vertragliche und nachvertragliche Wettbewerbsverbote etc. Dringend zu empfehlen ist jedoch die möglichst präzise vertragliche Regelung all der Komplexe, die aufgrund der Besonderheiten des Teilzeitarbeitsverhältnisses eine unterschiedliche Behandlung von Vollzeit- und Teilzeitarbeitnehmern notwendig machen. Hierzu gehört nicht nur die Regelung der Modalitäten der täglichen Arbeitszeit einschließlich der Besonderheiten bei Abrufarbeit und Job-sharing-Verträgen, sondern auch der Rechtsfolgen eventueller Fehlzeiten des Teilzeitarbeitnehmers, insbesondere aus persönlichen Gründen. Werden im Betrieb zusätzliche soziale Leistungen gewährt oder existiert eine betriebliche Altersversorgung, muss geklärt werden, ob und in welchem Umfang Teilzeitarbeitnehmer an diesen Sozialleistungen partizipieren sollen.

Grundsätzlich sind die Arbeitsvertragsparteien bei der Festlegung der vertraglichen Bedingungen des Teilzeitarbeitsvertrages frei – sog. privatautonome Vertragsinhaltsfreiheit. Einschränkungen ergeben sich jedoch aus den von Gesetz und arbeitsgerichtlicher Rechtsprechung gezogenen Grenzen. Werden diese Grenzen in der arbeitsvertraglichen Vereinbarung überschritten, führt dies nach § 134 BGB zur **Nichtigkeit** der jeweiligen Bestimmung. Entgegen dem in § 139 BGB normierten allgemeinen zivilrechtlichen Grundsatz, wonach bei Teilnichtigkeit einer vertraglichen Regelung im Zweifel die Gesamtnichtigkeit eines Vertragswerkes anzunehmen ist, lässt die **Unwirksamkeit einer einzelnen Bestimmung** eines Teilzeitarbeitsvertrages die **Wirksamkeit** des Vertrages ansonsten **unberührt.** Beruht nämlich die Unwirksamkeit der Vertragsbestimmung auf einer den Schutz des Arbeitnehmers bezweckenden Rechtsvorschrift, so kann dieser Schutz nur dann erreicht werden, wenn der Vertrag mit Ausnahme der unwirksamen Bestimmung bestehen bleibt. Würde demgegenüber insgesamt die Unwirksamkeit des Vertrages angenommen werden, würde der Arbeitnehmerschutz in sein Gegenteil verkehrt werden.[203] Es tritt daher an die Stelle der unwirksamen Einzelbestimmung das jeweilige dispositive Gesetzesrecht.

1. Vertragsmuster: Herkömmliche Teilzeitarbeit

– Vertragskopf siehe S. 64 –

§ 1
Vertragsgegenstand

Der Arbeitnehmer wird als Teilzeitarbeitnehmer für die Tätigkeit eines ...... eingestellt.

Der Arbeitnehmer wird mit folgenden Aufgaben im Betrieb betraut: ......

Der Arbeitgeber ist berechtigt, dem Arbeitnehmer aus betrieblichen Gründen auch eine andere zumutbare Tätigkeit unter Beibehaltung der vereinbarten Vergütung innerhalb des Betriebes sowie aller Betriebsteile in ...... zuzuweisen.

Inhalt der Erläuterungen zu § 1:

1. Notwendigkeit einer Tätigkeitsbeschreibung

Der Teilzeitarbeitsvertrag unterscheidet sich vom Vollzeitarbeitsvertrag lediglich im zeitlichen Umfang der vom Arbeitnehmer individuell zu erbringenden Arbeitsleistung. In einem Teilzeitarbeitsverhältnis werden demzufolge Rechte und Pflichten von Arbeitgeber und Arbeitnehmer – genau wie in einem Vollzeitarbeitsverhältnis – im Wesentlichen durch die vertragliche Vereinbarung umschrieben.

Die in den Arbeitsvertrag aufzunehmende Tätigkeitsbeschreibung richtet sich naturgemäß nach den Anforderungen, die im jeweiligen Einzelfall aufgrund der betrieblichen Arbeitsorganisation an den zu besetzenden Arbeitsplatz zu stellen sind. Um Klarheit über die vom Arbeitnehmer aufgrund der arbeitsvertraglichen Vereinbarung zu erbringenden Arbeitsleistungen zu erzielen, ist es notwendig, dass die Verpflichtung des Arbeitnehmers zumindest annäherungsweise bestimmt wird. Anderenfalls ist der Arbeitsvertrag zwar nicht unwirksam, der Inhalt der arbeitnehmerseitigen Verpflichtung wird aber nicht durch den Vertrag, sondern durch die in der Folgezeit vom Arbeitnehmer tatsächlich erbrachte Arbeitsleistung festgelegt.[204] Es empfiehlt sich folglich regelmäßig, die Leistungspflicht des Arbeitnehmers im Arbeitsvertrag näher zu konkretisieren. Hierfür sind im Wesentlichen drei Gründe maßgebend.

a) **Direktionsrecht des Arbeitgebers.** Aus der vertraglichen Vereinbarung ergibt sich, welche Arbeiten der Teilzeitarbeitnehmer wann und an welchem Ort übernehmen muss. Je genauer der Aufgabenbereich des Arbeitnehmers im Arbeitsvertrag umschrieben ist, desto weniger kann der Arbeitgeber später durch Weisungen die vom Arbeitnehmer zu erbringende Arbeitsleistung modifizieren, desto weniger kann später aber auch Streit darüber entstehen, welche Tätigkeiten der Arbeitnehmer aufgrund des Arbeitsvertrages zu übernehmen verpflichtet ist.

Innerhalb der vom Arbeitsvertrag gezogenen Grenzen besteht das Direktionsrecht des Arbeitsgebers,[205] das diesen berechtigt, dem Arbeitnehmer von Fall zu Fall konkrete Tätigkeiten zuzuweisen. Die Grenzen des arbeitgeberseitigen Direktionsrechtes lassen sich abstrakt kaum bestimmen, sondern regelmäßig nur im Einzelfall ermitteln. Das BAG umschreibt dies wie folgt: „... Aufgrund seines Weisungsrechts (Direktionsrechts) kann der Arbeitgeber einseitig die im Arbeitsvertrag nur rahmenmäßig umschriebene Leistungspflicht des Arbeitnehmers nach Zeit, Ort und Art der Leistung näher bestimmen. Er kann auch einen Wechsel in der Art der Beschäftigung vorschreiben oder den Arbeitsbereich verkleinern. Seine Grenzen findet das Weisungsrecht in den Vorschriften der Gesetze, des Kollektiv- und Einzelarbeitsvertragsrechtes; es darf nur nach billigem Ermessen ausgeübt werden ...“.[206] Gesetzlich geregelt ist das Direktionsrecht nunmehr in § 106 GewO.

Wird eine Anordnung des Arbeitgebers an den Arbeitnehmer im Einzelfall vom Direktionsrecht des Arbeitgebers gedeckt, muss sie vom Arbeitnehmer befolgt werden, soweit sich die konkrete Anordnung im Rahmen des **gerichtlich nachprüfbaren billigen Ermessens** des Arbeitgebers nach § 315 BGB hält.[207] Wird eine Anordnung des Arbeitgebers nicht durch dessen Direktionsrecht gedeckt oder hält sie sich nicht im Rahmen des billigen Ermessens, besteht für den Arbeitnehmer ein **Leistungsverweigerungsrecht.** Der Arbeitgeber kann die vorgesehene Anordnung nur dann wirksam umsetzen, wenn er mit dem Arbeitnehmer dies im Wege einer Änderung des Arbeitsvertrages vereinbart oder die Anordnung durch Ausspruch einer Änderungskündigung erzwingt.[208]

Meint der Arbeitnehmer, dass eine konkrete Anweisung des Arbeitgebers nicht vom arbeitgeberseitigen Direktionsrecht gedeckt ist, ist er grundsätzlich berechtigt, seine Arbeitsleistung zu verweigern. Der Arbeitgeber gerät in **Annahmeverzug** gemäß § 615 BGB, da er dem Arbeitnehmer nicht den vertraglich vereinbarten Arbeitsplatz zur Verfügung stellt. Er muss daher dem Arbeitnehmer die vereinbarte Vergütung zahlen, ohne dass der Arbeitnehmer zur nachträglichen Erbringung der Arbeitsleistung verpflichtet ist. Im Falle einer Fehlbeurteilung der Reichweite des Direktionsrechts durch den Arbeitnehmer trägt dieser allerdings das Risiko, aufgrund unberechtigter Arbeitsverweigerung eine Arbeitvertragsverletzung zu begehen, die einen Grund für eine **Kündigung** darstellen kann,[209] den Arbeitnehmer u.U. wegen einer Schlechtleistung für hieraus entstehende Schäden **schadenersatzpflichtig** machen[210] oder dem Arbeitgeber wegen der Fehlzeit ein Recht zur **Kürzung** der **Vergütung** einräumen kann. Um dieses Risiko zu vermeiden, besteht für den Arbeitnehmer die Möglichkeit, durch Erhebung einer – nicht an die Einhaltung einer Frist gebundenen – negativen Feststellungsklage die mangelnde Berechtigung der Weisung des Arbeitgebers durch das Arbeitsgericht klären zu lassen.[211]

b) Zur Arbeitsverweigerung aus Gewissensnot. Zum Zweiten kann die arbeitsvertragliche Fixierung des Tätigkeitsbereiches des Arbeitnehmers auch bei dem Problembereich Bedeutung erlangen, der vom BAG unter dem Stichwort „Arbeitsverweigerung aus Gewissensnot“ entwickelt worden ist[212] und nunmehr seine gesetzliche Regelung in § 275 Abs. 3 BGB gefunden hat. Nach der Rechtsprechung des BAG soll einem Arbeitnehmer nämlich das Recht zustehen, die Arbeitsleistung zu verweigern, wenn er deren Erbringung nicht mit seinem Gewissen vereinbaren kann. Das BAG hat anerkannt, dass ein Drucker die Mitarbeit bei der Herstellung von kriegsverherrlichenden Werbebriefen für Bücher über das Dritte Reich und den Zweiten Weltkrieg aus Gewissensgründen verweigern kann, wenn der Druckauftrag auch einem anderen Arbeitnehmer übertragen werden kann.[213] Ein in der Arzneimittelforschung tätiger Arzt darf aus Gewissensgründen die Mitarbeit an der Erforschung eines Medikamentes ablehnen, das objektiv geeignet ist, die bei atomarer Verstrahlung auftretenden Symptome der Strahlenkrankheit zeitweise zu unterdrücken, und daher nach seiner Meinung dazu führt, die Führung eines Atomkrieges positiv zu beeinflussen.[214] Schließlich kann ein Arbeitgeber von einer muslimischen Arbeitnehmerin in einem Kaufhaus auch nicht verlangen, Kassierertätigkeiten ohne das nach ihrer Glaubensordnung vorgeschriebene Kopftuch vorzunehmen. Eine auf die Weigerung, das Kopftuch abzunehmen, gestützte verhaltensbedingte Kündigung ist unwirksam.[215] Weigert sich der Arbeitgeber in diesen Fällen, dem Arbeitnehmer eine zumutbare Arbeit zuzuweisen, gerät er in Annahmeverzug, so dass sich ein Vergütungsanspruch des Arbeitnehmers auch ohne die Erbringung der vertraglich vereinbarten Arbeitsleistung aus § 615 BGB ergibt. Das BAG erkennt das Vorliegen eines zur Arbeitsverweigerung berechtigenden Gewissensgrundes aber nur dann an, wenn der Arbeitnehmer bei Abschluss des Vertrages nicht mit der Übertragung derartiger Tätigkeiten rechnen musste.[216] Kommt es daher in Betracht, dass dem Arbeitnehmer Tätigkeiten übertragen werden, die diesen in Gewissenskonflikte bringen, bietet es sich an, hierauf bereits im Arbeitsvertrag hinzuweisen, um das Recht zur Arbeitsverweigerung nicht entstehen zulassen.

c) **Sozialauswahl bei betriebsbedingter Kündigung.** Die Fixierung des Aufgabenfeldes des Arbeitnehmers im Arbeitsvertrag kann zum dritten auch bei Beendigung des Arbeitsverhältnisses Bedeutung erlangen. Ergibt sich im Unternehmen die Notwendigkeit zum Abbau von Arbeitsplätzen und damit verbunden der Zwang zum Ausspruch einer betriebsbedingten Kündigung gegenüber einem oder mehreren Arbeitnehmern, ist nach § 1 Abs. 3 Satz 1 KSchG zwischen den von dem Abbau von Arbeitsplätzen betroffenen vergleichbaren Arbeitnehmern eine soziale Auswahl durchzuführen. Nur der oder die **sozial am wenigsten schutzbedürftigen Arbeitnehmer** dürfen gekündigt werden.[217] Die Beurteilung der Vergleichbarkeit der in die Sozialauswahl einzubeziehenden Arbeitnehmer richtet sich in erster Linie nach arbeitsplatzbezogenen Merkmalen. Es sind daher nur diejenigen Arbeitnehmer in die Sozialauswahl einzubeziehen, die nach ihrem Arbeitsvertrag auf dem **wegfallenden Arbeitsplatz eingesetzt** werden können; demgegenüber kann derjenige Arbeitnehmer bei der Sozialauswahl nicht berücksichtigt werden, der aufgrund der Festlegungen in seinem Arbeitsvertrag nicht verpflichtet ist, die wegfallenden Tätigkeiten wahrzunehmen.[218] Fallen zum Beispiel in einem Bauunternehmen einer oder mehrere Arbeitsplätze eines Maurers wegen Arbeitsmangels fort, kann ein Arbeitnehmer, der zwar früher als Maurer tätig war, zwischenzeitlich aufgrund seines Arbeitsvertrages nur noch zur Bedienung eines Baggers verpflichtet ist und diese Tätigkeit auch tatsächlich ausübt, bei der Sozialauswahl selbst dann nicht berücksichtigt werden, wenn er bei weitem am wenigsten schutzbedürftig ist. Bereits bei Abschluss des Arbeitsvertrages und Festlegung des Tätigkeitsbereiches des Arbeitnehmers im Arbeitsvertrag sollte der Arbeitgeber darauf achten, dass eine zu enge Umschreibung des Tätigkeitsbereiches ebenso wie eine zu weite Aufgabenfestlegung bei einer notwendigen Arbeitskräftereduzierung erhebliche Auswirkungen auf die betriebliche Organisation haben kann. Die Tätigkeitsbeschreibung sollte daher den Aufgabenbereich des Arbeitnehmers möglichst korrekt umschreiben, ohne allzu detaillierte Festlegungen zu treffen.

2. Auswirkungen der Treue- und Fürsorgepflicht

Neben der vertraglichen Vereinbarung kann die arbeitgeberseitige Fürsorgepflicht eine Begrenzung des Aufgabenfeldes bewirken, in dem ein Teilzeitarbeitnehmer eingesetzt werden darf. So ist es bspw. ausgeschlossen, dass der Arbeitgeber lediglich den Teilzeitbeschäftigten, nicht aber vergleichbaren Vollzeitbeschäftigten besonders unangenehme Arbeiten überträgt, sofern nicht im Teilzeitarbeitsvertrag ausdrücklich vereinbart worden ist, dass der Arbeitnehmer gerade derartige Arbeiten zu übernehmen hat. In gleicher Weise stellt es einen Verstoß gegen die arbeitgeberseitige Fürsorgepflicht dar, wenn der Arbeitgeber den teilzeitbeschäftigten Arbeitnehmer unter Verstoß gegen zwingende Regelungen des Gesundheitsschutzes und der Arbeitssicherheit beschäftigt. Demgegenüber ist es aber durchaus mit der Fürsorgepflicht vereinbar, dass der Arbeitgeber die besser ausgestatteten Arbeitsplätze und Arbeitsgeräte in erster Linie den vollzeitbeschäftigten Arbeitnehmern zur Verfügung stellt.[219] Gleiches gilt auch bei der Vergabe von – in begrenzter Anzahl vorhandenen – Firmenparkplätzen.[220]

Die mit der Fürsorgepflicht des Arbeitgebers korrespondierende Treuepflicht des Arbeitnehmers begründet auch für den teilzeitbeschäftigten Arbeitnehmer die Verpflichtung, sich so zu verhalten, dass die im Zusammenhang mit dem Arbeitsverhältnis stehenden Interessen des Arbeitgebers nicht unzumutbar beeinträchtigt werden. Selbstverständlich folgt hieraus kein generelles Verbot der Übernahme anderweitiger Erwerbstätigkeit.[221] Der Teilzeitarbeitnehmer ist jedoch verpflichtet, Konkurrenztätigkeiten zu unterlassen, über Betriebsgeheimnisse, die er in einem Teilzeitarbeitsverhältnis erworben hat, auch in seinen weiteren Arbeitsverhältnissen Verschwiegenheit zu wahren, oder in anderer Weise schutzwürdige Interessen eines Arbeitgebers zu Gunsten des anderen Arbeitgebers oder zu seinen eigenen Nutzen nicht zu beeinträchtigen. Verletzungen der Treuepflicht durch den Arbeitnehmer sind geeignet, ein Kündigungsrecht des Arbeitgebers oder gegebenenfalls auch Schadenersatzansprüche gegen den Arbeitnehmer zu begründen.[222]

3. Zuweisungsklausel

Da das arbeitgeberseitige Direktionsrecht, das den Arbeitgeber berechtigt, die Arbeitspflicht des Arbeitnehmers zu konkretisieren, nur innerhalb der vom Arbeitsvertrag gezogenen Grenzen besteht, bedarf es einer ausdrücklichen vertraglichen Ermächtigung für den

Arbeitgeber, wenn dieser dem Arbeitnehmer – in Ausnahmefällen – Tätigkeiten zuweisen will, die von der arbeitsvertraglichen Tätigkeitsbeschreibung nicht erfasst werden. Die Zuweisungsklausel führt daher zu einer Erweiterung des arbeitgeberseitigen Direktonsrechts.[223] Sie ist sinnvoll, um ein Arbeitsverhältnis längerfristig an sich wandelnde unternehmerische Rahmenbedingungen – z. B. veränderten Geräteeinsatz oder veränderte Betriebsorganisation – und kurzfristig an wirtschaftliche Schwankungen – z. B. Überproduktion in einzelnen Betriebsteilen – anpassen zu können, ohne jeweils zur Änderung des Arbeitsvertrages durch Änderungsvertrag oder Änderungskündigung gezwungen zu sein.

Die im Vertragsmuster vorgeschlagene Vertragsklausel berechtigt den Arbeitgeber nicht zur schrankenlosen Umsetzung des Arbeitnehmers allein unter Berücksichtigung der betrieblichen Bedürfnisse. Vielmehr sind bei der Anwendung der Klausel immer auch die berechtigten Interessen des Arbeitnehmers zu berücksichtigen; ihm dürfen nur zumutbare Tätigkeiten zugewiesen werden. Darüber hinaus darf bei einer solchen Zuweisung die vereinbarte Vergütung nicht unterschritten werden. Auch ohne ausdrückliche Regelung hätte der Arbeitgeber die berechtigten Interessen des Arbeitnehmers bei einer dauernden oder vorübergehenden Zuweisung anderer Tätigkeiten zu beachten, da seine Weisung ansonsten nicht der bei Ausübung des Direktionsrechts zu beachtenden Billigkeit entsprechen würde und daher nach § 315 Abs. 1, 3 BGB unwirksam wäre.

§ 2
Beginn der Arbeitszeit, Probezeit

- **Variante 1:**
  Das Arbeitsverhältnis beginnt am ...... Die ersten ...... (drei bis sechs) Monate des Arbeitsverhältnisses gelten als Probezeit, während der die Vertragsparteien das Arbeitsverhältnis jederzeit mit einer Frist von zwei Wochen kündigen können.

- **Variante 2:**
  Das Arbeitsverhältnis beginnt am ...... und ist bis zum ...... (drei bis sechs Monate später) als Probearbeitsverhältnis befristet. Innerhalb dieser Zeit kann das Arbeitsverhältnis von beiden Seiten mit einer Frist von zwei Wochen gekündigt werden. Es endet nach Ablauf der Probezeit, ohne dass es einer Kündigung bedarf. Wird das Arbeitsverhältnis nach Ablauf der Probezeit einvernehmlich verlängert, gilt es von Anfang an als Dauerarbeitsverhältnis.

Inhalt der Erläuterungen zu § 2:

1. Beginn des Arbeitsverhältnisses

Es empfiehlt sich, im Teilzeitarbeitsvertrag den rechtlichen Beginn des Arbeitsverhältnisses ausdrücklich zu regeln. Zwar wird normalerweise dieser Zeitpunkt mit dem Tag der Arbeitsaufnahme zusammenfallen, so dass er sich auch ohne vertragliche Vereinbarung ermitteln lässt. Die Ermittlung des Beginns des Arbeitsverhältnisses aufgrund der tatsächlichen Umstände stößt aber bereits dann auf Schwierigkeiten, wenn z. B. der Monatserste ein Samstag, Sonntag oder Feiertag ist und der Arbeitnehmer seine Arbeit erst am ersten Werktag des Monats aufnimmt. Denkbar ist hier, dass das Arbeitsverhältnis entweder am Monatsersten oder am ersten Werktag des Monats beginnt. Weitere Unsicherheiten treten bei Teilzeitarbeitsverhältnissen auf, in denen der Teilzeitarbeitnehmer nicht täglich arbeiten muss. Ist er z. B. nur jede zweite Woche oder jeden zweiten Tag zur Arbeitsleistung verpflichtet, ist der rechtliche Beginn des Arbeitsverhältnisses allein unter Berücksichtigung der tatsächlichen Arbeitsaufnahme kaum noch zu bestimmen.

Die Fixierung des rechtlichen Beginns des Arbeitsverhältnisses ist jedoch unverzichtbar. Dieser Zeitpunkt ist nämlich maßgeblich für die Berechnung einer Vielzahl von Fristen, die für den Inhalt oder die Beendigung des Arbeitsverhältnisses von Bedeutung sind. So greift z. B. das KSchG erst ein, wenn das Arbeitsverhältnis länger als sechs Monate bestanden hat. Auch die Länge der bei Auflösung des Arbeitsverhältnisses einzuhaltenden Kündigungsfristen richtet sich gemäß § 622 BGB nach der Dauer des Bestandes des Arbeitsverhältnisses. Gleiches gilt für eine Vielzahl tariflicher und betrieblicher Regelungen über die Gewährung von Sonderzuwendungen, Jubiläumsprämien etc.

2. Probezeitvereinbarung

Um ein gegenseitiges Kennenlernen von Arbeitgeber und Arbeitnehmer zu ermöglichen, ist auch bei Abschluss eines Teilzeitarbeitsvertrages grundsätzlich die Vereinbarung einer Probezeit zu empfehlen, nach deren Ablauf beide Vertragsparteien unter Berücksichtigung der im Laufe der bisherigen Zusammenarbeit gewonnenen Erfahrungen entscheiden können, ob die arbeitsvertragliche Beziehung fortgesetzt werden soll. Ein Probearbeitsverhältnis besteht keineswegs automatisch bei Begründung des Arbeitsverhältnisses; treffen die Arbeitsvertragsparteien keine Regelung, wird vielmehr sofort ein zeitlich **unbefristetes** Arbeitsverhältnis begründet,[224] das allerdings innerhalb der ersten sechs Monate seines Bestandes gemäß § 1 Abs. 1 KSchG nicht vom Schutz des KSchG erfasst wird. Es ist daher notwendig, die Probezeit **ausdrücklich** vertraglich zu vereinbaren.

a) **Dauer der Probezeit.** In die Vereinbarung muss zunächst die Dauer der Probezeit aufgenommen werden, wobei bei Geltung tarifvertraglicher Vorschriften häufig normative Vorgaben der einschlägigen Tarifverträge zu beachten sind. Regelmäßig bietet sich eine Probezeitdauer von drei bis sechs Monaten an. Auch bei Teilzeitarbeitsverhältnissen, in denen der Arbeitnehmer nur periodisch arbeitet, ist nicht die Dauer der tatsächlichen Arbeitsleistung, sondern die Zeit ab Begründung des Arbeitsverhältnisses zu berücksichtigen. Eine Probezeit von bis zu sechs Monaten ist rechtlich nicht zu beanstanden; insbesondere kann hieraus keine unzulässige Umgehung kündigungsschutzrechtlicher Vorschriften folgen, da das KSchG nach dessen § 1 Abs. 1 Arbeitsverhältnisse erst erfasst, wenn diese länger als sechs Monate bestanden haben. Demgegenüber bedarf die Vereinbarung einer sechs Monate übersteigenden Probezeit einer besonderen **sachlichen Rechtfertigung,** aus der sich ein besonderes Interesse von Arbeitnehmer oder Arbeitgeber an einer längerfristigen Überprüfung der Möglichkeit gemeinsamer Zusammenarbeit erkennen lässt. Eine solche sachliche Rechtfertigung kann gelegentlich bei Arbeitsverträgen mit Führungspersonal anzunehmen sein; bei Teilzeitverträgen wird sie nur ausnahmsweise gegeben sein können, wenn die Besonderheiten des Teilzeitarbeitsvertrages – z. B. aufgrund von erheblichen Arbeitsunterbrechungen – es mit sich bringt, dass die Frist von sechs Monaten zum gegenseitigen Kennenlernen nicht ausreicht.

b) **Unbefristetes Arbeitsverhältnis mit vorgeschalteter Probezeit.** Des weiteren müssen sich die Arbeitsvertragsparteien über die Art der Probezeit einigen. In Betracht kommt zum einen die Vorschaltung einer Probezeit in einem unbefristeten Arbeitsverhältnis (Variante 1).[225] Probezeit und eigentliches Arbeitsverhältnis bilden bei dieser Variante eine **rechtliche Einheit.** Bei ungestörtem Verlauf der Probezeit geht das Arbeitsverhältnis mit Ablauf der Probezeit ohne weiteres und ohne dass es einer Veränderung der Vereinbarung bedarf in das unbefristete Arbeitsverhältnis über. Die Vereinbarung der Probezeit führt demgegenüber allein dazu, dass während der Probezeit das Arbeitsverhältnis mit der **gesetzlich oder tariflich vor-**

gesehenen Mindestfrist gekündigt werden kann.[226] Da die gesetzliche Mindestfrist für Kündigungen von Arbeitern und Angestellten nach § 622 Abs. 3 BGB bei Probezeiten bis zu sechs Monaten bei zwei Wochen liegt, dient die Aufnahme der Kündigungsfrist lediglich der Klarstellung. Bei Abfassung der vertraglichen Fixierung der Kündigungsfrist muss beachtet werden, dass tarifvertraglich längere Mindestfristen gelten können, wenn beide Vertragsparteien tarifgebunden sind.

Die übrigen Kündigungsschutzvorschriften greifen ohne weiteres ein, wenn deren Voraussetzungen vorliegen, so dass z. B. bei Eintritt einer Schwangerschaft während der Probezeit eine Kündigung zum Ende der Probezeit wegen des zwingenden Kündigungsverbotes in § 9 MuSchG ebenso ausgeschlossen ist wie die eines während der Probezeit für eine Betriebsratswahl aufgestellten Arbeitnehmers (§ 15 KSchG).[227] Vor Ausspruch der Kündigung zum Ende der Probezeit muss ein eventuell bestehender Betriebsrat gemäß § 102 Abs. 1 BetrVG gehört werden.

c) **Befristetes Probearbeitsverhältnis.** Die Probezeit kann auch als befristetes Probearbeitsverhältnis vereinbart werden. Einen entsprechenden Regelungsvorschlag enthält die Variante 2. In diesem Fall endet das Probearbeitsverhältnis mit Ablauf der Probezeit ohne weiteres, ohne dass es einer Kündigung bedarf. Dementsprechend **endet das Arbeitsverhältnis** ohne weiteres durch Zeitablauf. Es besteht für den Arbeitnehmer keine Möglichkeit, sich in einem Kündigungsschutzprozess auf die Vorschriften des besonderen Kündigungsschutzes zu berufen. Schließlich besteht nicht einmal eine Verpflichtung des Arbeitgebers, den Arbeitnehmer bei Bewährung nach Beendigung der Probezeit zu übernehmen. Arbeitet der Arbeitnehmer allerdings nach Ablauf der Probezeit mit Kenntnis des Arbeitgebers wie gewohnt weiter, ohne dass der Arbeitgeber unverzüglich widerspricht, wird nach § 625 BGB ein unbefristetes Arbeitsverhältnis begründet. Will der Arbeitgeber nach Ablauf der Probezeit die Übernahme des Arbeitnehmers in ein unbefristetes Arbeitsverhältnis verhindern, muss er deshalb genau darauf achten, dass der Arbeitnehmer nach Ende der Probezeit seine Arbeit tatsächlich einstellt. Soll der Arbeitnehmer nach der Probezeit übernommen werden, muss der Betriebsrat nicht erneut nach § 99 BetrVG beteiligt werden, da keine Einstellung i. S. d. Vorschrift vorliegt.[228]

Grundsätzlich ist das befristete Probearbeitsverhältnis während der Probezeit **ordentlich unkündbar.** Es ist jedoch zulässig, die ordentliche Kündbarkeit zu vereinbaren.[229] Die im Muster vorgeschlagene Regelung einer Kündigungsmöglichkeit mit einer Frist von zwei Wochen ist daher zwingend notwendig, um das befristete

Probearbeitsverhältnis ordentlich vor Ablauf der Probezeit auflösen zu können.

d) **Außerordentliche Kündigung.** Die außerordentliche Kündigung eines Probearbeitsverhältnisses ist in beiden Regelungsvarianten grundsätzlich uneingeschränkt möglich, sofern ein wichtiger Grund zur Kündigung vorliegt. Die mangelnde Eignung eines Arbeitnehmers wird jedoch nur in Ausnahmefällen einen derartigen wichtigen Grund darstellen, da es gerade Sinn der Probezeit ist, die Eignung des Arbeitnehmers zu überprüfen. Etwas anderes gilt nur dann, wenn dem Arbeitnehmer die elementaren Fähigkeiten zur Erfüllung der von ihm übernommenen arbeitsvertraglichen Verpflichtungen fehlen.[230]

§ 3
Arbeitszeit

- Variante 1:
  Die regelmäßige wöchentliche Arbeitszeit beträgt die Hälfte (ein Viertel etc.) der im Betrieb üblichen Arbeitszeit eines Vollzeitbeschäftigten. Die Arbeitszeit des Arbeitnehmers erstreckt sich täglich von ...... bis ...... Uhr.

- Variante 2:
  Die regelmäßige wöchentliche Arbeitszeit beträgt ...... Stunden. Die Arbeitszeit des Arbeitnehmers erstreckt sich von montags bis mittwochs von ...... bis ...... Uhr.

- Variante 3:
  Die regelmäßige wöchentliche Arbeitszeit beträgt ...... Stunden. Montags, dienstags und mittwochs erstreckt sich die tägliche Arbeitszeit von ...... bis ...... Uhr, donnerstags von ...... bis ...... Uhr und freitags von ...... bis ...... Uhr.

- Variante 4:
  Die regelmäßige wöchentliche Arbeitszeit beträgt ...... Stunden. Die tägliche Arbeitszeit des Arbeitnehmers beträgt ...... Stunden. Der Arbeitnehmer ist berechtigt, die Lage der täglichen Arbeitszeit in der Zeit von ...... bis ...... Uhr, bei nur durch eine unbezahlte Pause von 30 Minuten unterbrochener Anwesenheit frei festzulegen. Er ist verpflichtet, bei Beginn und Beendigung der Arbeit die betrieblichen Zeiterfassungsgeräte zu benutzen.

- Variante 5:
  Die regelmäßige Arbeitszeit für den Zeitraum von zwei Wochen beträgt ...... Stunden. Der Arbeitnehmer ist verpflichtet, jeweils

im turnusmäßigen wochenweisen Wechsel beginnend ab Montag, den ......, täglich von ...... bis ...... Uhr zu arbeiten, und in der jeweils folgenden Woche mit der Arbeit auszusetzen.

- Variante 6:
  Die regelmäßige wöchentliche Arbeitszeit bestimmt sich nach der im Betrieb geltenden Betriebsvereinbarung über die Arbeitszeit von Teilzeitbeschäftigten. Die Lage der täglichen Arbeitszeit richtet sich ebenfalls nach dieser Betriebsvereinbarung.

- Variante 7:
  Der Arbeitnehmer arbeitet vollzeitig zu den betriebsüblichen Arbeitszeiten in den Monaten von Januar bis Juni eines Jahres. In den Monaten Juli bis Dezember eines Jahres ruhen die beiderseitigen Verpflichtungen aus diesem Vertrag.
  Dem Arbeitnehmer ist bekannt, dass er während des Ruhens des Arbeitsverhältnisses nicht sozialversicherungspflichtig ist und er daher selbst für die Aufrechterhaltung der notwendigen sozialen Sicherung – z.B. Krankenversicherung – zu sorgen hat.

Inhalt der Erläuterungen zu § 3:

1. Erfordernis der Arbeitszeitabrede

Einen unverzichtbaren Bestandteil jedes Teilzeitarbeitsvertrages bildet die vertragliche Vereinbarung über die **Dauer** und die **Lage** der vom Arbeitnehmer zu erbringenden Arbeitsleistung. Fehlt es nämlich an einer derartigen vertraglichen Abrede und lässt sich eine Willenseinigung der Arbeitsvertragsparteien über die verkürzte Dauer der Arbeitszeit auch nicht aus den sonstigen Begleitumständen bei Vertragsschluss entnehmen, muss davon ausgegangen werden, dass Arbeitnehmer und Arbeitgeber einen Vollzeitarbeitsvertrag mit einer Arbeitszeitdauer entsprechend der branchen-, orts- oder betriebsüblichen Arbeitszeit abgeschlossen haben.[231]

2. Dauer der Arbeitszeit

Geregelt werden muss in einem Teilzeitarbeitsvertrag zum einen die Dauer der vom Arbeitnehmer zu erbringenden und vom Arbeitgeber zu vergütenden Arbeitsleistung, das sog. **Arbeitszeitdeputat.** Hier bedarf es einer genauen zeitlichen Festlegung der vom Arbeitnehmer innerhalb einer bestimmten Zeitspanne – dem **Bezugszeitraum** – zu erbringenden Arbeitsleistung. Grundsätzlich unzulässig ist es demgegenüber, im Arbeitsvertrag eine variable Dauer der Arbeitszeit vorzusehen und die konkrete Festlegung in das Direktionsrecht des Arbeitgebers zu stellen.[232] Die Dauer der Arbeitszeit bestimmt nämlich nicht nur maßgeblich die arbeitsvertragliche **Hauptleistungspflicht** des Arbeitnehmers, die nicht in das Belieben des Arbeitgebers gestellt werden darf. Darüber hinaus würde eine freie Bestimmbarkeit des Umfanges der Arbeitsleistung dem Arbeitgeber problemlos ermöglichen, die zwingenden Vorschriften des Kündigungsschutzrechtes zu umgehen, indem er eine Arbeitszeit von „Null" festlegt. Der Arbeitnehmer würde gleichzeitig in unberechenbarer Weise in der Planung seiner für Arbeitsleistung und Freizeit zu verwendenden Zeit eingeschränkt werden.[233] Aus diesem Grunde schreibt nunmehr § 12 Abs. 1 Satz 2 TzBfG für Abrufarbeitsverhältnisse ausdrücklich die Verpflichtung zur vertraglichen Fixierung eines bestimmten Arbeitszeitvolumens im Arbeitsvertrag fest.[234]

Im jeweiligen Einzelfall wird sich die Fixierung des Arbeitszeitdeputates nach den Wünschen des Arbeitnehmers und den von der betrieblichen Organisation vorgegebenen Interessen des Arbeitgebers richten. Dementsprechend bestehen für Vereinbarungen über die Arbeitszeit im konkreten Einzelfall eine Vielzahl von Möglichkeiten, von denen naturgemäß im vorgeschlagenen Vertragsmuster nur einige wenige Beispiele dargestellt werden können. Die einzelnen Regelungsbestandteile dieser Beispiele können wechselseitig kombiniert werden. Daneben sind eine Vielzahl weiterer Regelungen denkbar.

Notwendig für die **Fixierung des Arbeitszeitdeputates** ist allein, dass im Arbeitsvertrag zum einen der **Bezugszeitraum** und zum anderen die **Dauer der** im Bezugszeitraum **zu erbringenden Arbeitsleistung** festgelegt werden. Als Bezugszeitraum kann beispielsweise die Zeitspanne von einer Woche gewählt werden, wie dies in den Varianten 1 bis 4 und 6 vorgeschlagen wird. Daneben ist auch die Wahl eines „Zwei-Wochen-Zeitraums" (Variante 5), der Spanne von einem oder mehreren Monaten oder sogar eines Jahres als Bezugszeitraum (Variante 7) denkbar. Die Vereinbarung längerer Bezugszeiträume, insbesondere solcher, die die Dauer eines Jahres überschreiten, sollte allerdings aus Gründen der Praktikabilität möglichst vermieden werden.

Die Dauer der Arbeitszeit innerhalb des gewählten Bezugszeitraumes kann entweder durch Vereinbarung einer genau bestimmten Stundenzahl wie in den Varianten 2 bis 5 erfolgen. Daneben besteht die Möglichkeit, die Dauer der im Bezugszeitraum durch den Teilzeitbeschäftigten zu erbringende Arbeitszeit auch in Relation zur betriebsüblichen Arbeitszeit eines Vollzeitbeschäftigten zu fixieren, wie dies in Variante 1 geschehen ist.

Die letztgenannte Variante hat den Vorteil, dass sich eine – durch Tarifvertrag oder in anderer Weise erfolgende – Verkürzung der Arbeitszeit der vollzeitbeschäftigten Arbeitnehmer ohne weitere Neuregelung auch anteilig auf die Arbeitszeit der Teilzeitbeschäftigten auswirkt. Anderenfalls muss – zumindest bei einer Arbeitszeitverkürzung mit vollem oder teilweisem Lohnausgleich – die Arbeitszeit des Teilzeitbeschäftigten durch Änderung des Arbeitsvertrages herabgesetzt oder die Vergütung im entsprechenden Verhältnis erhöht werden. Da nämlich eine Herabsetzung der wöchentlichen Arbeitszeit eines Vollzeitbeschäftigten ohne hiermit korrespondierender Herabsetzung der Vergütung zu einer Erhöhung der zeitanteiligen Vergütung des (vollzeitig beschäftigten) Arbeitnehmers führt, dürfen teilzeitbeschäftigte Arbeitnehmer wegen des Diskriminierungsverbotes in § 4 Abs. 1 TzBfG hiervon grundsätzlich nicht ausgenommen werden.[235] Der Anspruch des Teilzeitbeschäftigten auf Herabsetzung seiner Arbeitszeit im entsprechenden Verhältnis zur Herabsetzung der Arbeitszeit eines Vollzeitbeschäftigten[236] oder auf entsprechende Erhöhung seiner Vergütung[237] besteht nur dann nicht, wenn der Arbeitgeber nachweisen kann, dass die Verkürzung der Arbeitszeit für Vollzeitkräfte dem Ausgleich besonderer mit der Dauer der Arbeitszeit verbundener Belastungen dient, denen die Teilzeitbeschäftigten auch nicht anteilig ausgesetzt sind.[238] Ein derartiger Nachweis dürfte im Einzelfall nur schwer gelingen.

Besteht im Betrieb eine Betriebsvereinbarung zwischen Arbeitgeber und Betriebsrat über die Dauer der Arbeitszeit, was auf freiwilliger Basis nach § 88 BetrVG möglich ist,[239] kann die Dauer der im Bezugszeitraum vom Teilzeitarbeitnehmer zu erbringenden Arbeitsleistung auch durch Bezugnahme auf diese Betriebsvereinbarung fixiert werden. Auch in diesem Fall treten bei Verkürzung der Arbeitszeit durch eine neue Betriebsvereinbarung zumindest dann keine Probleme auf, wenn bei Abschluss der ändernden Betriebsvereinbarung und damit verbunden der Neuregelung der Dauer der Arbeitszeit von Vollzeit- und Teilzeitbeschäftigten auf die Einhaltung des Diskriminierungsverbotes aus § 4 Abs. 1 TzBfG geachtet wird.

3. Lage der Arbeitszeit

Den zweiten wichtigen Bestandteil der Arbeitszeitabrede in einem herkömmlichen Teilzeitarbeitsvertrag bildet die Regelung über die

Lage der vom Arbeitnehmer zu erbringenden Arbeitsleistung. Bezüglich der Lage der Arbeitszeit besteht im Gegensatz zur Dauer der Arbeitszeit ein **erzwingbares Mitbestimmungsrecht des Betriebsrats.**[240] In diesem Bereich besteht ein noch größerer Regelungsspielraum für die Arbeitsvertragsparteien bis hin zu der Möglichkeit, die Lage der Arbeitszeit bei Vereinbarung eines Kapovaz-Arbeitsvertrages[241] nach Arbeitsanfall durch den Arbeitgeber bestimmen zu lassen.

Verzichten die Arbeitsvertragsparteien im Teilzeitarbeitsvertrag auf eine Regelung über die Lage der Arbeitszeit, so kann der Arbeitgeber unter Beachtung des Mitbestimmungsrechtes des Betriebsrates aus § 87 Abs. 1 Nr. 2 BetrVG im Rahmen seines **Direktionsrechtes** deren konkrete Lage unter Beachtung des Gebotes der Billigkeit gemäß § 315 Abs. 1, 3 BGB einseitig bestimmen. Das Billigkeitsgebot verbietet dem Arbeitgeber jedoch, allein seine Interessen bei der Festlegung der Lage der Arbeitszeit zu berücksichtigen, und zwingt ihn, auch die berechtigten Belange des Teilzeitarbeitnehmers bei seiner Entscheidung zu beachten. Bei der Abwägung der wechselseitigen Interessen muss der Arbeitgeber eine Arbeitszeitregelung treffen, die die Dispositionsfreiheit des Arbeitnehmers über seine nicht durch das Arbeitsverhältnis gebundene Zeit so wenig wie möglich beeinträchtigt.[242]

Um die mit der Anwendung des Direktionsrechts verbundenen Unsicherheiten für Arbeitnehmer und Arbeitgeber zu vermeiden, empfiehlt sich insbesondere in Fällen, in denen aufgrund besonderer Interessen des Arbeitnehmers oder betrieblicher Zwänge die Lage der Arbeitszeit keinen Veränderungen unterliegen soll, bereits in den Arbeitsvertrag Regelungen über die Lage der Arbeitszeit aufzunehmen. Hierdurch kann von vornherein ausgeschlossen werden, dass es wegen einer Veränderung der Lage der Arbeitszeit zu Streitigkeiten wegen anderer Aktivitäten des Arbeitnehmers in der arbeitsfreien Zeit kommt.

Für die vertragliche Regelung der Lage der Arbeitszeit bestehen die verschiedensten Möglichkeiten, die von der starren Festlegung der täglichen Arbeitszeit bis zu einer erheblichen Flexibilisierung der Arbeitszeit reichen. Das Grundmodell der herkömmlichen Teilzeitarbeit bildet die gleichmäßige Verkürzung der täglichen Arbeitszeit. Ein solches Modell wird in Variante 1 vorgeschlagen. In ähnlicher Weise führen auch die Varianten 2 und 3 zu einer starren Arbeitszeit, wobei jedoch die Arbeitszeit statt gleichmäßig an sämtlichen Arbeitstagen in der Woche nur – gleichmäßig (Variante 2) oder ungleichmäßig (Variante 3) verteilt – an einigen Tagen der Woche zu erbringen ist. Möglich ist es auch, die Verkürzung der betriebsüblichen Arbeitszeit eines Vollzeitbeschäftigten dadurch herbeizuführen, dass der Arbeitnehmer zwar in einer Woche wie ein Vollzeitbeschäftigter arbeitet, in der Folgewoche dafür vollständig mit der Arbeit aussetzt. Eine entsprechende Regelung wird in Variante 5 vorgeschlagen. Das entsprechende Modell lässt sich auch auf andere Zeiträume, beispielsweise auf einzelne Monate oder – wie in Variante 7 vorgesehen – auf den Zeitraum eines Jahres erweitern. Bei derartigen Regelungen muss jedoch jeweils geprüft werden, ob die Dauer der tatsächlichen Unterbrechung der Arbeitsleistung Auswirkungen auf den sozialen Schutz des teilzeitbeschäftigten Arbeitnehmers hat. Das Bestehen des gesetzlichen Krankenversicherungsschutzes setzt nämlich nach § 5 SGB V nicht nur das Bestehen einer versicherungspflichtigen Beschäftigung voraus. Diese bleibt auch bei mehrmonatiger tatsächlicher Unterbrechung der Arbeitsleistung bestehen. Erforderlich ist nach § 5 Abs. 1 Nr. 1 SGB V darüber hinaus zusätzlich, dass die Beschäftigung **gegen Arbeitsentgelt** erfolgt. § 7 Abs. 3 SGB IV sieht zwar vor, dass die Beschäftigung gegen Arbeitsentgelt erhalten bleibt, wenn das Arbeitsverhältnis ohne Entgeltfortzahlung fortbesteht, begrenzt diesen Zeitraum jedoch gleichzeitig auf **einen Monat.**[243] Wird die Zahlung des Arbeitsentgelts für längere Zeiträume unterbrochen, **erlischt** daher grundsätzlich **der gesetzliche Krankenversicherungsschutz.** Eine Möglichkeit, diesem Nachteil zu entgehen, besteht darin, zwar die Arbeitszeit diskontinuierlich auf Teile des Jahres zu verteilen, die Vergütung aber in monatlich gleichbleibenden Beträgen kontinuierlich auszuzahlen.[244] In diesem Fall würde nämlich auch in den Perioden, in denen der Arbeitnehmer keine Arbeitsleistung erbringt, eine vergütungspflichtige Beschäftigung bestehen, so dass die Ausschlussvoraussetzung des § 5 Abs. 1 Nr. 1 SGB V, § 7 Abs. 3 SGB IV nicht eingreifen kann. Wird eine solche kontinuierliche Vergütungszahlung nicht vereinbart, muss der Arbeitnehmer nach Ablauf der Frist von einem Monat für eine **freiwillige Weiterversicherung** in der gesetzlichen Krankenkasse sorgen, um seinen Versicherungsschutz zu erhalten.[245]

Eine Flexibilisierung der Arbeitszeit lässt sich erreichen, wenn man die Bestimmung der Lage der Arbeitszeit dem Arbeitnehmer überlässt. Dies kann entweder in der Weise geschehen, dass der Arbeitnehmer bei täglich gleichbleibender Dauer der Arbeitszeit Beginn und Ende der Arbeitszeit frei bestimmen kann, wie dies Variante 4 vorschlägt. Weitergehend kann auch auf die vertragliche Festlegung der Dauer der täglichen Arbeitszeit verzichtet und die tägliche Arbeitsleistung in das Belieben des Arbeitnehmers gestellt werden. Aus Gründen der Praktikabilität sollte jedoch eine tägliche Mindestarbeitszeit vertraglich vereinbart werden. Praktizieren lässt sich eine derartige Vorgehensweise in der Regel nur, wenn im Betrieb geeignete Einrichtungen zur Erfassung von Beginn und Ende der täglichen Arbeitsleistung des Arbeitnehmers vorhanden sind.[246]

Schließlich besteht auch bezüglich der Lage der Arbeitszeit die Möglichkeit, die genaue Bestimmung der Modalitäten in einer im Betrieb geltenden Betriebsvereinbarung zwischen Arbeitgeber und Betriebsrat vorzunehmen und im Teilzeitarbeitsvertrag lediglich auf diese Betriebsvereinbarung Bezug zu nehmen. Insoweit ist auf die Variante 6 zu verweisen.

§ 4
Vergütung

1. Vergütungshöhe

Der Arbeitnehmer erhält für seine vertraglichen Leistungen ein Arbeitsentgelt von ...... € im Monat/in der Woche/in der Stunde.

2. Fälligkeit

- Variante 1:
  Das Arbeitsentgelt wird jeweils am 1./15. eines Monats fällig und ist bargeldlos auf ein vom Arbeitnehmer anzugebendes Konto bei einem Kreditinstitut im Inland zu zahlen.
- Variante 2:
  Das Arbeitsentgelt ist jeweils am letzten Werktag der Woche/des Monats fällig, in der/dem der Arbeitnehmer Arbeitsleistungen erbracht hat. Es ist bargeldlos auf ein vom Arbeitnehmer anzugebendes Konto bei einem Kreditinstitut im Inland zu zahlen.

Inhalt der Erläuterungen zu § 4:

1. Zur Höhe der Vergütung

Wenn in einem Unternehmen die Höhe der Vergütung für die Arbeitnehmer nach generellen Regeln oder in anderer Weise einheitlich festgelegt werden, ist es regelmäßig geboten, die Höhe der Vergütung eines Teilzeitbeschäftigten aufgrund des arbeitsrechtlichen Gleichbehandlungsgrundsatzes und des Verbotes der Geschlechtsdiskriminierung zeitanteilig entsprechend der Vergütung, die ein mit vergleichbaren Tätigkeiten im Betrieb beschäftigter Vollzeitarbeitnehmer erhält, festzulegen. Eine entsprechende gesetzliche Verpflichtung normiert § 4 Abs. 1 Satz 2 TzBfG. Eine Abweichung von diesem Gebot ist nur möglich, wenn die Vergütung entweder in jedem Einzelfall individuell ausgehandelt wird oder ein sachlicher Grund vorliegt, der es rechtfertigt, den teilzeitbeschäftigten Arbeitnehmer anders als die vergleichbaren Vollzeitarbeitskräfte zu entlohnen.

a) **Der Grundsatz der Gleichbehandlung.** Bei der vertraglichen Festlegung der dem einzelnen Arbeitnehmer zu zahlenden Arbeitsvergütung ist der Arbeitgeber grundsätzlich frei. Die auch für das Arbeitsrecht geltende Vertragsinhaltsfreiheit erlaubt es den Arbeitsvertragsparteien, die Höhe der zu zahlenden Vergütung nach den Maßstäben von Angebot und Nachfrage frei auszuhandeln. Der Arbeitgeber ist daher berechtigt, einzelne Arbeitnehmer bei der Bemessung der Vergütung individualvertraglich besserzustellen.

Nach der Rechtsprechung des BAG[247] gilt dieser Grundsatz allerdings nur für **individuell vereinbarte Löhne und Gehälter.** Demgegenüber gebietet der arbeitsrechtliche Gleichbehandlungsgrundsatz, der für den Bereich der Teilzeitarbeit seine spezielle Ausprägung in § 4 Abs. 1 TzBfG gefunden hat,[248] dem Arbeitgeber, Arbeitnehmer oder Gruppen von Arbeitnehmern, die sich in **vergleichbarer Lage** befinden, gleichzubehandeln. Er verbietet nicht nur die willkürliche Schlechterstellung einzelner Arbeitnehmer innerhalb einer Gruppe, sondern auch eine sachfremde Gruppenbildung.[249] Gewährt daher der Arbeitgeber die Vergütung nach einem bestimmten erkennbaren und generalisierenden Prinzip oder legt er bestimmte Voraussetzungen oder einen bestimmten Zweck für die Vergütung fest, ist er an den Gleichbehandlungsgrundsatz gebunden. Gleiches gilt, wenn der Arbeitgeber, ohne nach einem erkennbaren oder generalisierenden Prinzip vorzugehen, im Betrieb mehrere Vergütungssysteme anwendet und dabei nicht nur einzelne Arbeitnehmer besserstellt.[250]

Für den Bereich der Teilzeitarbeit haben diese Grundzüge ebenfalls Geltung.[251] Da sich die Teilzeitarbeit von vergleichbarer Vollzeitarbeit nur dadurch unterscheidet, dass der Arbeitnehmer dem Arbeitgeber nicht für die volle Arbeitszeit, sondern zeitlich eingeschränkt zur Verfügung steht, darf das Entgelt gemäß § 4 Abs. 1 Satz 2 TzBfG grundsätzlich nur **entsprechend der verringerten Arbeitsleistung gekürzt** werden.[252] Leistet daher ein Teilzeitbeschäftigter – lediglich zeitanteilig gekürzt – die gleiche Arbeit wie ein Vollzeitbeschäftigter, hat er auch einen Anspruch auf eine Vergütung in entsprechender zeitanteilig gekürzter Höhe. Entsprechendes gilt auch für das Verhältnis verschiedener Gruppen von Teilzeitbeschäftigten untereinander.[253]

Entscheidendes Kriterium für die Anwendung des Gleichbehandlungsgrundsatzes im Einzelfall bildet daher zunächst das Vorliegen gleichwertiger Arbeit zwischen Vollzeit- und Teilzeitbeschäftigten. Für den Bereich der Vergütung befinden sich nach der Rechtsprechung des BAG[254] regelmäßig nur solche Arbeitnehmer in vergleichbarer Lage, die von ihrer Tätigkeit her vergleichbar sind, es sei denn, der Arbeitgeber stellt allgemeine Vergütungsgrundsätze auf. Entscheidend für die Vergleichbarkeit ist die Verkehrsanschauung. Anhaltspunkte für eine Vergleichbarkeit können sich insbesondere aus Tarifverträgen und anderen verbreiteten Regelwerken ergeben; ob sie im Betrieb anwendbar sind, ist nicht entscheidend. An der Vergleichbarkeit zwischen Vollzeit- und Teilzeitarbeit fehlt es in aller Regel, wenn die Tätigkeit der Vollzeitbeschäftigten wegen Führungs- und Leitungsaufgaben, aufgrund spezieller Qualifikationen oder wegen sonstiger besonderer Anforderungen tarifvertraglich anders bewertet wird. Dagegen bleiben geringere Unterschiede, die nicht zu einer anderen tariflichen Eingruppierung führen, in der Regel außer Betracht.

Steht fest, dass der Arbeitgeber vergleichbare Tätigkeiten von Vollzeit- und Teilzeitbeschäftigten nicht nur zeitanteilig unterschiedlich vergütet, scheidet ein Verstoß gegen den Gleichbehandlungsgrundsatz nur aus, wenn für die unterschiedliche Behandlung der Arbeitnehmergruppen ein sachlicher Grund gegeben ist, der die gewählte Differenzierung rechtfertigt. Als sachliche Gründe für eine Ungleichbehandlung können bspw. die Anforderungen des jeweiligen Arbeitsplatzes und die Qualifikation oder Erfahrung der Vollzeitbeschäftigten herangezogen werden.[255]

Im Streitfall hat der Arbeitnehmer zunächst die Voraussetzungen eines Verstoßes gegen den Gleichbehandlungsgrundsatz darzulegen, also vorzutragen, dass der Arbeitgeber Arbeitnehmer mit ähnlicher Tätigkeit unterschiedlich vergütet. Hat der Arbeitnehmer insoweit seiner Darlegungslast Genüge getan, obliegt es dem Arbeitgeber darzutun, wie groß der begünstigte Personenkreis ist, wie er sich zusammensetzt, wie er abgegrenzt ist und warum der einzelne Arbeitnehmer nicht dazugehört.[256] Auch für die sachliche Rechtfertigung einer eventuellen Ungleichbehandlung trägt der Arbeitgeber die Darlegungs- und Beweislast.[257]

Orientiert an diesen Grundsätzen hat das BAG früher entschieden, dass eine nebenberufliche Tätigkeit **neben einer existenzsichernden weiteren Beschäftigung** stundenmäßig schlechter vergütet werden darf als eine hauptberufliche Tätigkeit gleichen Inhalts. Diese Rechtsprechung hat das BAG ausdrücklich aufgegeben.[258] Auch ein teilzeitbeschäftigter Lehrer im öffentlichen Dienst[259] oder ein teilzeitbeschäftigter Dozent an einer Hochschule[260] kann die zeitanteilig entsprechende Vergütung eines Vollzeitbeschäftigten verlangen, wenn eine existenzsichernde Hauptbeschäftigung nicht gegeben ist. Vom EuGH[261] ist anerkannt worden, dass die geringere Vergütung von Teilzeitbeschäftigten zum Zwecke der Förderung der Vollzeittätigkeit durch den Arbeitgeber zulässig sei.

Existieren im Betrieb Vergütungsordnungen, die bestimmte Vergütungsgruppen vorsehen, müssen – ebenso wie bei tariflichen Vergütungsgruppen – die Teilzeitbeschäftigten in die entsprechende Vergütungsgruppe eingruppiert werden.[262] Ist keine ausdrückliche Ausnahmeregelung im Tarifvertrag enthalten, gilt dies auch, wenn die Teilzeittätigkeit die Grenzen der geringfügigen Beschäftigung nicht überschreitet, wie durch § 2 Abs. 2 i. V. m. § 4 Abs. 1 TzBfG ausrücklich klargestellt wird. Selbst bei arbeitsvertraglichen Nettolohnvereinbarungen ist der Arbeitgeber verpflichtet, dem geringfügig beschäftigten Arbeitnehmer den entsprechenden Bruttolohn wie einem Vollzeitbeschäftigten zu gewähren, ohne dass es auf die Höhe des Nettolohnes ankäme, wenn der Tarifvertrag nur von Bruttolöhnen ausgeht.[263]

b) Das Verbot der Geschlechtsdiskriminierung. Besondere Bedeutung für die Bemessung der Vergütung im Einzelfall entfaltet neben dem Gleichbehandlungsgrundsatz das Verbot der Geschlechtsdiskriminierung.[264] Trotz Vorliegens eines sachlichen Grundes, der die Differenzierung zwischen Vollzeit- und Teilzeitbeschäftigten im Bereich der Vergütung zu rechtfertigen geeignet ist, kann nämlich in der unterschiedlichen Behandlung eine Benachteiligung wegen des Geschlechts liegen, wenn im Betrieb **deutlich mehr Frauen als Männer teilzeitbeschäftigt** sind und daher in **erheblich größerem Umfang** von der **niedrigeren Vergütung betroffen** werden. Liegt an sich ein sachlicher Differenzierungsgrund vor, muss der Arbeitgeber in dem Fall, dass von der Vergütungsregelung erheblich mehr Frauen als Männer nachteilig betroffen werden, darlegen können, dass die Vergütungsordnung auf sachlichen Kriterien beruht, die objektiv gerechtfertigt sind und nichts mit einer Diskriminierung aufgrund des Geschlechts zu tun haben. Zulässig ist danach z. B. eine Vergütungsordnung, die bei der Eingruppierung auf die muskelmäßige Beanspruchung oder Belastung oder den Grad der Schwere der Arbeit abstellt, sofern das Vergütungssystem durch Einbeziehung anderer Kriterien sicherstellt, dass eine Diskriminierung aufgrund des Geschlechtes ausscheidet.[265]

c) Folgen einer unwirksamen Vergütungsabrede. Ist die vertragliche Vereinbarung über die Höhe der vom Arbeitgeber zu zahlenden Vergütung aus den o. g. Gründen unwirksam, folgt hieraus entgegen § 139 BGB nicht die Unwirksamkeit des gesamten Arbeitsvertrages.

Die Unwirksamkeit beschränkt sich vielmehr allein auf die Vergütungsregelung, da andernfalls der Gleichbehandlungsgrundsatz seine den Arbeitnehmer schützende Wirkung nicht entfalten könnte. Während sich die Beziehungen der Arbeitsvertragsparteien im Übrigen daher nach den verbleibenden Regelungen des Arbeitsvertrages richten, bestimmt sich der Vergütungsanspruch des Arbeitnehmers gemäß § 612 Abs. 2 BGB nach der **üblichen Vergütung.** Üblich ist die einem Vollzeitbeschäftigten gezahlte Vergütung, so dass der teilzeitbeschäftigte Arbeitnehmer die zeitanteilig gekürzte Vergütung eines Vollzeitbeschäftigten verlangen kann.

Haben die Arbeitsvertragsparteien ausdrücklich eine geringfügig entlohnte Beschäftigung vereinbart und würde die Anpassung der Vergütungshöhe wegen des Verstoßes gegen den Gleichbehandlungsgrundsatz dazu führen, dass die sozialversicherungsrechtlichen Geringfügigkeitsgrenzen überschritten werden, steht dem Arbeitnehmer statt eines Anspruchs auf erhöhte Vergütung ein Anspruch auf anteilige Reduzierung der Arbeitszeit zu, damit die maßgeblichen Verdienstgrenzen nicht überschritten werden.[266]

2. Auswirkungen einer generellen Vergütungserhöhung

Nimmt der Arbeitgeber Lohn- und Gehaltserhöhungen nach individuellen Kriterien vor, darf er, gestützt auf den Grundsatz der Vertragsfreiheit, die einzelnen Arbeitnehmer unterschiedlich behandeln. Demgegenüber scheidet eine differenzierende Behandlung bei der Gewährung von Lohn- und Gehaltserhöhungen aus, wenn die Erhöhung der Vergütung nach generellen Regeln durchgeführt wird. In diesem Fall verbieten § 4 Abs. 1 Satz 2 TzBfG und der arbeitsrechtliche Gleichbehandlungsgrundsatz die unterschiedliche Behandlung vergleichbarer Arbeitnehmer, insbesondere auch von Vollzeit- und Teilzeitbeschäftigten. Der Arbeitgeber muss daher die Vergütung eines Teilzeitbeschäftigten im **gleichen Verhältnis anheben,** wie er dies bei vergleichbaren vollzeitbeschäftigten Arbeitnehmern tut.[267] Selbst wenn die Vergütung der vollzeitbeschäftigten Arbeitnehmer zu unterschiedlichen Zeiten im Jahr und in unterschiedlicher Höhe angehoben wird, folgt allein aus dem Umstand, dass eine generelle Vergütungserhöhung stattgefunden hat, die Vermutung, dass zumindest ein Teil dieser Erhöhung dem Ausgleich des allgemeinen Kaufkraftschwundes dient. Hiervon darf der Teilzeitbeschäftigte nicht ausgenommen werden, so dass er vom Arbeitgeber zumindest die Erhöhung seiner Vergütung um diesen Teil verlangen kann.[268] In Ausnahmefällen, in denen ausdrücklich eine geringfügig entlohnte Beschäftigung vereinbart wurde, kann auch hier statt eines Anspruchs auf Zahlung einer erhöhten Vergütung ein Anspruch auf Verringerung der Arbeitszeit in Betracht kommen, wenn andernfalls die Teilzeitbeschäftigung die Grenzen der Geringfügigkeit zu überschreiten droht.

3. Arbeitszeitverkürzung mit Lohnausgleich

Erfolgt im Betrieb eine allgemeine Arbeitszeitverkürzung für die vollzeitbeschäftigten Arbeitnehmer bei vollem oder teilweisem Lohnausgleich, dürfen auch Teilzeitbeschäftigte hiervon nicht ausgenommen werden. Die Verkürzung der betrieblichen Arbeitszeit mit – vollem oder teilweisem – Lohnausgleich bedeutet für die Vollzeitbeschäftigten nämlich eine Erhöhung der Vergütung, da sie als Gegenleistung für den Erhalt des Arbeitsentgelts in geringerem zeitlichen Umfang ihre vertragliche Arbeitsleistung erbringen müssen. Hieran müssen aufgrund des Gleichbehandlungsgrundsatzes auch die teilzeitbeschäftigten Arbeitnehmer partizipieren, sofern der Arbeitgeber nicht einen sachlichen Grund für eine unterschiedliche Behandlung darlegen kann. Ein derartiger sachlicher Grund wird nur sehr selten anzunehmen sein. Er kann bspw. vorliegen, wenn die Verkürzung der Arbeitszeit für Vollzeitkräfte dem Ausgleich besonderer Belastungen dient, denen die Teilzeitbeschäftigten auch nicht anteilig ausgesetzt sind.[269]

Im Regelfall ist dem Gleichbehandlungsgrundsatz dadurch Rechnung zu tragen, dass die Arbeitszeit des teilzeitbeschäftigten Arbeitnehmers im gleichen Verhältnis wie die des Vollzeitbeschäftigten herabgesetzt wird. Ausnahmsweise kommt aber auch eine verhältnismäßige Erhöhung der Vergütung des Teilzeitbeschäftigten in Betracht, wenn die Auslegung des Arbeitsvertrages ergibt, dass die Arbeitsvertragsparteien unabhängig von der betrieblichen Arbeitszeit eine feste Stundenzahl vereinbaren wollten[270] oder wenn der Tarifvertrag, der die Arbeitszeitverkürzung bei vollem Lohnausgleich für Vollzeitbeschäftigte vorsieht, eine Arbeitszeitverkürzung für Teilzeitbeschäftigte nicht regelt. Da sich in diesem Fall der Stundenlohn der vollzeitbeschäftigten Arbeitnehmer zum Ausgleich einer tariflichen Arbeitszeitverkürzung rechnerisch erhöht, haben auch teilzeitbeschäftigte Arbeitnehmer bei unveränderter Arbeitszeit einen Anspruch auf eine entsprechende Lohnerhöhung je Arbeitsstunde.[271]

4. Fälligkeit der Vergütung

Nach der in § 614 BGB enthaltenen Grundregel ist der Arbeitgeber erst nach Erbringung der Arbeitsleistung durch den Arbeitnehmer zur Zahlung der vereinbarten Vergütung verpflichtet. Ist die Vergütung darüber hinaus nach Zeitabschnitten – Wochen, Monaten etc. – bemessen, so ist das Arbeitsentgelt nach Ablauf der einzelnen Zeitabschnitte zu entrichten. Der **Arbeitnehmer ist** also **vorleistungspflichtig.** Soll demgegenüber ein Arbeitnehmer die Vergütung für seine Arbeitsleistung vor deren Erbringung erhalten, muss dies ausdrücklich im Arbeitsvertrag vereinbart werden. Ob eine solche Vereinbarung im Einzelfall zu treffen ist, richtet sich nach den jeweiligen betrieblichen Besonderheiten.

Für Teilzeitarbeitsverhältnisse mit diskontinuierlicher Arbeitsleistung und langen Freizeitphasen sollte darüber hinaus geregelt werden, dass der Arbeitnehmer – entsprechend der gesetzlichen Wertung für Abrufarbeitsverhältnisse in § 12 Abs. 1 Satz 2 TzBfG[272] – seine **Vergütung nicht** ebenfalls **diskontinuierlich** und folglich mit erheblichen Schwankungen in der Höhe, sondern **kontinuierlich,** berechnet nach dem im Jahresdurchschnitt im Monat oder in der Woche erzielten Arbeitsentgelt unabhängig vom Umfang der im jeweiligen Zahlungszeitraum erbrachten Arbeitsleistung erhält. Arbeitsvertraglich regeln lässt sich eine derartige kontinuierliche Vergütungszahlung bei diskontinuierlicher Arbeitsleistung durch Kombination der Vereinbarung einer diskontinuierlichen Arbeitszeit, wie in § 3 Variante 7 des Vertragsmusters vorgeschlagen, und einer kontinuierlichen Fälligkeitsregelung wie in § 4 Ziffer 2, Variante 1. Eine entsprechende arbeitsvertragliche Vereinbarung vermeidet bei längeren Freizeitperioden die Gefährdung des an den Bestand einer entgeltlichen Beschäftigung anknüpfenden Sozialversicherungsschutzes des Arbeitnehmers.[273]

§ 5
Arbeitsverhinderung, Vergütungsfortzahlung

1. Persönliche Arbeitsverhinderung

Der Arbeitnehmer hat dem Arbeitgeber jede Arbeitsverhinderung unverzüglich anzuzeigen, sobald er von ihr Kenntnis erlangt. Er ist verpflichtet, seine persönlichen Angelegenheiten in der arbeitsfreien Zeit zu erledigen, soweit nicht zwingende Gründe dem entgegenstehen.

Bei persönlicher Verhinderung, die auf vorhersehbaren Ereignissen beruht, wird eine Vergütung gemäß § 616 Abs. 1 BGB nicht gezahlt.

2. Krankheitsbedingte Arbeitsunfähigkeit

Eine krankheitsbedingte Arbeitsunfähigkeit hat der Arbeitnehmer dem Arbeitgeber unverzüglich, möglichst bis ...... Uhr des ersten Krankheitstages, anzuzeigen und ebenfalls unverzüglich, spätestens jedoch vor Ablauf des auf den dritten Krankheitstag folgenden Arbeitstages eine ärztliche Arbeitsunfähigkeitsbescheinigung vorzulegen.

Der Arbeitnehmer hat bei krankheitsbedingter Arbeitsunfähigkeit Anspruch auf Fortzahlung der Vergütung nach Maßgabe der gesetzlichen Bestimmungen.

Inhalt der Erläuterungen zu § 5:

1. Persönliche Arbeitsverhinderung, § 616 Abs. 1 BGB

Einem teilzeitbeschäftigten Arbeitnehmer steht bei unverschuldeter Unmöglichkeit der Erbringung der Arbeitsleistung – Arztbesuche, Behördengänge, etc. – nach § 616 Abs. 1 BGB ein **Vergütungsanspruch** zu. Diese Regelung kann sowohl durch tarifvertragliche als auch durch einzelvertragliche Vereinbarung abbedungen werden.[274] Ein aufgrund Einzelarbeitsvertrages vereinbarter völliger Ausschluss der Entgeltfortzahlungsansprüche nach § 616 Abs. 1 BGB bedarf allerdings einer besonderen sachlichen Rechtfertigung, die nicht allein in dem Umstand der Teilzeitbeschäftigung liegen kann.[275]

Der Teilzeitarbeitnehmer ist aufgrund seiner geringeren Arbeitszeit und der damit zur Erledigung von Arztbesuchen und Behördengängen verbundenen verfügbaren Zeit verpflichtet, vorhersehbare und zeitlich steuerbare Ausfallzeiten möglichst gering zu halten. Erweist sich bspw. nachträglich, dass der Teilzeitbeschäftigte einen Behördengang auch in seiner Freizeit hätte erledigen können, entfällt der Vergütungsanspruch des Arbeitnehmers aus § 616 Abs. 1 BGB.[276]

Steht der Arbeitnehmer in mehreren Teilzeitarbeitsverhältnissen, so ist er verpflichtet, die persönlichen Arbeitsverhinderungen, die nicht in der Freizeit erledigt werden können, sachgerecht zwischen den einzelnen Arbeitgebern zu verteilen, so dass möglichst alle Arbeitgeber gleichmäßig belastet werden.[277] Die Verpflichtung zur Arbeitsleistung in einem Teilzeitarbeitsverhältnis stellt jedoch niemals einen vom Arbeitnehmer nicht zu vertretenden Grund für eine Arbeitsversäumnis im anderen Teilzeitarbeitsverhältnis dar.[278] Vielmehr bildet eine Arbeitsversäumnis des Arbeitnehmers, die auf der Verpflichtung zur Arbeitsleistung in einem anderen (Teilzeit-) Arbeitsverhältnis beruht, eine vom Arbeitnehmer zu vertretende Unmöglichkeit zur Erbringung der Arbeitsleistung, die nicht nur den Vergütungsanspruch entfallen, sondern darüber hinaus den Arbeitnehmer auch noch schadensersatzpflichtig werden lässt.

2. Vergütungsfortzahlung im Krankheitsfall

a) Die Anzeige- und Nachweisverpflichtung. Jeder Arbeitnehmer ist bereits von Gesetzes wegen verpflichtet, dem Arbeitgeber eine zur Arbeitsunfähigkeit führende Erkrankung unverzüglich, d.h. ohne schuldhaftes Zögern, anzuzeigen. Durch § 5 EFZG[279] ist diese Verpflichtung **für alle Arbeitnehmer einheitlich geregelt.** Die Aufnahme der Anzeigeverpflichtung in den Arbeitsvertrag stellt daher lediglich eine bestätigende Wiederholung und Präzisierung dar. Sie ist jedoch insbesondere bei Teilzeitarbeitsverträgen sinnvoll, da nur bei rechtzeitiger Anzeige der krankheitsbedingten Arbeitsunfähigkeit der Arbeitgeber in die Lage versetzt wird, organisatorische Vorkehrungen zur Vertretung des erkrankten Arbeitnehmers zu treffen. Verletzt der Arbeitnehmer wiederholt die ihm obliegende Anzeigeverpflichtung, stellt dies eine Verletzung seiner arbeitsvertraglichen Verpflichtungen dar, die – nach Abmahnung – eine ordentliche[280] und – in seltenen Fällen mit erheblichen Folgen – auch eine außerordentliche Kündigung zu rechtfertigen vermag.[281] Zum Einbehalt oder zur Kürzung der Krankenvergütung berechtigt die Verletzung der Anzeigepflicht jedoch nicht.[282]

Nach § 5 Abs. 1 Satz 2 EFZG ist jeder Arbeitnehmer gesetzlich verpflichtet, bei Arbeitsunfähigkeiten, die länger als drei Kalendertage dauern, eine ärztliche Bescheinigung über das Bestehen der Arbeitsunfähigkeit sowie deren voraussichtliche Dauer spätestens an dem auf den dritten Krankheitstag folgenden Arbeitstag vorzulegen. Der Arbeitgeber ist ohne weiteres berechtigt, die Vorlage der ärztlichen Bescheinigung **früher zu verlangen.**[283] Im Vertragsmuster wird daher empfohlen, arbeitsvertraglich für jede – auch nur kurzfristige – Erkrankung die Verpflichtung zur Vorlage der Arbeitsunfähigkeitsbescheinigung zu begründen und gleichzeitig zu vereinbaren, dass die ärztliche Bescheinigung unverzüglich, also ohne schuldhaftes Zögern durch den Arbeitnehmer, vorzulegen ist. Legt der Arbeitnehmer die Arbeitsunfähigkeitsbescheinigung nicht rechtzeitig vor, ist der Arbeitgeber zur Zurückbehaltung der Krankenvergütung berechtigt, sofern er nicht anderweitig Kenntnis von der Erkrankung erlangt hat. Er muss sie allerdings nachzahlen, wenn der Arbeitnehmer die Bescheinigung verspätet nachreicht.[284] Auch die wiederholte Verletzung der Verpflichtung zur Vorlage einer Arbeitsunfähigkeitsbescheinigung kann – nach vorheriger Abmahnung – eine Kündigung rechtfertigen.[285]

b) **Geltung für Teilzeitbeschäftigte.** Teilzeitbeschäftigten Arbeitnehmern steht genau wie vollzeitbeschäftigten Arbeitnehmern im Falle einer Krankheit ein Anspruch auf Vergütungsfortzahlung gegen den Arbeitgeber zu. Für sämtliche Arbeitnehmer ergibt sich dieser Anspruch aus den **§§ 1, 3 EFZG.**[286]

Die früher in § 1 Abs. 3 Nr. 2 LohnfzG enthaltene Ausnahmeregelung, wonach teilzeitbeschäftigte Arbeiter mit einer wöchentlichen Arbeitszeit von bis zu 10 Stunden oder einer monatlichen Arbeitszeit von bis zu 45 Stunden keinen Anspruch auf Lohnfortzahlung bei Erkrankung haben, ist vom BAG[287] im Anschluss an die Rechtsprechung des EuGH[288] wegen unzulässiger mittelbarer Diskriminierung teilzeitbeschäftigter Frauen für nicht mehr anwendbar erklärt worden. Der Bundesgesetzgeber hat diese Vorschrift deshalb durch das EFZG aufgehoben, so dass heute auch **Teilzeitbeschäftigte mit geringen Arbeitszeiten** einen **Anspruch auf Entgeltfortzahlung im Krankheitsfall** haben.

Eine weitere Ausnahmeregelung enthielt § 1 Abs. 3 Nr. 1 LohnfzG für – teilzeit- und vollzeitbeschäftigte – Arbeiter, die befristet bis zu vier Wochen tätig sind, ohne dass ein einem unbefristetem Arbeitsverhältnis vorgeschaltetes Probearbeitsverhältnis vorliegt. Über die Wirksamkeit dieser Regelung hat das BAG noch nicht entschieden. Es sprach nach der Entscheidung des BAG vom 9. 10. 1991[289] jedoch vieles dafür, dass auch diese Ausnahmeregelung im Streitfall als mittelbare Frauendiskriminierung und ungerechtfertigte Ungleichbehandlung zwischen kurzfristig beschäftigten Arbeitern und Angestellten für unwirksam erklärt werden würde.[290] Diese Ausnahmeregelung ist daher nicht mehr in das EFZG übernommen worden. Auch dem **kurzfristig beschäftigten Personenkreis** steht daher nunmehr ein **Anspruch auf Entgeltfortzahlung im Krankheitsfall** zu, sobald er die vierwöchige Wartezeit des § 3 Abs. 3 EFZG hinter sich gebracht hat.[291]

c) **Dauer der Vergütungsfortzahlung.** Der Vergütungsfortzahlungsanspruch besteht sowohl für Arbeiter als auch für Angestellte unabhängig von Umfang und der Dauer ihrer Arbeitsleistung für die

Dauer von 6 Wochen bzw. **42 Tagen.** Für teilzeitbeschäftigte Arbeitnehmer, die werktäglich lediglich mit verkürzter Arbeitszeit arbeiten (§ 3 Varianten 1 und 4) ergeben sich daher keinerlei Besonderheiten bei der Bestimmung der Dauer der Vergütungsfortzahlung. Erkrankt der Arbeitnehmer nach Arbeitsschluss, beginnt der Fortzahlungszeitraum gemäß § 187 Abs. 1 BGB am nächsten Tag. Gleiches gilt, wenn der Arbeitnehmer im Laufe eines Arbeitstages erkrankt. Der Arbeitnehmer hat in diesem Fall trotzdem einen Anspruch auf Zahlung des vollen Arbeitsentgelts auch für den Tag, an dem er erkrankt ist.[292] Erkrankt der Arbeitnehmer zu Beginn eines Arbeitstages, ist dieser Arbeitstag bei der Berechnung des Vergütungsfortzahlungszeitraums bereits zu berücksichtigen.[293]

Probleme treten demgegenüber bei der Bestimmung des Fortzahlungszeitraums auf, wenn der teilzeitbeschäftigte Arbeitnehmer seine Arbeitsleistung nicht werktäglich erbringt, sondern nur einige Tage in der Woche, im Monat oder im Jahr arbeitet (§ 3 Varianten 2, 3, 5 und 7). Wird der Arbeitnehmer trotz der nicht ständigen Arbeitsleistung kontinuierlich auf der Basis seiner durchschnittlichen Arbeitsleistung bezahlt, so beginnt genau wie sonst auch der Entgeltfortzahlungszeitraum nach § 187 Abs. 1 BGB mit Beginn des Arbeitstages, der dem Eintritt der Erkrankung folgt. Bei der Berechnung der Dauer der Vergütungsfortzahlung werden sowohl die Tage, an denen der Teilzeitbeschäftigte seine Arbeitsleistung zu erbringen hätte, als auch die arbeitsfreien Tage berücksichtigt.

Wird der Arbeitnehmer demgegenüber bei diskontinuierlicher Tätigkeit auch diskontinuierlich vergütet, so beginnt der Vergütungsfortzahlungszeitraum im Falle einer Erkrankung während der arbeitsfreien Zeit erst mit Ende der Freizeit- und Beginn der Arbeitsperiode. Erkrankt der Arbeitnehmer während einer Arbeitsperiode beginnt der Vergütungsfortzahlungszeitraum – wie sonst auch – am nächsten Arbeitstag. Fallen in den Fortzahlungszeitraum vereinbarte Freizeitperioden, werden diese bei der Berechnung der Dauer der Entgeltfortzahlung unberücksichtigt gelassen.[294]

Erkrankt der Arbeitnehmer aufgrund einer von der ersten Erkrankung **verschiedenen Ursache** nach Ende der ersten Erkrankung ein weiteres Mal, beginnt erneut der volle Entgeltfortzahlungszeitraum von sechs Wochen.[295] Dies gilt selbst dann, wenn der Arbeitnehmer zwischen Ende der ersten und Beginn der zweiten Erkrankungen nicht gearbeitet hat. Diese Konstellation kann bei Teilzeitbeschäftigten, die nur in bestimmten Perioden arbeiten, durchaus häufiger eintreten. Beginnt die erneute Erkrankung vor Gesundung der ersten Erkrankung, beginnt keine neue Vergütungsfortzahlungsperiode; vielmehr ist in diesem Fall der Fortzahlungsanspruch auf insgesamt sechs Wochen beschränkt.[296]

Liegt eine **Fortsetzungserkrankung** vor, also eine Krankheit, die auf demselben Grundleiden beruht, d.h. auf dieselbe chronische Veranlagung des erkrankten Arbeitnehmers zurückzuführen ist,[297] besteht grundsätzlich nur für insgesamt 42 Tage der Vergütungsfortzahlungsanspruch. Auch eine Fortsetzungserkrankung löst jedoch nach § 3 Abs. 1 Satz 2 Nrn. 1 und 2 EFZG einen neuen Entgeltfortzahlungsanspruch aus, wenn der Arbeitnehmer – Arbeiter oder Angestellter – innerhalb der letzten sechs Monate wegen dieser Krankheit nicht arbeitsunfähig war[298] oder seit dem Eintritt der ersten krankheitsbedingten Arbeitsunfähigkeit ein Zeitraum von 12 Monaten abgelaufen ist.

d) **Berechnung der fortzuzahlenden Vergütung.** Die Berechnung der Höhe der bei Krankheit fortzuzahlenden Vergütung erfolgt nach dem sog. **Lohnausfallprinzip.**[299] Dem Arbeitnehmer ist daher die Vergütung zu zahlen, die er erhalten hätte, wenn die Krankheit ihn nicht an der Erbringung der Arbeitsleistung gehindert hätte. Hierzu gehört nicht nur die Grundvergütung, sondern ebenso eventuell anfallende Überstundenvergütung, Provisionen, Prämien, Sonderzahlungen etc. Besonderheiten gegenüber Vollzeitbeschäftigten ergeben sich bei der Teilzeitarbeitsverträgen der hier vorliegenden Art nicht,[300] da von vornherein feststeht, wann der Arbeitnehmer gearbeitet hätte. Die Höhe der Vergütung, die der Arbeitnehmer erzielt hätte, wenn er nicht erkrankt wäre, sondern gearbeitet hätte, lässt sich daher ohne zusätzliche Schwierigkeiten bestimmen.

e) **Zahlungsweise bei Kleinbetrieben.** In Kleinbetrieben, in denen in der Regel ausschließlich der Auszubildenden nicht mehr als 20 Arbeitnehmer beschäftigt werden, erhalten die Arbeitgeber von den Krankenkassen nach § 10 Abs. 1, 2 LohnfzG 80% der Aufwendungen für die Vergütungsfortzahlung für Arbeiter und Auszubildende – auch in Angestelltenberufen – erstattet.[301] Bei der Berechnung der maßgeblichen Arbeitnehmerzahl werden teilzeitbeschäftigte Arbeitnehmer, deren wöchentliche Arbeitszeit 10 bzw. monatliche Arbeitszeit 45 Stunden nicht übersteigt, nicht berücksichtigt. Teilzeitbeschäftigte Arbeitnehmer die wöchentlich regelmäßig nicht mehr als 20 Stunden zu leisten haben, werden mit dem Faktor 0,5, diejenigen, die nicht mehr als 30 Stunden zu leisten haben, mit dem Faktor 0,75, und alle anderen mit dem Faktor 1 in die Berechnung einbezogen. Schwerbehinderte bleiben ebenfalls außer Ansatz. Auch Teilzeitbeschäftigte mit geringen Arbeitszeitvolumina sind in die Vergütungsfortzahlung bei Krankheit sowie das Umlageverfahren für Kleinbetriebe einbezogen.

3. Sonderproblem: Feiertagsvergütung

Nach dem **§ 2 EFZG** hat jeder Arbeitnehmer, auch der teilzeitbeschäftigte,[302] für die Arbeitszeit, die infolge eines – nach Bundesrecht oder den Feiertagsgesetzen der Länder – gesetzlichen Feiertags ausfällt, einen Anspruch auf Zahlung des wegen des Feiertags ausgefallenen Arbeitsverdienstes. Die Höhe der Feiertagsvergütung bestimmt sich gemäß § 2 Abs. 1 EFZG nach dem Lohnausfallprinzip; der Arbeitnehmer erhält die Vergütung, die er erzielt hätte, wenn er an dem Feiertag gearbeitet hätte. Grundvoraussetzung eines Feiertagslohnanspruches ist es jedoch, dass der Feiertag den einzigen Grund bildet, der zum Ausfall der Arbeitsleistung des Arbeitnehmers geführt hat. Liegt demgegenüber eine weitere Ursache vor, aufgrund derer der Arbeitnehmer am Feiertag nicht gearbeitet hätte, besteht auch kein Anspruch auf die Feiertagsvergütung.[303]

Arbeitet der Teilzeitbeschäftigte täglich mit verkürzter Arbeitszeit ergeben sich keinerlei Probleme bei der Ermittlung der Feiertagsvergütung. Gleiches gilt aber auch bei den übrigen Modellen der herkömmlichen Teilzeitarbeit, da auch hier im Voraus die Tage bestimmt sind, an denen der Arbeitnehmer seine Arbeitsleistung zu erbringen hat. Fällt demgemäß bei einem Teilzeitarbeitnehmer, der nur einige Tage in der Woche arbeitet, der Feiertag auf einen **freien Tag,** erhält er **keine Feiertagsvergütung,** während die Feiertagsvergütung zu zahlen ist, wenn der Feiertag auf einen vorher festgelegten Arbeitstag fällt. Der Verpflichtung zur Zahlung der Feiertagsvergütung steht nicht entgegen, dass der Teilzeitbeschäftigte an dem dem Feiertag vorhergehenden oder nachfolgenden Tag turnusgemäß arbeitsfrei hatte.[304] Demgegenüber entfällt nach dem Sinn und Zweck des § 2 Abs. 3 EFZG, eigenmächtige Verlängerungen der Freizeit in Zusammenhang mit Feiertagen zu verhindern, der Anspruch auf Feiertagsvergütung, wenn der teilzeitbeschäftigte Arbeitnehmer an seinem letzten turnusmäßigen Arbeitstag vor oder an dem ersten nach dem Feiertag unentschuldigt fehlt.[305]

Der Arbeitgeber ist nicht berechtigt, einseitig die Arbeit zu verlegen, wenn der Wochenarbeitstag des Teilzeitbeschäftigten auf einen Feiertag fällt. Trifft der Arbeitgeber eine entsprechende Anordnung, braucht der Arbeitnehmer dem nicht zu folgen.[306] Tut er dies aber, muss sowohl diese zusätzliche Arbeitsleistung vergütet als auch die Feiertagsvergütung vom Arbeitgeber gezahlt werden.[307]

Besteht arbeits- oder tarifvertraglich für Vollzeitbeschäftigte ein Anspruch auf Zahlung eines Sonn- oder Feiertagszuschlages für an solchen Tagen erbrachte Arbeitsleistungen, kann auch dem Teilzeitbeschäftigten, der an Sonn- oder Feiertagen arbeitet, der Zuschlag nicht versagt werden, da derartige Zuschläge die erhöhte Belastung ausgleichen soll, die mit der Arbeit an Sonn- oder Feiertagen verbunden ist. Die Höhe des dem Teilzeitarbeitnehmer zu zahlenden Zuschlages, der in der Praxis regelmäßig als Zuschlag zur Stundenvergütung berechnet wird, richtet sich nach dem Umfang der am Sonn- oder Feiertag erbrachten Arbeitsleistung.[308]

§ 6
Zusätzliche betriebliche Leistungen

1. Betriebliche Sonderleistungen

- Variante 1:
  Der Arbeitnehmer erhält die üblichen zusätzlichen betrieblichen Leistungen entsprechend der Betriebsvereinbarung über ......

- Variante 2:
  Der Arbeitnehmer erhält folgende zusätzliche betriebliche Leistungen:
  Art: ...... Höhe: ......,
  Art: ...... Höhe: ......,
  Art: ...... Höhe: ......
  Die Zahlungen erfolgen freiwillig und können vom Arbeitgeber für die Zukunft jederzeit gekürzt oder in vollem Umfang widerrufen werden.

2. Weihnachtsgratifikation

   Besteht das Arbeitsverhältnis am ...... (Stichtag) in einem ungekündigten Zustand, erhält der Arbeitnehmer eine Weihnachtsgratifikation in Höhe von ...... € (z.B. einem halben Monatsgehalt), die mit dem Novembergehalt ausgezahlt wird.
   Der Arbeitnehmer ist zur Rückzahlung der Weihnachtsgratifikation verpflichtet, wenn er vor dem 31. März des Folgejahres aus dem Arbeitsverhältnis ausscheidet.

Inhalt der Erläuterungen zu § 6:

1. Grundsätzliches

Das für den Bereich der Teilzeitarbeit in § 4 Abs. 1 TzBfG niedergelegte **Diskriminierungsverbot** verbietet nicht nur für den Bereich der Vergütung im engeren Sinne, sondern auch für sonstige Sozialleistungen eine Ungleichbehandlung von vergleichbaren Vollzeit- und Teilzeitbeschäftigen, sofern diese unterschiedliche Behandlung nicht durch einen sachlichen Grund gerechtfertigt ist. Als sachliche Rechtfertigung einer Ungleichbehandlung können nur Differenzierungsgründe anerkannt werden, die sich am jeweiligen Leistungszweck einer betrieblichen Sozialleistung orientieren.[309] Dabei ist ein strengerer Maßstab anzulegen. Die Ungleichbehandlung muss durch objektive Gründe gerechtfertigt sein, die einem wirklichen Bedürfnis des Unternehmens dienen und für die Erreichung dieses Ziels geeignet und erforderlich sind. Knüpft daher eine zusätzliche Leistung des Arbeitgebers an die besonderen Erschwernisse der zu erbringenden Arbeitsleistung an, kann die Nichtberücksichtigung der Teilzeitarbeitnehmer gerechtfertigt sein.[310] Demgegenüber können Teilzeitbeschäftigte bei der Gewährung zusätzlicher Leistungen, die direkt mit der Arbeitsleistung korrelieren, nicht ohne Verstoß gegen den Gleichbehandlungsgrundsatz übergangen werden.[311] Die Zulässigkeit einer Differenzierung bei der Gewährung zusätzlicher betrieblicher Sozialleistungen muss daher jeweils im Einzelfall untersucht werden. Regelmäßig steht einem teilzeitbeschäftigten Arbeitnehmer eine vergleichbaren Vollzeitbeschäftigten gewährte betriebliche Sozialleistung in zeitanteilig verminderter Höhe zu, sofern der Entgeltcharakter der Leistung im Vordergrund steht oder ein anderer an die Dauer der Arbeitszeit anknüpfender Zweck mit der Leistung erstrebt wird.[312] Aufgrund der Besonderheiten des Leistungszwecks kann es aber auch in Betracht kommen, den Teilzeitbeschäftigten vollständig vom Bezug der Sozialleistung auszuschließen, oder aber ihm die Leistung nicht nur zeitanteilig gekürzt, sondern in voller Höhe zu gewähren.

Sind im Betrieb die Gewährungsmodalitäten zusätzlicher sozialer Leistungen in mit dem Betriebsrat abgeschlossenen Betriebsvereinbarungen geregelt, bietet es sich an, im Einzelarbeitsvertrag lediglich auf diese Regelungen zu verweisen, wie dies in Variante 1 empfohlen wird. Abweichende arbeitsvertragliche Regelungen sind nämlich nur dann wirksam, wenn sie für den Arbeitnehmer **günstiger** sind.[313] Änderungen der vertraglichen Zusagen sind darüber hinaus nur dann möglich, wenn der Arbeitnehmer dem zustimmt. Diese wird insbesondere bei verschlechternden Änderungen nur schwer zu erreichen sein. Existiert im Betrieb kein Betriebsrat, ist es aus Gründen der Klarheit und zur Vermeidung späterer Auseinandersetzungen anzuraten, die zusätzlich gewährten Leistungen, wie in Variante 2 empfohlen, vertraglich festzulegen. Eine solche Festlegung schützt allerdings nicht davor, das sich bei späterer **vorbehaltloser Gewährung** nicht vertraglich geregelter zusätzlicher Leistungen durch den Arbeitgeber eine **betriebliche Übung** entwickeln kann, die dem Arbeitnehmer ebenfalls einen vertraglichen Anspruch auf zukünftige Gewährung gleichartiger zusätzlicher Leistungen einräumt.[314]

Sowohl bei Regelung der zusätzlichen Sozialleistungen durch Arbeitgeber und Betriebsrat in einer Betriebsvereinbarung als auch durch Arbeitgeber und Arbeitnehmer im Einzelarbeitsvertrag müssen die aus dem Gleichbehandlungsgrundsatz folgenden Einschränkungen der Regelungsfreiheit für Teilzeitarbeitsverhältnisse beachtet werden.

2. Einzelfälle betrieblicher Sozialleistungen

a) **Zusätzliche Leistungen mit Entgeltcharakter.** Häufig gewährt der Arbeitgeber im Betrieb zusätzliche Leistungen, die direkt mit der Arbeitsleistung im Zusammenhang stehen. Es handelt sich hierbei zum einen um Prämien[315] oder Tantiemen,[316] zum anderen um sog. Zulagen oder Zuschläge zur Vergütung.[317]

Prämien, die an den teilzeitbeschäftigten Arbeitnehmer als echte Leistungsvergütung gezahlt werden,[318] gehören zum Arbeitsentgelt im engeren Sinne. Eine von der vom jeweiligen Arbeitnehmer erbrachten Leistung abweichende Differenzierung zwischen Vollzeit- und Teilzeitbeschäftigten ist grundsätzlich ausgeschlossen. Demgegenüber knüpfen Prämien, die nicht in direkter Beziehung zur Leistung des Arbeitnehmers berechnet werden – Anwesenheitsprämie, Treueprämie etc. – ebenso wie **Tantiemen** nicht direkt an die Arbeitsleistung des Arbeitnehmers an, sondern dienen dazu, den Arbeitnehmer zu erhöhten Leistungen für das Unternehmen zu motivieren. Da der Motivationszweck unabhängig von der jeweiligen Dauer der Arbeitszeit besteht, ist eine generelle Nichtberücksichtigung teilzeitbeschäftigter Arbeitnehmer bei Gewährung derartiger Sonderleistungen ausgeschlossen. Vielmehr ist die jeweilige Leistung dem Teilzeitbeschäftigten in ungekürzter Höhe zu zahlen.[319]

Vom Arbeitgeber im Betrieb gezahlte **Zulagen** oder **Zuschläge** müssen je nach dem Zuwendungszweck an teilzeitbeschäftigte Arbeitnehmer vollständig, zeitanteilig oder gar nicht gewährt werden.

Bezweckt die Zulage eine Honorierung besonderer Leistungen des Arbeitnehmers, ist auch dem teilzeitbeschäftigten Arbeitnehmer, der die besonderen Leistungen erbringt, die Zulage zeitanteilig zu gewähren. Gleiches gilt bei sog. Funktionszulagen, z.B. für Schreibkräfte an Textverarbeitungsautomaten,[320] die an die Übernahme zusätzlicher Verantwortung oder zusätzlicher Pflichten anknüpfen.

Zu differenzieren ist insbesondere bei sog. **Erschwerniszulagen.** Diese Zulagen bezwecken den finanziellen Ausgleich besonderer mit der Erbringung der Arbeitsleistungen verbundener Belastungen. So kommen bspw. Zulagen für besonders gefährliche Arbeiten, für Arbeiten unter besonders erschwerten äußeren Bedingungen – Hitze oder Lärm –, gesundheitsschädigende Arbeiten oder besonders schmutzige Arbeiten in Betracht. So ist es zulässig, Teilzeitbeschäftigten eine Pflegezulage vorzuenthalten, wenn die mit der Zulage auszugleichenden Belastungen bei diesen nicht auftreten.[321] Tritt die mit der Arbeit verbundene Erschwernis unabhängig von der Dauer der Arbeit ein, wie bspw. bei der besonders gefährlichen Arbeit eines Munitionsräumdienstes,[322] ist auch dem Teilzeitbeschäftigten die Zulage – zeitanteilig – zu gewähren. Eine – tarifvertragliche – Regelung, die die Gewährung einer sog. Wechselschichtzulage allein davon abhängig macht, dass der Arbeitnehmer in Wechselschicht arbeitet und innerhalb eines bestimmten Zeitraums eine bestimmte Mindestzahl von Nachtdienststunden leistet, muss nach der Rechtsprechung des BAG[323] auch Teilzeitbeschäftigten in voller Höhe gezahlt werden, wenn sie die Anspruchsvoraussetzungen erfüllen. Selbstverständlich besteht keine auch nur anteilige Zahlungspflicht, wenn der Teilzeitbeschäftigte bei derartigen Zulagen – Nachtzulage, Sonntagszulage, Wechselschichtzulage – den anspruchsbegründenden Voraussetzungen nicht ausgesetzt ist. Tritt demgegenüber die Erschwernis erst nach einer gewissen Dauer der Arbeitsleistung auf, kann es gerechtfertigt sein, teilzeitbeschäftigte Arbeitnehmer vollständig vom Empfang der Zulage auszuschließen. Gewährt der Arbeitgeber z.B. eine Zulage zum Ausgleich für die mit Bildschirmarbeit verbundenen Erschwernisse an Arbeitnehmer, die über vier Stunden täglich eine derartige Tätigkeit ausüben, so hat ein bis zu vier Stunden täglich teilzeitbeschäftigter Arbeitnehmer keinen Anspruch auf die Zulage.[324] Ein Teilzeitbeschäftigter, der an einigen Tagen in der Woche jeweils die volle betriebsübliche Arbeitszeit arbeitet, kann demgegenüber die Zulage – zeitanteilig gekürzt – verlangen.

b) Zusätzliche Leistungen ohne Entgeltcharakter. Sonderleistungen des Arbeitgebers, die nicht an die Arbeitsleistung des Arbeitnehmers, sondern lediglich an das **Bestehen des Arbeitsverhältnisses anknüpfen,** sind teilzeitbeschäftigten Arbeitnehmern ebenfalls zu gewähren. Fehlt es an einer abweichenden Vereinbarung, ist grundsätzlich die Zulage in voller Höhe ohne anteilige Kürzung entsprechend der Arbeitszeit auszuzahlen.[325] Dies gilt bspw. für **Geburts-, Heirats-, Sterbefall-** oder **Umzugskostenzuschüsse.** Auch von **Miet-, Krankengeld-** oder **Kurzuschüssen** darf der Teilzeitarbeitnehmer nicht ausgeschlossen werden.[326] Wird die Höhe der Zulage in Abhängigkeit von der Vergütung des jeweiligen Arbeitnehmers berechnet, z.B. eine Zulage in Höhe eines Wochenlohnes, kann auch der Teilzeitbeschäftigte in Höhe seines konkreten durchschnittlichen Wochenlohnes diese Zulage verlangen. Werden an alle Arbeitnehmer unabhängig von deren Vergütung identische Beträge gezahlt, besteht ebenfalls kein Grund, die Zulage des Teilzeitbeschäftigten zu kürzen. Gleiches gilt für den Fall, dass im Betrieb sog. Sozialzulagen gewährt werden, die den Ausgleich sozialer Sonderbelastungen bezwecken, wie z.B. **Kinder-, Verheirateten-,**[327] **Orts-** oder **Alterszuschläge.** Auch Jubiläumszuwendungen, deren Höhe in Anknüpfung an die Vergütung berechnet werden, sind Teilzeitbeschäftigten ungekürzt entsprechend ihres konkreten Arbeitsentgelts zu gewähren, während eine Differenzierung nach der Dauer der Arbeitszeit bei Zahlung fester Jubilumsbeträge nicht zu rechtfertigen ist.[328]

Besonderheiten ergeben sich bei Zuschüssen für **Fahrt-** und **Wegekosten** und bei **Verpflegungszuschüssen.** Bei derartigen Zuschüssen erlaubt eine am Leistungszweck orientierte Differenzierung die unterschiedliche Gewährung des Zuschusses bei unterschiedlicher Belastung. Ein Teilzeitarbeitnehmer, der täglich nur einige Stunden arbeitet, darf daher von der Gewährung eines Verpflegungszuschusses ausgenommen werden. Arbeitet der Teilzeitbeschäftigte an einigen Tagen in der Woche vollzeitig, ist ihm der Verpflegungszuschuss zu gewähren. Der Zuschuss darf jedoch im Verhältnis der freien zu den Arbeitstagen gekürzt werden. Ein Zuschuss zum Kantinenessen ist vollzeitig und teilzeitig beschäftigten Arbeitnehmern in gleicher Weise zu gewähren, wenn der Zuschuss an die tatsächliche Einnahme des Essens anknüpft.[329]

Fahrtkostenzuschüsse können für Teilzeitarbeitnehmer anteilig gekürzt werden, wenn sie nur an einigen Tagen in der Woche arbeiten, da ihnen dann geringe Aufwendungen für Fahrtkosten entstehen. Anders ist dies bei einem Teilzeitbeschäftigten, der jeden Werktag verkürzt arbeitet. Diesem ist der volle Fahrtkostenzuschuss zu gewähren.

Bei **Einkaufsrabatten** oder **Arbeitgeberdarlehen** für private Zwecke, die der Arbeitgeber auf freiwilliger Basis gewährt, kommt eine unterschiedliche Behandlung der teilzeit- und vollzeitbeschäftigten Arbeitnehmern grundsätzlich nicht in Betracht. Sind allerdings Obergrenzen für die Darlehen bzw. vom Arbeitnehmer rabattbegünstigt zu erwerbenden Waren vorgesehen, ist es zulässig, diese Obergrenzen für Teilzeitarbeitnehmer zeitanteilig herabzusetzen.[330]

Zahlt der Arbeitgeber an ausscheidende Arbeitnehmer Übergangsgelder, darf er hiervon Teilzeitbeschäftigte nicht ausnehmen.[331]

c) **Werksmietwohnungen, betriebliche Sozialeinrichtungen.** Werden durch den Arbeitgeber eine begrenzte Anzahl von Werksmietwohnungen vergeben, ist es nach ganz überwiegender Ansicht zulässig, bei der Verteilung zunächst die vollzeitbeschäftigten Arbeitnehmer zu berücksichtigen.[332] Sachlich gerechtfertigt ist dies, weil ein berechtigtes Interesse des Arbeitgebers besteht, durch Überlassung der Wohnungen vorrangig die Vollzeitbeschäftigten, die ihre gesamte Arbeitskraft dem Arbeitgeber zur Verfügung stellen und daher für das Unternehmen wirtschaftlich bedeutsamer sind, an den **Betrieb zu binden.**[333]

Auch von der Nutzung betrieblicher Sozialeinrichtungen – **Betriebskindergärten, Sport-** oder **Freizeiteinrichtungen** – kann ein Teilzeitbeschäftigter bei beschränkten Kapazitäten ohne Verstoß gegen den Gleichbehandlungsgrundsatz ausgeschlossen werden.[334] Jedoch wird der Arbeitgeber – nach § 87 Abs. 1 Nr. 8 BetrVG in Zusammenarbeit mit dem Betriebsrat – die Nutzung so regeln müssen, dass ein möglichst gleichberechtigter Zugang aller Betriebsangehörigen zu der jeweiligen Einrichtung möglich ist. Dies wird bei betrieblichen Sport- und Freizeiteinrichtungen leichter möglich sein als bei Betriebskindergärten.

3. Weihnachtsgratifikation, 13. Monatsgehalt

Teilzeitbeschäftigte dürfen von der Gewährung eines 13. Monatsgehaltes oder Weihnachtsgeldes[335] nicht ausgeschlossen werden. Dies gilt unabhängig davon, ob die Jahressonderzahlung entsprechend der vom BAG vorgenommenen Differenzierung ein zusätzliches Entgelt für die geleistete Arbeit darstellt, dazu dient, die Betriebstreue des Arbeitnehmers zu belohnen oder eine Mischform von beiden Zwecken bildet.[336] Zwar wäre es bei Jahressonderzahlungen, die der Belohnung für gezeigte Betriebstreue dienen, zulässig, zwischen nur vorübergehend und dauerhaft beschäftigten Arbeitnehmern zu differenzieren.[337] Die Gruppe der Teilzeitbeschäftigten ist jedoch nicht mit der der vorübergehend beschäftigten Arbeitnehmer gleichzusetzen, so dass dieses Kriterium einen generellen Ausschluss der Teilzeitarbeitnehmer nicht rechtfertigen kann.[338] In gleicher Weise ist es nicht gerechtfertigt, geringfügig Beschäftigte von der Gewährung einer Jahressonderzuwendung auszunehmen.[339] Es muss jedoch beachtet werden, dass die Jahressonderzuwendungen bei der Berechnung der sozialversicherungsrechtlichen Entgeltgrenzen berücksichtigt werden. Der Teilzeitbeschäftigte erhält daher die Sonderzuwendung zeitanteilig entsprechend dem Verhältnis seines Arbeitspensums zu dem eines vergleichbaren Vollzeitbeschäftigten.[340] Unzulässig ist jedoch eine gleichmäßige Kürzung um einen festen Betrag bei Vollzeit- und Teilzeitbeschäftigten.[341]

Nach der Rechtsprechung des BAG[342] besteht für den Arbeitgeber je nach Höhe der gewährten Sonderzahlung die Möglichkeit, die Zahlung vom Arbeitnehmer **zurückzufordern,** wenn dieser **vor Verstreichen bestimmter Termine** im Folgejahr das **Arbeitsverhältnis beendet.**[343] Übersteigt die gezahlte Gratifikation einen Betrag von 100,– € nicht, ist eine Rückforderung gänzlich ausgeschlossen. Bei einer höheren Gratifikation, die jedoch ein volles Monatsgehalt nicht erreicht, kann die Rückzahlbarkeit bei einem Ausscheiden bis zum 31. 3. des Folgejahres vorgesehen werden. Erreicht die Gratifikation genau ein Monatsgehalt, so kann vorgesehen werden, dass der Arbeitnehmer, wenn er bis zum 31. 3. des Folgejahres nur eine Kündigungsmöglichkeit hat, diese auslassen muss, um die Gratifikation nicht zu verlieren, also bis zum 30. 6. des Folgejahres gebunden werden kann. Hat der Arbeitnehmer bis zum 31. 3. mehrere Kündigungsmöglichkeiten, darf er erst diejenige wählen, mit der er nach dem 31. 3. ausscheidet. Erhält der Arbeitnehmer eine Sonderzahlung zwischen einem und zwei Monatsgehältern, kann eine Rückforderung höchstens bei einem Ausscheiden bis zum 30. 6. des Folgejahres vorgesehen werden. Bei einer Gratifikation von genau zwei Monatsgehältern kann eine gestaffelte Rückzahlung vorgesehen werden. Danach hat der Arbeitnehmer bei einem Ausscheiden bis zum 31. 3. eineinhalb, bei einem Ausscheiden bis zum 30. 6. ein und bei einem Ausscheiden bis zum 30. 9. ein halbes Monatsgehalt zurückzuzahlen. Eine längere Bindung ist auf keinen Fall zulässig.

Diese vom BAG entwickelten Grenzen der Rückforderbarkeit gelten auch für Teilzeitarbeitsverhältnisse. In Jahresarbeitszeitmodellen, bei denen der Arbeitnehmer monatsweise nicht arbeitet (vgl. § 3 Variante 7) verlängern sich die Zeiträume nicht. Auch die vom BAG entwickelte 100,– €-Bagatellgrenze, unterhalb derer eine Rückforderung einer einmal gezahlten Jahressonderzuwendung nicht in Betracht kommt, ist nach zutreffender – allerdings bestrittener – Ansicht[344] ohne weiteres auch auf Teilzeitarbeitsverhältnisse zu übertragen. Auch bei Teilzeitarbeitnehmern greift nämlich ohne Rücksicht auf deren konkretes Arbeitszeitvolumen das vom BAG[345] maßgeblich zur Begründung der Bagatellgrenze herangezogene Argument ein, dass derart geringe Beträge keinerlei motivierende Wirkung auf eine Kündigungsentscheidung des Arbeitnehmers haben können. Eine unterschiedliche Behandlung von Teilzeit- und Vollzeitbeschäftigten ist daher nicht geboten.

Zulässig ist es schließlich, unabhängig von den Besonderheiten eines Teilzeitarbeitsvertrages, die Gewährung der Sonderzahlung vom Bestand oder sogar vom ungekündigten Bestand des Arbeitsverhältnisses an einem bestimmten Stichtag abhängig zu machen. Auch hier kommt es naturgemäß nicht darauf an, ob der Teilzeitarbeitnehmer an dem Stichtag tatsächlich gearbeitet hat.

Sowohl eine Rückforderbarkeit der Gratifikation als auch eine Stichtagsregelung kommt nur dann in Betracht, wenn dies bei Zusage der Sonderzuwendung vertraglich vereinbart worden ist. Es empfiehlt sich daher eine **Rückzahlungsklausel** in den Arbeitsvertrag aufzunehmen. Als Muster wird hier eine Klausel für eine Gratifikation vorgeschlagen, die zwar den Bagatellbetrag von 100,– € überschreitet, ein volles Monatsgehalt aber noch nicht erreicht. Bei höheren Gratifikationszahlungen muss die Klausel entsprechend der oben geschilderten Rechtsprechung des BAG angepasst werden.

§ 7
Betriebliche Altersversorgung

- **Variante 1:**
  Der Arbeitnehmer erhält Leistungen aus der betrieblichen Altersversorgung entsprechend der im Betrieb geltenden Ruhegeldordnung.

- **Variante 2:**
  Der Arbeitnehmer erhält bei Eintritt in den Ruhestand/bei Ausscheiden aus dem Arbeitsverhältnis mit Vollendung des 65. Lebensjahres Leistungen aus der betrieblichen Altersversorgung in Höhe von ...... €/von ...... % seines zuletzt im Durchschnitt der letzten ...... Jahre bezogenen Monatsgehalts (ohne Zulagen, Sonderzuwendungen, Urlaubsgeld, Provissionen, Prämien etc.), sofern er dem Unternehmen bei Eintritt in den Ruhestand/bei Ausscheiden mindestens ...... Jahre angehört.

Inhalt der Erläuterungen zu § 7:

1. Ausschluss von Teilzeitbeschäftigten aus der betrieblichen Altersversorgung

Es ist grundsätzlich unzulässig, teilzeitbeschäftigte Arbeitnehmer nur wegen des geringeren Arbeitszeitdeputats von einer im Betrieb Anwendung findenden Versorgungsordnung auszunehmen. Nach der Rechtsprechung des BAG[346] und des EuGH[347] sind derartige Ausschlüsse mit dem Gleichbehandlungsgrundsatz nicht vereinbar und stellen regelmäßig eine wegen Verstoßes gegen **Art. 141** (ex-**Art. 119**) **EWG-Vertrag, Art. 3 Abs. 2 GG unzulässige mittelbare Frauendiskriminierung** dar. Eine Differenzierung ist auch dann unzulässig, wenn sie geringfügig beschäftigte Teilzeitarbeitnehmer von den Versorgungsleistungen ausschließt, die nicht einmal halbtägig beschäftigt sind.[348] Etwas anderes gilt auch nicht für teilzeitbeschäftigte Arbeitnehmer, deren Arbeitsleistung die sozialversicherungsrechtliche Geringfügigkeitsgrenze des § 8 Abs. 1 Nr. 1 SGB IV von weniger als 15 Wochenstunden unterschreitet.[349]

Eine Ausgrenzung der Teilzeitbeschäftigten aus der betrieblichen Altersversorgung lässt sich nur rechtfertigen, wenn dies auf einem sachlich anerkennenswerten Grund beruht, der nicht mit der individuellen Dauer der Arbeitszeit zusammenhängt. Nach der Rechtsprechung des EuGH[350] muss es sich hierbei um objektiv gerechtfertigte wirtschaftliche Gründe handeln, wobei jeweils im Einzelfall deren Vorliegen vom nationalen Gericht untersucht werden muss. Anerkannt wurden entsprechende sachliche Gründe bisher in dem Fall, dass es dem Willen des Arbeitgebers bei Schaffung der Vergütungsordnung entsprach, die Vollzeitbeschäftigung zu fördern,[351] die Vergütungsordnung nur für Angestellte in leitenden Positionen Geltung entfaltet[352] oder es dem Arbeitgeber gelingt, die Voraussetzungen mittelbarer Frauendiskriminierung zu widerlegen, sei es dass bei ihm nicht mehr Frauen als Männer teilzeitbeschäftigt sind oder andere sachliche Gründe eine mittelbare Diskriminierung entfallen lassen.[353] Grundsätzlich zulässig ist es, auch nach dem Kriterium der Betriebstreue zu differenzieren, also z. B. Stichtagsregelungen einzuführen.[354] Eine Anknüpfung an das Arbeitsvolumen scheidet dabei aus. Zulässig können hierdurch aber gelegentlich Aushilfskräfte aus der betrieblichen Altersversorgung ausgenommen werden.[355]

An den Nachweis der Rechtfertigungsgründe werden erhebliche Anforderungen gestellt. Der Arbeitgeber muss nachweisen, dass die Differenzierung einem wirklichen Bedürfnis des Unternehmens dient und für die Erreichung dieses Ziels geeignet und erforderlich ist. Nicht jeder noch so geringfügige finanzielle Vor- oder Nachteil stellt dabei ein wirkliches Bedürfnis dar. Vielmehr müssen erhebliche Kostenvor- oder -nachteile die differenzierende Regelung erfordern.[356]

Im Regelfall werden die Voraussetzungen für einen Ausschluss der Teilzeitbeschäftigten aus der betrieblichen Ruhegeldordnung nicht vorliegen oder – angesichts der strengen Anforderungen des Bundesarbeitsgerichts – nicht nachweisbar sein. Es empfiehlt sich daher, – wie in den Varianten 1 und 2 des Vertragsmusters – teilzeitbeschäftigte Arbeitnehmer in die Ruhegeldzusage mit aufzunehmen und deren Einbeziehung bei der Bemessung des Dotierungsrahmens der betrieblichen Altersversorgung zu berücksichtigen. Stellt sich nämlich im Nachhinein heraus, dass der Arbeitgeber teilzeitbeschäftigte Arbeitnehmer zu unrecht unberücksichtigt gelassen hat, ist nicht etwa die Ruhegeldordnung insgesamt unwirksam. Der Arbeitgeber ist vielmehr verpflichtet, dem teilzeitbeschäftigten Arbeitnehmer ein Ruhegeld in der Höhe zu verschaffen, die der Arbeitnehmer gehabt hätte, wenn er ordnungsgemäß in die betriebliche Altersversorgung einbezogen worden wäre.[357] Da der Arbeitnehmer verlangen kann, dass der Gleichbehandlungsgrundsatz von Beginn der unter Umständen viele Jahre zurückliegenden Beschäftigung an berücksichtigt wird, der Arbeitgeber sich demgegenüber nicht auf ein schützenswertes Vertrauen berufen kann, dem Teilzeitbeschäftigten keine Versorgungsleistungen erbringen zu müssen und daher den Dotierungsrahmen für die betriebliche Altersversorgung in einer bestimmten Höhe bemessen zu haben,[358] können sich hieraus erhebliche Belastungen für den Arbeitgeber ergeben.

2. Festlegung der Anspruchsvoraussetzungen

Wegen der Kompliziertheit der Konzeption eines betrieblichen Altersversorgungsmodells sowie der Berechnung des im Einzelfall zu gewährenden Ruhegeldes und des häufig sehr langem Zeitraums zwischen Zusage und tatsächlicher Gewährung des Ruhegeldes, die es häufig notwendig machen, die Ruhegeldordnung an veränderte äußere Bedingungen anzupassen, empfieht es sich dringend, die Modalitäten der betrieblichen Altersversorgung in einer Betriebsvereinbarung mit dem Betriebsrat oder, wenn ein solcher nicht besteht, in Form einer Gesamtzusage durch den Arbeitgeber einheitlich zu regeln. Im Arbeitsvertrag muss dann nur die grundsätzliche Zusage des Ruhegeldes vereinbart und wegen der Anspruchsvoraussetzungen und Anspruchshöhe auf die Ruhegeldordnung verwiesen werden, wie dies in Variante 1 vorgeschlagen wird. Zwar besteht grundsätzlich auch die Möglichkeit, ein betriebliches Altersruhegeld mündlich zuzusagen. Es ist jedoch nicht nur wegen der damit verbundenen Beweisschwierigkeit, sondern auch wegen des in § 6a Abs. 1 Nr. 3 EStG normierten Schriftformerfordernisses für die Inanspruchnahme von Steuerbegünstigungen für betriebliche Ruhegeldleistungen dringend zu empfehlen, die Ruhegeldzusage schriftlich abzufassen.

Existiert eine Ruhegeldordnung im Unternehmen nicht, etwa weil nur einige wenige Arbeitnehmer hiervon überhaupt betroffen sind, besteht die Notwendigkeit, die Modalitäten der Ruhegeldgewährung einzelvertraglich zu regeln. Erforderlich ist eine Regelung über die Länge der Wartezeit, also die Dauer der Betriebszugehörigkeit, die die Voraussetzung für den Erhalt des Ruhegeldes bildet. In gleicher Weise muss eine Regelung über die Höhe des zu gewährenden Ruhegeldes gefunden werden. Aus Platzgründen kann hier nur auf die grundsätzliche Problematik hingewiesen werden. Wegen weiterer Einzelheiten betrieblicher Altersversorgungsregelungen ist auf die entsprechende Spezialliteratur über das Recht der betrieblichen Altersversorgung zu verweisen.[359]

Regelmäßig wird ein betriebliches Ruhegeld nur dann gezahlt, wenn der Arbeitnehmer eine gewisse **Mindestbetriebszugehörigkeit** zurückgelegt hat. In der betrieblichen Praxis sind **Wartezeiten von fünf bis fünfzehn Jahren** üblich; nach der Rechtsprechung des BAG[360] sind auch Wartezeiten von zwanzig Jahren keineswegs unbillig und daher durchaus zulässig. Die Festlegung der Wartezeit wird sich daher immer an den betrieblichen Besonderheiten orientieren. Die Wartezeit muss für Teilzeit- und Vollzeitarbeitnehmer übereinstimmen. Eine Verlängerung der Wartezeit für Teilzeitarbeitnehmer stellt eine unzulässige Ungleichbehandlung dar.[361] Darüber hinaus kommt es für die Erfüllung der Wartezeit auch nicht auf die tatsächliche Arbeitsleistung des teilzeitbeschäftigten Arbeitnehmers an, sondern auf den rechtlichen Bestand des Arbeitsverhältnisses. Es ist daher nicht zulässig, auf die Wartezeit nur diejenigen Zeiträume in Anrechnung zu bringen, in denen der Arbeitnehmer tatsächlich Arbeitsleistungen erbracht hat.[362] Dies gilt naturgemäß auch im Falle eines Wechsels von der Vollzeit- zur Teilzeitbeschäftigung.[363]

Festgelegt werden muss des Weiteren, ab wann die betriebliche Ruhegeldleistung erfolgen soll. Regelmäßig wird man als maßgeblichen Zeitpunkt das Ausscheiden des Arbeitnehmers aus dem Arbeitsverhältnis mit **Erreichen der Altersgrenze** in der gesetzlichen Rentenversicherung annehmen. Daneben besteht aber auch die Möglichkeit, einen früheren Zeitpunkt zu bestimmen oder das betriebliche Ruhegeld bereits während des Bestandes des Arbeitsverhältnisses zu zahlen.[364] Auch bei der Festlegung der Altersgrenze ist eine Differenzierung zwischen Teilzeit- und Vollzeitbeschäftigten unzulässig.

Die **Höhe des zu zahlenden Ruhegeldes** ist ebenfalls in der Ruhegeldordnung oder der einzelvertraglichen Vereinbarung festzulegen. Es kann entweder ein fester Betrag, ein prozentualer Anteil des letzten Einkommens – auch unter Berücksichtigung der Dauer der Betriebszugehörigkeit –, ein prozentualer Anteil von der Vergütung eines vergleichbaren aktiven Arbeitnehmers oder ein Anteil an der gebildeten Rückstellung bzw. dem wirtschaftlichen Ergebnis festgelegt werden. Knüpft das betriebliche Ruhegeld an die zuletzt erzielte Monatsvergütung an, muss vertraglich geregelt werden, welche Vergütungsbestandteile in die Berechnung der Durchschnittsvergütung einbezogen werden. Zulässig ist es, die Höhe des betrieblichen Altersruhegeldes für Teilzeitarbeitnehmer im Verhältnis zum Umfang der Arbeitsleistung gegenüber vergleichbaren Vollzeitarbeitnehmern herabzusetzen.[365] Sonderprobleme treten auf, wenn der Arbeitnehmer kurz vor Erreichen der Altersgrenze von einer Vollzeit- in eine Teilzeitbeschäftigung übergewechselt ist. In diesem Fall muss – zumindest bei prozentual an der Höhe der letzten erzielten Vergütung ausgerichteten Betriebsrenten – das bisherige Verhältnis von Teilzeit- und Vollzeitarbeit der Berechnung zugrunde gelegt werden.[366] Würde man allein das Arbeitsentgelt berücksichtigen, das der Teilzeitarbeitnehmer zuletzt erzielt hat, würde dies dazu führen, dass der bisherige Lebensstandard des Arbeitnehmers – geprägt durch die vorherige Vollzeitbeschäftigung – in unverhältnismäßiger Weise unberücksichtigt bliebe.

§ 8
Vermögenswirksame Leistungen

Der Arbeitgeber gewährt dem Arbeitnehmer einen Betrag von ...... (13,–) € zur vermögenswirksamen Anlage in einer der Anlageformen nach dem 5. VermbG. In Monaten, in denen der Arbeitnehmer Arbeitsleistungen nicht erbringt, besteht kein Anspruch auf Gewährung der vermögenswirksamen Leistung.

Erläuterungen zu § 8:

Gewährt der Arbeitgeber im Betrieb den Arbeitnehmern aus seinem Vermögen Zahlungen zum Zwecke der Anlage in förderungswürdigen **Anlageformen nach dem 5. VermBG,**[367] für die der Arbeitnehmer – innerhalb bestimmter Verdienstgrenzen – eine **staatliche Arbeitnehmersparzulage** erhält, darf er teilzeitbeschäftigte Arbeitnehmer nicht von dieser Gewährung ausnehmen, da es sich bei dieser Arbeitgeberzahlung um einen Teil des Arbeitsentgelts handelt. Die Nichtberücksichtigung der Teilzeitbeschäftigten wäre wegen eines Verstoßes gegen den Gleichbehandlungsgrundsatz unwirksam.

Zulässig ist es demgegenüber, den vom Arbeitgeber gewährten Zuschuss zu den vermögenswirksamen Leistungen entsprechend der individuellen Arbeitszeit des Teilzeitbeschäftigten zur betriebsüblichen Arbeitszeit **anteilig zu kürzen.**[368] Darüber hinaus ist eine vertragliche Regelung zulässig, nach der Abwesende die vermögenswirksamen Leistungen nicht erhalten, wenn sie auch sonst keinen Anspruch auf Vergütung haben. Teilzeitarbeitnehmer mit längeren Freistellungsphasen können also in den Fällen, in denen auch die Vergütungszahlung diskontinuierlich erfolgt, auch von der Zahlung der Arbeitgeberzuwendung zu den vermögenswirksamen Leistungen ausgeschlossen werden. Ist trotz diskontinuierlicher Arbeitsleistung eine kontinuierliche Vergütungszahlung vereinbart, muss auch der Arbeitgeberzuschuss zu den vermögenswirksamen Leistungen kontinuierlich gezahlt werden.

§ 9
Urlaub, Urlaubsvergütung

1. Urlaubsdauer

- Variante 1:
  Dem Arbeitnehmer wird im Kalenderjahr Erholungsurlaub für ...... Werktage/Arbeitstage gewährt. Der Urlaub ist grundsätzlich zusammenhängend zu nehmen.

- Variante 2:
  Dem Arbeitnehmer wird im Kalenderjahr Erholungsurlaub in dem im Manteltarifvertrag für ...... in der jeweiligen Fassung festgelegten Umfang gewährt. Der Urlaub beträgt zur Zeit ...... Werktage/Arbeitstage. Er ist grundsätzlich zusammenhängend zu nehmen.

- Variante 3:
  Dem Arbeitnehmer wird im Kalenderjahr Erholungsurlaub von ...... Werktagen/Arbeitstagen gewährt. Für jeden gewährten Urlaubstag verringert sich das Urlaubsvolumen um die Anzahl der Stunden, die der Arbeitnehmer ohne den Urlaub gearbeitet hätte. Der Urlaub ist grundsätzlich zusammenhängend zu nehmen.

2. Urlaubsentgelt

- Variante 1:
  Der Arbeitnehmer erhält für jeden Urlaubstag ein Urlaubsentgelt in Höhe des Durchschnitts des täglichen Verdienstes der dem Urlaub vorhergehenden 13 Wochen/3 Monate.
- Variante 2:
  Der Arbeitnehmer erhält für jeden Urlaubstag ein Urlaubsentgelt in Höhe des Durchschnitts des täglichen Verdienstes der dem Urlaub vorhergehenden Kalenderjahres/Kalenderhalbjahres.
- Variante 3:
  Der Arbeitnehmer erhält für jeden Urlaubstag ein Urlaubsentgelt in Höhe des Entgelts für die durchschnittliche tägliche Arbeitsleistung aufgrund der vereinbarten Arbeitszeit im Bezugszeitraum (Stundendeputat : Werktage im Bezugszeitraum × Urlaubstage).

3. Zusätzliches Urlaubsgeld

- Variante 1:
  Der Arbeitnehmer erhält ein zusätzliches Urlaubsgeld von ...... € pro Urlaubstag.
- Variante 2:
  Der Arbeitnehmer erhält ein zusätzliches Urlaubsgeld. Dieses beträgt pro Urlaubstag ...... % des täglichen Urlaubsentgelts.

Inhalt der Erläuterungen zu § 9:

1. Der Urlaubsanspruch

Wesentlicher Bestandteil eines jeden Arbeitsvertrages ist die Festlegung der Dauer des dem Arbeitnehmer zu gewährenden Jahresurlaubs. Ist dieser nicht in einem im Betrieb für Arbeitnehmer und Arbeitgeber geltenden Tarifvertrag geregelt, muss die Urlaubsdauer – wie im Muster unter Nr. 1 vorgeschlagen – zwingend einzelvertraglich vereinbart werden. Fehlt es an einer derartigen Vereinbarung erhält der Arbeitnehmer lediglich den gesetzlichen **Mindesturlaubsanspruch von 24 Werktagen,** also vier Wochen.

Das Diskriminierungsverbot in § 4 Abs. 1 TzBfG verbietet auch im Bereich des Urlaubs eine sachlich nicht gerechtfertigte Ungleichbehandlung von vollzeit- und teilzeitbeschäftigten Arbeitnehmern.

Ein teilzeitbeschäftigter Arbeitnehmer hat daher selbst dann einen Anspruch auf Gewährung bezahlter Arbeitsfreistellung im zeitanteiligen Verhältnis zu dem einem vergleichbaren Vollzeitbeschäftigten gewährten Jahresurlaub, wenn er nur geringfügig beschäftigt ist.[369] Dies gilt sowohl für den in den §§ 1, 3 BUrlG normierten gesetzlichen Mindesturlaub, als auch für tarif- oder einzelarbeitsvertraglich vereinbarte Urlaubsansprüche. Lediglich bei befristeten Arbeitsverhältnissen von weniger als einem Monat Dauer entsteht kein gesetzlicher Urlaubsanspruch, unabhängig davon, ob ein Vollzeit- oder Teilzeitarbeitsverhältnis vorliegt. Tarifverträge können für die den gesetzlichen Mindesturlaub übersteigende Urlaubsdauer höhere Mindestanforderungen stellen, dürfen hierbei aber nicht willkürlich zwischen Vollzeit- und Teilzeitbeschäftigten differenzieren.

Weitere Voraussetzung für die Geltendmachung des Urlaubsanspruchs bildet die **Erfüllung der Wartezeit des § 4 BUrlG.** Danach muss das Arbeitsverhältnis des (teilzeit- oder vollzeitbeschäftigten) Arbeitnehmers zunächst sechs Monate bestanden haben, bevor der Arbeitnehmer erstmalig Urlaub beanspruchen kann. Zwar entsteht der Urlaubsanspruch bereits vor Ablauf der Wartezeit, scheidet der Arbeitnehmer jedoch vor deren Ablauf aus dem Arbeitsverhältnis aus, steht ihm lediglich ein Anspruch auf **Urlaubsabgeltung** nach § 7 Abs. 4, § 5 Abs. 1 b BUrlG zu. In Tarifverträgen sind teilweise abweichende Wartezeiten und weitergehend Regelungen vorgesehen, dass der Arbeitnehmer bei Ausscheiden innerhalb der Wartezeit keinerlei Urlaubsanspruch erwirbt. An der Zulässigkeit derartiger Bestimmungen besteht wegen der zwingenden Geltung der Vorschriften über den gesetzlichen Mindesturlaub Zweifel.[370]

Bei der Berechnung der Wartezeit kommt es allein auf den **rechtlichen Bestand des Arbeitsverhältnisses, nicht** aber auf die **tatsächlich erbrachte Arbeitsleistung** an. Zu Lasten von Teilzeitbeschäftigten abweichende einzelvertragliche Regelungen würden eine ungerechtfertigte Ungleichbehandlung der Teilzeitbeschäftigten darstellen und daher wirkungslos sein, so dass auch ein nicht an jedem Werktag beschäftigter Teilzeitarbeitnehmer nach Ablauf von sechs Kalendermonaten regelmäßig die gesetzliche Wartezeit absolviert hat.

Ist der teilzeitbeschäftigte Arbeitnehmer in mehreren Teilzeitarbeitsverhältnissen mit unterschiedlichen Arbeitgebern tätig, so hat er jedem gegenüber den vollen Urlaubsanspruch. Alle beteiligten Arbeitgeber sind – soweit dem nicht dringende betriebliche Gründe entgegenstehen – grundsätzlich verpflichtet, dem Arbeitnehmer den Urlaub so zu gewähren, dass er zeitgleich auch in den anderen Teilzeitarbeitsverhältnissen Urlaub nehmen kann, und so auch tatsächlich einen arbeitsfreien Zeitraum erlangt.[371]

Bei der Berechnung der Urlaubsdauer eines Teilzeitbeschäftigten muss zur Vermeidung sachlich nicht gerechtfertigter Ungleichbehandlungen das Verhältnis von urlaubsbedingter Freistellung zum persönlichem Arbeitszeitvolumen eines Teilzeitarbeitnehmers mit demselben Verhältnis bei vergleichbaren vollzeitbeschäftigten Arbeitnehmern identisch sein. Anders ausgedrückt darf die Urlaubsdauer des Teilzeitbeschäftigten im Verhältnis zu Vollzeitbeschäftigten nur in dem Umfang gemindert werden, die dem Verhältnis der Teilzeit- zur Vollzeitarbeit im Betrieb entspricht.[372] Ergibt sich die Höhe des Urlaubsanspruchs nicht aus einem Tarifvertrag, auf den, wie in Nr. 1 Variante 2 vorgesehen, verwiesen werden kann, empfiehlt es sich zur Vermeidung späterer Streitigkeiten, den sich aus dem Urlaubsanspruch eines vergleichbaren Vollzeitbeschäftigten und dem Arbeitszeitvolumen des Teilzeitbeschäftigten ergebenden individuellen Urlaubsanspruch des Teilzeitbeschäftigten vor Abschluss des Arbeitsvertrages zu berechnen und in die vertragliche Vereinbarung aufzunehmen, wie dies in Nr. 1 Variante 1 – nach Arbeitstagen berechnet – und in Variante 3 – für diskontinuierliche Arbeitszeit nach Arbeitsstunden berechnet – vorgeschlagen wird.

Probleme ergeben sich bei der Berechnung noch nicht, wenn der teilzeitbeschäftigte Arbeitnehmer arbeitstäglich lediglich verkürzt arbeitet. In diesem Fall kann der Urlaubsanspruch wie bei Vollzeitbeschäftigten nach der gleichen Anzahl von Werk- oder Arbeitstagen bemessen werden. Die Gleichbehandlung von Voll- und Teilzeitbeschäftigten ist sichergestellt, da beide Gruppen die gleiche Anzahl von Arbeitstagen – der Teilzeitbeschäftigte jeweils mit der verkürzten Arbeitszeit – von der Arbeitspflicht freigestellt werden.

Berechnungsprobleme ergeben sich jedoch, wenn der Teilzeitarbeitnehmer nur einige Tage in der Woche seine Arbeitsleistung mit gleichbleibender Stundenzahl – z. B. drei Tage pro Woche vollzeitig – zu erbringen hat. In diesem Fall muss die **Zahl der Urlaubstage eines Vollzeitbeschäftigten in dem Verhältnis gemindert** werden, in dem die **Arbeitstage des Vollzeitbeschäftigten zu dem des Teilzeitbeschäftigten** stehen.[373] Arbeitet der teilzeitbeschäftigte Arbeitnehmer bspw. drei Tage pro Woche vollzeitig und hat ein fünf Arbeitstage in der Woche tätiger Vollzeitbeschäftigter einen Jahresurlaubsanspruch von 30 Arbeitstagen, so vermindert sich der Urlaubsanspruch des Teilzeitbeschäftigten um zwei Fünftel auf 18 Arbeitstage.

Wird die Teilzeitbeschäftigung in einer Weise ausgeübt, dass der Arbeitnehmer jeweils nur wochen- oder monatsweise arbeitet, muss in gleicher Weise die Arbeitszeit des Vollzeitbeschäftigten zu der des teilzeitbeschäftigten Arbeitnehmers für jeweils vergleichbare Zeiträume ins Verhältnis gesetzt und der Urlaubsanspruch des Vollzeitbeschäftigten entsprechend dieses Verhältnisses gemindert werden.[374] Unter diese Fallgruppe sind nicht nur die Konstellationen zu fassen, in denen der Arbeitnehmer im kontinuierlichen Wochenwechsel oder nur einige Monate im Jahr arbeitet, sondern auch Regelungen, wonach der Teilzeitbeschäftigte jede Woche jeweils eine unterschiedliche Anzahl von Tagen arbeitet. Zu ermitteln ist zunächst die Zahl der jährlichen Arbeitstage eines Vollzeitbeschäftigten und die des Teilzeitbeschäftigten in dem gewählten Bezugszeitraum – z.B. in einem Jahr –, und sodann das zwischen ihnen bestehende Verhältnis. Ergeben sich für den Vollzeitbeschäftigten bei einer Fünf-Tage-Arbeitswoche 260 Arbeitstage im Jahr, während ein Teilzeitbeschäftigter z.B. lediglich die Hälfte (130 Arbeitstage) zu arbeiten hat, so ist auch der Urlaubsanspruch des Vollzeitbeschäftigten von – z.B. – 30 Arbeitstagen um die Hälfte auf 15 Arbeitstage zu vermindern. Ergeben sich für den Urlaubsanspruch **Bruchteile eines Arbeitstages,** sind dem teilzeitbeschäftigten Arbeitnehmer für diese Bruchteile **stundenweise Arbeitsbefreiungen** zu gewähren.[375]

Zusätzliche Probleme ergeben sich schließlich, wenn der teilzeitbeschäftigte Arbeitnehmer täglich unterschiedlich viele Stunden – diskontinuierlich – arbeitet. Bei regelmäßiger unterschiedlicher Verteilung der Arbeitsstunden pro Arbeitstag, z.B. einer Beschäftigung der Teilzeitkraft an zwei Arbeitstagen in der Woche von jeweils 8 Stunden und einem weiteren Tag von jeweils 4 Stunden, kann der Urlaub – ohne auf eine Berechnung nach Stunden überzugehen – in der Weise berechnet werden, dass dem Teilzeitarbeitnehmer in einem Betrieb, in dem mit 40 Wochenstunden Vollzeitbeschäftigte 30 Urlaubstage erhalten, 12 volle und 6 halbe Arbeitstage Urlaub gewährt werden.[376] Um eine wirkliche Gleichbehandlung von Vollzeit- und Teilzeitbeschäftigten zu erreichen, wird man in diesem Fall nicht umhin können, die von einem vergleichbaren Vollzeitarbeitnehmer in der Vergleichsperiode – regelmäßig einer Woche, einem Monat oder einem Jahr – zu erbringenden Arbeitsstunden ins Verhältnis zu den vom Teilzeitbeschäftigten zu erbringenden Arbeitsstunden zu setzen, und den – in Stunden umgerechneten – Urlaubsanspruch des Vollzeitbeschäftigten im entsprechenden Verhältnis zu kürzen.[377] Arbeitet bspw. ein Vollzeitbeschäftigter regelmäßig an fünf Arbeitstagen in der Woche jeweils sieben Stunden (35-Stunden-Woche), so errechnet sich bei einem Urlaubsanspruch von 30 Arbeitstagen ein Urlaubsvolumen von 210 Stunden. Arbeitet ein Teilzeitbeschäftigter zu wechselnden Zeiten in der Woche insgesamt 20 Stunden, z.B. an zwei Tagen acht und an einem Tag vier Stunden, so ist sein Urlaubsvolumen um fünfzehn Fünfunddreißigstel von 210 Stunden, also auf einen Urlaubsanspruch von insgesamt

120 Stunden zu vermindern. Würde man demgegenüber lediglich die Anzahl der Arbeitstage in die Berechnung eingestellt haben, hätte man im Beispiel zugunsten des Teilzeitbeschäftigten, der an drei Tagen in der Woche arbeitet, lediglich eine Kürzung von zwei Fünftel der Urlaubstage des Vollzeitbeschäftigten vornehmen können. Der Urlaubsanspruch würde sich dann lediglich von 30 Arbeitstagen auf 18 Arbeitstage vermindern. Würde der Teilzeitbeschäftigte seinen Urlaub immer auf die Arbeitstage legen, an denen er acht Stunden zu arbeiten hätte, ergäbe sich ein Urlaubsanspruch von insgesamt 144 Stunden, also 24 Arbeitsstunden mehr als ihm nach dem Verhältnis seines Arbeitszeitvolumens zu dem eines Vollzeitbeschäftigten zusteht.[378]

Erfolgt die Berechnung des Urlaubsvolumens des teilzeitbeschäftigten Arbeitnehmers in dieser Weise, ist es notwendig, den Urlaubsanspruch in Arbeitsstunden vertraglich zu fixieren, wie dies in Nr. 1 Variante 3 vorgeschlagen wird. Ist der Urlaubsanspruch auf Stundenbasis errechnet, so ist jeder Urlaubstag mit der Stundenzahl zu berücksichtigen, die der Arbeitnehmer ohne den Urlaub gearbeitet hätte. Unabhängig von der Verteilung der Arbeitszeit und unabhängig von der Lage des Urlaubs im Einzelfall erhält der Arbeitnehmer dann den im Umfang gleichen Urlaubsanspruch, wobei sich jedoch die Zahl der arbeitsfreien Tage verändern kann.

2. Das Urlaubsentgelt

Während der Urlaubszeit steht dem Arbeitnehmer gegen den Arbeitgeber ein Anspruch auf Fortzahlung der Vergütung zu. Die Höhe des Urlaubsentgelts bemisst sich grundsätzlich nach dem sog. **Referenzprinzip.** Danach ist dem Arbeitnehmer ein Urlaubsentgelt in Höhe des durchschnittlichen Verdienstes, den der Arbeitnehmer in den **letzten 13 Wochen/drei Monaten** vor Beginn des Urlaubs erhalten hat, fortzuzahlen (§ 11 Abs. 1 BUrlG). Zur Berechnung des Urlaubsentgelts ist die Summe der vom teilzeitbeschäftigten Arbeitnehmer in dieser Zeit erzielten Vergütung **unter Einbezug aller Beträge,** die vom Arbeitgeber für die Arbeitsleistung gewährt werden, also auch von Provisionen, Prämien, Zulagen und Zuschlägen, durch die Zahl der Arbeitstage zu teilen, die der Teilzeitbeschäftigte in dieser Zeit zu arbeiten verpflichtet war. Eventuelle vergütungsfortzahlungspflichtige Zeiträume sind ebenfalls zu berücksichtigen. Der ermittelte Betrag ist mit der Zahl der Tage zu multiplizieren, für die der Arbeitnehmer aufgrund des Urlaubs von der Pflicht zur Arbeitsleistung freigestellt wird.[379] Arbeitet der teilzeitbeschäftigte Arbeitnehmer bspw. regelmäßig drei Tage in der Woche, so ist der in den letzten 13 Wochen erzielte Verdienst durch 39 (drei Arbeitstage × 13 Wochen) zu teilen. Es errechnet sich so der Verdienst, den der teilzeitbeschäftigte Arbeitnehmer in den letzten 13 Wochen vor seinem Urlaub durchschnittlich an Tagen erzielt hat, an denen er tatsächlich gearbeitet bzw. einen Anspruch auf Vergütungsfortzahlung gehabt hat. Für die in den Urlaub fallenden Arbeitstage ist die Vergütung fortzuzahlen. Das Urlaubsentgelt errechnet sich daher durch eine Multiplikation des ermittelten täglichen Durchschnittsverdienstes mit der Zahl der Urlaubstage, für die aufgrund des Urlaubs die Arbeitsverpflichtung des Teilzeitbeschäftigten entfallen ist, z.B. bei einem zweiwöchigen Urlaub für sechs Arbeitstage. Die **Berechnungsformel** für die Urlaubsvergütung lautet daher: **Arbeitsverdienst im Referenzzeitraum :** Arbeitstage im Referenzzeitraum × Urlaubstage.

Wird – wie unter Nr. 1 Variante 3 vorgeschlagen – das Urlaubsvolumen nach Stunden berechnet, muss entsprechend auch die Urlaubsvergütung durch eine Berechnung der in dem Referenzzeitraum erzielten durchschnittlichen Arbeitsvergütung pro Stunde und durch eine Multiplikation mit den urlaubsbedingt entfallenden Arbeitsstunden errechnet werden.

Sonderprobleme ergeben sich bei Arbeitszeitmodellen mit Phasen längerer Arbeitsunterbrechungen ohne Vergütungsanspruch. Fällt der Referenzzeitraum in eine derartige Phase, kann das für die Berechnung des Urlaubsentgelts maßgebliche durchschnittliche tägliche Arbeitsentgelt nicht sinnvoll ermittelt werden. Da der Arbeitnehmer während des Urlaubs die Vergütung erhalten soll, die er voraussichtlich erhalten hätte, wenn er während der urlaubsbedingten Arbeitsfreistellung gearbeitet hätte, müssen die vergütungslosen arbeitsfreien Zeiträume bei der Berechnung des Urlaubsentgelts außer Betracht bleiben.[380] Es bietet sich in derartigen Fällen an, einzelvertraglich einen längeren Referenzzeitaum zu vereinbaren, wie dies in Nr. 2 Variante 2 vorgeschlagen wird. Darüber hinaus besteht insbesondere bei diskontinuierlichen Arbeitszeitmodellen die Möglichkeit, die Berechnung des Urlaubsentgelts vollständig vom Referenzprinzip zu lösen und stattdessen dem Arbeitnehmer ein tägliches Urlaubsentgelt in Höhe des aufgrund des vereinbarten Stundendeputates während einer bestimmten Zeitspanne – z.B. einem Monat oder einem Jahr – zu ermittelnden durchschnittlichen täglichen Arbeitsentgeltes zuzusagen, wie dies in Nr. 2 Variante 3 vorgeschlagen wird.

Bei einem Wechsel zwischen Teilzeit- und Vollzeitarbeit im Kalenderjahr bzw. umgekehrt von der Vollzeit- zur Teilzeitarbeit ist von dem jeweils **höheren** bzw. **niedrigeren Verdienst** auch **für** die **Berechnung des Urlaubsentgelts** auszugehen.[381] Auch hier lässt sich der maßgebliche Gesichtspunkt in dem Umstand finden, dass das Urlaubsentgelt dem Arbeitnehmer die Vergütung gewährleisten soll, die er voraussichtlich erzielt hätte, wenn er statt des Urlaubs gearbeitet hätte. Ist er kurz vor dem Urlaub in eine Teilzeittätigkeit übergegangen, hätte er nur den der Teilzeit entsprechenden geringeren Verdienst erzielt. Im umgekehrten Fall wäre ihm die höhere Vergütung zugeflossen.

3. Das zusätzliche Urlaubsgeld

Aufgrund des in § 4 Abs. 1 TzBfG enthaltenen Diskriminierungsverbots muss auch Teilzeitbeschäftigten ein zusätzliches Urlaubsgeld gewährt werden, wenn eine entsprechende Zahlung an vergleichbare Vollzeitbeschäftigte erfolgt.[382] Zulässig ist es jedoch, das Urlaubsgeld im Verhältnis des Arbeitszeitvolumens des Teilzeit- zum vergleichbaren Vollzeitarbeitnehmer zu kürzen.[383] Zulässig ist es selbstverständlich auch, ohne Vornahme einer Differenzierung allen Arbeitnehmern ein Urlaubsgeld in gleicher Höhe zu gewähren.

Für die einzelvertragliche Vereinbarung eines zusätzlichen Urlaubsgeldes kommen zwei unterschiedliche Regelungsmöglichkeiten in Betracht. Zum einen kann – wie in Nr. 3 Variante 1 vorgeschlagen – im Arbeitsvertrag ein bestimmter Betrag als zusätzliches Urlaubsgeld fixiert werden. Bei dessen Festlegung ist zu beachten, dass er der Höhe nach dem zusätzlichen Urlaubsgeld für vergleichbare Vollzeitbeschäftigte, lediglich zeitanteilig im Verhältnis der Arbeitszeit des Vollzeit- und Teilzeitbeschäftigten gekürzt, entsprechen muss. Daneben besteht die Möglichkeit, dem Arbeitnehmer ein zusätzliches Urlaubsgeld in prozentualer Abhängigkeit von der Höhe des Urlaubsentgelts zuzusagen (Nr. 3 Variante 2). Bei einer derartigen Regelung ist die zeitanteilige Kürzung der Höhe des Urlaubsgeldes bereits zwangsläufig vorgegeben. Es dürfte allerdings unzulässig sein, Teilzeitbeschäftigte zusätzlich dadurch schlechter zu stellen, dass man ihnen das Urlaubsgeld mit einem niedrigeren Prozentsatz als vergleichbaren Vollzeitbeschäftigen zusagt. Es ist daher zu empfehlen, die Prozentsätze bei derartigen Zusagen jeweils für Voll- und Teilzeitarbeitnehmer übereinstimmend festzulegen.

§ 10
Mehrarbeit, Überstunden

1. Verpflichtung zur Ableistung von Überstunden

- Variante 1:
  Der Arbeitnehmer ist in dringenden Fällen auf Anweisung des Arbeitgebers verpflichtet, Überarbeit bis zu ...... Stunden wöchentlich zu leisten.
- Variante 2:
  Die Leistung von Überstunden ist ausgeschlossen.

2. Überstundenvergütung

- Variante 1:
  Die Überarbeit ist nur zuschlagspflichtig, wenn die betriebliche Arbeitszeit von täglich ...... Stunden und wöchentlich ...... Stunden überschritten wird. In diesem Fall erhält der Arbeitnehmer eine Überstundenvergütung von einem ...... tel der vereinbarten Arbeitsvergütung pro Stunde zuzüglich eines hierauf berechneten Zuschlages von ...... v. H.
- Variante 2:
  Jede Stunde der Überarbeit wird mit einem Anteil von einem ...... tel der vereinbarten Arbeitsvergütung zuzüglich eines hierauf berechneten Zuschlages von ...... v. H. vergütet.

Erläuterungen zu § 10:

Es ist umstritten, ob der Arbeitgeber allein aufgrund seines Direktionsrechtes berechtigt ist, einseitig Überstunden anzuordnen, wenn diese Berechtigung nicht bereits in einem einschlägigen Tarifvertrag oder einzelarbeitsvertraglich begründet ist.[384] Zur Vermeidung rechtlicher Auseinandersetzungen empfiehlt es sich daher, im Arbeitsvertrag eindeutig zu regeln, ob der Arbeitgeber die Berechtigung zur Anordnung von Überstunden haben soll oder nicht, wie dies in Ziffer 1, Varianten 1 und 2 vorgesehen ist. Das Beteiligungsrecht des Betriebsrats nach § 87 Abs. 1 Nr. 3 BetrVG bleibt hiervon unberührt.

Ist im Arbeitsvertrag eine Befugnis des Arbeitgebers zur Anordnung von Überstunden geregelt, sind grundsätzlich auch Teilzeitarbeitnehmer unter den gleichen Voraussetzungen wie Vollzeitbeschäftigte[385] zur Leistung der Überstunden verpflichtet.[386] Insbesondere kann aus der Vereinbarung einer Teilzeittätigkeit nicht gefolgert werden, dass der Arbeitnehmer grundsätzlich nur die vereinbarte Arbeitszeit, auf keinen Fall aber Überstunden erbringen will und daher deren Anordnung unzulässig sei.

Leistet der Teilzeitarbeitnehmer Überstunden, stellt sich die weitere Frage, ob ihm neben der normalen Arbeitsvergütung ein Anspruch auf Gewährung eines tariflichen oder betriebsüblichen Überstundenzuschlags zusteht. Nach überwiegender und zutreffender Ansicht,[387] der sich zwischenzeitlich auch das BAG[388] angeschlossen hat und die auch vom EuGH[389] bestätigt worden ist, ist ein derartiger Zuschlag auch an Teilzeitbeschäftigte erst zu zahlen, wenn die **regelmäßige betriebsübliche Arbeitszeit** überschritten wird. Grund hierfür ist die Überlegung, dass durch den Überstundenzuschlag die erhöhte körperliche Belastung ausgeglichen werden soll, die mit der Erbringung von Überstunden verbunden ist, hierfür aber erst ein Bedürfnis besteht, wenn bestimmte Stundenzahlen überschritten werden. Grundsätzlich besteht für Teilzeitbeschäftigte daher erst dann ein Anspruch auf Gewährung von Überstundenzuschlägen, wenn sie die betriebsübliche Arbeitszeit überschreiten.

Die Vereinbarung eines Freizeitausgleichs für die erbrachten Überstunden ist ohne weiteres zulässig.

§ 11
Nebentätigkeit, Wettbewerbsabrede

1. Nebentätigkeit

- Variante 1:
  Der Arbeitnehmer steht bei Vertragsschluss in einem weiteren Arbeitsverhältnis zu ...... mit einer wöchentlichen Arbeitszeit von ...... Stunden.
  Er ist berechtigt, weitere Teilzeitarbeitsverhältnisse einzugehen, soweit hierdurch nicht die berechtigten Interessen des Arbeitgebers beeinträchtigt oder die gesetzlichen Arbeitszeitgrenzen überschritten werden. Unzulässig ist eine weitere Teilzeitarbeit als ......
  Der Arbeitnehmer ist verpflichtet, dem Arbeitgeber die Aufnahme einer weiteren Beschäftigung unverzüglich anzuzeigen.

- Variante 2:
  Die Parteien sind sich darüber einig, dass es sich bei dem Arbeitsverhältnis um eine geringfügige Tätigkeit i.S.d. § 8 Abs. 1 SGB IV handelt.

Der Arbeitnehmer ist verpflichtet, dem Arbeitgeber jede Änderung einer für das Bestehen der Sozialversicherungspflicht der Tätigkeit oder der Beitragshöhe maßgeblichen Tatsache unverzüglich mitzuteilen.

2. Wettbewerbsverbot

Der Arbeitnehmer ist nicht berechtigt, selbständig oder für einen Dritten in den Bereichen ...... tätig zu werden.

Inhalt der Erläuterungen zu § 11:

1. Zulässigkeit weiterer Nebentätigkeiten

Ein teilzeitbeschäftigter Arbeitnehmer ist grundsätzlich berechtigt, **mehrere Teilzeitbeschäftigungen nebeneinander** – auch mit demselben Arbeitgeber[390] – auszuüben, da er aufgrund des Teilzeitarbeitsvertrages gegenüber dem Arbeitgeber lediglich verpflichtet ist, während der vereinbarten Arbeitszeit seine Arbeitsleistung zu erbringen. Unzulässig wird eine weitere Nebenbeschäftigung erst dann, wenn aufgrund des Arbeitszeitvolumens in dem weiteren Arbeitsverhältnis die arbeitsschutzrechtlichen Arbeitszeitgrenzen des ArbZG überschritten werden.[391] § 3 ArbZG schreibt vor, dass der Arbeitnehmer werktäglich regelmäßig nicht mehr als acht Stunden arbeiten darf. Die gesetzliche Regelung erlaubt generell eine Verlängerung der täglichen Arbeitszeit. Zulässig ist dann eine tägliche Arbeitszeit von **zehn Arbeitsstunden,** sofern innerhalb des Ausgleichszeitraums von sechs Monaten bzw. 24 Wochen im Durchschnitt die Arbeitszeit von acht Stunden werktäglich nicht überschritten wird.

Eine Einschränkung der Freiheit des Teilzeitbeschäftigten, über seine freie Zeit eigenverantwortlich zu disponieren, kann der Arbeitgeber durch vertragliche Vereinbarung nur dann erreichen, wenn ihm ein berechtigtes Interesse an der Untersagung bestimmter Nebentätigkeiten zuzuerkennen ist. Ein derartiges Interesse wird grundsätzlich nicht für die Untersagung jeglicher Nebentätigkeiten anzunehmen sein.[392] Demgegenüber können bestimmte Tätigkeiten durchaus dem berechtigten Interesse des Arbeitgebers widersprechen, so dass die Übernahme derartiger Tätigkeiten vertraglich ausgeschlossen werden kann. Hierzu gehören zum einen Tätigkeiten, bei deren Ausführung der Arbeitnehmer in **Konkurrenz** zu seinem Arbeitgeber tritt,[393] zum anderen Arbeiten, deren Ausführung unmittelbar **negative Auswirkungen** auf die **Arbeitsleistung** des Arbeitnehmers in seinem ersten Teilzeitarbeitsverhältnis hat. Um von vornherein jeden Streit über den Umfang erlaubter Tätigkeiten zwischen Arbeitnehmer und Arbeitgeber auszuschließen, empfiehlt es sich, die unzulässigen Tätigkeiten im Arbeitsvertrag – wie hier vorgeschlagen – ausdrücklich zu vereinbaren.

Steht ein Arbeitnehmer bei Vertragsschluss bereits in einem anderen Beschäftigungsverhältnis oder beabsichtigt er später dessen Aufnahme, so hat er den Arbeitgeber hierüber zu informieren,[394] damit dieser prüfen kann, ob sich hieraus Auswirkungen auf das zwischen den Parteien bereits bestehende Arbeitsverhältnis ergeben. Von besonderer Bedeutung ist dies, wenn der Arbeitnehmer mehrere geringfügige Beschäftigungen nebeneinander oder eine geringfügige neben einer steuer- und sozialversicherungspflichtigen Hauptbeschäftigung ausübt. Zwar hat sich durch die generelle Einführung der Steuerpflichtigkeit und sozialversicherungsrechtlichen Beitragspflichtigkeit von geringfügigen Arbeitsverhältnissen die Gefahr der Begründung einer Nachzahlungsverpflichtung für den Arbeitgeber verringert. Da jedoch die in den verschiedenen sozialversicherungsrechtlichen und steuerrechtlichen Pauschalierungen enthaltenen Privilegierungen geringfügiger Beschäftigungsverhältnisse bei notwendiger Zusammenrechnung mit einer anderen geringfügigen Nebenbeschäftigung oder einer Hauptbeschäftigung entfallen könnte, ist es nach wie vor nicht ausgeschlossen, dass der Arbeitgeber bei fehlender Kenntnis weiterer Beschäftigungen des Arbeitnehmers irrtümlich Sozialversicherungsbeiträge und Steuern pauschaliert abführt und sich damit Nachzahlungsverpflichtungen aussetzt. Dies gilt ungeachtet der Regelung in § 8 Abs. 2 Satz 3 SGB IV, wonach die Sozialversicherungspflichtigkeit erst mit dem Tag der Bekanntgabe der Feststellung der durch die Zusammenrechnung entstehenden Sozialversicherungspflichtigkeit durch die Einzugsstelle oder einen Träger der Rentenversicherung eintritt, wenn bei der Zusammenrechnung festgestellt wird, dass die Voraussetzungen einer geringfügigen Beschäftigung nicht vorliegen, weil diese Regelung nicht anwendbar ist, wenn es der Arbeitgeber vorsätzlich oder grob fahrlässig versäumt hat, den Sachverhalt hinsichtlich seiner versicherungsrechtlichen Beurteilung aufzuklären. Der Arbeitgeber ist daher nach wie vor gehalten abzuklären, ob der Arbeitnehmer neben dem vereinbarten Teilzeitarbeitsverhältnis weiteren sozialversicherungspflichtigen Beschäftigungen nachgeht.[395]

Die nachzuentrichtenden Sozialversicherungsbeiträge – Arbeitgeberanteil – kann der Arbeitgeber regelmäßig auch nicht im Wege des Schadenersatzes vom Arbeitnehmer erstattet verlangen, wenn dieser die weitere Beschäftigung nicht angezeigt hat.[396] Der Arbeitgeber hätte die Arbeitgeberanteile nämlich auch dann tragen müssen, wenn der Arbeitnehmer die weitere die Pauschalisierungsmöglichkeit beseitigende Tätigkeit rechtzeitig angezeigt hätte. Etwas anderes gilt nur dann, wenn der Arbeitgeber nachweisen kann, dass er bei Mitteilung einer weiteren geringfügigen Tätigkeit Maßnahmen zur Vermeidung der Beitragspflicht ergriffen hätte, also das Arbeitsverhältnis nicht geschlossen oder gekündigt hätte. Gelingt dieser Nachweis, kann die **Rückforderung des Arbeitgeberanteils** der nachentrichteten Sozialversicherungsbeiträge in Betracht kommen.[397] Es wird für Teilzeitarbeitsverhältnisse mit geringfügiger Beschäftigung empfohlen, entsprechend Ziffer 1, Variante 2 in den Vertrag ausdrücklich den Hinweis aufzunehmen, dass bei einer Änderung der für die Beurteilung der Sozialversicherungspflicht maßgeblichen Tatsachen eine Verpflichtung des Arbeitnehmers zur unverzüglichen Mitteilung an den Arbeitsgeber besteht.

Eine **Rückforderung der Arbeitnehmeranteile** zur Sozialversicherung kann nach § 28g SGB IV grundsätzlich nur im Wege des Abzuges vom Arbeitsentgelt erfolgen, der – wenn er unterblieben ist – nur bei den nächsten drei Vergütungszahlungen nachgeholt werden kann. Ausnahmsweise besteht jedoch die Möglichkeit, noch später, auch nach Beendigung des Arbeitsverhältnisses, vom Arbeitnehmer den nachentrichteten Arbeitnehmeranteil zum Gesamtsozialversicherungsbeitrag zurückzufordern, wenn der Arbeitnehmer grob fahrlässig oder vorsätzlich nicht mitgeteilt hat, dass weitere Beschäftigungen bestehen. Ein grob fahrlässiges Verhalten ist zumindest dann anzunehmen, wenn im Arbeitsvertrag ausdrücklich eine Aufklärungspflicht über weitere Arbeitsverhältnisse normiert ist.[398]

Verletzt der Arbeitnehmer die ihm arbeitsvertraglich auferlegte Anzeigepflicht, kann darüber hinaus ein Recht zur verhaltensbedingten Kündigung des Arbeitsverhältnisses in Betracht kommen. Beantwortet der Arbeitnehmer eine ihm gestellte Frage nach weiteren Nebenbeschäftigungen vorsätzlich falsch, liegt eine arglistige Täuschung vor, die zur verhaltensbedingten Kündigung führen kann. Wird die Frage vor Begründung des Teilzeitarbeitsverhältnisses gestellt, kommt darüber hinaus eine Anfechtung des Arbeitsverhältnisses aufgrund arglistiger Täuschung in Betracht.[399]

Ist der teilzeitbeschäftigte Arbeitnehmer mehrere Arbeitsverhältnisse eingegangen, muss er die sich aus den verschiedenen Arbeitsverhältnissen ergebenden Verpflichtungen erfüllen. Kollidieren Pflichten aus dem einen Arbeitsverhältnis mit solchen aus dem anderen, wie dies bspw. bei der Anordnung betrieblich notwendiger Mehrarbeit auftreten kann, besteht keineswegs ein Recht des Teilzeitbeschäftigten, die Erfüllung der einen Verpflichtung unter Hinweis auf das Bestehen der anderen Pflicht zu verweigern.[400] Eine solche **Arbeitsverweigerung** würde vielmehr eine Arbeitsvertragsverletzung darstellen, die im Wiederholungsfall – nach Abmahnung – den Arbeitgeber zur Kündigung berechtigt.

2. Vertragliches und nachvertragliches Wettbewerbsverbot

Der Teilzeitbeschäftigte ist genau wie jeder Arbeitnehmer nicht berechtigt, während der Laufzeit des Arbeitsvertrages in Wettbewerb mit dem eigenen Arbeitgeber zu treten oder eine anderweitige Konkurrenztätigkeit aufzunehmen. Da diese Verpflichtung bereits für kaufmännische Angestellte in § 60 HGB, für die übrigen Arbeitnehmer als Bestandteil der arbeitnehmerseitigen Treuepflicht von Gesetzes wegen besteht, ist eine vertragliche Fixierung des Wettbewerbsverbotes nicht zwingend geboten. Die Aufnahme der hier empfohlenen Fomulierung in den Arbeitsvertrag ist jedoch sinnvoll, um den Arbeitnehmer auf das bestehende Wettbewerbsverbot hinzuweisen.

Auch für nachvertragliche Wettbewerbsverbote gelten in Teilzeitarbeitsverhältnissen grundsätzlich die allgemeinen Regeln. Ein nachvertragliches Wettbewerbsverbot besteht daher nur dann, wenn es besonders vereinbart worden ist. Verbindlich ist eine derartige Vereinbarung für den Arbeitnehmer nur, wenn ihm in der Vereinbarung eine sog. **Karenzentschädigung** zugesagt wird, die für jedes Jahr des Verbotes mindestens die Hälfte der letzten vertraglichen Bezüge des Arbeitnehmers erreichen muss.[401] Soll daher mit dem Teilzeitbeschäftigten ein nachvertragliches Wettbewerbsverbot vereinbart werden, muss dies ausdrücklich in den Arbeitsvertrag aufgenommen werden. Da derartige Vereinbarungen gerade bei Teilzeitarbeitnehmern jedoch kaum vorkommen und eine Vielzahl von Spezialfragen aufwerfen, muss an dieser Stelle auf einen vertraglichen Formulierungsvorschlag verzichtet und stattdessen auf die Spezialliteratur[402] verwiesen werden.

§ 12
Schlussbestimmungen

1. Tarifverträge

Soweit vorstehend nicht abweichend geregelt, finden die jeweils geltenden Tarifverträge, in deren fachlichen und räumlichen Geltungsbereich der Betrieb fällt, in dem der Arbeitnehmer beschäftigt ist,

Anwendung. Bei mehreren in Betracht kommenden Tarifverträgen gilt der sachnähre.

2. Vertragsänderungen, Nebenabreden

Änderungen und Ergänzungen des Vertrages einschließlich seiner einvernehmlichen Auflösung oder Kündigung bedürfen der Schriftform. Nebenabreden zu diesem Vertrag bestehen nicht.

3. Salvatorische Klausel

Die Unwirksamkeit einzelner der vorstehenden Bestimmungen lassen die Wirksamkeit des Vertrages im Übrigen unberührt. Die Parteien sind verpflichtet, die unwirksame Bestimmung durch eine wirksame Bestimmung zu ersetzen, die dem mit der unwirksamen Bestimmung wirtschaftlich Gewolltem am nächsten kommt.

Erläuterungen zu § 12:

In der betrieblichen Praxis finden sich immer mehr Regelungen für Teilzeitarbeitsverhältnisse in Tarifverträgen und Betriebsvereinbarungen. Für das einzelne Arbeitsverhältnis entfalten derartige Regelungswerke aber nur dann Wirksamkeit, wenn die Betriebsvereinbarung für den konkreten Betrieb abgeschlossen worden ist oder der Tarifvertrag aufgrund beiderseitiger Tarifgebundenheit auf das Arbeitsverhältnis Anwendung findet. Ist dies der Fall, muss für jeden oben angesprochenen Problembereich untersucht werden, ob er durch derartige kollektive Normenvereinbarungen bereits geregelt ist. Ist dies der Fall, kann von den Regelungen in der Betriebsvereinbarung bzw. dem Tarifvertrag durch arbeitsvertragliche Regelung nur noch **zu Gunsten** des Arbeitnehmers abgewichen werden. Aus Gründen der Gleichbehandlung der Arbeitnehmer im Betrieb wird sich in derartigen Fällen regelmäßig die Übernahme der betrieblichen oder tariflichen Regelung empfehlen. Einer gesonderten arbeitsvertraglichen Vereinbarung über den jeweiligen Regelungskomplex bedarf es dann nicht mehr. Vielmehr genügt im Arbeitsvertrag allein der Hinweis auf die Geltung des Tarifvertrages.

2. Vertragsmuster: Abrufarbeit

– Vertragskopf siehe S. 64 –

§ 1
Vertragsgegenstand

Der Arbeitnehmer wird als Teilzeitarbeitnehmer (Arbeit auf Abruf) für die Tätigkeit eines ...... eingestellt.
Der Arbeitnehmer wird mit folgenden Aufgaben im Betrieb betraut: ...... Der Arbeitgeber ist berechtigt, dem Arbeitnehmer aus betrieblichen Gründen auch eine andere zumutbare Tätigkeit unter Beibehaltung der vereinbarten Vergütung innerhalb des Betriebes und aller Betriebsteile in ...... zuzuweisen.

Erläuterungen zu § 1:

(siehe oben zu § 1 zum Vertragsmuster – herkömmliche Teilzeitarbeit, S. 78)

§ 2
Beginn der Arbeitszeit, Probezeit

- Variante 1:
  Das Arbeitsverhältnis beginnt am ...... Die ersten ...... (drei bis sechs) Monate des Arbeitsverhältnisses gelten als Probezeit, während der die Vertragsparteien das Arbeitsverhältnis jederzeit mit einer Frist von zwei Wochen kündigen können.

- Variante 2:
  Das Arbeitsverhältnis beginnt am ...... und ist bis zum ...... (drei bis sechs Monate später) als Probearbeitsverhältnis befristet. Innerhalb dieser Zeit kann das Arbeitsverhältnis von beiden Seiten mit einer Frist von zwei Wochen gekündigt werden. Es endet nach Ablauf der Probezeit, ohne dass es einer Kündigung bedarf. Wird das Arbeitsverhältnis nach Ablauf der Probezeit einvernehmlich verlängert, gilt es von Anfang an als Dauerarbeitsverhältnis.

Erläuterungen zu § 2:

(siehe oben zu § 2 zum Vertragsmuster – herkömmliche Teilzeitarbeit, S. 83)

§ 3
Festlegung der Arbeitszeit

1. Arbeitszeitdeputat

Die wöchentliche/monatliche/jährliche Arbeitszeit des Arbeitnehmers beträgt …… Stunden.

2. Abruf der Arbeitsleistung

Der Arbeitnehmer muss seine Arbeitsleistung nur auf Abruf durch den Arbeitgeber erbringen. Die Lage der Arbeitszeit wird vom Arbeitgeber entsprechend dem Arbeitsanfall im Betrieb unter angemessener Berücksichtigung der persönlichen Wünsche des Arbeitnehmers nach folgenden Grundsätzen festgelegt:

a) Dauer der Arbeitszeit

- Variante 1:
  Die Arbeitszeit beträgt …… aufeinander folgende Stunden pro Tag der Arbeitsleistung.
- Variante 2:
  Die Dauer der Arbeitszeit beträgt mindestens …… (drei) und höchstens …… aufeinander folgende Stunden pro Tag der Arbeitsleistung.

b) Lage der Arbeitszeit

- Variante 1:
  Die Arbeitszeit ist auf die ……-Schicht beschränkt.
- Variante 2:
  Die Arbeitszeit ist auf die Vormittagsstunden von 8.30 Uhr bis 12.30 Uhr beschränkt.
- Variante 3:
  Der Arbeitgeber wird den Arbeitnehmer nur an den Werktagen …… /in den Monaten …… zur Arbeitsleistung einsetzen.
- Variante 4:
  Der Arbeitnehmer darf auch außerhalb der Geschäftszeiten eingesetzt werden.

- Variante 5:
  Der Arbeitnehmer darf auch zweimal am Tag zur Arbeitsleistung abgerufen werden. Die ununterbrochene Arbeitszeit muss jeweils mindestens ...... Stunden betragen.

- Variante 6:
  Der Arbeitgeber ist verpflichtet, die Arbeitsleistung des Arbeitnehmers mindestens ...... Mal pro Woche für eine Mindestzeit von ...... Stunden abzurufen.

3. Durchführung des Arbeitsabrufs

Der Arbeitgeber ruft die Arbeitsleistung des Arbeitnehmers jeweils spätestens vier Tage im Voraus unter Angabe der zeitlichen Lage – Datum, Beginn und Ende der täglichen Arbeitszeit – ab. Erfolgt der Abruf nicht innerhalb dieser Frist, ist der Arbeitnehmer zur Arbeitsleistung nicht verpflichtet.

Der Abruf erfolgt in der Weise, dass

- Variante 1:
  der Arbeitgeber die festgelegte Arbeitszeit am Montag einer Woche für die darauf folgende Woche durch Aushang am Schwarzen Brett ...... (genauer Ort) bekannt gibt. Ist der Arbeitnehmer an diesem oder dem darauf folgenden Tag nicht zur Arbeit eingeteilt, wird er über die Festlegung der Arbeitszeit in der Folgewoche anderweitig in geeigneter Weise unterrichtet.

- Variante 2:
  der Arbeitgeber durch telefonische Mitteilung den Arbeitnehmer über die Festlegung der Arbeitszeit informiert.

- Variante 3:
  der Arbeitgeber die schriftliche Mitteilung über die Festlegung der Arbeitszeit einer Woche jeweils am Montag der vorausgehenden Woche in das dem Arbeitnehmer zugewiesene Fach im Büro ...... einwirft. Arbeitet der Arbeitnehmer an diesem und dem folgenden Tag nicht, wird er über die Festlegung der Arbeitszeit anderweitig in geeigneter Weise unterrichtet.

4. Arbeitszeitguthaben, -defizit

Eine Übertragung von Arbeitszeitguthaben oder Arbeitszeitdefiziten auf den nachfolgenden Bezugszeitraum ist bis zu ...... (zehn) Stunden zulässig. Die Übertragung größerer Arbeitszeitüberhänge bedarf der vorherigen Zustimmung des Arbeitgebers.

Inhalt der Erläuterung zu § 3:

1. Besonderheiten der Abrufarbeit

Die Arbeit auf Abruf oder sog. **kapazitätsorientierte variable Arbeitszeit** (KAPOVAZ) stellt regelmäßig – wie die herkömmliche Teilzeitarbeit – Teilzeitarbeit dar, da sie fast immer nur mit einem gegenüber der betriebsüblichen Arbeitszeit verkürztem Arbeitszeitvolumen erbracht werden kann.[403] Auch für derartige Arbeitsverhältnisse gelten daher die allgemeinen Rechtsätze, die sonst für Teilzeitarbeitsverhältnisse Anwendung finden.[404] Die Abrufarbeit unterscheidet sich von der herkömmlichen Teilzeitarbeit dadurch, dass bei einem KAPOVAZ-Vertrag **keine konstante Lage der Arbeitszeit** vereinbart wird, sondern der Arbeitnehmer die Arbeitsleistung zu erbringen hat, wenn diese vom **Arbeitgeber abgerufen** wird. Dieser wird den Abruf der Arbeitsleistung regelmäßig am jeweiligen Arbeitskräftebedarf seines Betriebes ausrichten. Während der Zeiten, in denen die Arbeitsleistung nicht abgerufen wird, hat der Arbeitnehmer **unbezahlte Rufbereitschaft** zu erbringen.

Das Modell der Abrufarbeit bietet dem Arbeitgeber den Vorteil, je nach seinem konkreten Arbeitskräftebedarf den Einsatz der Beschäftigten zu steuern. Es kann aber dazu verführen, die berechtigten Interessen des Arbeitnehmers an einer frühzeitigen Festlegung der Arbeitszeit zu vernachlässigen, und dem Arbeitnehmer durch die Art und Weise des Arbeitsabrufs jede Dispositionsmöglichkeit über seine Freizeit zu nehmen. Aufgrund dieser Gefährdungen sind in § 12 TzBfG gesetzliche Grenzen der Regelungsfreiheit für Abrufarbeitsverhältnisse normiert worden, die beim Abschluss eines derartigen Teilzeitarbeitsvertrages ebenso beachtet werden müssen, wie die von der Rechtsprechung entwickelten Regelungsschranken.

Die KAPOVAZ-Arbeit beinhaltet für den betroffenen Arbeitnehmer eine **erhebliche Einschränkung seiner Zeiteinteilung.** Die Anordnung von Abrufarbeit durch den Arbeitgeber ist daher rechtlich nur möglich, wenn deren Zulässigkeit im Arbeitsvertrag mit dem Arbeitnehmer ausdrücklich vereinbart worden ist. Demgegenüber ist der Arbeitgeber nicht berechtigt, Abrufarbeit mittels seines Direktionsrechts anzuordnen.[405] Es ist daher – wie in § 1 vorgeschlagen – zu empfehlen, in die Vertragsurkunde ausdrücklich aufzunehmen, dass die vom Arbeitnehmer zu erbringende Teilzeitarbeit in der Form der Abrufarbeit erfolgt.

2. Modalitäten der Abrufarbeit

Jeder Abrufarbeitsvertrag muss als wesentlichen Bestandteil Regelungen über den Umfang der zu erbringenden Arbeitsleistung, deren Lage und die Art und Weise des Arbeitsabrufs durch den Arbeitgeber enthalten.

a) **Dauer der Arbeitszeit.** § 12 Abs. 1 TzBfG schreibt **zwingend** vor, dass die Arbeitsvertragsparteien einen bestimmten Umfang der vom Arbeitnehmer zu erbringenden Arbeitsleistung vertraglich fixieren. Unzulässig sind daher vertragliche Vereinbarungen, durch die lediglich eine Untergrenze, eine Obergrenze oder ein Rahmen für den Arbeitsumfang – sog. **Bandbreitenvereinbarung** – bestimmt wird.[406] Zwar ist es nicht notwendig, dass die Dauer der Arbeitszeit ausdrücklich im Arbeitsvertrag niedergelegt ist. Deren Umfang kann vielmehr auch im Wege der Auslegung der zum Vertragschluss führenden Willenserklärungen unter Berücksichtigung aller Begleitumstände ermittelt werden.[407] Um jedoch von vornherein mögliche Streitigkeiten auszuschließen und Unklarheiten gar nicht erst entstehen zu lassen, ist eine ausdrückliche vertragliche Regelung des vom Arbeitnehmer zu erbringenden Arbeitszeitvolumens dringend zu empfehlen. Selbstverständlich besteht nach Abschluss einer Vereinbarung über den Arbeitsumfang weiterhin die Möglichkeit, ein einmal vereinbartes Arbeitszeitvolumen einvernehmlich nachträglich zu verändern. In gleicher Weise können die Arbeitsvertragsparteien, die zunächst ein Arbeitszeitvolumen nicht festgelegt haben, nachträglich eine derartige Vereinbarung treffen. Einen Mindestumfang, in dem die Arbeitsleistung des Arbeitnehmers am Arbeitstag abgerufen werden muss, schreibt § 12 TzBfG nicht vor,[408] so dass die Arbeitsvertragsparteien bei der Festlegung der abzurufenden täglichen Dauer der Arbeitszeit nicht gebunden sind. Bereits aus Praktikabilitätsgründen dürften sich jedoch tägliche Arbeitszeiten von weniger als drei Stunden regelmäßig nicht anbieten.

Wird eine Regelung über die Dauer der Arbeitszeit nicht getroffen, steht aber fest, dass ein bestimmtes Arbeitszeitvolumen vereinbart werden sollte, sieht § 12 Abs. 1 TzBfG vor, dass eine **wöchentliche Arbeitszeit von 10 Stunden** als vereinbart gilt. Kommt diese Zweifelsregelung zur Anwendung, muss der Arbeitgeber diese zehn Wochenstunden selbst dann vergüten, wenn er die Arbeitsleistung des Arbeitnehmers mangels Bedarfs nicht abrufen kann.

Umstritten ist, ob es notwendig ist, dem vereinbarten Arbeitszeitvolumen einen bestimmten Bezugsrahmen zuzuordnen. Teilweise wird es für notwendig erachtet, das Arbeitszeitvolumen für eine

Woche vertraglich zu fixieren, wobei zur Begründung auf den Wortlaut des § 12 Abs. 1 Satz 2 TzBfG Bezug genommen wird.[409] Auch wenn sich derartige Vereinbarungen insbesondere in Fällen anbieten können, in denen sich aufgrund der betrieblichen Besonderheiten wöchentlich regelmäßig Arbeitsbedarfsspitzen ergeben, die durch die Abrufarbeit gedeckt werden sollen, ist es doch zum Schutz der Arbeitnehmer nicht zwingend geboten, die Abrufarbeit auf derart kurze Zeiträume einzuschränken. Es ist für den Arbeitnehmer vielmehr ohne weiteres übersehbar, wenn das Abeitszeitvolumen durch den Arbeitgeber binnen längerer Zeiträume, bspw. einem Monat oder einem Vierteljahr abgerufen werden muss.[410] Bezugszeiträume, die länger als eine Woche sind, sind auch unter Geltung des § 12 Abs. 1 TzBfG rechtlich zulässig.[411] Die Wahl derartiger Zeiträume kann insbesondere in Fällen geboten sein, in denen die Spitzen des Arbeitskräftebedarfs zu unregelmäßigen Zeiten auftreten. Die Wahl eines einjährigen Bezugsrahmens ist demgegenüber problematisch, da hier der Arbeitnehmer kaum noch seine konkrete Arbeitsverpflichtung überschauen und den von ihm für einen bestimmten Zeitraum zu erzielenden Verdienst kalkulieren kann. Dennoch wird auch die Festlegung eines einjährigen Bezugszeitraumes für zulässig angesehen.[412] Noch längere Bezugszeiträume dürften demgegenüber nicht nur unpraktikabel, sondern auch unzulässig sein.

Umstritten ist, welche Rechtsfolgen die **Vereinbarung eines unzulässigen Bezugszeitraumes** nach sich zieht. Zum Teil wird vertreten, dass dann eine wirksame vertragliche Bestimmung der Arbeitszeit – für den zulässigen Bezugszeitraum – nicht vorliegt und daher unter Anwendung des § 12 Abs. 1 TzBfG eine wöchentliche Arbeitszeit von zehn Stunden als vereinbart gilt.[413] Die Arbeitsvertragsparteien haben jedoch auch bei Vereinbarung eines zu langen Bezugszeitraums deutlich werden lassen, welches Arbeitsdeputat der Arbeitnehmer in einer bestimmten Zeit erbringen soll. Es ist ohne weiteres möglich, die vereinbarte Arbeitszeit auf einen zulässigen Bezugszeitraum – z. B. einen Monat – umzurechnen, und so dem im Vertrag niedergelegten Willen von Arbeitgeber und Arbeitnehmer möglichst nahe zu kommen.[414] Eine ergänzende Vertragsauslegung dieses Inhalts dürfte daher eher dem Willen der Vertragsparteien entsprechen, wenn deren ursprüngliche Vereinbarung wegen der Wahl eines übermäßig langen Bezugszeitraums unwirksam ist. Die aufgrund der Teilunwirksamkeit entstehende Lücke in der vertraglichen Regelung ist mittels ergänzender Vertragsauslegung und nur dann im Wege des Rückgriffs auf die gesetzliche Zweifelsregelung des § 12 Abs. 1 Satz 2 TzBfG zu schließen, wenn die Vertragsauslegung keine Lückenschließung ermöglicht.

Um letztlich von vornherein keine Zweifel an der Zulässigkeit des gewählten Bezugszeitraumes aufkommen zu lassen, empfiehlt es sich dringend – wie im Mustervertrag unter Ziffer 1 vorgeschlagen – als Bezugsrahmen für das vereinbarte Arbeitszeitvolumen höchstens **ein Kalenderjahr** zu wählen.

Im Arbeitsvertrag sollte schließlich des Weiteren eine Regelung über die Dauer der täglichen Arbeitszeit enthalten sein, wenn beabsichtigt ist, die Arbeitsleistung des Arbeitnehmers auch für kürzere Zeiten als für drei Stunden täglich abzurufen. Notwendig ist eine Regelung über die Mindestdauer der täglich abzurufenden Arbeitszeit, nicht aber einer genauen Fixierung.[415] Insbesondere der Arbeitnehmer hat ein Interesse daran, nicht wegen eines zu kurzfristigen Einsatzes in den Betrieb gerufen zu werden. Der Gesetzgeber hat deshalb in § 12 Abs. 4 TzBfG normiert, dass bei Fehlen einer Vereinbarung über die Mindestdauer der täglichen Arbeitszeit der Arbeitgeber verpflichtet ist, den Arbeitnehmer für **mindestens drei aufeinander folgende Stunden** zur Arbeitsleistung in Anspruch zu nehmen. Durch diese Vorschrift wird die Vereinbarung einer **geringeren täglichen Arbeitsleistung nicht ausgeschlossen.** Ein kurzzeitiger Arbeitsabruf ist jedoch nur bei ausdrücklicher vertraglicher Vereinbarung zulässig. Auch eine Stückelung der täglichen Arbeitszeit ist zulässig, wenn dies ausdrücklich vereinbart wird.[416] Nicht ausreichend sind demgegenüber Regelungen, die den Arbeitgeber pauschal zum Abruf von Arbeitseinheiten unterhalb von drei Stunden Dauer oder bis zu einer täglichen Arbeitszeitobergrenze ermächtigen.[417]

Fehlt es an einer Regelung über die Dauer der täglichen Arbeitszeit und nimmt der Arbeitgeber den Arbeitnehmer für eine geringere Arbeitszeit als drei Stunden in Anspruch, kann der Arbeitnehmer die Arbeitsleistung nicht vollständig unter Hinweis darauf verweigern, dass der Arbeitgeber ihm keine den gesetzlichen Vorschriften entsprechende Arbeit zugewiesen hat.[418] Dem Arbeitnehmer steht insoweit kein Leistungsverweigerungsrecht zu. Er ist vielmehr verpflichtet, dem Arbeitsabruf Folge zu leisten. Auch eine Umdeutung des – zu kurzen – Arbeitsabrufes in einen Arbeitsabruf von drei Stunden Dauer ist nicht begründbar.[419] Vielmehr ist der Arbeitnehmer verpflichtet, die vom Arbeitgeber abgeforderte – drei Stunden unterschreitende – Arbeitsleistung zu erbringen. Für den Arbeitnehmer besteht allerdings ein Anspruch auf Vergütung von drei Arbeitsstunden; bezüglich der nicht abgeforderten Zeit aus § 615 BGB. Darüber hinaus wird der Arbeitsabruf mit einem Volumen von drei Stunden von seinem Arbeitszeitdeputat in Abzug gebracht. Weiterhin ist auch denkbar, dass der Arbeitnehmer sich freiwillig zur Erbringung der – zu geringfügig – abgeforderten Arbeitsleistung bereit erklärt, insoweit also eine einzelvertragliche Vereinbarung zustande kommt. In diesem Fall würde der Arbeitnehmer den Anspruch auf Annahmeverzugsvergütung aus § 615 BGB verlieren.[420] Der Arbeitnehmer sollte deshalb bei Arbeitsantritt deutlich machen, dass er der zu kurzen Arbeitszeit widerspricht, da andernfalls seine Tätigkeit als Einverständnis in die Verkürzung der Arbeitszeit gewertet werden könnte.[421]

b) Lage der Arbeitszeit. Die Festlegung der konkreten Lage der Arbeitszeit unterfällt bei einem Abrufarbeitsverhältnis typischerweise dem Direktionsrecht des Arbeitgebers. Dieser muss bei der Ausübung seines Weisungsrechts im Einzelfall gemäß § 315 Abs. 1 BGB die berechtigten Interessen des Arbeitnehmers beachten. Die Vereinbarung von Arbeit auf Abruf bringt es aber mit sich, dass der Arbeitnehmer grundsätzlich mit einem Arbeitsabruf während der gesamten Dauer der betriebsüblichen Arbeitszeiten rechnen muss. Erfolgt dieser Arbeitsabruf, muss er, will er keine Arbeitsvertragsverletzung begehen, der Aufforderung zur Arbeitsleistung nachkommen, sofern nicht ausnahmsweise ein Verhinderungsgrund – Krankheit, persönliche Arbeitsverhinderung für kurze Zeit nach § 616 Abs. 1 BGB usw. – vorliegt. Besteht auf Seiten des Arbeitnehmers daher ein besonderes Interesse, zu bestimmten Zeiten auf keinen Fall zur Arbeitsleistung abgerufen zu werden, sollte er darauf dringen, einen Arbeitsabruf für diese Zeiten vertraglich auszuschließen. Beispiele für mögliche Ausschlussregelungen bilden die Varianten 1 bis 3 unter b) „Lage der Arbeitszeit" im hier vorgeschlagenen Vertragsmodell.

Andererseits muss der Arbeitnehmer nur damit rechnen, während der betriebsüblichen Arbeitszeiten zur Arbeitsleistung abgerufen zu werden. Dementsprechend ist vom arbeitgeberseitigen Direktionsrecht regelmäßig ein Arbeitsabruf nicht gedeckt, der zu Arbeitsleistungen für Zeiten außerhalb der betriebsüblichen Arbeitszeiten erfolgt. Will der Arbeitgeber die Arbeitsleistung des Arbeitnehmers daher auch außerhalb der üblichen Arbeitszeiten in Anspruch nehmen, ist anzuraten, die Möglichkeit des Arbeitsabrufs für diese Zeiten ebenfalls ausdrücklich in den Arbeitsvertrag aufzunehmen, wie dies beispielhaft in Variante 4 unter b) „Lage der Arbeitszeit" vorgeschlagen wird.

Soll der Arbeitgeber berechtigt sein, die Arbeitsleistung des Arbeitnehmers mehrmals täglich abzurufen, bedarf es hierfür ebenfalls der ausdrücklichen vertraglichen Vereinbarung, wie dies in Variante 5 vorgeschlagen wird. Die Vereinbarung muss für jeden Abruf eine bestimmte Dauer vorsehen, wenn die in § 12 Abs. 1 TzBfG vorgesehene Mindestdauer von drei Stunden unterschritten werden soll. Allein aufgrund seines Direktionsrechts ist der Arbeitgeber demgegenüber zu einem derartigen mehrfachen Arbeitsabruf nicht berechtigt.

Ein Regelungsbedarf besteht schließlich, wenn für den Arbeitsabruf durch den Arbeitgeber bestimmte Regelmäßigkeiten vorgesehen werden sollen. Grundsätzlich kann nämlich der Arbeitgeber aufgrund seines Direktionsrechts bei einer einschränkungslos vereinbarten Abrufarbeit die Arbeitsleistung je nach Bedarf ungeachtet bestimmter Regelmäßigkeiten abrufen, sofern er nur das vereinbarte Arbeitszeitvolumen im gewählten Bezugszeitraum einhält. Wie in Variante 6 unter b) „Lage der Arbeitszeit" vorgeschlagen, sollte daher eine vertragliche Fixierung erfolgen, wenn Arbeitnehmer oder Arbeitgeber bei Abschluss des Abrufarbeitsvertrages eine derartige Regelmäßigkeit erreichen wollen.

Stellt sich erst nachträglich heraus, dass die Berechtigung des Arbeitgebers zur Festlegung der Lage der Arbeitszeit auf bestimmte Zeiten beschränkt oder über die betriebsüblichen Arbeitszeiten hinaus erweitert werden soll, kann dies jederzeit durch einvernehmliche Vertragsänderung zwischen Arbeitgeber und Arbeitnehmer erreicht werden. Eine einseitige Änderung nur durch den Arbeitgeber ist demgegenüber ausgeschlossen. Bei einer Weigerung des Arbeitnehmers, der vom Arbeitgeber begehrten Veränderung der Abrufzeiten zuzustimmen, bleibt dem Arbeitgeber nur die Möglichkeit, eine Änderungs- oder Beendigungskündigung auszusprechen, sofern deren Voraussetzungen vorliegen.

c) **Modalitäten des Abrufs der Arbeit.** Besondere Anforderungen stellt das TzBfG an die Modalitäten des Arbeitsabrufs durch den Arbeitgeber, um dem Arbeitnehmer die Möglichkeit zu geben, sich rechtzeitig auf den erfolgenden Arbeitsabruf einzustellen.

Zwingend vorgeschrieben ist die **Mindestfrist**, mit der der Arbeitgeber die Inanspruchnahme der Arbeitsleistung einschließlich deren konkreten Dauer ankündigen muss. Nach § 12 Abs. 2 TzBfG ist der Arbeitgeber verpflichtet, den Arbeitsabruf **mindestens vier Tage** im Voraus mitzuteilen. Die Einhaltung der Frist ist durch Rückrechnung vom vorgesehenen Einsatztag aus zu ermitteln, wobei die Fristberechnungsvorschriften der §§ 186 ff., 193 BGB anzuwenden sind. Fällt der Fristbeginn bei der Rückrechnung auf einen Samstag, Sonntag oder Feiertag, so fällt der Fristbeginn auf den vorhergehenden Werktag. Praktisch bedeutet dies, dass die an einem Montag vorgesehene Arbeitsleistung am Mittwoch der Vorwoche, die Arbeitsleistung für Dienstag am Donnerstag der Vorwoche, die Arbeitsleistung für Mittwoch bis Freitag am Freitag der Vorwoche, die Arbeitsleistung am Samstag am Montag der Vorwoche und die Arbeitsleistung am Sonntag am Dienstag der Vorwoche abgerufen werden muss.

Bei dem Arbeitsabruf durch den Arbeitgeber handelt es sich um eine einseitige empfangsbedürftige Willenserklärung. Diese wird nur wirksam, wenn sie dem Arbeitnehmer rechtzeitig zugeht, er also die rechtzeitige **Möglichkeit der Kenntnisnahme** besitzt. Da der Arbeitgeber für den rechtzeitigen Zugang des Arbeitsabrufs beweispflichtig ist, empfiehlt es sich, die Modalitäten der Mitteilung des Arbeitsabrufs im Arbeitsvertrag zu fixieren, wie dies beispielhaft in den Varianten 1 bis 3 unter Nr. 3 zu § 3 des Mustervertrages vorgeschlagen wird.[422] Die Aufnahme der vorgeschlagenen Regelung in den Arbeitsvertrag verhindert von vornherein die Entstehung von Unsicherheiten über die Art und Weise des Arbeitsabrufs und verpflichtet den Arbeitnehmer, sich rechtzeitig um die Information betreffend den Arbeitsabruf zu kümmern. Die vorgeschlagene vertragliche Regelung hindert andererseits nicht, den Arbeitsabruf auch auf andere Weise vorzunehmen. In diesem Fall muss der Arbeitgeber jedoch in geeigneter und nachweisbarer Weise sicherstellen, dass der Abruf dem Arbeitnehmer rechtzeitig zugeht.

Geht der Abruf der Arbeitsleistung dem Arbeitnehmer rechtzeitig zu, bewirkt dies eine Konkretisierung seiner arbeitsvertraglichen Leistungsverpflichtung auf die abgerufenen Zeiten. Sowohl Arbeitnehmer als auch Arbeitgeber sind an die abgerufenen Zeiten gebunden und können hiervon nur noch durch einvernehmliche Regelung abweichen.[423] Ist der Arbeitsabruf nicht rechtzeitig zugegangen, ist der Arbeitnehmer nicht verpflichtet, wohl aber berechtigt, seine Arbeitsleistung zu erbringen.[424] Erbringt der Arbeitnehmer die Arbeitsleistung nicht, wird hierdurch das vereinbarte Arbeitsdeputat nicht geschmälert, da nur ein ordnungsgemäßer, nicht aber ein unwirksamer Arbeitsabruf geeignet ist, zu einer Verringerung des Deputates zu gelangen.[425] Eine Anrechnung auf das Arbeitszeitdeputat ist demgegenüber notwendig, wenn der Arbeitnehmer trotz des unwirksamen Abrufs seine Arbeitsleistung erbringt.

3. Übertragung von Zeitguthaben oder Zeitdefiziten

Ruft der Arbeitgeber in einem Bezugszeitraum – typischerweise einem Monat – ein zu geringes oder zu hohes Arbeitszeitvolumen ab, stellt sich die Frage, ob eine Übertragung des Guthabens oder Defizits auf den nächsten Bezugszeitraum zulässig ist. Während zum Teil eine derartige Übertragung abgelehnt wird, weil dadurch die von § 12 Abs. 1 TzBfG gesetzlich angeordnete genaue Fixierung der vereinbarten Arbeitszeit im Bezugszeitraum aufgelöst wird,[426] wird überwiegend die Vereinbarung der Übertragbarkeit von Arbeitszeitguthaben oder -defiziten für **zulässig** erachtet.[427] Eine vertraglich normierte und zeitlich begrenzte Übertragbarkeit von Arbeitszeitdefiziten oder -guthaben führt noch nicht dazu, dass dem Arbeitnehmer die Möglichkeit genommen wird, seine Freizeit ordnungsgemäß zu planen. Sie kann durchaus auch im Interesse des Arbeitnehmers liegen, in bestimmten Zeiträumen nicht so häufig zur Arbeitsleistung abgerufen zu werden, ohne dass dies seine Vergütung verringert. Hält sich die Übertragbarkeit daher in vorher festgelegten, überschaubaren zeitlichen Grenzen ist eine vertragliche Vereinbarung über die Übertragung der Arbeitzeitguthaben/-defizite nicht zu beanstanden.[428] Allerdings dürfte eine derartige Übertragunsregelung bei einem Bezugszeitraum von einem Jahr nicht zu empfehlen sein.

Unterlässt der Arbeitgeber den Arbeitsabruf im Bezugszeitraum vollständig, so gerät er nach § 615 BGB in Annahmeverzug und muss auch bei Nichtleistung der Arbeit durch den Arbeitnehmer die Vergütung vollständig zahlen. Die ausgefallene Arbeitszeit wird auf das vertraglich vereinbarte Arbeitszeitvolumen angerechnet, ohne dass der Arbeitnehmer zur Nachleistung verpflichtet ist.

§ 4
Vergütung

1. Vergütungshöhe

- **Variante 1:**
  Der Arbeitnehmer erhält eine Monatsvergütung von ...... € brutto für die in § 3 Nr. 1 vereinbarte Arbeitszeit. Für jede weitere Stunde, die der Arbeitnehmer im Rahmen dieses Vertrages arbeitet, erhält der Arbeitnehmer eine Vergütung von ...... € brutto.

- **Variante 2:**
  Der Stundenlohn beträgt ...... € brutto. Die Vergütung für die in § 3 Nr. 1 vereinbarte Stundenzahl ist auch dann zu zahlen, wenn der Arbeitgeber die volle Stundenzahl nicht oder nicht wirksam abgerufen hat.

2. Fälligkeit

- **Variante 1:**
  Das Arbeitsentgelt wird jeweils am 1./15. eines Monats fällig und ist bargeldlos auf ein vom Arbeitnehmer anzugebendes Konto bei einem Kreditinstitut im Inland zu zahlen.

- **Variante 2:**
  Das Arbeitsentgelt ist jeweils am letzten Werktag der Woche/des Monats fällig, in der/dem der Arbeitnehmer Arbeitsleistungen erbracht hat. Es ist bargeldlos auf ein vom Arbeitnehmer anzugebendes Konto bei einem Kreditinstitut im Inland zu zahlen.

Inhalt der Erläuterungen zu § 4:

1. Bemessung der Vergütung

Genau wie bei der regulären Teilzeitarbeit schuldet der Arbeitgeber dem in einem Abrufarbeitsverhältnis beschäftigten Teilzeitarbeitnehmer die Zahlung der vereinbarten Vergütung. Auch bei der Abrufarbeit ist die Höhe der Vergütung zwischen den Arbeitsvertragsparteien grundsätzlich frei aushandelbar, wobei durch Vergütungstarifverträge gezogene Schranken zu beachten sind, sofern diese auf das konkrete Arbeitsverhältnis Anwendung finden. Auch bei der Abrufarbeit hat der Arbeitgeber das Gebot der Gleichbehandlung und das Verbot der Geschlechtsdiskriminierung zu beachten, sofern er die Höhe der Vergütung nach verallgemeinerungsfähigen Kriterien bemisst und nicht in jedem Einzelfall nach gesonderten Maßstäben festlegt.[429] Zu beachten ist jedoch, dass die Abrufarbeit keine Rufbereitschaft darstellt. Der Arbeitgeber ist daher nicht verpflichtet, dem Arbeitnehmer eine höhere Vergütung als sonstigen Teilzeitbeschäftigten zu gewähren.[430] Vielmehr folgt aus dem Gleichbehandlungsgrundsatz die Verpflichtung des Arbeitgebers, der die Vergütung nach allgemeinen Kriterien bemisst, vergleichbaren Arbeitnehmern eine zeitanteilig entsprechende Vergütung unabhängig davon zu gewähren, ob die Arbeitnehmer Abrufarbeit, sonstige Teilzeitarbeit oder Vollzeittätigkeit erbringen.

Bei der vertraglichen Bemessung der Vergütung ist zu beachten, dass die **Vergütung** bei der Arbeitsleistung auf Abruf in irgendeiner Weise **in Relation zur tatsächlichen Arbeitsleistung** des Arbeitnehmers gebracht werden muss. Haben die Arbeitsvertragsparteien für die abzurufende Arbeitsleistung einen Bezugsrahmen von bis zu einem Monat vereinbart, besteht die Möglichkeit, die Zahlung einer Monatsvergütung zu vereinbaren, wie dies in Variante 1 zu Ziffer 1 vorgeschlagen wird. Da der Arbeitgeber im Bezugszeitraum – von bis zu einem Monat – die Arbeitsleistung in dem vertraglich vereinbarten

Umfang abrufen muss, ist sichergestellt, dass durch die vereinbarte Monatsvergütung die abzurufende Arbeitsleistung des Arbeitnehmers vollständig vergütet wird. Ruft der Arbeitgeber in diesem Fall die Arbeitsleistung des Arbeitnehmers in dem vereinbarten Bezugszeitraum nicht im vollen Umfang ab, ist er trotzdem zur Zahlung der gesamten vereinbarten Monatsvergütung verpflichtet, da er durch den Nichtabruf in Annahmeverzug nach § 615 BGB gerät.[431]

Haben die Parteien schließlich die Möglichkeit vereinbart, ein Zeitguthaben bzw. ein Zeitdefizit auf einen späteren Bezugszeitraum zu übertragen, muss – sofern eine abweichende vertragliche Vereinbarung nicht besteht – die vereinbarte Monatsvergütung gezahlt werden.[432] Abweichende vertragliche Regelungen, die den Arbeitgeber zur Kürzung der vereinbarten Monatsvergütung bei zu übertragenden Arbeitszeitdefiziten berechtigen oder bei Arbeitszeitguthaben zu deren Erhöhung verpflichten, sind zwar denkbar. Aufgrund der mit derartigen Regelungen verbundenen praktischen Probleme bei der Abrechnung der Vergütung kann zum Abschluss entsprechender Vereinbarungen jedoch nicht geraten werden.

Haben die Arbeitsvertragsparteien demgegenüber einen längeren Bezugszeitraum vereinbart, innerhalb dessen der Arbeitgeber das vereinbarte Arbeitszeitvolumen abrufen muss, kann die Vereinbarung einer Monatsvergütung zu Schwierigkeiten führen. Erfolgt der Arbeitsabruf in dem langen Bezugszeitraum nämlich diskontinuierlich, so entspricht die dem Arbeitnehmer zu zahlende Monatsvergütung nicht mehr der tatsächlich vom Arbeitnehmer im Abrechnungszeitraum erbrachten Arbeitsleistung.

In diesem Fall kann trotzdem eine Monatsvergütung – wie in Variante 1 – vereinbart werden, also trotz diskontinuierlicher Arbeitsleistung eine kontinuierliche Vergütungszahlung vorgenommen werden, wenn die Parteien keinen Wert darauf legen, dass die zu zahlende Vergütung der tatsächlichen Arbeitsleistung entsprechen soll. Wird die Höhe der Monatsvergütung nach der durchschnittlich vom Arbeitnehmer in einem Monat zu erbringenden Arbeitsleistung bemessen, gleichen sich im Verlauf des Bezugszeitraumes die Schwankungen der Arbeitsleistung aus. Soll demgegenüber eine der diskontinuierlichen Arbeitsleistung entsprechende Vergütungszahlung vereinbart werden, empfiehlt es sich eine Stundenvergütung festzulegen, wie dies in Variante 2 unter Ziffer 1 vorgeschlagen wird. Je nach Umfang der abgerufenen Arbeitsleistung kann die Vergütung dann im jeweiligen Abrechnungszeitraum schwanken. Eine derartige diskontinuierliche Vergütungszahlung kann jedoch insbesondere bei längeren Freizeitperioden im Gegensatz zur kontinuierlichen Zahlung zu sozialversicherungsrechtlichen Problemen führen[433] und ist darüber hinaus ungeeignet, den für den Lebensunterhalt erforderlichen kontinuierlichen Entgeltbezug sicherzustellen. Aus diesem Grunde sind insbesondere bei stark schwankenden Abrufvolumina und längeren Freizeitperioden diskontinuierliche Vergütungszahlungen nur bei echten Nebentätigkeiten, z.B. „Stundenjobs" zu empfehlen.[434]

2. Berechnung der Vergütung bei Beendigung des Arbeitsverhältnisses

Endet das Arbeitsverhältnis während des vereinbarten Bezugszeitraumes, treten Probleme bei der Bemessung der an den Arbeitnehmer auszuzahlenden Vergütung auf. Will man ihm lediglich einen Anspruch auf eine Entgeltzahlung entsprechend der tatsächlich abgerufenen Arbeitsstunden einräumen, hängt die Höhe des Vergütungsanspruchs von der Zufälligkeit des vor Beendigung des Arbeitsverhältnisses erfolgten Arbeitsabrufs ab. Außerdem würde dies dem Arbeitgeber die Möglichkeit eröffnen, bei Kenntnis von der baldigen Beendigung des Arbeitsverhältnisses, den Vergütungsanspruch des Arbeitnehmers durch Nichtabruf der Arbeitsleistung zu schmälern. Um dieses Ergebnis zu vermeiden, muss dem Arbeitnehmer bei Beendigung des Arbeitsverhältnisses während des Bezugszeitraumes ein Anspruch auf höhenmäßig anteilige Vergütung von dem für den Bezugszeitraum vereinbarten Gesamtentgelt entsprechend dem Verhältnis von im Bezugszeitraum bereits abgelaufener Zeit zum gesamten Bezugszeitraum eingeräumt werden. Nur wenn der Arbeitnehmer bereits in dem vorzeitig beendeten Bezugszeitraum überdurchschnittlich viel gearbeitet hat, muss die tatsächlich erbrachte Arbeitsleistung vergütet werden, da andernfalls der Arbeitnehmer Arbeitsleistung ohne Erhalt einer Gegenleistung erbringen würde.[435]

3. Modalitäten der Vergütungszahlung

Ist im Arbeitsvertrag eine Regelung über die Modalitäten der Vergütungszahlung nicht enthalten, ist der Arbeitnehmer grundsätzlich vorleistungspflichtig. Der Arbeitgeber hat das Arbeitsentgelt daher grundsätzlich nach Ende der Vergütungsperiode an den Arbeitnehmer auszuzahlen. Will man von diesem Grundsatz abweichen, muss dies ausdrücklich vertraglich – wie unter Ziffer 2 vorgeschlagen – geschehen. Während Variante 1 eine kontinuierliche Vergütungszahlung vorsieht, schlägt Variante 2 die Vereinbarung der Fälligkeit des verdienten Vergütungsanspruchs nach Erbringung der vom Arbeitnehmer geschuldeten Arbeitsleistung vor.

Auch ohne einzelvertragliche Fixierung ist heutzutage das Arbeitsentgelt vom Arbeitgeber bei Fälligkeit bargeldlos auf das Girokonto des Arbeitnehmers bei einem Kreditinstitut im Inland zu überweisen. Der entsprechende Formulierungsvorschlag im Vertragsmuster dient lediglich der Klarstellung.

§ 5
Arbeitsverhinderung, Vergütungsfortzahlung

1. Persönliche Arbeitsverhinderung

Der Arbeitnehmer hat dem Arbeitgeber jede Arbeitsverhinderung unverzüglich anzuzeigen, sobald er von ihr Kenntnis erlangt, auch wenn der Arbeitgeber die persönliche Arbeitszeit des Arbeitnehmers noch nicht festgelegt hat. Der Arbeitnehmer ist verpflichtet, seine persönlichen Angelegenheiten in der arbeitsfreien Zeit zu erledigen, soweit nicht zwingende Gründe dem entgegenstehen.

Bei persönlicher Verhinderung, die auf vorhersehbaren Ereignissen beruht, wird eine Vergütung gemäß § 616 Abs. 1 BGB nicht gezahlt.

2. Krankheitsbedingte Arbeitsunfähigkeit

Eine krankheitsbedingte Arbeitsunfähigkeit hat der Arbeitnehmer dem Arbeitgeber unverzüglich, möglichst bis ...... Uhr des ersten Krankheitstages anzuzeigen und ebenfalls unverzüglich, spätestens jedoch vor Ablauf des auf den dritten Krankheitstag folgenden Arbeitstages, eine ärztliche Arbeitsunfähigkeitsbescheinigung vorzulegen.

Der Arbeitnehmer hat bei krankheitsbedingter Arbeitsunfähigkeit einen Anspruch auf Fortzahlung der Vergütung nach den gesetzlichen Bestimmungen für die Krankheitszeit, während der eine Beschäftigung erfolgt wäre. Im gleichen Umfang gilt die Arbeitsleistung als erbracht.

Erläuterungen zu § 5:

1. Persönliche Arbeitsverhinderung, § 616 Abs. 1 BGB
2. Vergütungsfortzahlung im Krankheitsfall
3. Sonderproblem: Feiertagsvergütung

1. Persönliche Arbeitsverhinderung, § 616 Abs. 1 BGB

Grundsätzlich gelten für den Vergütungsfortzahlungsanspruch bei einer Arbeitsverhinderung aus persönlichen Gründen in einem Abrufarbeitsverhältnis die gleichen Grundsätze, die auch für herkömmliche Teilzeitarbeitsverhältnisse oben[436] bereits beschrieben worden sind. Ein Vergütungsfortzahlungsanspruch aus § 616 Abs. 1 BGB besteht nur, wenn die Arbeitsverhinderung aus persönlichen Gründen der einzige Grund für den Ausfall der Arbeitsleistung darstellt. Hätte der Arbeitgeber die Arbeitsleistung des Arbeitnehmers nicht abgerufen, entfällt dementsprechend trotz persönlicher Arbeitsverhinderung der Vergütungsanspruch.

Der Arbeitnehmer ist auch in einem Abrufarbeitsverhältnis verpflichtet, dem Arbeitgeber bevorstehende persönliche Arbeitsverhinderungen möglichst zeitig anzuzeigen, damit der Arbeitgeber sich auf den Arbeitsausfall einrichten kann. Unterlässt der Arbeitnehmer schuldhaft die Mitteilung und kommt es deshalb zu einem auf persönlicher Verhinderung des Arbeitnehmers beruhenden, bei rechtzeitiger Mitteilung vermeidbaren Arbeitsausfall, entfällt der Entgeltanspruch aus § 616 Abs. 1 BGB, da der Arbeitsausfall nicht unverschuldet ist.[437] Hat der Arbeitgeber zum Zeitpunkt der Mitteilung der persönlichen Arbeitsverhinderung des Arbeitnehmers dessen Arbeitsleistung noch nicht abgerufen, ist er berechtigt, von einem **Arbeitsabruf während der Verhinderungszeit Abstand zu nehmen.**[438] Ein rechtsmissbräuchliches Verhalten liegt hierin selbst dann nicht, wenn der Arbeitgeber ohne die persönliche Arbeitsverhinderung die Arbeitsleistung des Arbeitnehmers zu dieser Zeit abgerufen hätte. Hat der Arbeitgeber die Arbeitsleistung des Arbeitnehmers bereits abgerufen, ist dieser verpflichtet, persönliche Arbeitsverhinderungen – z. B. Arztbesuche – soweit als möglich in seine Freizeit zu legen. Kommt er dieser Verpflichtung nicht nach und kommt es dadurch zu einem vermeidbaren Arbeitsausfall, so entfällt sein Vergütungsfortzahlungsanspruch aus § 616 Abs. 1 BGB mangels Vorliegens einer echten Arbeitsverhinderung.[439] Besteht für den Arbeitnehmer bei seitens des Arbeitgebers bereits erfolgtem Arbeitsabruf nicht die Möglichkeit, den zur persönlichen Arbeitsverhinderung führenden Umstand in die Freizeit zu legen, ist der Arbeitgeber nicht berechtigt, den bereits ausgesprochenen Arbeitsabruf rückgängig zu machen, da es sich beim Abruf der Arbeitsleistung um ein **unwiderrufliches Gestaltungsrecht** des Arbeitgebers handelt.[440] Vielmehr ist in diesem Fall die Vergütungsfortzahlung zu leisten.

2. Vergütungsfortzahlung im Krankheitsfall

Besondere Probleme ergeben sich bei der Bemessung der fortzuzahlenden Vergütung bei Krankheit des in einem Abrufarbeitsverhältnis beschäftigten Arbeitnehmers. Zwar richtet sich auch hier die Vergütungsfortzahlung grundsätzlich nach den allgemeinen Regeln, so dass der Arbeitnehmer, der während des gesamten Vergütungszeitraums erkrankt, einen Anspruch auf Vergütungsfortzahlung für sechs Kalenderwochen besitzt. Die Dauer der Vergütungsfortzahlung ist wie bei der herkömmlichen Teilzeitarbeit zu bestimmen.[441]

Problematischer ist demgegenüber die Bemessung der Höhe der fortzuzahlenden Vergütung. Da dem Arbeitgeber bei einem Abrufarbeitsverhältnis das Recht zum Abruf der Arbeitsleistung des Arbeitnehmers je nach betrieblichen Bedürfnissen zusteht, steht bei einer Erkankung des Arbeitnehmers regelmäßig nicht fest, an welchen Tagen der Arbeitnehmer welche Arbeitsleistung erbracht hätte. Diese Unsicherheit hat zur Folge, dass sich bei der Abrufarbeit die normalerweise nach dem Lohnausfallprinzip zu ermittelnde Vergütung kaum bestimmen lässt, da der Umfang des krankheitsbedingten Arbeitsausfalls nicht fixierbar ist.

Aufklären lässt sich der während der Krankheit an sich zu erbringende Arbeitsumfang dann noch, wenn die Krankheit vollständig in Zeiten fällt, für die der Arbeitgeber die Arbeitsleistung bereits abgerufen hat, da hier bereits feststeht, wann der Arbeitnehmer gearbeitet hätte, wenn er nicht erkrankt wäre. In dieser Konstellation erhält der Arbeitnehmer die auf die abgerufenen Arbeitsstunden entfallende Vergütung als Krankenvergütung. Die wegen der Krankheit entfallenden Stunden werden auf das Arbeitszeitdeputat angerechnet, so dass der Arbeitnehmer nicht zur Nachleistung verpflichtet ist.[442]

Größere Schwierigkeiten entstehen demgegenüber, wenn der Arbeitgeber sein Abrufrecht noch nicht ausgeübt hat, da hier nicht feststeht, wann der Arbeitnehmer tatsächlich gearbeitet und welche Vergütung er während dieser Zeit erzielt hätte. Überwinden lässt sich diese Schwierigkeit in Fällen, in denen der Arbeitsabruf durch den Arbeitgeber mit zeitlicher Regelmäßigkeit erfolgt, da sich hier die Zeiträume ermitteln lassen, in denen der Arbeitnehmer gearbeitet hätte, wenn er nicht erkrankt wäre. Nicht festlegen lässt sich demgegenüber die während der Krankheit an sich zu erbringende Arbeitsleistung, wenn es – wie häufig – auch an dieser Regelmäßigkeit fehlt. Hier existieren keinerlei Anhaltspunkte, nach denen sich die vom Arbeitnehmer während der Krankheit zu erbringende Arbeitsleistung bestimmen ließe.

Gänzlich unzulässig ist es, für derartige Fallkonstellationen vertraglich festzulegen, dass der Arbeitnehmer das vereinbarte Stundendeputat ohne Rücksicht auf irgendwelche Erkrankungen erbringen muss.[443] Eine derartige Regelung würde praktisch zur Aufhebung der zwingenden gesetzlichen Vorschriften über die Vergütungsfortzahlung während eines Krankheitsfalles führen und verstößt daher gegen § 4 EFZG. Um die Entgeltfortzahlungsvorschriften bei der Abrufarbeit auch nicht aus tatsächlichen Gründen leerlaufen zu lassen, kann dem Arbeitgeber des Weiteren nicht das Recht eingeräumt werden, bei Krankheit des Arbeitnehmers die abzurufenden Arbeitsleistungen auf die Zeiten der Gesundheit zu konzentrieren. Um hier die bestehende Unklarheit zu beseitigen und den berechtigten Anspruch des Arbeitnehmers auf Vergütungsfortzahlung im Krankheitsfall zu erhalten, muss auf der Basis des hypothetischen Abrufverhaltens des Arbeitgebers, das rückblickend aus dem früheren Abrufverhalten ermittelt werden kann, der voraussichtliche krankheitsbedingte Arbeitsausfall ermittelt werden.[444] Ist dies aus tatsächlichen Gründen nicht möglich, empfiehlt es sich, die fortzuzahlende Vergütung anhand einer **Durchschnittsberechnung** zu ermitteln. Zu diesem Zweck muss das noch im Bezugszeitraum verbleibende Arbeitszeitdeputat auf die im Bezugszeitraum noch vorhandenen Arbeitstage gleichmäßig anteilig verteilt werden und mit der Anzahl der Krankheitstage multipliziert werden.[445] Die Anzahl der sich hieraus ergebenden Stunden sind vom Arbeitgeber als Vergütungsfortzahlung im Krankheitsfall zu begleichen. Die entsprechende Stundenzahl wird vom Stundendeputat des Arbeitnehmers subtrahiert, ohne dass der Arbeitnehmer zur Nachleistung der Arbeit verpflichtet ist.

3. Sonderproblem: Feiertagsvergütung

Auch bei der Feiertagsvergütung[446] ergibt sich gegenüber der herkömmlichen Teilzeitarbeit das Sonderproblem, dass regelmäßig nicht vorher feststeht, dass der Arbeitgeber die Arbeitsleistung des Arbeitnehmers an einem Wochenfeiertag abgerufen hätte.

Ergibt sich aufgrund sonstiger Umstände, dass der Arbeitgeber die Arbeitsleistung am Feiertag abgerufen hätte, sei es weil der Arbeitgeber sich in der Vergangenheit beim Arbeitsabruf an zeitlichen Regelmäßigkeiten ausgerichtet hat, sei es, weil der Arbeitgeber die Arbeitsleistung tatsächlich an einem Feiertag abgerufen hat, ist für den entsprechenden Tag fraglos die Feiertagsvergütung zu entrichten und die auf den Feiertag entfallenden Arbeitsstunden auf das vereinbarte Arbeitszeitdeputat anzurechnen. Einer Nachleistung durch den Arbeitnehmer bedarf es nicht, obwohl der Arbeitnehmer wegen des Feiertages nicht gearbeitet hat.

Normalerweise wird es an den genannten Indizien jedoch fehlen. In diesem Fall kann es nicht dem Arbeitgeber überlassen bleiben, nachträglich zu erklären, an welchen Tagen er die Arbeitsleistung des Arbeitnehmers abgerufen hätte. Dies würde nämlich Manipulationsmöglichkeiten zu Gunsten des Arbeitgebers Tür und Tor öffnen.[447] Wie auch bei der Krankenvergütung ist daher eine hypothetische Betrachtung anzustellen[448] und – wenn dies nicht möglich ist – eine Durchschnittsberechnung vorzunehmen. Zu diesem Zweck wird zunächst das Arbeitszeitdeputat im Bezugszeitraum gleichmäßig auf die vorhandenen Arbeitstage einschließlich der Feiertage verteilt. Die Arbeitsstunden die hierbei auf Feiertage fallen, sind ersatzlos vom Arbeitszeitdeputat abzuziehen, der Arbeitnehmer erhält für diese Zeit die fortzuzahlende Feiertagsvergütung, die auf diese Zeit zusätzlich entfällt,[449] ohne dass er deswegen zur Nachleistung der Arbeit verpflichtet wäre.

§ 6
Zusätzliche betriebliche Leistungen

1. Betriebliche Sonderleistungen

- **Variante 1:**
  Der Arbeitnehmer erhält die üblichen zusätzlichen betrieblichen Leistungen entsprechend der Betriebsvereinbarung über ......

- **Variante 2:**
  Der Arbeitnehmer erhält folgende zusätzliche betriebliche Leistungen:
  Art: ......　　Höhe: ......,
  Art: ......　　Höhe: ......,
  Art: ......　　Höhe: ......
  Die Zahlungen erfolgen freiwillig und können vom Arbeitgeber für die Zukunft jederzeit gekürzt oder in vollem Umfang widerrufen werden.

2. Weihnachtsgratifikation

Besteht das Arbeitsverhältnis am ...... (Stichtag) in einem ungekündigten Zustand, erhält der Arbeitnehmer eine Weihnachtsgratifikation in Höhe von ...... € (z.B. einem halben Monatsgehalt), die mit dem Novembergehalt ausgezahlt wird.

Der Arbeitnehmer ist zur Rückzahlung der Weihnachtsgratifikation verpflichtet, wenn er vor dem 31. März des Folgejahres aus dem Arbeitsverhältnis ausscheidet.

§ 7
Betriebliche Altersversorgung

- Variante 1:
  Der Arbeitnehmer erhält Leistungen aus der betrieblichen Altersversorgung entsprechend der im Betrieb geltenden Ruhegeldordnung.

- Variante 2:
  Der Arbeitnehmer erhält bei Eintritt in den Ruhestand/bei Ausscheiden aus dem Arbeitsverhältnis mit Vollendung des 65. Lebensjahres Leistungen aus der betrieblichen Altersversorgung in Höhe von ...... €/von ...... % seines zuletzt im Durchschnitt der letzten ...... Jahre bezogenen Monatsgehalts (ohne Zulagen, Sonderzuwendungen, Urlaubsgeld, Provisionen, Prämien etc.), sofern er dem Unternehmen bei Eintritt in den Ruhestand/bei Ausscheiden mindestens ...... Jahre angehört.

§ 8
Vermögenswirksame Leistungen

Der Arbeitgeber gewährt dem Arbeitnehmer einen Betrag von ...... (13,–) € zur vermögenswirksamen Anlage in einer der Anlageformen nach dem 5. VermbG. In Monaten, in denen der Arbeitnehmer Arbeitsleistungen nicht erbringt, besteht kein Anspruch auf Gewährung der vermögenswirksamen Leistung.

Erläuterungen zu § 6 bis § 8:

(siehe oben zu § 6 bis § 8 zum Vertragsmuster – herkömmliche Teilzeitarbeit, S. 106–118)

§ 9
Urlaub, Urlaubsvergütung

1. Urlaubsdauer

- Variante 1:
  Dem Arbeitnehmer wird im Kalenderjahr Erholungsurlaub für ...... Werktage/Arbeitstage gewährt. Der Urlaub ist grundsätzlich zusammenhängend zu nehmen.

- Variante 2:
  Dem Arbeitnehmer wird im Kalenderjahr Erholungsurlaub in dem im Manteltarifvertrag für ...... in der jeweiligen Fassung festgelegten Umfang gewährt. Der Urlaub beträgt zur Zeit ...... Werktage/Arbeitstage. Er ist grundsätzlich zusammenhängend zu nehmen.

2. Anrechnung auf das Arbeitszeitdeputat

Während der Zeit, für die der Arbeitnehmer Erholungsurlaub erhalten hat, wird er nicht zur Arbeitsleistung herangezogen. Die Zeit, für die der Arbeitnehmer nach Ziffer 3 Urlaubsentgelt erhält, wird auf das Arbeitszeitdeputat nach § 3 Nr. 1 angerechnet. In diesem Umfang gilt die Arbeitsleistung als erbracht.

3. Urlaubsentgelt

- Variante 1:
  Der Arbeitnehmer erhält für jeden Urlaubstag ein Urlaubsentgelt in Höhe des Durchschnitts des täglichen Verdienstes der dem Urlaub vorhergehenden 13 Wochen/3 Monate.

- Variante 2:
  Der Arbeitnehmer erhält für jeden Urlaubstag ein Urlaubsentgelt in Höhe des Entgelts für die durchschnittliche tägliche Arbeitsleistung aufgrund der vereinbarten monatlichen Arbeitszeit (Stundendeputat : Werktage im Monat × Urlaubstage).

- Variante 3:
  Der Arbeitnehmer erhält für jeden Urlaubstag ein Urlaubsentgelt in Höhe des Entgelts für die durchschnittliche tägliche Arbeitsleistung aufgrund der vereinbarten Arbeitszeit im Bezugszeitraum (Stundendeputat : Werktage im Bezugszeitraum × Urlaubstage).

4. Zusätzliches Urlaubsgeld

- **Variante 1:**
  Der Arbeitnehmer erhält ein zusätzliches Urlaubsgeld von …… € pro Urlaubstag.
- **Variante 2:**
  Der Arbeitnehmer erhält ein zusätzliches Urlaubsgeld. Dieses beträgt pro Urlaubstag …… % des täglichen Urlaubsentgelts.

Inhalt der Erläuterungen zu § 9:

1. Der Urlaubsanspruch

Der Urlaubsanspruch für Arbeitnehmer in einem Abrufarbeitsverhältnis richtet sich grundsätzlich nach den gleichen Regeln, die auch sonst für Arbeitsverhältnisse in herkömmlicher Teilzeitarbeit gelten.[450] Die Gewährung von Erholungsurlaub kann der Arbeitnehmer daher auch bei der KAPOVAZ-Arbeit vom Arbeitgeber nur verlangen, wenn die sechsmonatige Wartezeit des § 4 BUrlG abgelaufen ist. Sowohl bei einem kontinuierlichen Arbeitsabruf als auch bei einem diskontinuierlichen Arbeitsabruf mit langen Freizeitphasen ist es allein entscheidend, dass das Arbeitsverhältnis sechs Monate bestanden hat, ohne dass es auf die Zeiten tatsächlicher Arbeitsleistung ankommt.

Dem in Abrufarbeit Beschäftigten muss aufgrund des **Diskriminierungsverbotes** Erholungsurlaub in einem dem Urlaubsanspruch eines vergleichbaren Vollzeitbeschäftigten zeitanteilig entsprechenden Umfang gewährt werden. Im Gegensatz zur herkömmlichen Teilzeitarbeit – mit kontinuierlicher oder diskontinuierlicher Arbeitsleistung – ergeben sich bei der Berechnung des Umfangs des Urlaubsanspruchs selbst keinerlei größeren Probleme. Da aufgrund der Besonderheiten der Abrufarbeit nicht feststeht, ob der Arbeitnehmer an einem bestimmten Tag arbeiten wird, seine Arbeitsleistung also abgerufen wird, ist weder eine anteilige Kürzung des Urlaubsanspruchs um die Tage der Arbeitsfreistellung noch eine Anrechnung von Phasen der Arbeitsbefreiung auf den Urlaubsanspruch möglich.[451] Eine derartige Kürzung oder Anrechnung würde nämlich voraussetzen, dass die Arbeitspflicht durch Arbeitsabruf zunächst auf bestimmte Tage konkretisiert werden würde, um hinterher für diese Tage Urlaub zu gewähren. Dies würde nicht nur einen bloßen Formalismus darstellen, sondern darüber hinaus willkürliche Unterstellungen bezüglich der abzurufenden Arbeitsleistung erfordern. Der in Abrufarbeit beschäftigte Arbeitnehmer ist daher für die **gesamte** – in Tagen festgelegte – **Dauer** des arbeits- oder tarifvertraglich festgelegten Urlaubszeitraums von der Arbeit freizustellen. An diesen Tagen darf der Arbeitgeber die Arbeitsleistung nicht abrufen.[452]

Um die Zeiten des vom Arbeitnehmer genommenen Urlaubs vermindert sich das durch ihn zu erbringende Arbeitszeitdeputat. Die Besonderheiten der Abrufarbeit bringen es mit sich, dass sich nicht fixieren lässt, in welchem Umfang tatsächlich die Arbeitsleistung des Arbeitnehmers aufgrund des Urlaubs ausgefallen ist, da typischerweise die Arbeitsleistung des Arbeitnehmers je nach Arbeitskräftebedarf des Arbeitgebers täglich wechselnd in unterschiedlichem zeitlichen Umfang abgerufen werden wird. Eine konkrete Berechnung der Zeiten, um die das Arbeitszeitdeputat des Arbeitnehmers aufgrund des Urlaubs vermindert werden muss, ist aus diesem Grunde nicht möglich. Es muss folglich mittels einer **Durchschnittsberechnung** die auf einen Urlaubstag entfallende Anzahl von Arbeitsstunden im Bezugszeitraum ermittelt und mit der Anzahl der Urlaubstage multipliziert werden. Um die derart berechnete Stundenzahl verringert sich das vom Arbeitnehmer im Bezugszeitraum zu erbringende Arbeitszeitdeputat.[453] Nimmt der Arbeitnehmer danach an einem Tag Urlaub, für den ein Arbeitsabruf durch den Arbeitsgeber noch nicht erfolgt ist, reduziert sich der Urlaubsanspruch um einen Urlaubstag mit der durchschnittlichen Arbeitszeit. Fällt der Urlaubstag auf einen Tag, an dem der Arbeitgeber die Arbeit bereits abgerufen hat, entfällt die konkret abgerufene Arbeitszeit urlaubsbedingt, mit der Folge, dass sich auch das gesamte, dem Arbeitnehmer im Urlaubsjahr zustehende Urlaubsvolumen um die Dauer der abgerufenen Arbeitszeit reduziert.[454]

Arbeitsvertraglich lässt sich diese Problematik in geeigneter Weise regeln, indem man – wie in Ziffer 2 des Mustervertrages vorgeschlagen – die wegen des Urlaubs vorzunehmende Verminderung des Arbeitszeitdeputats an die Berechnung des Urlaubsentgelts knüpft. In beiden Fällen geht es nämlich um die identische Problematik, wieviele Arbeitsstunden durch den Urlaub „ersetzt" werden und daher ohne Arbeitsleistung zu vergüten sind.[455] Unzulässig sind demgegenüber arbeitsvertragliche Vereinbarungen, nach denen das vereinbarte Arbeitszeitdeputat im Bezugszeitraum ohne Rücksicht auf einen gewährten Erholungsurlaub zu erbringen ist. Dies würde nämlich faktisch eine Erhöhung der Arbeitszeit in den Bezugszeiträumen bedeuten, in denen dem Arbeitnehmer Urlaub gewährt wird. Mittelbar wäre damit die nach § 12 Abs. 1 TzBfG erforderliche genaue Bestimmung der Dauer der Arbeitszeit im Bezugszeitraum beseitigt.[456]

2. Das Urlaubsentgelt

Auch für die Berechnung des Urlaubsentgelts gelten grundsätzlich die allgemeinen Regeln. Dem Arbeitnehmer ist daher als Urlaubsentgelt die Vergütung zu zahlen, die er im Referenzzeitraum des § 11 Abs. 1 BUrlG, also den letzten 13 Wochen/3 Monaten vor Beginn des Urlaubs durchschnittlich erzielt hat. Die gesetzliche Regelung ist unproblematisch anwendbar, wenn der Bezugszeitraum, innerhalb dessen das vereinbarte Arbeitszeitdeputat abgerufen werden muss, den Dreimonatszeitraum nicht überschreitet. In diesem Fall erhält der Arbeitnehmer im Referenzzeitraum keinen atypischen, sondern den durchschnittlichen Arbeitsverdienst.[457] Es kann hier ohne weiteres bei der gesetzlichen Regelung verbleiben, die in Ziffer 3 Variante 1 des Musters – zur Klarstellung – wiederholt wird.

Wird im Arbeitsvertrag demgegenüber ein längerer Bezugszeitraum vereinbart, kann die Berechnung des Urlaubsentgeltes unter Bezugnahme auf den gesetzlichen Referenzzeitraum zu zufälligen Ergebnissen führen, wenn die Arbeitsleistung – wie bei der Abrufarbeit typisch – diskontinuierlich abgerufen und das Arbeitsentgelt auch diskontinuierlich gezahlt wird.[458] Das zu zahlende Urlaubsentgelt erhöht sich nämlich unverhältnismäßig, wenn in den letzten dem Beginn des Urlaubs vorangegangenen drei Monaten die Arbeitsleistung in einem überdurchschnittlichen Umfang abgerufen wird. In gleicher Weise kann sich bei geringerer Abrufintensität in den Monaten vor dem Urlaub auch eine unverhältnismäßige Verringerung des Urlaubentgelts ergeben. Letztlich lässt sich die Höhe des zu zahlenden Urlaubsentgelts durch die Art und Weise des Arbeitsabrufs vom Arbeitgeber oder durch die Wahl des Urlaubszeitpunktes durch den Arbeitnehmer steuern.

Um derart zufällige Ergebnisse zu vermeiden, empfiehlt es sich bei langen Bezugszeiträumen vom gesetzlich vorgesehenen Referenzzeitraum abzuweichen und das Urlaubsentgelt unter Bezugnahme auf das im vereinbarten Bezugszeitraum durchschnittlich zu zahlende **Arbeitsentgelt pro Arbeitsstunde** zu ermitteln, wie dies in Ziffer 3, Variante 3 vorgeschlagen wird.[459] Auf diese Weise ist sichergestellt, dass der Arbeitnehmer unabhängig von den Zufälligkeiten des Arbeitsabrufs und der Lage seines Urlaubs tatsächlich als Urlaubsvergütung das durchschnittlich im Bezugszeitraum zu erzielende Arbeitsentgelt erhält. Wird – wie unter Ziffer 2 des Mustervertrages vorgeschlagen – auch die Stundenzahl, um die das Arbeitszeitvolumen aufgrund des Urlaubs zu vermindern ist, an die Regelung des Urlaubsentgelts geknüpft, wird durch die hier vorgeschlagene Lösung darüber hinaus erreicht, dass auch das Arbeitszeitvolumen tatsächlich um die durchschnittlich im vereinbarten Bezugszeitraum zu erbringende durchschnittliche Arbeitszeit pro Urlaubstag verringert wird und der Umfang, in dem der Urlaub auf das vereinbarte Arbeitszeitdeputat angerechnet wird, nicht von den Zufälligkeiten von Arbeitsabruf oder Wahl des Urlaubszeitpunkts abhängig ist. Selbstverständlich ist eine derartige Regelung auch bei kürzeren Bezugszeiträumen möglich; vgl. Ziffer 3, Variante 2.

3. Das zusätzliche Urlaubsgeld

Beim zusätzlichen Urlaubsgeld ergeben sich gegenüber der herkömmlichen Teilzeitarbeit keinerlei Besonderheiten.[460] Gewährt der Arbeitgeber daher vergleichbaren Vollzeitbeschäftigten ein zusätzliches Urlaubsgeld, muss er dies auch an Teilzeitarbeitnehmer zahlen. Ist die Höhe der Urlaubsgratifikation mittelbar oder unmittelbar an den Umfang der Arbeitsleistung geknüpft, darf der Arbeitgeber dem Teilzeitarbeitnehmer ein zeitanteilig gekürztes Urlaubsgeld zahlen. Werden an alle oder Gruppen von Arbeitnehmern Festbeträge als zusätzliches Urlaubsgeld gezahlt, muss auch der in Abrufarbeit beschäftigte Arbeitnehmer diesen Festbetrag erhalten.[461]

§ 10
Mehrarbeit, Überstunden

1. Verpflichtung zur Ableistung von Überstunden

- **Variante 1:**
  Der Arbeitnehmer ist in dringenden Fällen auf Anweisung des Arbeitgebers verpflichtet, Überarbeit bis zu ...... Stunden wöchentlich zu leisten.

- **Variante 2:**
  Die Leistung von Überstunden ist ausgeschlossen.

2. Überstundenvergütung

- **Variante 1:**
  Die Überarbeit ist nur zuschlagspflichtig, wenn die betriebliche Arbeitszeit von täglich ...... Stunden und wöchentlich ......

Stunden überschritten wird. In diesem Fall erhält der Arbeitnehmer eine Überstundenvergütung von einem ...... tel der vereinbarten Arbeitsvergütung pro Stunde zuzüglich eines hierauf berechneten Zuschlages von ...... v. H.

- **Variante 2:**
  Jede Stunde der Überarbeit wird mit einem Anteil von einem ...... tel der vereinbarten Arbeitsvergütung zuzüglich eines hierauf berechneten Zuschlages von ...... v. H. vergütet.

Erläuterungen zu § 10:

Auch in einem Arbeitsverhältnis, in dem der Arbeitgeber berechtigt ist, die Arbeitsleistung des Arbeitnehmers nach dem auftretenden Arbeitskräftebedarf abzurufen, kann sich ein Bedürfnis nach der Ableistung von Überstunden ergeben. Vorstellbar ist dies, wenn der Arbeitgeber das gesamte Arbeitszeitdeputat im vereinbarten Bezugszeitraum bereits abgerufen hat. Tritt dann ein unvorhergesehener Arbeitskräftebedarf auf, lassen sich Überstunden nicht vermeiden. Gleiches gilt auch, wenn der Arbeitgeber über die für einen Tag bereits ordnungsgemäß abgerufene Arbeitszeit hinaus kurzfristig weitere Arbeitsleistungen begehrt.

Für die Zulässigkeit der Anordnung von Überstunden durch den Arbeitgeber gelten grundsätzlich die bereits beim Vertragsmuster für die herkömmliche Teilzeitarbeit dargelegten Grundsätze.[462] Insbesondere steht die Vereinbarung eines Abrufarbeitsvertrages keineswegs grundsätzlich der Zulässigkeit der Anordnung von Überstunden entgegen,[463] wie dies vereinzelt in der arbeitsrechtlichen Literatur vertreten wird.[464] Die Anzahl der angeordneten Überstunden muss sich aber in einem Maß halten, dass nicht in Wirklichkeit entgegen dem Verbot des § 12 Abs. 1 TzBfG doch ein variables und daher unzulässiges Arbeitszeitdeputat vereinbart ist. Dementsprechend liegen Überstunden nur dann vor, wenn durch sie ein **unvorhergesehener Arbeitskräftebedarf** bewältigt werden soll, und nicht etwa der übliche Arbeitsanfall, für dessen Bewältigung die Abrufarbeit vereinbart worden ist. Entsprechende vertragliche Vereinbarungen unterliegen einer strengen arbeitsgerichtlichen Inhaltskontrolle.[465] Die Anordnung von Überstunden im Rahmen eines Abrufarbeitsvertrages wird man daher auch bei ausdrücklicher vertraglicher Vereinbarung nur für zulässig halten können, wenn die vereinbarte Dauer der Arbeitszeit und die tatsächlich vereinbarten Überstunden in einem angemessenen Verhältnis zueinander stehen.[466] Darüber hinaus dürfen die Überstunden nur zur Deckung eines unvorhersehbaren, vorübergehenden Bedarfs, nicht aber dauerhaft gefordert werden. Unschädlich ist eine Überschreitung des vereinbarten Arbeitszeitdeputates, wenn vorübergehend die Anzahl der angeordneten Überstunden 10% der durchschnittlich abgerufenen Arbeitsleistung betragen.[467] Es empfiehlt sich daher, von vornherein eine Regelung in den Arbeitsvertrag aufzunehmen, durch die die Anzahl der im Höchstfall abzuleistenden Überstunden der Höhe nach begrenzt wird, um die Beschränkung des § 12 Abs. 1 TzBfG zur unbestimmten Arbeitszeitdauer nicht zu überschreiten. Ein Formulierungsvorschlag findet sich unter Ziffer 1, Variante 1.

Soll von vornherein die Anordnung von Überstunden unzulässig sein, muss dies ausdrücklich in den Arbeitsvertrag aufgenommen werden, wie dies beispielhaft unter Ziffer 1, Variante 2 vorgeschlagen wird.

Eine Verpflichtung zur Zahlung einer gesonderten Überstundenvergütung besteht erst, wenn die Arbeitszeit des Teilzeitarbeitnehmers die **betriebsübliche Arbeitszeit** eines Vollzeitbeschäftigten überschreitet. Aus Klarstellungsgründen empfiehlt es sich, eine ausdrückliche Regelung über die Verpflichtung zur Zahlung einer gesonderten Überstundenvergütung erst nach Überschreiten der betriebsüblichen Arbeitszeit eines Vollzeitbeschäftigten – Ziffer 2, Variante 1 – oder bereits nach Überschreiten der im Arbeitsvertrag individuell vereinbarten – verkürzten – Arbeitszeit – Ziffer 2, Variante 2 – in den Arbeitsvertrag aufzunehmen. Wegen der Einzelheiten ist auf die Ausführungen zum herkömmlichen Teilzeitarbeitsvertrag zu verweisen.[468]

§ 11
Nebentätigkeit, Wettbewerbsabrede

1. Nebentätigkeit

- Variante 1:
  Der Arbeitnehmer steht bei Vertragsschluss in einem weiteren Arbeitsverhältnis zu ...... mit einer wöchentlichen Arbeitszeit von ...... Stunden.
  Er ist berechtigt, weitere Teilzeitarbeitsverhältnisse einzugehen, soweit hierdurch nicht die berechtigten Interessen des Arbeitgebers beeinträchtigt oder die gesetzlichen Arbeitszeitgrenzen überschritten werden. Unzulässig ist eine weitere Teilzeitarbeit als ......
  Der Arbeitnehmer ist verpflichtet, dem Arbeitgeber die Aufnahme einer weiteren Beschäftigung unverzüglich anzuzeigen.

- Variante 2:
  Die Parteien sind sich darüber einig, dass es sich bei dem Arbeitsverhältnis um eine geringfügige Tätigkeit i.S.d. § 8 Abs. 1 SGB IV handelt.
  Der Arbeitnehmer ist verpflichtet, dem Arbeitgeber jede Änderung einer für das Bestehen der Sozialversicherungspflicht der Tätigkeit oder der Beitragshöhe maßgeblichen Tatsache unverzüglich mitzuteilen.

2. Wettbewerbsverbot

Der Arbeitnehmer ist nicht berechtigt, selbständig oder für einen Dritten in den Bereichen ...... tätig zu werden.

§ 12
Schlussbestimmungen

1. Tarifverträge

Soweit vorstehend nicht abweichend geregelt, finden die jeweils geltenden Tarifverträge, in deren fachlichen und räumlichen Geltungsbereich der Betrieb fällt, in dem der Arbeitnehmer beschäftigt ist, Anwendung. Bei mehreren in Betracht kommenden Tarifverträgen gilt der sachnähere.

2. Vertragsänderungen, Nebenabreden

Änderungen und Ergänzungen des Vertrages einschließlich seiner einvernehmlichen Auflösung oder Kündigung bedürfen der Schriftform. Nebenabreden zu diesem Vertrag bestehen nicht.

3. Salvatorische Klausel

Die Unwirksamkeit einzelner der vorstehenden Bestimmungen lassen die Wirksamkeit des Vertrages im Übrigen unberührt. Die Parteien sind verpflichtet, die unwirksame Bestimmung durch eine wirksame Bestimmung zu ersetzen, die dem mit der unwirksamen Bestimmung wirtschaftlich Gewolltem am nächsten kommt.

Erläuterungen zu § 11 und § 12:

(Siehe oben zu § 11 bis § 12 zum Vertragsmuster – herkömmliche Teilzeitarbeit, S. 127–132)

3. Vertragsmuster: Job-sharing-Vertrag

– Vertragskopf siehe S. 64 –

§ 1
Vertragsgegenstand

Der Arbeitnehmer wird als Teilzeitarbeitnehmer im Job-sharing-System für die Tätigkeit eines ...... eingestellt.
Der Arbeitnehmer wird mit folgenden Aufgaben im Betrieb betraut: ......
Der Arbeitgeber ist berechtigt, dem Arbeitnehmer aus betrieblichen Gründen auch eine andere zumutbare Tätigkeit unter Beibehaltung der vereinbarten Vergütung innerhalb des Betriebes sowie aller Betriebsteile in ...... zuzuweisen.

Erläuterungen zu § 1:

Der Job-sharing-Arbeitsvertrag – die **Arbeitsplatzteilung** – stellt regelmäßig Teilzeitarbeit dar. Hiervon geht auch das TzBfG aus, das in § 13 die Grundregeln für Job-sharing-Arbeitsverträge wie schon die Vorgängerregelung in § 5 BeschFG im Zweiten Abschnitt unter der amtlichen Überschrift „Teilzeitarbeit" normiert hat.[469] Es gelten daher für Arbeitnehmer, die aufgrund eines Job-sharing-Arbeitsvertrages ihre Arbeitsleistung erbringen, grundsätzlich die gleichen Rechtsgrundsätze, die auch sonst auf Teilzeitarbeitsverhältnisse Anwendung finden.[470] Begriffsnotwendig ist es jedoch keineswegs, dass die Arbeitsplatzteilung nur für Teilzeitarbeitsverhältnisse bedeutsam sein kann. Es ist durchaus denkbar, dass eine Arbeitsplatzteilung auch für Vollzeitarbeitnehmer vereinbart wird, wenn die Besetzung des – geteilten – Arbeitsplatzes während der gesamten, über eine Schicht erheblich hinausgehenden Betriebszeit erforderlich ist.[471] Nennenswerte Bedeutung dürfte die Arbeitsplatzteilung für diesen Bereich jedoch nicht entfalten.

Die Besonderheit des Job-sharings liegt darin, dass sich **zwei oder mehrere Arbeitnehmer einen gemeinsamen Arbeitsplatz zeitlich aufteilen,** wobei der zu teilende Arbeitsplatz keinem Vollzeitarbeitsplatz entsprechen muss. Die Arbeitszeiten der gemeinsam einen Arbeitsplatz ausfüllenden Arbeitnehmer können vielmehr durchaus zusammen die betriebsübliche Vollzeitarbeit über- oder unterschreiten. Nicht notwendig – wenn auch überwiegend üblich – ist es darüber hinaus, dass die beteiligten Arbeitnehmer eine identische Tätigkeit verrichten.[472] Die Arbeitsplatzteilung kann auch in der Weise vorgenommen werden, dass der eine Arbeitnehmer in seiner Arbeitszeit lediglich vorbereitende, der andere Arbeitnehmer anschließend ausführende Tätigkeiten übernimmt.

Auch bei einem Job-sharing-Arbeitsvertrag bestehen **rechtliche Beziehungen nur zwischen** dem **Arbeitgeber** und den **jeweiligen Arbeitnehmern.** Die Job-sharing-Abrede führt nicht dazu, dass zwischen den beteiligten Arbeitnehmern rechtliche Beziehungen begründet werden. Insbesondere werden die Arbeitnehmer durch den Job-sharing-Vertrag nicht zu Gesamtschuldnern des Arbeitgebers bezüglich der „Gesamtarbeitsleistung".[473] Jeder beteiligte Arbeitnehmer ist vielmehr aufgrund seines Arbeitsvertrages allein dem Arbeitgeber gegenüber verpflichtet, seine Arbeitsleistung für das vertraglich vereinbarte Arbeitszeitdeputat zu erbringen. Des weiteren besteht für die Job-sharing-Arbeitnehmer die Verpflichtung, die Lage der konkreten Arbeitszeit mit dem Job-sharing-Partner abzustimmen. Da dem Arbeitnehmer mit dieser **Abstimmungspflicht,** die das Besondere des Job-sharing-Vertrages darstellt, eine zusätzliche Verpflichtung auferlegt wird, empfiehlt es – wie unter Ziffer 1 vorgeschlagen – im Arbeitsvertrag ausdrücklich klarzustellen, dass eine Arbeitsplatzteilung vorgesehen ist.

Keineswegs besteht bei der Arbeitsplatzteilung ohne weiteres die Verpflichtung eines Job-sharing-Partners, bei Arbeitsversäumnissen des anderen Partners einzuspringen. Fällt ein Job-sharing-Partner aus, sei es vorübergehend z.B. durch Krankheit, sei es dauerhaft aufgrund Beendigung des Arbeitsverhältnisses, besteht vielmehr die Verpflichtung des Arbeitgebers, rechtzeitig für Ersatz zu sorgen. Gelingt ihm dies nicht und wird hierdurch auch die Arbeitsleistung des anderen Job-sharing-Partners beeinträchtigt, was insbesondere in Betracht kommen kann, wenn die Arbeitsplatzteilung – wie oben beschrieben – nicht nur zeitlich, sondern auch nach Arbeitsaufgaben vorgenommen wird, gerät der Arbeitgeber in Annahmeverzug und ist gemäß § 615 Abs. 1 BGB trotz Nichtleistung des nicht erkrankten Arbeitnehmers zur Vergütungsfortzahlung verpflichtet. Der Arbeitnehmer seinerseits braucht in diesem Fall die Arbeitsleistung nicht nachzuholen. Der Arbeitgeber ist darüber hinaus auch nicht berechtigt, mangelhafte Arbeitsleistung eines beteiligten Arbeitnehmers als Anlass für Sanktionen gegenüber dem anderen Arbeitnehmer zu verwenden.

Wegen der im Arbeitsvertrag vorzunehmenden Beschreibung des Tätigkeitsfeldes des Arbeitnehmers im Übrigen bestehen keine Besonderheiten gegenüber der herkömmlichen Teilzeitarbeit. Es ist daher zur Vermeidung von Wiederholungen auf die Ausführungen zu § 1 des Vertragsmusters herkömmliche Teilzeitarbeit zu verweisen.[474]

§ 2
Beginn der Arbeitszeit, Probezeit

- Variante 1:
  Das Arbeitsverhältnis beginnt am ...... Die ersten ...... (drei bis sechs) Monate des Arbeitsverhältnisses gelten als Probezeit, während der die Vertragsparteien das Arbeitsverhältnis jederzeit mit einer Frist von zwei Wochen kündigen können.

- Variante 2:
  Das Arbeitsverhältnis beginnt am ...... und ist bis zum ...... (drei bis sechs Monate später) als Probearbeitsverhältnis befristet. Innerhalb dieser Zeit kann das Arbeitsverhältnis von beiden Seiten mit einer Frist von zwei Wochen gekündigt werden. Es endet nach Ablauf der Probezeit, ohne dass es einer Kündigung bedarf. Wird das Arbeitsverhältnis nach Ablauf der Probezeit einvernehmlich verlängert, gilt es von Anfang an als Dauerarbeitsverhältnis.

Erläuterungen zu § 2:

(siehe oben zu § 2 zum Vertragsmuster – herkömmliche Teilzeitarbeit, S. 83–87)

§ 3
Arbeitszeit

1. Arbeitszeitdeputat

- Variante 1:
  Das Arbeitszeitdeputat des Arbeitnehmers beträgt ...... Stunden pro Monat.

- Variante 2:
  Der Arbeitnehmer ist verpflichtet, sein vertragliches Arbeitszeitdeputat von ...... Stunden innerhalb von ...... Monaten zu erfüllen.

2. Arbeitszeitguthaben, -defizit

Die Übertragung von Arbeitszeitguthaben oder Arbeitszeitdefiziten auf den nachfolgenden Bezugszeitraum ist bis zu ...... (zehn) Stun-

den zulässig. Die Übertragung größerer Arbeitszeitüberhänge bedarf der vorherigen Zustimmung des Arbeitgebers.

Erläuterungen zu § 3:

Um den Umfang der vom Job-sharing-Arbeitnehmer zu erbringenden Arbeitsleistung bestimmen zu können, ist eine arbeitsvertragliche Festlegung des dem Arbeitnehmer obliegenden Arbeitszeitdeputates während eines ebenfalls arbeitsvertraglich zu fixierenden Bezugszeitraumes vorzunehmen.

Naturgemäß richtet sich die Festlegung der Anzahl der vom Arbeitnehmer zu erbringenden Arbeitsstunden nach den betrieblichen Bedürfnissen und den Wünschen des Arbeitnehmers. Beachtet werden muss von Arbeitgeberseite bloß, dass die Arbeitszeitdeputate der Arbeitnehmer, die zusammen einen Arbeitsplatz ausfüllen sollen, entsprechend der jeweiligen betrieblichen Bedürfnisse so aufeinander abgestimmt werden, dass die Summe der Arbeitszeiten der Job-sharing-Partner zur Ausfüllung des geteilten, nicht unbedingt Vollzeitarbeitsplatzes ausreichen. Sind bei Übergabe des Arbeitsplatzes von einem Job-sharing-Partner an den anderen Arbeitszeitüberschneidungen zur reibungslosen Arbeitsabwicklung erforderlich, muss auch dieser Umstand bei der **Bemessung der individuellen Arbeitszeitdeputate** berücksichtigt werden.

Die Wahl des Bezugszeitraumes, innerhalb dessen das vereinbarte Arbeitszeitdeputat vom Arbeitnehmer abgeleistet werden muss, sollte sich demgegenüber nach der tatsächlichen Ausgestaltung des Job-sharing-Verhältnisses ausrichten. Wechseln sich die am Job-sharing beteiligten Arbeitnehmer täglich bei der Besetzung des geteilten Arbeitsplatzes ab, kann – wohl eher nur in Ausnahmefällen – die Vereinbarung eines „Wochen-Arbeitszeitdeputates" in Betracht kommen. Hier, wie auch bei anderen Formen eines regelmäßigen Wechsels – z.B. tageweisen oder wöchentlichen Wechsel – zwischen den Job-sharing-Partnern, wird jedoch regelmäßig ein Bezugszeitraum von einem Monat gewählt, wie dies in Variante 1 zu Ziffer 1 vorgeschlagen wird. Ist demgegenüber eine Arbeitsplatzteilung mit längeren Arbeits- bzw. Freizeitperioden geplant oder soll den am Job-sharing beteiligten Arbeitnehmern eine größere Freiheit bei der Festlegung der konkreten Lage der Arbeitszeit eingeräumt werden, empfiehlt es sich – der Variante 2 der Ziffer 1 folgend – längere Bezugszeiträume zu vereinbaren. Es bestehen keine Bedenken, bei der Wahl des Bezugszeitraumes einen Jahreszeitraum zu vereinbaren.[475] Beim Job-sharing-Vertrag entscheidet nämlich der Arbeitnehmer über die konkrete Festlegung der Arbeitszeit. Es droht daher dem

Job-sharing-Arbeitnehmer auch bei der Wahl längerer Bezugszeiträume nicht die Gefahr, die Verfügungsbefugnis über seine Freizeitgestaltung zu verlieren, weil er die Lage der Arbeitszeit selbst festlegen kann und daher rechtzeitig weiß, wann er seine Arbeitsleistung zu erbringen hat.

Ohne weiteres zulässig ist es darüber hinaus, zum Zwecke weiterer Flexibilisierung die Übertragung von Zeitguthaben oder Zeitdefiziten über den vereinbarten Bezugszeitraum hinaus für eine gewisse Stundenzahl vorzusehen. Hier bestehen im Gegensatz zur vergleichbaren Regelung bei der Abrufarbeit unter dem Gesichtspunkt des Arbeitnehmerschutzes weniger Zulässigkeitsbedenken. Im entscheidenden Unterschied zur Abrufarbeit bestimmt nämlich der Arbeitnehmer – zusammen mit seinem Job-sharing-Partner – die **konkrete Lage seiner individuellen Arbeitszeit.** Es droht daher nicht die bei der Abrufarbeit bestehende Gefahr, dass der Arbeitgeber unter Ausübung seines Rechtes zur Konkretisierung der Arbeitspflicht den vertraglich vorher vereinbarten Umfang des Arbeitszeitdeputates willkürlich dauerhaft verändert. Nichtsdestoweniger empfiehlt es sich, die Anzahl der Stunden, die im Wege der Übertragung von Zeitdefiziten oder Zeitguthaben auf die nächstfolgende Bezugsperiode nach- oder vorgearbeitet werden können, vertraglich zu begrenzen, um nicht den Umfang der vom Arbeitnehmer im Bezugszeitraum zu erbringenden Arbeitsleistung in dessen Belieben zu stellen. Eine weite Übertragunsbefugnis erschwert darüber hinaus zwangsläufig die Einigung der Job-sharing-Partner über die Festlegung der Lage der Arbeitszeit, da die Übertragbarkeit von Defiziten oder Zeitguthaben zwingend dazu führt, dass der andere Job-sharing-Partner die **Arbeit,** die sein Partner im Bezugszeitraum zu viel oder zu wenig leistet, bei der Verteilung der Lage der Arbeitszeit **mitübernehmen** muss. Derartige Ansatzpunkte für Unstimmigkeiten sollten durch eine vernünftige Festlegung der Grenzen, innerhalb derer der Job-sharing-Arbeitnehmer über den vereinbarten Bezugszeitraum hinaus vor- oder nacharbeiten darf, je nach Länge des vereinbarten Bezugszeitraumes auf ein übersichtliches Maß begrenzt werden. Bei einem Bezugszeitraum von einem Monat dürfte die vorgeschlagene Übertragbarkeit von zehn Stunden durchaus angemessen sein.

§ 4
Zusammensetzung des Job-sharing-Teams

1. Begründung des Teams

Der Arbeitnehmer teilt seinen Arbeitsplatz mit ...... anderen Arbeitnehmern, dem (den) Job-sharing-Partner(n). Er bildet mit dem (den) Job-sharing-Partner(n) das Job-sharing-Team.

2. Veränderungen des Teams

Der Arbeitgeber ist berechtigt, die Zusammensetzung des Job-sharing-Teams jederzeit aus betrieblichen Gründen zu ändern. Er wird bei seiner Entscheidung berechtigte Wünsche des Arbeitnehmers berücksichtigen.

Erläuterungen zu § 4:

Ein Job-sharing-Arbeitsvertrag ist nur dann praktizierbar, wenn der Arbeitgeber zumindest mit so vielen Arbeitnehmern eine Arbeitsplatzteilung vereinbart,[476] wie notwendig sind, um den nach seiner Planung zu teilenden Arbeitsplatz tatsächlich insgesamt ausfüllen zu können. Den an der Arbeitsplatzteilung beteiligten Arbeitnehmern obliegt dann nicht nur die Berechtigung, sondern auch die Verpflichtung, sich untereinander auf die konkrete Verteilung der Arbeitszeit zu einigen.

Fast regelmäßig wird eine Arbeitsplatzteilung zwischen zwei Arbeitnehmern vorgenommen, was jedoch keineswegs zwingend notwendig ist. Ein Arbeitsplatz kann vielmehr durchaus auch zwischen **drei oder** noch **mehr Arbeitnehmern geteilt** werden. Bei jedem weiteren Arbeitnehmer wird naturgemäß die den Arbeitnehmern obliegende Abstimmungsverpflichtung in Bezug auf die Lage der Arbeitszeit immer schwieriger zu verwirklichen. Es empfiehlt sich daher zur Vermeidung späterer Streitigkeiten über die Größe des Job-sharing-Teams – wie unter Ziffer 1 vorgeschlagen – die Anzahl der am Job-sharing beteiligten Arbeitnehmer im Vertrag festzuschreiben.

Hiervon unberührt bleibt die Festlegung der einzelnen Personen, die an der Arbeitsplatzteilung teilnehmen. Grundsätzlich ist es Aufgabe des Arbeitgebers, mit den einzelnen Job-sharing-Partnern entsprechende aufeinander abgestimmte Arbeitsverträge abzuschließen. Ihm obliegt es daher, die Job-sharing-Gruppe erstmalig zusammenzustellen. Dass ein Arbeitnehmer selbstverständlich seinerseits dem Arbeitgeber den Abschluss eines Job-sharing-Vertrages mit einer dritten Person, mit der der Arbeitnehmer gern zusammenarbeiten möchte, vorschlagen und so Einfluss auf die Zusammensetzung des Job-sharing-Teams nehmen kann, braucht demgegenüber nicht betont zu werden.[477]

Entsprechend obliegt auch bei Auswechselung eines Partners des Job-sharing-Teams die Bestimmung des neuen Teammitgliedes dem Arbeitgeber, und zwar unabhängig davon, ob ein Auffüllen des Teams nach Ausscheiden eines der Mitglieder des Teams aus dem Arbeitsverhältnis notwendig wird oder der Arbeitgeber die Zusammensetzung des vollständig zusammengesetzten Teams durch Austausch eines der Arbeitnehmer aus betrieblichen Gründen verändern will.[478] Da in der arbeitsrechtlichen Literatur dieses Recht des Arbeitgebers teilweise bezweifelt wird,[479] ist auch hier zu empfehlen, die Berechtigung des Arbeitgebers zur Veränderung des Job-sharing-Teams im Arbeitsvertrag ausdrücklich festzuhalten, wie dies unter Ziffer 2 vorgeschlagen wird. Nicht empfohlen werden kann demgegenüber die arbeitsvertragliche Festschreibung der Namen der Arbeitnehmer, die sich ursprünglich den Arbeitsplatz geteilt haben. Aus einer derart konkreten Bezeichnung könnte nämlich später gefolgert werden, dass der Arbeitnehmer nur zusammen mit dem anderen im Vertrag bezeichneten Arbeitnehmer zur Arbeitsplatzteilung verpflichtet ist, und der Arbeitgeber daher bei Auswahl eines neuen Job-sharing-Arbeitnehmers an die Zustimmung des verbliebenen Arbeitnehmers gebunden ist.[480] Da eine derartige Beschränkung zu erheblichen Schwierigkeiten in der betrieblichen Organisation bei Ausscheiden eines der Job-sharing-Partner aus dem Arbeitsverhältnis führen kann, ist von derartigen Formulierungen dringend abzuraten.

In jedem Fall ist der Arbeitgeber bei Zusammensetzung des Job-sharing-Teams an die Grundsätze von Recht und Billigkeit gemäß § 315 BGB gebunden. Berechtigten Wünschen der Arbeitnehmer, denen betriebliche Gründe nicht entgegenstehen, wird er daher entsprechen müssen.

§ 5
Verteilung der Arbeit zwischen den Job-sharing-Partnern

1. Besetzung des Arbeitsplatzes

Der Arbeitnehmer ist verpflichtet, den ihm zugewiesenen Arbeitsplatz mit dem/den anderen Job-sharing-Partner(n) ständig zu beset-

zen. Eine gleichzeitige Tätigkeit mehrerer Job-sharing-Partner ist unzulässig/ist nur für die Dauer von ...... Stunden pro Tag zulässig.

2. Verteilung der Arbeitszeit

Die Job-sharing-Partner sind gemeinsam verpflichtet, sich untereinander über die Aufteilung ihrer Arbeitszeit im Rahmen der betriebsüblichen Arbeitszeit abzustimmen. Die Abstimmung erfolgt auf der Grundlage, dass

- Variante 1:
  der Wechsel zwischen den Job-sharing-Partnern täglich/wöchentlich/monatlich erfolgt.
- Variante 2:
  einer der Job-sharing-Partner täglich von 8.30 Uhr bis 13.15 Uhr und der andere von 12.45 Uhr bis 17.30 Uhr arbeitet.
- Variante 3:
  die Job-sharing-Partner jeweils abwechselnd ganztägig arbeiten.
- Variante 4:
  die Job-sharing-Partner fortlaufend im wöchentlichen Wechsel arbeiten, wobei der Arbeitnehmer am ...... erstmalig seine Arbeitsleistung zu erbringen hat.
  Eine Abweichung von diesen Vorgaben bedarf der Zustimmung des Arbeitgebers.

3. Aufstellung des Arbeitszeitenplans

Die Job-sharing-Partner haben dem Arbeitgeber jeweils ...... Tage im Voraus einen Arbeitszeitenplan für den Zeitraum von ...... Wochen/Monaten vorzulegen. Können sich die Job-sharing-Partner über die Aufteilung der Arbeitszeit nicht bis zu diesem Termin einigen, ist der Arbeitgeber berechtigt, die Aufteilung der Arbeitszeit für die Arbeitnehmer verbindlich vorzunehmen/gilt der Arbeitszeitenplan für die vorangegangene Periode fort.

Erläuterungen zu § 5:

Der Job-sharing-Arbeitsvertrag unterscheidet sich von sonstigen Modellen der Teilzeitarbeit und der Arbeitszeitflexibilisierung durch den charakteristischen Umstand, dass den **am Job-sharing beteiligten Arbeitnehmern,** und nicht wie sonst dem Arbeitgeber, das Recht zur **Bestimmung der konkreten Lage der Arbeitszeit** des einzelnen Job-sharing-Partners eingeräumt wird.

Sind in der arbeitsvertraglichen Vereinbarung weitergehende Regelungen von den Arbeitsvertragsparteien nicht getroffen worden, besteht grundsätzlich nur die Verpflichtung der an der Teilung eines Arbeitsplatzes beteiligten Job-sharing-Arbeitnehmer sicherzustellen, dass der geteilte Arbeitsplatz dauerhaft besetzt ist. Darüber hinaus sind die beteiligten Arbeitnehmer dazu verpflichtet, eine Einigung über die Aufteilung der Besetzung des Arbeitsplatzes untereinander und damit über die konkrete Verteilung der Arbeitszeit zu erzielen. Dies geschieht im Regelfall durch Aufstellung eines sog. **Arbeitszeitenplanes.**

Ohne nähere vertragliche Bindung besteht für die Job-sharing-Partner grundsätzlich die unbegrenzte Freiheit zur eigenständigen Verteilung der dem geteilten Arbeitsplatz entsprechenden Arbeitszeit. In Betracht kommt daher nicht nur die Verteilung der täglichen betriebsüblichen Arbeitszeit in gleiche oder ungleiche Stundenzeiträume, sondern auch eine Verteilung der wöchentlichen Arbeitszeit in gleiche oder ungleiche Tagesrelationen. Denkbar sind auch Arbeitszeitenpläne, durch die für den einzelnen Job-sharing-Partner mittels monats- oder jahresweiser Verteilung sehr lange Freizeitperioden geschaffen werden.[481]

Eine **Begrenzung der Gestaltungsfreiheit** ergibt sich lediglich durch die in den Arbeitsverträgen der beteiligten Arbeitnehmer festgeschriebenen Stundendeputate, den dort vereinbarten Bezugszeitraum sowie die Möglichkeit bzw. der Ausschluss der Übertragbarkeit von Stundendefiziten oder -guthaben. Eine weitere Begrenzung ergibt sich, wenn der in das Job-sharing einbezogene Arbeitsplatz nicht nur in zeitlicher Hinsicht, sondern auch unter beruflich-fachlichen Gesichtspunkten geteilt worden ist. Sind z.B. einem der Job-sharing-Partner lediglich arbeitsvorbereitende, dem anderen die Vorbereitung umsetzende Tätigkeiten arbeitsvertraglich übertragen worden, müssen die an der Arbeitsplatzteilung beteiligten Arbeitnehmer bei der Aufstellung des Arbeitszeitenplanes die sich aus der arbeitsvertraglichen Aufgabenfestlegung ergebenden Notwendigkeiten berücksichtigen.

Rechtlich handelt es sich bei der Aufstellung des Arbeitszeitenplanes um einen atypischen Fall der **Leistungsbestimmung durch den Schuldner gemäß § 317 BGB,**[482] da die Leistung nicht durch den Schuldner allein, sondern durch diesen gemeinsam mit dem Job-sharing-Partner festgelegt wird. Ist die Leistungsbestimmung offensichtlich unbillig, besteht die Möglichkeit, nach § 319 Abs. 1 Satz 2 BGB die konkrete Verteilung der Arbeitszeit zwischen den Job-sharing-Partnern durch das Arbeitsgericht festlegen zu lassen. Da ein derartiges Vorgehen angesichts der bekanntermaßen hohen Arbeitsbelastung der Arbeitsgerichte nur schwer praktikabel ist und darüber hinaus zu erheblichen Belastungen des Verhältnisses der Job-sharing-Partner untereinander und zum Arbeitgeber führen kann, empfiehlt es sich, die grundlegenden Modalitäten, nach denen die beteiligten Arbeitnehmer die Verteilung der Arbeitszeit vorzunehmen haben, vertraglich zu regeln. Eine derartige arbeitsvertragliche Einschränkung der Zeitsouveränität der am Job-sharing beteiligten Arbeitnehmer ist zulässig.[483] Des weiteren sollte eine Konfliktlösungsmöglichkeit für den Fall der Nichteinigung zwischen den Arbeitnehmern in den Vertrag eingebaut werden.

Eine Regelung im Arbeitsvertrag kann zunächst bezüglich der Modalitäten des turnusmäßigen Wechsels zwischen den Job-sharing-Partnern getroffen werden. Die Intensität, mit der den am Job-sharing beteiligten Arbeitnehmern mittels arbeitsvertraglicher Vereinbarungen Vorgaben für die Verteilung der Arbeitszeit auferlegt werden, wird sich regelmäßig nach den betrieblichen Notwendigkeiten richten. Ist neben der chronologischen Teilung des Arbeitsplatzes auch eine fachliche Teilung erwünscht oder sind mehr als zwei Arbeitnehmer in die Arbeitsplatzteilung einbezogen, werden die Vorgaben naturgemäß enger sein, als bei beliebiger Austauschbarkeit der Arbeitnehmer. Einzelne Möglichkeiten, durch die arbeitsvertraglich eine Bindung der Arbeitnehmer bei der Festlegung der konkreten Arbeitszeiten auferlegt werden kann, werden unter Ziffer 2, Varianten 1 bis 4 vorgeschlagen. Daneben sind eine Vielzahl weiterer Regelungsalternativen denkbar. Welche Regelung für den jeweils geteilten Arbeitsplatz im Einzelfall am ehesten geeignet ist, muss der betrieblichen Praxis überlassen bleiben. Naturgemäß muss der Arbeitgeber bei Vertragsschluss darauf achten, derartige Vorgaben in den Arbeitsverträgen der an der Teilung eines Arbeitsplatzes beteiligten Arbeitnehmer inhaltlich aufeinander abzustimmen.[484]

Regelungsbedürftig kann darüber hinaus die Frage sein, ob sich die Arbeitszeiten der in die Arbeitsplatzteilung einbezogenen Arbeitnehmer überschneiden dürfen. Hierfür kann einerseits ein Bedürfnis bestehen, wenn eine Übergabe des Arbeitsgeräts zwischen den beteiligten Arbeitnehmern erforderlich oder eine fachliche Abstimmung beim Wechsel zwischen den Arbeitnehmern notwendig ist. Andererseits kann der Arbeitgeber auch ein Interesse daran haben, derartige Überschneidungen zu vermeiden, um den geteilten Arbeitsplatz möglichst kostensparend zu besetzen. Eine entsprechende Regelungsmöglichkeit wird unter Ziffer 1 und Ziffer 2, Variante 2 vorgeschlagen.

Im Job-sharing-Arbeitsvertrag sollte schließlich – wie unter Ziffer 3 des Vertragsvorschlags – eine Regelung über den Zeitraum, für den die Arbeitnehmer einen Arbeitszeitenplan aufzustellen haben, sowie über den Zeitpunkt enthalten sein, bis zu dem die Arbeitnehmer den Arbeitszeitenplan dem Arbeitgeber vorlegen müssen. Gleichzeitig sollte aus Gründen der Praktikabilität geregelt werden, welche Arbeitszeitverteilung in dem Fall gelten soll, dass sich die Job-sharing-Partner nicht oder erst nach Ablauf der vertraglich vereinbarten Frist auf die Verteilung der Arbeitszeit einigen können.[484] In derartigen Fällen kommt entweder in Betracht, dem Arbeitgeber das Bestimmungsrecht zu übertragen oder den Arbeitszeitenplan aus der vorangegangenen Planperiode fortgelten zu lassen.

Will der Arbeitgeber schließlich sicherstellen, dass die von den Arbeitnehmern vereinbarten Arbeitszeitenpläne nur mit seiner Zustimmung Geltungskraft erlangen, besteht auch hier die Möglichkeit der arbeitsvertraglichen Regelung. Zu beachten ist jedoch, dass ein derartiges arbeitgeberseitiges Zustimmungserfordernis dem Grundprinzip des Job-sharing-Vertrages widerspricht, der auf der **eigenverantwortlichen Verteilung der Arbeitszeit** durch die an der Arbeitsplatzteilung beteiligten Arbeitnehmer beruht. Es führt darüber hinaus dazu, dass die in der eigenverantwortlichen Arbeitszeitverteilung liegenden Vorteile einer flexiblen Anpassung der Arbeitszeiten an die Bedürfnisse der Arbeitnehmer verlorengehen. Derartige grundsätzliche Zustimmungsvorbehalte können daher nur in Ausnahmefällen empfohlen werden.

§ 6
Vertretung bei Arbeitsausfall

1. Vertretungspflicht

- Variante 1:
  Der Arbeitnehmer ist verpflichtet, seinen Job-sharing-Partner zu vertreten, wenn dieser an der Erledigung der Arbeitsleistung verhindert ist und eine Vertretung aus dringenden betrieblichen Gründen geboten ist. In anderen Fällen der persönlichen Arbeitsverhinderung eines Job-sharing-Partners, insbesondere bei Krankheit, Urlaub etc., sorgt der Arbeitgeber für eine Vertretung.

- Variante 2:
  Ist ein Job-sharing-Partner an der Erbringung der Arbeitsleistung verhindert, so sorgt der Arbeitgeber für eine Vertretung. Die Job-sharing-Partner können die Vertretung im Einzelfall unter sich regeln.

2. Auswirkung auf das Arbeitszeitdeputat

Vertritt der Arbeitnehmer einen Job-sharing-Partner bei persönlicher Arbeitsverhinderung, wird die Vertretungszeit auf die vertraglich vereinbarte Arbeitszeit nicht angerechnet. Die Vertretungszeit wird gesondert in Höhe des in § 7 vereinbarten Entgeltes vergütet.

Erläuterungen zu § 6:

Allein aufgrund seines Direktionsrechtes ist der Arbeitgeber nicht berechtigt, den Job-sharing-Arbeitnehmer anzuweisen, den Job-sharing-Partner bei einem unvorhergesehenen Arbeitsausfall zu vertreten.[485] Noch weniger besteht natürlich eine Befugnis zur einseitigen Anordnung von Vertretungsarbeiten bei vorhersehbaren Arbeitsausfällen des an der Arbeitsplatzteilung beteiligten Arbeitnehmers. Es bedarf vielmehr einer vertraglichen Vereinbarung zwischen Arbeitgeber und Arbeitnehmer über die Begründung einer Verpflichtung zur Übernahme der Vertretungsarbeit.

Die grundsätzliche und schrankenlose Vereinbarung einer Verpflichtung der am Job-sharing beteiligten Arbeitnehmer zur **Vertretung** des jeweiligen Partners bei Arbeitsausfällen ist nach **§ 13 Abs. 1 TzBfG unzulässig** und daher wegen Verstoßes gegen ein gesetzliches Verbot nach § 134 BGB unwirksam. Vielmehr muss nach § 13 Abs. 1 Satz 2 TzBfG grundsätzlich für jeden Einzelfall eine gesonderte Vertretungsvereinbarung geschlossen werden, was allerdings auch vor Eintritt des Vertretungsfalls erfolgen kann.[486] Nach § 13 Abs. 1 Satz 4 TzBfG ist demgegenüber eine arbeitsvertragliche Vereinbarung zulässig, nach der der Arbeitnehmer dann zur Vertretung seines ausgefallenen Job-sharing-Partners verpflichtet ist, wenn für die Vertretung ein dringendes betriebliches Bedürfnis besteht. Im Einzelfall muss darüber hinaus hinzu kommen, dass die Vertretungsarbeit für den Arbeitnehmer zumutbar ist.

Ein dringendes betriebliches Erfordernis besteht regelmäßig dann, wenn ohne die Übernahme der Vertretung der Betriebsablauf erheblich beeinträchtigt werden würde.[487] Maßgeblich für die Beurteilung ist die jeweilige betriebliche Situation im Einzelfall. Danach kann ein dringendes betriebliches Erfordernis vorliegen, wenn der Ausfall des Job-sharing-Partners zu erheblichen Störungen in der betrieblichen Organisation führt, die über den reinen Arbeitsausfall hinausgehen, sei es dass ohne die Tätigkeit des ausgefallenen Arbeitnehmers auch andere Arbeiten unausführbar werden,[488] sei es weil die vom ausgefallenen Arbeitnehmer zu leistenden Arbeiten eine besondere Dringlichkeit aufweisen.[489] Die bloße Lästigkeit eines Arbeitsausfalles[490] reicht demgegenüber ebenso wenig wie ein häufiger vorkommender Arbeitsausfall, der zwar zu betrieblichen Störungen führt, dies aber nur, weil der Arbeitgeber es unterlassen hat, durch zumutbare Vorsorgemaßnahmen die Störungen zu vermeiden. Auch vorhersehbare Arbeitsausfälle, wie z.B. bei Urlaub, Teilnahme an Fortbildungslehrgängen, Mutterschutz oder länger andauernder Krankheit, führen aufgrund ihrer Vorhersehbarkeit nicht zu einem dringenden betrieblichen Vertretungserfordernis.

Die zweite Voraussetzung für eine wirksame Anordnung von Vertretungsarbeit durch den Arbeitnehmer aufgrund einer im Arbeitsvertrag vereinbarten Vertretungsklausel bildet die **Zumutbarkeit für den Arbeitnehmer.** Auch hierbei handelt es sich um einen unbestimmten Rechtsbegriff, dessen Ausfüllung in jedem einzelnen Vertretungsfall anhand der jeweiligen Besonderheiten zu beurteilen ist. Maßgeblich sind in erster Linie die individuellen Bedürfnisse des Arbeitnehmers, die der Arbeitgeber bei der Anordnung der Vertretungsarbeit zu beachten hat. Aus dem Erfordernis der Zumutbarkeit folgt jedoch nicht, dass jedes entgegenstehende Interesse des Arbeitnehmers die Anordnung von Vertretungsarbeit wirkungslos macht. Eine derart weite Interpretation der Zumutbarkeit würde nämlich die Anordnung von Vertretungsarbeit letztlich dem Belieben des Arbeitnehmers überantworten. Es muss vielmehr – folgt man dem Regelungsvorschlag unter Ziffer 1, Variante 1 – davon ausgegangen werden, dass der Arbeitnehmer sich grundsätzlich zur Übernahme von Vertretungsarbeit bereit erklärt hat, wenn er eine entsprechende Verpflichtung im Arbeitsvertrag übernommen hat, und darüber hinaus ein dringendes betriebliches Erfordernis vorliegt. Geht er eine derartige Verpflichtung ein, kann er sich nur noch bei Vorliegen objektiv erheblicher Gründe auf die mangelnde Zumutbarkeit der Vertretungsanordnung berufen.[491]

Ist im Arbeitsvertrag entgegen dem Vorschlag in Ziffer 1, Variante 1 eine Verpflichtung zur Übernahme von Vertretungsarbeit nicht vorgesehen, besteht ohne weiteres die Möglichkeit, im jeweiligen Vertretungsfall zwischen Arbeitgeber und Arbeitnehmer die Übernahme der Vertretungsarbeit zu vereinbaren.[492] Ziffer 1, Variante 2 im Regelungsvorschlag stellt dies deklaratorisch klar.

Schließlich kann bei Notfällen die verbindliche Anordnung der Vertretungsarbeit – wie auch sonst bei der Anordnung von Mehrarbeit – durch den Arbeitgeber allein erfolgen.[493]

Die Vertretungsarbeit wird nicht auf das Arbeitszeitdeputat des vertretenden Arbeitnehmers angerechnet. Es handelt sich vielmehr um Mehrarbeit, die gesondert zu vergüten und – unter den oben dargelegten Voraussetzungen[494] – überstundenzuschlagspflichtig ist.

§ 7
Vergütung

1. Vergütungshöhe

- Variante 1:
  Der Arbeitnehmer erhält für seine vertraglichen Leistungen ein Arbeitsentgelt von ...... € im Monat/in der Woche/in der Stunde.

- Variante 2:
  Der Arbeitnehmer erhält unabhängig von der tatsächlichen Arbeitsleistung eine monatliche Vergütung in Höhe eines Zwölftels des Betrages, der sich aus der Multiplikation des in § 3 Nr. 1 vereinbarten Arbeitszeitdeputats und einer Stundenvergütung von ...... € ergibt.

2. Fälligkeit

- Variante 1:
  Das Arbeitsentgelt wird jeweils am 1./15. eines Monats fällig und ist bargeldlos auf ein vom Arbeitnehmer anzugebendes Konto bei einem Kreditinstitut im Inland zu zahlen.

- Variante 2:
  Das Arbeitsentgelt ist jeweils am letzten Werktag der Woche/des Monats fällig, in der/dem der Arbeitgeber Arbeitsleistungen erbracht hat. Es ist bargeldlos auf ein vom Arbeitnehmer anzugebendes Konto bei einem Kreditinstitut im Inland zu zahlen.

Erläuterungen zu § 7:

Grundsätzlich bestehen für den Job-sharing-Arbeitsvertrag im Bereich der Vergütung keine Besonderheiten gegenüber der herkömmlichen Teilzeitarbeit. Die Höhe der vom Arbeitgeber zu zahlenden Vergütung richtet sich – sofern nicht tarifvertragliche Regelungen Anwendung finden – nach der arbeitsvertraglichen Vereinbarung, ansonsten nach der tarifvertraglichen Vergütungsordnung.

Auch hier ist das arbeitsrechtliche Verbot der Benachteiligung wegen des Geschlechts ebenso zu beachten, wie der arbeitsrechtliche Gleichbehandlungsgrundsatz.[495] Durch diese Grundsätze wird dem Arbeitgeber jedoch nicht zwingend auferlegt, mehrere an der Teilung eines Arbeitsplatzes beteiligte Arbeitnehmer auch in gleicher

Höhe zu vergüten. Eine derartige Verpflichtung besteht nur, wenn die Arbeitnehmer tatsächlich **identische Tätigkeiten** verrichten. Ist der betroffene Arbeitsplatz demgegenüber nicht nur chronologisch, sondern auch in fachlicher Hinsicht geteilt, kommt selbstverständlich auch die Vereinbarung unterschiedlicher Vergütungen in Betracht.[496]

Ergeben sich aufgrund der Besonderheiten des zwischen den Arbeitnehmern vereinbarten Arbeitszeitenplanes für die Arbeitnehmer zwischen den Beschäftigungsphasen längere Freizeitphasen von mehreren Monaten, besteht für den Arbeitgeber die Möglichkeit, die Vergütung entsprechend dem Arbeitsanfall diskontinuierlich zu zahlen.[497] Es kann aber auch vereinbart werden, dass der Arbeitnehmer in den Arbeitsphasen, wie auch in den Freizeitphasen das vereinbarte durchschnittliche Arbeitsentgelt für die Abrechnungsperiode ausgezahlt bekommt. Einen entsprechenden Regelungsvorschlag enthält Ziffer 1 Variante 2 des Mustervertrages.

§ 8
Arbeitsverhinderung, Vergütungsfortzahlung

1. Persönliche Arbeitsverhinderung

Der Arbeitnehmer hat dem Arbeitgeber jede Arbeitsverhinderung unverzüglich anzuzeigen, sobald er von ihr Kenntnis erlangt. Er ist verpflichtet, seine persönlichen Angelegenheiten in der arbeitsfreien Zeit zu erledigen, soweit nicht zwingende Gründe dem entgegenstehen.

Die Job-sharing-Partner sind verpflichtet, bei Erstellung des Arbeitszeitenplanes vorhersehbare persönliche Arbeitsverhinderungen zu berücksichtigen und den Plan in Abstimmung untereinander und mit dem Arbeitgeber nachträglich anzupassen, wenn persönliche Arbeitsverhinderungen nach dessen Aufstellung erkennbar werden.

Bei persönlicher Verhinderung, die auf vorhersehbaren Ereignissen beruht, wird eine Vergütung gemäß § 616 Abs. 1 BGB nicht gezahlt.

2. Krankheitsbedingte Arbeitsunfähigkeit

Eine krankheitsbedingte Arbeitsunfähigkeit hat der Arbeitnehmer dem Arbeitgeber unverzüglich, möglichst bis ...... Uhr des ersten Krankheitstages, anzuzeigen und ebenfalls unverzüglich, spätestens jedoch vor Ablauf des auf den dritten Krankheitstag folgenden Arbeitstages, eine ärztliche Arbeitsunfähigkeitsbescheinigung vorzulegen.

Der Arbeitnehmer hat bei krankheitsbedingter Arbeitsunfähigkeit Anspruch auf Fortzahlung der Vergütung nach Maßgabe der gesetzlichen Bestimmungen für die Krankheitszeit, während der eine Beschäftigung erfolgt wäre. Im gleichen Umfang gilt die Arbeitsleistung als erbracht.

Die Höhe der Krankenvergütung ergibt sich aus dem aktuellen Arbeitszeitenplan bzw. dem Arbeitszeitenplan aus der vorangegangenen Periode. / Der Arbeitnehmer erhält als Krankenvergütung für jeden Tag der Krankheit den Durchschnitt seines täglichen Arbeitsentgelts im Bezugszeitraum.

Inhalt der Erläuterungen zu § 8:

1. Persönliche Arbeitsverhinderung, § 616 Abs. 1 BGB

Grundsätzlich gelten für die Vergütungsfortzahlung bei persönlicher Arbeitsverhinderung des Arbeitnehmers gemäß § 616 Abs. 1 BGB auch für Job-sharing-Arbeitsverträge keine Besonderheiten. Ist der Arbeitnehmer daher aus persönlichen Gründen für eine verhältnismäßig nicht erhebliche Zahl ohne sein Verschulden an der Erbringung der Arbeitsleistung gehindert, behält er seinen Vergütungsanspruch, ohne zur Nachleistung der Arbeit verpflichtet zu sein.

Berücksichtigt werden muss jedoch, dass der Job-sharing-Arbeitnehmer verpflichtet ist oder zumindest durch vertragliche Vereinbarung – wie unter Ziffer 1 des Vertragsmuster vorgeschlagen – verpflichtet werden kann, vorhersehbare Arbeitsverhinderungen aus persönlichen Gründen bei der Gestaltung des Arbeitszeitenplanes zu berücksichtigen. Unterlässt der Arbeitnehmer dies, so dass eine vorhersehbare persönliche Arbeitsverhinderung, z. B. ein bereits längerfrist vereinbarter Arzttermin oder eine Hochzeitsfeier, zum Arbeitsausfall führt, ist die Arbeitsverhinderung nicht ohne Verschulden des Arbeitnehmers eingetreten. Mangels Vorliegens der Anspruchsvoraussetzungen entfällt damit auch der Vergütungsfortzahlungsanspruch.[498]

Liegt der Arbeitszeitenplan vor Erkennbarkeit einer persönlichen Arbeitsverhinderung bereits fest, haben die Job-sharing-Partner in Abstimmung mit dem Arbeitgeber zunächst eine Anpassung des Arbeitszeitenplanes zu versuchen. Nur wenn eine Anpassung der Verteilung der Arbeitszeit an die Zeiten der persönlichen Arbeitsverhinderung bei Berücksichtigung der berechtigten Interessen der an der Arbeitsplatzteilung beteiligten Arbeitnehmer nicht möglich ist, kann ein Vergütungsfortzahlungsanspruch gemäß § 616 Abs. 1 BGB bestehen.[499] Allerdings sollte die entsprechende Anpassungsverpflichtung der Job-sharing-Arbeitnehmer ausdrücklich im Arbeitsvertrag normiert werden, wie dies in Ziffer 1 vorgeschlagen wird, da in der arbeitsrechtlichen Literatur teilweise die Auffassung vertreten wird, dass eine Anpassungsverpflichtung ohne derartige Regelung für den Arbeitnehmer im Rahmen des Job-sharing-Arbeitsvertrages von Gesetzes wegen nicht besteht.[500]

2. Vergütungsfortzahlung im Krankheitsfall

Erkrankt der Job-sharing-Arbeitnehmer, steht ihm für sechs Wochen ein Anspruch auf Vergütungsfortzahlung im Krankheitsfall zu. Besonderheiten bestehen hier nicht.[501]

Auch die Berechnung der Höhe der Krankenvergütung wirft regelmäßig keine Probleme auf. Ist der Arbeitszeitenplan bei Erkrankung des Arbeitnehmers bereits aufgestellt, lassen sich diesem Plan ohne weiteres die Zeiten entnehmen, während derer der Arbeitnehmer gearbeitet hätte, wenn er nicht erkrankt wäre. Für die entsprechende Zeit steht ihm daher ein Vergütungsfortzahlungsanspruch zu. Ist der Arbeitnehmer demgegenüber längerfristig erkrankt oder wird zwischen den Job-sharing-Arbeitnehmern die Arbeitszeit jeweils nur für kurze Zeiträume verteilt, so dass sich dem aktuellen Arbeitszeitenplan die Zeit des krankheitsbedingten Arbeitsausfalls nicht entnehmen lässt, ist die Abrechnung nach der voraussichtlich von den Arbeitnehmern vereinbarten Arbeitszeitenplanung vorzunehmen. Es ist daher gerechtfertigt, für die Berechnung der Krankenvergütung auf den **vorangegangenen Arbeitszeitenplan zurückzugreifen.**[502] Daneben besteht die Möglichkeit, im Arbeitsvertrag eine Abrechnung der Krankenvergütung auf der Grundlage der arbeitstäglichen Durchschnittsarbeitszeit im vereinbarten Bezugszeitraum festzulegen.[503] Die entsprechenden Regelungsvarianten finden sich im dritten Absatz unter Ziffer 2 des Regelungsvorschlags.

3. Sonderproblem: Feiertagsvergütung

Auch dem Job-sharing-Arbeitnehmer steht nach § 2 EFZG ein Anspruch auf Zahlung einer Feiertagsvergütung zu, wenn er an dem betreffenden Tag gearbeitet hätte und alleiniger Grund für den Arbeitsausfall der Feiertag ist.[504] Ist daher im Arbeitszeitenplan festgelegt, dass der Arbeitnehmer an dem Feiertag „an sich" hätte arbeiten müssen, steht dem Job-sharer selbst dann ein Anspruch auf Vergütungszahlung zu, wenn er nach dem Arbeitszeitenplan am vorangegangenen oder nachfolgenden Tag nicht arbeiten muss.[505] Für eine gerechte Verteilung der feiertagsbedingten Arbeitsfreistellungen müssen die Job-sharing-Partner bei Aufstellung des Arbeitszeitenplanes selbst sorgen. Eine Beeinträchtigung schützenswerter Interessen des Arbeitnehmers kann in diesem Fall nicht drohen.

§ 9
Zusätzliche betriebliche Leistungen

1. Betriebliche Sonderleistungen

- Variante 1:
  Der Arbeitnehmer erhält die üblichen zusätzlichen betrieblichen Leistungen entsprechend der Betriebsvereinbarung über ......
- Variante 2:
  Der Arbeitnehmer erhält folgende zusätzliche betriebliche Leistungen:
  Art: ...... Höhe: ......,
  Art: ...... Höhe: ......,
  Art: ...... Höhe: ......
  Die Zahlungen erfolgen freiwillig und können vom Arbeitgeber für die Zukunft jederzeit gekürzt oder in vollem Umfang widerrufen werden.

2. Weihnachtsgratifikation

Besteht das Arbeitsverhältnis am ...... (Stichtag) in einem ungekündigten Zustand, erhält der Arbeitnehmer eine Weihnachtsgratifikation in Höhe von ...... € (z.B. einem halben Monatsgehalt), die mit dem Novembergehalt ausgezahlt wird.

Der Arbeitnehmer ist zur Rückzahlung der Weihnachtsgratifikation verpflichtet, wenn er vor dem 31. März des Folgejahres aus dem Arbeitsverhältnis ausscheidet.

§ 10
Betriebliche Altersversorgung

- Variante 1:
  Der Arbeitnehmer erhält Leistungen aus der betrieblichen Altersversorgung entsprechend der im Betrieb geltenden Ruhegeldordnung.

- Variante 2:
  Der Arbeitnehmer erhält bei Eintritt in den Ruhestand/bei Ausscheiden aus dem Arbeitsverhältnis mit Vollendung des 65. Lebensjahres Leistungen aus der betrieblichen Altersversorgung in Höhe von ...... €/von ...... % seines zuletzt im Durchschnitt der letzten ...... Jahre bezogenen Monatsgehalts (ohne Zulagen, Sonderzuwendungen, Urlaubsgeld, Provisionen, Prämien etc.), sofern er dem Unternehmen bei Eintritt in den Ruhestand/bei Ausscheiden aus dem Arbeitsverhältnis mindestens ...... Jahre angehört.

§ 11
Vermögenswirksame Leistungen

Der Arbeitgeber gewährt dem Arbeitnehmer einen Betrag von ...... (13,–) € zur vermögenswirksamen Anlage in einer der Anlageformen nach dem 5. VermbG. In Monaten, in denen der Arbeitnehmer Arbeitsleistungen nicht erbringt, besteht kein Anspruch auf Gewährung der vermögenswirksamen Leistung.

Erläuterungen zu § 9 bis § 11:

(siehe oben zu § 6 bis § 8 zum Vertragsmuster – herkömmliche Teilzeitarbeit, S. 106–118)

§ 12
Urlaub, Urlaubsvergütung

1. Urlaubsdauer

- Variante 1:
  Dem Arbeitnehmer wird im Kalenderjahr Erholungsurlaub für ...... Werktage/Arbeitstage gewährt. Der Urlaub ist grundsätzlich zusammenhängend zu nehmen.

- Variante 2:
  Dem Arbeitnehmer wird im Kalenderjahr Erholungsurlaub in dem im Manteltarifvertrag für ...... in der jeweiligen Fassung festgelegten Umfang gewährt. Der Urlaub beträgt zur Zeit ...... Werktage/Arbeitstage. Er ist grundsätzlich zusammenhängend zu nehmen.

2. Anrechnung auf das Arbeitszeitdeputat

Die Zeit, für die der Arbeitnehmer nach Ziffer 3 Urlaubsentgelt erhält, wird auf das Arbeitszeitdeputat nach § 3 Nr. 1 angerechnet. In diesem Umfang gilt die Arbeitsleistung als erbracht.

3. Urlaubsentgelt

- Variante 1:
  Der Arbeitnehmer erhält für jeden Urlaubstag ein Urlaubsentgelt in Höhe des Durchschnitts des täglichen Verdienstes der dem Urlaub vorhergehenden 13 Wochen/3 Monate.
- Variante 2:
  Der Arbeitnehmer erhält für jeden Urlaubstag ein Urlaubsentgelt in Höhe des Entgelts für die durchschnittliche tägliche Arbeitsleistung aufgrund der vereinbarten monatlichen Arbeitszeit (Stundendeputat : Werktage im Monat × Urlaubstage).
- Variante 3:
  Der Arbeitnehmer erhält für jeden Urlaubstag ein Urlaubsentgelt in Höhe des Entgelts für die durchschnittliche tägliche Arbeitsleistung aufgrund der vereinbarten Arbeitszeit im Bezugszeitraum (Stundendeputat : Werktage im Bezugszeitraum × Urlaubstage).

4. Zusätzliches Urlaubsgeld

- Variante 1:
  Der Arbeitnehmer erhält ein zusätzliches Urlaubsgeld von ...... € pro Urlaubstag.
- Variante 2:
  Der Arbeitnehmer erhält ein zusätzliches Urlaubsgeld. Dieses beträgt pro Urlaubstag ...... % des täglichen Urlaubsentgelts.

Erläuterungen zu § 12:

Besonderheiten ergeben sich für den Job-sharing-Arbeitsvertrag weder bei der Berechnung des Urlaubs selbst, noch bei der Bemessung des Urlaubsentgelts und des zusätzlichen Urlaubsgeldes.[506] Vielmehr steht auch dem Job-sharing-Arbeitnehmer der arbeitsvertraglich vereinbarte oder tarifvertraglich festgelegte Erholungsurlaub zu, dessen Gewährung er nach Ablauf der gesetzlichen Wartezeit des § 4 BUrlG, also sechs Monate nach Beginn des Arbeitsverhältnisses, vom Arbeitgeber verlangen kann. Der Arbeitgeber ist bei der arbeitsvertraglichen Festlegung der Urlaubsdauer an den arbeitsrechtlichen Gleichbehandlungsgrundsatz gebunden, so dass die Urlaubsdauer nur zeitanteilig entsprechend dem Verhältnis der Arbeitszeit des Job-sharing-Arbeitnehmers zu der eines vergleichbaren Vollzeitarbeitnehmers gekürzt werden darf.

Die konkrete Berechnung der Urlaubsdauer folgt den Grundsätzen, die für die herkömmliche Teilzeitarbeit dargestellt wurden.[507] Haben die Job-sharing-Partner im Arbeitszeitenplan einen Wechsel des Arbeitsplatzes innerhalb eines Tages – z.B. vormittags/nachmittags – vereinbart, beträgt ihr Urlaubsanspruch ebenso viele Tage wie der eines vergleichbaren Vollzeitarbeitnehmers. Bei tage-, wochen- oder monatsweisem Wechsel zwischen den Job-sharern sind die arbeitsfreien Tage auf den Urlaubsanspruch in dem Verhältnis anzurechnen, in dem die tatsächlichen Beschäftigungstage zu den Werktagen des Kalenderjahres stehen.[508] Arbeitet der Job-sharing-Arbeitnehmer darüber hinaus auch noch an den jeweiligen Arbeitstagen in unterschiedlichem stundenweisen Umfang, kann sogar ein Vergleich mit der Arbeitszeit eines Vollzeitbeschäftigten unter Berücksichtigung der von diesem zu erbringenden Arbeitsstunden erforderlich sein.[509]

Das Urlaubsentgelt des Job-sharing-Arbeitnehmers wird – wie auch sonst – nach der Referenzmethode berechnet. Maßgeblich ist daher grundsätzlich der Verdienst, den der Arbeitnehmer in den letzten abgerechneten 13 Wochen/drei Monaten vor Urlaubsantritt verdient hat. Nur bei Arbeitszeitplänen mit längeren Freizeitphasen und diskontinuierlicher Vergütungszahlung empfiehlt sich die Vereinbarung abweichender Berechnungsmethoden, da bei derartigen Modellen die Gefahr droht, dass die Urlaubsvergütung je nach Lage der Freizeitphase deutlich schwankt und für Arbeitgeber und Arbeitnehmer manipulierbar wird. Je nach Länge der Freizeitphase ist bei derartigen Sachverhaltskonstellationen anzuraten, die durchschnittliche Vergütung pro Arbeitstag bezogen auf einen Monat – Ziffer 3 Variante 2 – oder – bei noch längeren Freizeitphasen – auf den vereinbarten Bezugszeitraum zu errechnen. Durch Multiplikation dieser durchschnittlichen Vergütung mit der Zahl der Urlaubstage ergibt sich das zu zahlende Urlaubsentgelt.[510]

Bei der Berechnung des bei Vorliegen einer entsprechenden arbeitsvertraglichen Vereinbarung zusätzlich zu zahlenden Urlaubsgeldes ergeben sich keinerlei Besonderheiten.[511]

Da nach § 7 Abs. 1 BUrlG grundsätzlich der Arbeitgeber die Lage des Urlaubs festlegt, haben die Job-sharing-Partner bei der Festlegung ihrer Arbeitszeit im Rahmen ihres Leistungsbestimmungsrechtes die Vorgaben des Arbeitgebers bezüglich der Urlaubsplanung zu beachten. Sie sind nicht berechtigt, über ihr Recht zur Festlegung der Arbeitszeit Einfluss auf die Urlaubsplanung zu nehmen.[512]

§ 13
Mehrarbeit, Überstunden

1. Verpflichtung zur Ableistung von Überstunden

- Variante 1:
  Der Arbeitnehmer ist in dringenden Fällen auf Anweisung des Arbeitgebers verpflichtet, Überarbeit bis zu ...... Stunden wöchentlich zu leisten.

- Variante 2:
  Die Leistung von Überstunden ist ausgeschlossen.

2. Überstundenvergütung

- Variane 1:
  Die Überarbeit ist nur zuschlagspflichtig, wenn die betriebliche Arbeitszeit von täglich ...... Stunden und wöchentlich ...... Stunden überschritten wird. In diesem Fall erhält der Arbeitnehmer eine Überstundenvergütung von einem ...... tel der vereinbarten Arbeitsvergütung pro Stunde zuzüglich eines hierauf berechneten Zuschlages von ...... v. H.

- Variante 2:
  Jede Stunde der Überarbeit wird mit einem Anteil von einem ...... tel der vereinbarten Arbeitsvergütung zuzüglich eines hierauf berechneten Zuschlages von ...... v. H. vergütet.

Erläuterungen zu § 13:

Die Besonderheiten des Job-sharing-Arbeitsvertrages führen nicht dazu, dass dem Arbeitgeber die Berechtigung zur einseitigen Anordnung von Überstunden zu versagen ist.[513] Es empfiehlt sich jedoch – genau wie bei der herkömmlichen Teilzeitarbeit[514] – zur Vermeidung von rechtlichen Auseinandersetzungen eine ausdrückliche Regelung über die Berechtigung des Arbeitgebers zur Anordnung von Überstunden in den Arbeitsvertrag aufzunehmen, wie dies unter Ziffer 1 in den Varianten 1 und 2 vorgeschlagen wird.

Eine Einschränkung erfährt die Berechtigung des Arbeitgebers zur Anordnung von Überstunden jedoch insoweit, als durch die vertragliche Einräumung einer derartigen Berechtigung den Arbeitnehmern nicht die für das Job-sharing typische Kompetenz zur Bestimmung der Lage der individuellen Arbeitszeit genommen werden darf. Daher dürften Überstundenanordnungen nur zulässig sein, wenn sie in einem angemessenen Verhältnis zur vertraglich vereinbarten Arbeitszeit im Bezugszeitraum stehen. Wie bei der Abrufarbeit wird auch hier eine Überstundenanordnung nicht zu beanstanden sein, wenn die Anzahl der angeordneten Überstunden vorübergehend **10% der durchschnittlichen Arbeitsleistung** des Arbeitnehmers nicht überschreitet.[515] Die Mehrarbeit muss der Arbeitgeber grundsätzlich gegenüber dem Arbeitnehmer anordnen, an dessen Arbeitseinsatz sich die Mehrarbeit anschließen soll. Die Job-sharing-Partner können die Verteilung der Mehrarbeit aber auch in ihre Arbeitszeitplanung einbeziehen, wobei es – mit Zustimmung des Arbeitgebers – auch möglich ist, die bereits erfolgte Arbeitszeitfestlegung nachträglich zu ändern, um die erforderliche Mehrarbeit einzubeziehen.[516]

Wegen der Verpflichtung des Arbeitgebers zur Vergütung der Überstunden und zur Zahlung eines zusätzlichen Überstundenzuschlages ist auf die Ausführungen zu § 10 zum Vertragsmuster für den herkömmlichen Teilzeitarbeitsvertrag zu verweisen.[517]

§ 14
Nebentätigkeit, Wettbewerbsabrede

1. Nebentätigkeit

- Variante 1:
  Der Arbeitnehmer steht bei Vertragsschluss in einem weiteren Arbeitsverhältnis zu ...... mit einer wöchentlichen Arbeitszeit von ...... Stunden.
  Er ist berechtigt, weitere Teilzeitarbeitsverhältnisse einzugehen, soweit hierdurch nicht die berechtigten Interessen des Arbeitgebers beeinträchtigt oder die gesetzlichen Arbeitszeitgrenzen überschritten werden. Unzulässig ist eine weitere Teilzeitarbeit als ......
  Der Arbeitnehmer ist verpflichtet, dem Arbeitgeber die Aufnahme einer weiteren Beschäftigung unverzüglich anzuzeigen.

- Variante 2:
  Die Parteien sind sich darüber einig, dass es sich bei dem Arbeitsverhältnis um eine geringfügige Tätigkeit i.S.d. § 8 Abs. 1 SGB IV handelt.

Der Arbeitnehmer ist verpflichtet, dem Arbeitgeber jede Änderung einer für das Bestehen der Sozialversicherungspflicht der Tätigkeit oder der Beitragshöhe maßgeblichen Tatsache unverzüglich mitzuteilen.

2. Wettbewerbsverbot

Der Arbeitnehmer ist nicht berechtigt, selbständig oder für einen Dritten in den Bereichen ...... tätig zu werden.

§ 15
Schlussbestimmungen

1. Tarifverträge

Soweit vorstehend nicht abweichend geregelt, finden die jeweils geltenden Tarifverträge, in deren fachlichen und räumlichen Geltungsbereich der Betrieb fällt, in dem der Arbeitnehmer beschäftigt ist, Anwendung. Bei mehreren in Betracht kommenden Tarifverträgen gilt der sachnähere.

2. Vertragsänderungen, Nebenabreden

Änderungen und Ergänzungen des Vertrages einschließlich seiner einvernehmlichen Auflösung oder Kündigung bedürfen der Schriftform. Nebenabreden zu diesem Vertrag bestehen nicht.

3. Salvatorische Klausel

Die Unwirksamkeit einzelner der vorstehenden Bestimmungen lassen die Wirksamkeit des Vertrages im Übrigen unberührt. Die Parteien sind verpflichtet, die unwirksame Bestimmung durch eine wirksame Bestimmung zu ersetzen, die dem mit der unwirksamen Bestimmung wirtschaftlich Gewolltem am nächsten kommt.

Erläuterungen zu § 14 und § 15:

(Siehe oben zu § 11 und § 12 zum Vertragsmuster – herkömmliche Teilzeitarbeit, S. 127–132)

C. Weiterführende Hinweise zu Literatur und Rechtsprechung

1. Art. 1 des Gesetzes über Teilzeitarbeit und befristete Arbeitsverträge und zur Änderung und Aufhebung arbeitsrechtlicher Bestimmungen vom 21. 11. 2000, BGBl. I, 2000, 1996 ff., zuletzt geändert durch Gesetz vom 24. 12. 2003, BGBl. I 2003, S. 3002.
2. Gesetz über arbeitsrechtliche Vorschriften zur Beschäftigungsförderung – Beschäftigungsförderungsgesetz vom 26. 4. 1985, BGBl. I 1985, S. 710, zuletzt geändert durch Gesetz vom 25. 9. 1996, BGBl. I 1996, S. 1476.
3. Richtlinie des Rates zur von UNICE, CEEP und EGB geschlossenen Rahmenvereinbarung über Teilzeitarbeit, RL 97/81/EG, vom 15. 12. 1997, ABl. EG Nr. L 14 vom 20. 1. 1998, S. 9, i.d.F. vom 30. 4. 1998, ABl. EG Nr. L 128, S. 71, abgedruckt in EU-ArbR (dtv 5751), Nr. 35, hierzu *Schmidt,* Die neue EG-Richtlinie zur Teilzeitarbeit, NZA 1998, 576; *Buschmann/Dieball/Stevens-Bartol,* Das Recht der Teilzeitarbeit, 2. Aufl. 2001, Richtlinie zur Rahmenvereinbarung über Teilzeitarbeit, Rdnrn. 24 ff.
4. Änderung in § 14 Abs. 3 TzBfG durch Art. 7 des ersten Gesetzes für moderne Dienstleistungen am Arbeitsmarkt vom 23. 12. 2002, BGBl. I, 2002, S. 4607 (sog. Hartz I-Umsetzungsgesetz); Einfügung des § 14 Abs. 2 a TzBfG durch Art. 2 des Gesetzes zu Reformen am Arbeitsmarkt vom 24. 12. 2003, BGBl. I 2003, S. 3002.
5. Vgl. amtliche Begründung des Regierungsentwurfes, BT-Drucks. 14/4374, S. 11.
6. Zahlenangaben nach der amtlichen Begründung des Regierungsentwurfes, BT-Drucks. 14/4374, S. 11; zu den Zahlenverhältnissen vor der gesetzlichen Neuregelung vgl. *Nebendahl,* Der Teilzeitarbeitsvertrag, 2. Aufl. 2000, S. 1, Fn. 2.
7. Vgl. amtliche Begründung des Regierungsentwurfes, BT-Drucks. 14/4374, S. 11.
8. Art. 17 des Zweiten Gesetzes für moderne Dienstleistungen am Arbeitsmarkt vom 23. 12. 2002, BGBl. I 2002, S. 4621.
9. Die einschlägigen Entscheidungen beider Gerichte werden im Folgenden beim jeweiligen Problemkomplex in den weiterführenden Hinweisen nachgewiesen.
10. *Annuß/Thüsing – Annuß,* Teilzeit- und Befristungsgesetz – Kommentar, 2002, § 2 TzBfG Rdn. 1, Fn. 1; *Boewer,* Teilzeit- und Befristungsgesetz – Kommentar, 2002, § 1 Rdnrn. 5 ff.; Erfurter Kommentar zum Arbeitsrecht (ErfK), 4. Aufl. 2004, *Preis,* § 2 TzBfG Rdn. 5; Gemeinschaftskommentar zum Teilzeitarbeitsrecht (GK-TzA), 1987, *Lipke,* § 2 Rdnrn. 39 ff. *Meinel/Heyn/Herms,* Teilzeit- und Befristungsgesetz – Kommentar, 2. Aufl. 2004, § 2 Rdn. 5; Münchener Handbuch Arbeitsrecht (MünchArbR), Ergänzungsband 2001, *Schüren,* § 161 Rdnrn. 14 ff.; *Staudacher/Hellmann/Hartmann/Wenk,* Teilzeitarbeit 2003, Rdnrn. 39 ff.; *Zöllner/Loritz,* Arbeitsrecht, 5. Aufl. 1998, § 4 III 4, S. 45; Die abweichende Ansicht von *Lieb,* Arbeitsrecht, 3. Aufl. 1984, S. 7 und *Wank,* Die Teilzeitbeschäftigung im Arbeitsrecht, RdA 1985, S. 1, die die erforderliche Abgrenzung nach der Art der ausgeübten Tätigkeit bzw. unter Berücksichtigung einer eventuell bestehenden unternehmerischen Entscheidungsfreiheit des Beschäftigten vornehmen wollten, hat sich nicht durchsetzen können.

11. Nach der ständigen Rechtsprechung des BAG, so z. B. in der Entscheidung vom 23.4.1980, DB 1980, 1996 = BB 1980, 1869, ist die Abgrenzung zwischen Arbeitnehmern und freien Mitarbeitern nicht anhand fester Tatbestandsmerkmale – der Weisungsunterworfenheit – vorzunehmen, sondern aufgrund einer typologischen Betrachtung. Die den Arbeitnehmerbegriff prägende Unselbständigkeit ist danach kein festumrissener, sondern ein Typusbegriff, der durch eine Reihe von Merkmalen bestimmt wird, die jedoch nicht jeweils sämtlich vorzuliegen brauchen. Zu diesen Merkmalen gehört neben der Weisungsunterworfenheit etwa die Unfreiheit in der Einteilung der Arbeitszeit, die Notwendigkeit ständiger enger Zusammenarbeit mit Mitarbeitern des Dienstgebers, das Angewiesensein auf den „Apparat" des Dienstgebers und ähnliches. Vgl. auch ErfK/*Preis* (Fn. 10), § 611 BGB, Rdnrn. 44ff.; *Schaub,* Arbeitsrechtshandbuch, 10. Aufl. 2002, § 8, Rdnrn. 1ff. jeweils m. w. N.; zu der Diskussion über Fragen der Scheinselbständigkeit vgl. z. B. *Reinecke,* Neudefinition des Arbeitnehmerbegriffs durch Gesetz und Rechtsprechung?, ZIP 1998, 581; *Reiserer,* „Scheinselbständigkeit" – Arbeitnehmer oder Selbständiger?, BB 1998, 1258; *Bezani,* Der arbeitsrechtliche Status von Rundfunk- und Fernsehmitarbeitern, NZA 1997, 856; *Hromadka,* Arbeitnehmerbegriff und Arbeitsrecht, NZA 1997, 569; *Schliemann,* Flucht aus dem Arbeitsverhältnis – falsche oder echte Selbständigkeit?, RdA 1997, 322; *Kreuder,* Arbeitnehmereigenschaft und „neue Selbständigkeit" im Lichte der Privatautonomie, AuR 1996, 386.
12. Auf die hiermit verbundene Problematik weist zutreffend hin *Wank,* Die Teilzeitbeschäftigung im Arbeitsrecht, RdA 1985, 1 (3).
13. Vgl. hierzu *Dulle,* Rechtsfragen der Telearbeit, 1999; *Godehardt,* Telearbeit, 1994; *Herb,* Telearbeit – Chancen, Risiken und rechtliche Einordnung des Computerarbeitsplatzes zu Hause, DB 1986, 1823; *Kappus,* Rechtsfragen der Telearbeit, 1986; *Kilian/Borsum/Hoffmeister,* Telearbeit und Arbeitsrecht – Ergebnisse eines Forschungsprojektes, NZA 1987, 401; *Küfner-Schmitt,* Die soziale Sicherheit der Telearbeitnehmer, 1986; *Müllner,* Arbeitsrechtliche Aspekte der Telearbeit, CuR 1985, 33; *Müllner,* Privatisierung des Arbeitsplatzes, Chancen, Risiken und rechtliche Gestaltbarkeit der Telearbeit, 1985; *Peter,* Kernfragen der Telearbeit, DB 1998, 573; *Simon/Kuhne,* Arbeitsrechtliche Aspekte der Telearbeit, BB 1987, 201; *Wank,* Telearbeit, 1997; *Wank,* Telearbeit, NZA 1999, 225; *Wedde,* Telearbeit, 2002.
14. BAG vom 9.7.1959, DB 1959, 952 = BB 1959, 887.
15. BAG vom 16.7.1997, NZA 1998, 368 = DB 1997, 2437; vgl. auch BAG vom 29.1.1992, NZA 1992, 894 = DB 1992, 1429; BAG vom 29.3.1974, DB 1974, 1680 = BB 1974, 838; LAG Düsseldorf vom 5.3.1996, LAGE Nr. 30 zu § 611 BGB – Arbeitnehmerbegriff; LAG Hamm vom 8.9.1977, EzA Nr. 12 zu § 611 BGB – Arbeitnehmerbegriff; LAG Baden-Württemberg vom 25.2.1991, LAGE Nr. 19 zu § 611 BGB – Arbeitnehmerbegriff.
16. BSG vom 30.11.1978, MDR 1979, 524; vgl. auch LAG Düsseldorf vom 23.7.2002, NZA-RR 2002, 567; LAG Thüringen vom 28.3.1996, LAGE Nr. 31 zu § 611 BGB – Arbeitnehmerbegriff; LAG Thüringen vom 6.2.1998, NZA-RR 1998, 296; LAG Hamm vom 20.7.1989, NZA 1990, 228; LAG Berlin vom 16.12.1986, NZA 1987, 488; LAG Baden-Württemberg vom 14.3.1985, BB 1985, 1534; LAG Frankfurt vom 16.3.1990, BB 1990, 2492.
17. BAG vom 11.12.1996, NZA 1997, 818 = DB 1997, 1778.
18. BAG vom 12.12.1984, NZA 1985, 321 = DB 1985, 1240; BAG vom 7.5.1980, DB 1980, 1996; BAG vom 14.2.1974, DB 1974, 1487 = BB 1974, 838; dazu *Heinze,* Zum Arbeitsrecht der Musiker, NJW 1985, 2112; ErfK/*Preis* (Fn. 10), § 611 BGB Rdn. 106 m. w. N.
19. BAG vom 9.5.1984, DB 1984, 2203 = AP Nr. 45 zu § 611 BGB – Abhängigkeit; vgl. auch ErfK/*Preis* (Fn. 10), § 611 BGB Rdn. 98 m. w. N.

20. BAG vom 9.9.1981, DB 1981, 2500 = BB 1982, 677.
21. BAG vom 25.8.1982, BB 1983, 899; BAG vom 26.9.1977, DB 1977, 1323 = BB 1977, 898; zur Arbeitnehmereigenschaft von Dozenten siehe aber auch BAG vom 29.5.2002, NZA 2002, 1232 (L) = AP Nr. 152 zu § 611 BGB – Lehrer, Dozenten; BAG vom 19.11.1997, NZA 1998, 595 = DB 1998, 1288 (Arbeitnehmereigenschaft bejaht); BAG vom 11.4.1997, NZA 1998, 499 = DB 1997, 1676 (arbeitnehmerähnliche Person); BAG vom 12.9.1996, NZA 1997, 600 = DB 1997, 1037 (Lehrer am Abendgymnasium als Arbeitnehmer); BAG vom 26.7.1995, NZA 1996, 477 = DB 1996, 381 (Volkshochschuldozent als Arbeitnehmer); BAG vom 24.6.1992, NZA 1993, 174 = DB 1993, 236 (Musikschullehrer); BAG vom 13.11.1991, NZA 1992, 1125 = BB 1992, 1860 (Volkshochschuldozent); zum Ganzen ErfK/*Preis* (Fn. 10), § 611 BGB Rdnrn. 107 ff.
22. *Schaub,* Die Arbeit in den verschiedenen Formen des Teilzeitarbeitsverhältnisses, BB 1990, 1069 (1070); dazu beispielhaft BAG vom 11.4.1997, NZA 1998, 499 = DB 1997, 1676.
23. So auch GK-TzA/*Lipke* (Fn. 10), § 2 Rdn. 55.
24. ErfK/*Preis* (Fn. 10), § 2 TzBfG Rdn. 1; *Meinel/Heyn/Herms* (Fn. 10), § 2 Rdn. 19; MünchArbR/*Schüren* (Fn. 10), § 161 Rdn. 3; *Rolfs,* Teilzeit- und Befristungsgesetz – Kommentar, 2002, § 2 Rdn. 2.
25. Vgl. BT-Drucks. 14/4374, S. 15; dazu auch *Meinel/Heyn/Herms* (Fn. 10), § 2 Rdn. 10.
26. *Meinel/Heyn/Herms* (Fn. 10), § 2 Rdnrn. 12 f.; siehe auch *Thüsing,* Das Verbot der Diskriminierung wegen Teilzeit und Befristung nach § 4 TzBfG, ZfA 2002, 249 (255).
27. *Kittner/Däubler/Zwanziger,* Kündigungschutzrecht, 5. Aufl. 2001, § 2 TzBfG Rdnrn. 10 ff.; *Meinel/Heyn/Herms* (Fn. 10), § 2 Rdnrn. 17 f.
28. *Meinel/Heyn/Herms* (Fn. 10), § 2 Rdn. 18.
29. ErfK/*Preis* (Fn. 10), § 2 TzBfG Rdn. 4; *Henssler/Wilhelmsen/Kalb-Schmalenberg,* Arbeitsrechtshandbuch, 2004, § 2 TzBfG Rdn. 2; GK-TzA/*Lipke* (Fn. 10), § 2 Rdn. 18; *Schaub* (Fn. 22), BB 1990,1069; vgl. hierzu BAG vom 7.11.1984, NZA 1985, 360 = DB 1985, 603; BAG vom 15.2.1978, DB 1978, 1351 = BB 1978, 1011.
30. Dazu näher *Matissek,* Arbeitsrechtslexikon, Stichwort: Sonderurlaub/unbezahlter Urlaub, Stand: Sept. 2001.
31. Siehe dazu die Ausführungen unten unter I.3. f), S. 25.
32. Dazu näher GK-TzA/*Lipke* (Fn. 10), § 2 Rdn. 21.
33. Zu den Zulässigkeitsvoraussetzungen befristeter Arbeitsverhältnisse vgl. nur ErfK/*Müller-Glöge* (Fn. 10), § 620 BGB Rdn. 33, § 14 TzBfG Rdnrn. 4 ff.; *Schaub* (Fn. 11), § 39 II, Rdnrn. 41 ff.
34. Näher dazu *Linnenkohl/Kilz/Rauschenberger/Reh,* Arbeitsflexibilisierung, 2. Aufl. 1993, S. 91 ff., 101 ff.
35. Näher dazu *Linnenkohl/Kilz/Rauschenberger/Reh* (Fn. 34), S. 75 ff.
36. Dazu *Schaub* (Fn. 11), § 43 Rdnrn. 4 ff.
37. Da der Arbeitnehmer aufgrund des Arbeitsvertrages dem Arbeitgeber nicht seine gesamte Arbeitskraft, sondern nur die Arbeitsleistung während einer bestimmten Zeitspanne schuldet, ist er in der Verwertung seiner Arbeitskraft über die vertraglich vereinbarte Zeit hinaus grundsätzlich nicht beschränkt. Der Arbeitnehmer ist daher ohne weiteres berechtigt auch ohne Wissen des Arbeitgebers eine Zweitbeschäftigung aufzunehmen. Begrenzt wird diese Berechtigung allein durch das Verbot der Konkurrenztätigkeit gegenüber dem Arbeitgeber sowie das Verbot, durch die Zweitbeschäftigung seine Arbeitskraft derartig zu beeinträchtigen, dass eine Erfüllung der Verpflichtungen aus dem Hauptarbeitsverhältnis nicht mehr möglich ist. Zum Ganzen siehe *Schaub* (Fn. 11), § 43 Rdnrn. 12–18.

38. Vgl. zu den verschiedenen Möglichkeiten: GK-TzA/*Lipke* (Fn. 10), Einl. Rdnrn. 1–8 m. w. N.
39. Vgl. *Elert,* Gruppenarbeit, Individual- und kollektivrechtliche Fragen moderner Arbeitsformen, 2001.
40. Vgl. ErfK/*Preis* (Fn. 10), § 611 BGB Rdn. 196; MünchArbR/*Schüren* (Fn. 10), § 166 Rdn. 94.
41. Vgl. GK-TzA/*Danne* (Fn. 10), § 5 Rdn. 62 m. w. N.; MünchArbR/*Schüren* (Fn. 10), § 166 Rdn. 10.
42. Vgl. GK-TzA/*Danne* (Fn. 10), § 5 Rdn. 61 m. w. N.; dazu auch MünchArbR/*Schüren* (Fn. 10), § 167.
43. GK-TzA/*Danne* (Fn. 10), § 5 Rdn. 63 m. w. N.
44. GK-TzA/*Lipke* (Fn. 10), Einl. Rdn. 9 m. w. N.
45. GK-TzA/*Danne* (Fn. 10), § 5 Rdn. 60 m. w. N.
46. BAG vom 12. 3. 1996, NZA 1996, 939 = DB 1996, 2085; BAG vom 27. 7. 1994, NZA 1994, 1130 = DB 1994, 2348.
47. Zum Inhalt des allgemeinen Gleichbehandlungsgrundsatzes vgl. ErfK/*Preis* (Fn. 10), § 611 BGB Rdnrn. 711 ff.; *Schaub* (Fn. 11), § 112 Rdnrn. 11 ff.; statt vieler siehe auch *Richardi,* Das Gleichbehandlungsgebot für Teilzeitarbeit und seine Auswirkungen auf Entgeltregelungen, NZA 1992, 625 (626); *Sowka/Köster,* Teilzeitarbeit und geringfügige Beschäftigung, 1993, S. 12.
48. So aber wohl *Richardi* (Fn. 47), NZA 1992, 625 (626).
49. ErfK/*Preis* (Fn. 10), § 4 TzBfG Rdn. 13; *Meinel/Heyn/Herms* (Fn. 10), § 4 Rdn. 15.
50. ErfK/*Preis* (Fn. 10); § 4 TzBfG Rdn. 18; *Meinel/Heyn/Herms* (Fn. 10), § 4 Rdn. 14.
51. Dazu ErfK/*Dieterich* (Fn. 10), Art. 3 GG Rdnrn. 1 ff.; insbes. Rdnrn. 32 ff.
52. Dazu ErfK/*Dieterich* (Fn. 10), Art. 3 GG Rdnrn. 83 ff.
53. Zum Verhältnis der europarechtlichen Gleichbehandlungsgebote zu Art. 3 GG vgl. BVerfG vom 9. 1. 2001, NJW 2001, 1267 (1268); dazu auch ErfK/*Preis* (Fn. 10), § 4 TzBfG Rdnrn. 14–17; *Meinel/Heyn/Herms* (Fn. 10); § 4 Rdnrn. 7–13; *Hunold,* Gleichbehandlung im Betrieb, DB 1991, 1670.
54. ErfK/*Schlachter* (Fn. 10), Art. 141 EG Rdnrn. 14–24.
55. Dazu beispielhaft *Schlachter,* Probleme der mittelbaren Benachteiligung im Anwendungsbereich des Art. 119 EGV, NZA 1995, 393; *Wank,* Arbeitsrecht nach Maastricht, RdA 1995, 10; *Schaub,* Europäisierung des deutschen Arbeitsrechts, NZA 1994, 769. Konkretisiert wird dieses in Deutschland unmittelbar auch gegenüber Dritten geltende (BAG vom 23. 2. 1994, NZA 1994, 1136 = DB 1995, 226) und daher sowohl die Gerichte als auch die Arbeitgeber bindende Gemeinschafts-Grundrecht, das nach dem Beschluss des BVerfG vom 28. 1. 1992 (BVerfG NZA 1992, 270 = DB 1992, 377) nicht mehr vom BVerfG anhand der Grundrechte überprüft wird, durch die die EU-Richtlinie 75/117 EWG (Entgeltgleichheit), 76/207 EWG (Gleichbehandlung), 79/7 EWG (soziale Sicherheit), 86/378 EWG (Betriebsrenten) in das deutsche Recht umsetzenden §§ 611 a, 611 b und 612 Abs. 3 BGB.
56. Beispiel nach *Sowka/Köster* (Fn. 47), S. 2.
57. EuGH vom 17. 5. 1990, NJW 1991, 2204.
58. EuGH vom 29. 11. 2001, NZA 2002, 143.
59. So EuGH vom 7. 2. 1991, NZA 1991, 513 (L) = DB 1991, 670; EuGH vom 13. 7. 1989, NZA 1990, 437 = DB 1989, 1575; EuGH vom 13. 5. 1986, NZA 1986, 599 = DB 1986, 1525; BAG vom 21. 4. 1999, AP Nr. 72 zu § 2 BeschFG 1985; BAG vom 2. 12. 1992, NZA 1993, 367 = DB 1993, 586; BAG vom 9. 10. 1991, NZA 1992, 259 = DB 1992, 330; BAG vom 14. 10. 1986, NZA 1987, 445 = DB 1987, 2183. Näher dazu auch ErfK/*Schlachter* (Fn. 10),

Art. 141 EG Rdnrn. 17ff.; *Sowka,* Mittelbare Frauendiskriminierung – ausgewählte Probleme, DB 1992, 2030.

60. Dazu ErfK/*Schlachter* (Fn. 10), Art. 141 EG Rdnrn. 18f.
61. EuGH vom 13.7.1989, NZA 1990, 437 = DB 1989, 1574; EuGH vom 13.5.1986, NZA 1986, 599 = DB 1986, 1525; BAG vom 5.3.1997, NZA 1997, 1242 = DB 1998, 373; BAG vom 9.10.1991, NZA 1992, 259 = DB 1992, 330.
62. BAG vom 23.1.1990, NZA 1990, 778 = DB 1990, 1620. Dazu auch *Hanau/Preis,* Zur mittelbaren Diskriminierung wegen des Geschlechts, ZfA 1988, 177; *Sowka* (Fn. 59), DB 1992, 2030; *Sowka/Köster* (Fn. 47), S. 4; abweichend *Kirsten,* Anforderungen an die Rechtfertigung einer mittelbaren Diskriminierung wegen des Geschlechtes, RdA 1990, 282.
63. BAG vom 7.3.1995, NZA 1996, 48 = DB 1995, 2020; *Richardi* (Fn. 47), NZA 1992, 625 (626); *Sowka/Köster* (Fn. 47), S. 13.
64. ErfK/*Preis* (Fn. 10) § 4 TzBfG 21; *Kittner/Däubler/Zwanziger* (Fn. 27), § 4 TzBfG Rdn. 4; *Meinel/Heyn/Herms* (Fn. 10), § 4 Rdn. 21; MünchArbR/*Schüren* (Fn. 10), § 161 Rdnrn. 62ff.; a. A. zum früheren Recht: BAG vom 29.8.1989, NZA 1990, 37 = DB 1989, 2338 = AP Nr. 6 zu § 2 BeschFG 1985 mit krit. Anm. *Schüren/Köster; Sowka/Köster* (Fn. 47), S 13f.; heute auch noch *Boewer* (Fn. 10), § 4 Rdn. 19.
65. So z. B. BAG vom 25.10.1994, NZA 1995, 730.
66. So ErfK/*Preis* (Fn. 10), § 4 TzBfG Rdn. 39; *Meinel/Heyn/Herms* (Fn. 10), § 4 Rdn. 29; *Hanau/Gilberg,* Die Bindungswirkung des EuGH-Urteils vom 15.12.1994 zu Überstundenzuschlägen für Teilzeitbeschäftigte, BB 1995, 1238 (1239).
67. So EuGH vom 26.6.2001, NZA 2001, 883 (886) = DB 2001, 1620; ähnlich auch BAG vom 14.10.1986, NZA 1987, 445 = DB 1987, 994.
68. BAG vom 14.10.1986, NZA 1987, 445 = DB 1987, 994; GK-TzA/*Lipke* (Fn. 10), § 2 Rdn. 227.
69. BAG vom 25.10.1994, NZA 1995, 730 = AP Nr. 40 zu § 2 BeschFG 1985; ErfK/*Preis* (Fn. 10), § 4 TzBfG Rdn. 51.
70. ErfK/*Preis* (Fn. 10), § 4 TzBfG Rdn. 45; *Meinel/Heyn/Herms* (Fn. 10), § 4 Rdn. 41.
71. ErfK/*Preis* (Fn. 10), § 4 Rdnrn. 43ff. Nach der Entscheidung des BAG vom 28.7.1992, NZA 1993, 215 = DB 1993, 169, müssen sachliche Gründe, die eine Ungleichbehandlung von Vollzeit- und Teilzeitbeschäftigten zu rechtfertigen geeignet sind, etwa auf Arbeitsleistung, Qualifikation, Berufserfahrung oder unterschiedlichen Erfahrungen am Arbeitsplatz beruhen; ebenso BAG vom 25.10.1994, NZA 1995, 730. Demgegenüber bildet bspw. die Versicherungsfreiheit in der Rentenversicherung gemäß § 5 Abs. 3 SGB VI nach einer Entscheidung des ArbG Berlin vom 18.3.1993, BB 1993, 1812 (rkr.) keinen sachlichen Grund, um einen teilzeitbeschäftigten Arbeitnehmer von einer betrieblichen Altersversorgungsregelung auszunehmen.
72. Zu den Anpassungsmöglichkeiten ErfK/*Preis* (Fn. 10), § 4 TzBfG Rdnrn. 72 ff; *Meinel/Heyn/Herms* (Fn. 10), § 4 Rdnrn. 47ff.; vgl. auch BAG vom 17.4.2002, NZA 2002, 1334 = DB 2002, 2653; BAG vom 24.5.2000, NZA 2001, 216 = DB 2000, 2431.
73. BAG vom 21.3.2001, NZA 2001, 782 = DB 2001, 1369; BAG vom 24.5.2000, NZA 2001, 216 = DB 2000, 2431; *Meinel/Heyn/Herms* (Fn. 10), § 161 Rdn. 90.
74. ErfK/*Preis* (Fn. 10), § 4 TzBfG Rdnrn. 73, 75; *Meinel/Heyn/Herms* (Fn. 10), § 4 Rdnrn. 50, 52; MünchArbR/*Schüren* (Fn. 10), § 161 Rdn. 90.
75. *Meinel/Heyn/Herms* (Fn. 10), § 4 TzBfG Rdn. 54.
76. *Meinel/Heyn/Herms* (Fn. 10), § 4 TzBfG Rdn. 55.
77. Dafür *Meinel/Heyn/Herms* (Fn. 10), § 4 TzBfG Rdn. 56 unter Bezugnahme auf die Entscheidung des BAG zu § 2 Abs. 1 BeschFG vom 24.10.2001, NZA

2002, 209 = DB 2002, 218; BAG vom 25.4.2001, NZA 2002, 1211 = DB 2001, 2150; BAG vom 12.6.1996, NZA 1997, 191 = DB 1997, 429; *Boewer* (Fn. 10), § 4 Rdnrn. 10f.; *Kittner/Däubler/Zwanziger* (Fn. 27), § 4 TzBfG Rdn. 1. Dagegen: *Annuß/Thüsing – Thüsing* (Fn. 10), § 4 TzBfG Rdn. 4; ErfK/*Preis* (Fn. 10), § 4 TzBfG Rdn. 6; *Adomeit,* Arbeitsrecht auf Abwegen, NJW 1997, 2295.

78. Vgl. dazu BAG vom 16.5.2002, NZA 2003, 217 = DB 2002, 2602; BAG vom 13.6.1996, NZA 1996, 1154 = DB 1996, 2135; BAG vom 20.5.1988, NZA 1988, 799 = NJW 1988, 2970; dazu auch ErfK/*Schlachter* (Fn. 10), § 9 MuschG Rdnrn. 8f.; *Schaub* (Fn. 11), § 170 II 4b Rdn. 10.
79. Zu den Zustimmungsanforderungen vgl. ErfK/*Schlachter* (Fn. 10), § 9 MuschG Rdnrn. 16f.; *Schaub* (Fn. 11), § 170 IV Rdnrn. 23ff. Eine Zusammenstellung der nach Landesrecht zuständigen Stellen findet sich bei *Buchner/Becker,* Mutterschutzgesetz und Bundeserziehungsgeldgesetz, 7. Aufl. 2003, § 9 MuSchG Rdn. 191.
80. So BAG vom 23.4.1996, NZA 1997, 160 = DB 1996, 2290; offengelassen in der Entscheidung des BAG vom 28.6.1995, NZA 1996, 151; dazu auch *Sowka,* Vom Erziehungsurlaub zur Elternzeit, BB 2001, 935 (937).
81. *Buchner/Becker* (Fn. 79), § 18 BerzGG Rdn. 35; *Zmarzlik/Zipperer/Viethen,* Mutterschutzgesetz, Mutterschaftsleistungen, Bundeserziehungsgeldgesetz, 8. Aufl. 1998, § 18 BErzGG Rdn. 10; Betz, Unklarheiten und Widersprüche der Regelungen im Bundeserziehungsgeldgesetz, NZA 2000, 248 (250f.); a.A. *Meisel/Sowka,* Kommentar zum Mutterschutzgesetz, 5. Aufl. 1999, § 18 BErzGG Rdn. 16, die den Kündigungsschutz nur auf den bisherigen Umfang des Arbeitsverhältnisses vor Beginn der Elternzeit beziehen wollen.
82. So z.B. ErfK/*Ascheid* (Fn. 10), § 18 BErzGG Rdn. 6; *Kittner/Däubler/Zwanziger* (Fn. 27), § 18 BErzGG Rdn. 11; *Sowka* (Fn. 80); BB 2001, 935 (937); a.A. *Schaub – Linck* (Fn. 11), § 102 IV 1b Rdn. 119.
83. So ErfK/*Ascheid* (Fn. 10), § 18 BErzGG Rdn. 6.
84. Erfk – *Ascheid* (Fn. 10), § 18 BErzGG Rdn. 8; *Sowka* (Fn. 80), BB 2001, 935.
85. BAG vom 27.3.2003, NZA 2004, 155.
86. ErfK/*Ascheid* (Fn. 10), § 18 BErzGG Rdn. 8; *Meisel/Sowka* (Fn. 81), § 18 BErzGG Rdn. 19; im Ergebnis auch *Schaub – Linck* (Fn. 11), § 102 IV 1b Rdn. 200.
87. Bundesanzeiger vom 3.1.1986, Heft 1, Seite 4.
88. BAG vom 13.3.1987, NZA 1987, 629 = DB 1987, 1443; siehe auch ErfK/*Preis* (Fn. 10), § 1 KSchG Rdn. 47; *Schaub* (Fn. 22), BB 1990, 1069 (1073).
89. BAG vom 13.3.1987, NZA 1987, 629 = DB 1987, 1443.
90. GK-TzA/*Becker* (Fn. 10), § 2 Rdn. 249; *Schaub* (Fn. 11), § 44 IV 3 Rdn. 73; *Sowka/Köster* (Fn. 47), S. 73.
91. Zu der Sonderregelung für bereits vor dem 1.1.2004 beschäftigte Arbeitnehmer in § 23 Abs. 1 Satz 2 u. 3 KSchG vgl. ErfK/*Ascheid* (Fn. 10), § 23 KSchG Rdn. 18a. Nach diesen Vorschriften können sich vor dem 1.1.2004 beschäftigte Arbeitnehmer auf den allgemeinen Kündigungsschutz des 1. Abschnitts des KSchG berufen, wenn mehr als fünf Arbeitnehmer im Betrieb beschäftigt werden, während für nach dem 31.12.2003 eingestellte Arbeitnehmer der Schutz erst bei der Beschäftigung von mehr als zehn Arbeitnehmern im Betrieb eingreift.
92. Dazu *Bauer/Krieger,* Kündigungsschutz-Schwellenwert: Ein Buch mit sieben Siegeln!, DB 2004, 651; *Preis,* Die „Reform“ des Kündigungsschutzrechts, DB 2004, 70; *Schiefer/Worzalla,* Neues – altes – Kündigungsrecht, NZA, 2004, 345.
93. EuGH vom 30.11.1993, DB 1994, 50 = BB 1994, 145.
94. BAG vom 13.3.1987, NZA 1987, 629 = DB 1987, 1443; so auch GK-TzA/*Becker* (Fn. 10), § 2 Rdn. 255; *Schaub* (Fn. 11), § 44 IV 3b Rdn. 74. Die-

ser Gesichtspunkt kann allerdings bei der aufgrund des kündigungsschutzrechtlichen ultima-ratio-Prinzips bei jeder Kündigung vorzunehmenden Gesamtinteressenabwägung bei Vorliegen eines anderen Kündigungsgrundes zu Lasten des Arbeitnehmers wirken. Zu der Gesamtinteressenabwägung bei einer Kündigung und der hiergegen gerichteten Kritik, vgl. nur *Stahlhacke/Preis/Vossen,* Kündigung und Kündigungsschutz im Arbeitsverhältnis, 8. Aufl. 2002, Rdnrn. 922 f.

95. So z. B. auch *Annuß/Thüsing – Jacobs* (Fn. 10), § 11 TzBfG Rdn. 4; *Meinel/Heyn/Herms* (Fn. 10), § 11 Rdn. 9.
96. *Boewer* (Fn. 10), § 11 TzBfG Rdn. 7; ErfK/*Preis* (Fn. 10), § 11 TzBfG Rdn. 3; *Kittner/Däubler/Zwanziger* (Fn. 27), § 11 TzBfG Rdn. 3; *Meinel/Heyn/Herms* (Fn. 10), § 11 Rdn. 8; *Richardi/Annuß,* Gesetzliche Neuregelung von Teilzeitarbeit und Befristung, BB 2001, 2201 (2203); *Preis/Gotthardt,* Neuregelung der Teilzeitarbeit und befristeten Arbeitsverhältnisse, DB 2000, 2065 (2069).
97. BAG vom 17. 6. 1999, NZA 1999, 1095; BAG vom 27. 4. 1997, NZA 1997, 1047; BAG vom 19. 5. 1993, NZA 1993, 1075 = DB 1993, 1879; einschränkend zum Teilzeitanspruch nach § 8 TzBfG, BAG vom 18. 2. 2003, NZA 2003, 1392 = BB 2003, 2629 (2631).
98. So z. B. BAG vom 17. 6. 1999, NZA 1999, 1095; BAG vom 24. 4. 1997, NZA 1997, 1047 = DB 1997, 1776; *Annuß/Thüsing – Jacobs* (Fn. 10), § 11 TzBfG Rdn. 11; ErfK/*Preis* (Fn. 10), § 11 TzBfG Rdn. 3; *Meinel/Heyn/Herms* (Fn. 10), § 11 Rdnrn. 13, 15; *Hromadka,* Das neue Teilzeit- und Befristungsgesetz, NJW 2001, 400 (403); *Kliemt,* Der neue Teilzeitanspruch, NZA 2001, 63 (69); *Lindemann/Simon,* Neue Regelungen zur Teilzeitarbeit, BB 2001, 146 (151); *Preis/Gotthardt* (Fn. 96), DB 2000, 2065 (2069).
99. Vgl. GK-TzA/*Becker* (Fn. 10), § 2 Rdn. 260; *Sowka/Köster* (Fn. 47), S. 74; *Schaub* (Fn. 22), BB 1990 1069 (1074).
100. BAG vom 27. 9. 1984, NZA 1985, 455 = DB 1985, 1186.
101. BAG vom 27. 9. 1984, NZA 1985, 455 = DB 1985, 1186; so auch GK-TzA/*Becker* (Fn. 10), § 2 Rdn. 259; *Schaub* (Fn. 11), § 131 I 7c Rdn. 33, *Schaub* (Fn. 22), BB 1990, 1069 (1073 f.); *Sowka/Köster* (Fn. 47), S. 73.
102. Vgl. dazu *Bengelsdorf,* Arbeitsrechtslexikon, Stichwort: Betriebsbedingte Kündigung, III, Stand: Januar 2004.
103. BAG vom 3. 12. 1998, NZA 1999, 431 = DB 1999, 487; BAG vom 12. 8. 1999, NZA 2000, 30 = DB 2000, 228; BAG vom 17. 1. 2002, NZA 2002, 759; BAG vom 15. 4. 2004 – 2 AZR 244/03 –, BAG vom 15. 7. 2004 – 2 AZR 376/03 –; bestätigt durch EuGH vom 26. 9. 2000, NZA 2000, 1155 = BB 2000, 2641; vgl. dazu ErfK/*Ascheid* (Fn. 10), § 1 KSchG Rdn. 485; *Meinel/Heyn/Herms* (Fn. 10), § 11 Rdn. 13; *Preis/Gotthardt* (Fn. 96), DB 2000, 2065 (2069); *Bauer/Klein,* Sozialauswahl bei Teilzeitbeschäftigung, BB 1999, 1162; *Oetker,* Anmerkung, RdA 1999, 267; *Rühle,* Die Sozialauswahl bei Arbeitnehmern mit unterschiedlicher Arbeitszeit, DB 1994, 834. Entsprechendes gilt auch für den Vergleich von Teilzeitarbeitnehmern mit unterschiedlichen Arbeitszeitkontingenten, vgl. BAG vom 15. 7. 2004 – 2 AZR 376/03.
104. *Sowka/Köster* (Fn. 47), S. 74.
105. Im Einzelnen hierzu GK-TzA/*Becker* (Fn. 10), § 2 Rdnrn. 281 ff.
106. GK-TzA/*Becker* (Fn. 10), § 2 Rdn. 287; *Sowka/Köster* (Fn. 47), S. 75.
107. GK-TzA/*Becker* (Fn. 10), § 2 Rdn. 291.
108. Dazu *Schaub – Linck* (Fn. 11), § 125 Rdnrn. 125 ff.; *Bengelsdorf,* Arbeitsrechtslexikon, Stichwort: Außerordentliche Kündigung, Stand: Januar 2004.
109. So auch *Sowka/Köster* (Fn. 47), S. 77.
110. So ausdrücklich BAG vom 29. 1. 1992, NZA 1992, 894 = DB 1992, 1429; *Fitting/Engels/Schmidt/Trebinger/Linsenmaier,* Betriebsverfassungsgesetz, 22. Aufl. 2004, § 5 Rdnrn. 149 f.; siehe auch *Schaub* (Fn. 22), BB 1990, 1069 (1073);

umfassend *Lipke,* Betriebsverfassungsrechtliche Probleme der Teilzeitarbeit, NZA 1990, 758. Speziell zur Problematik der Wahlberechtigung von Zeitungszustellern, siehe *Oetker,* Betriebszugehörigkeit und gelockerte Betriebsbeziehung – Dargestellt am Beispiel der Zeitungszusteller, AuR 1991, 359.

111. *Fitting/Engels/Schmidt/Trebinger/Linsenmaier* (Fn. 110), § 7 Rdnrn. 24–26; *Lipke* (Fn. 110), NZA 1990, 758 (759 f.).

112. BAG vom 28. 11. 1977, DB 1978, 450 = BB 1978, 255.

113. Teilweise wird vertreten, dass der Ablauf der Sechsmonatsfrist solange gehemmt wird, bis der Teilzeitbeschäftigte die Hälfte der innerhalb dieser Zeitspanne betriebsüblichen Arbeitszeit eines Vollzeitarbeitnehmers im Betrieb abgeleistet hat, so *Lipke* (Fn. 110), NZA 1990, 758 (760); *Sowka/Köster* (Fn. 47), S. 80. Andere sind der Auffassung, dass zumindest in den Fällen, in denen der Arbeitnehmer länger als zwei Monate tatsächlich nicht arbeitet, die Sechsmonatsfrist gehemmt wird, so *Fitting/Engels/Schmidt/Trebinger/Linsenmaier* (Fn. 110), § 8 Rdn. 45. Zwar führen diese Ansichten zu in der betrieblichen Praxis sinnvollen Ergebnissen, da ein Arbeitnehmer, der wegen der Besonderheiten seines Teilzeitarbeitsverhältnisses nur geringe Zeit im Betrieb tätig ist, obwohl sein Arbeitsverhältnis rechtlich bereits länger als sechs Monate Bestand hat, kaum sachgemäß die Interessen der Belegschaft vertreten kann. Die von den Vertretern dieser Ansicht vorgenommene teleologische Reduktion findet jedoch keinen Anhaltspunkt im Wortlaut oder der Entstehungsgeschichte des Gesetzes und stellt daher eine unzulässige Uminterpretation des § 8 BetrVG dar, die dem Willen des Gesetzgebers, der die Parallelproblematik in § 14 Abs. 2 Satz 1 BPersVG geregelt hat, nicht gerecht wird. Es ist darüber hinaus nicht unsachgemäß, wenn der Gesetzgeber darauf vertraut, dass die wahlberechtigten Arbeitnehmer bei den Betriebsratswahlen nur den Arbeitnehmern ihre Stimme geben, von denen sie aufgrund der Dauer der Tätigkeit im Betrieb annehmen, dass sie die Interessen der Belegschaft sachangemessen wahrnehmen können; so auch Gemeinschaftskommentar BetrVG – *Kreutz,* 7. Aufl. 2002; § 8 Rdn. 34.

114. BAG vom 26. 6. 1996, NZA 1997, 58 = BB 1996, 2356; a. A. *Lipke* (Fn. 110), NZA 1990, 758 (760). Diese Auffassung geht davon aus, dass die Regelung in § 38 BetrVG keinerlei Bezug zur konkreten Arbeitszeit der freizustellenden Betriebsratsmitglieder enthält, sondern die Freistellung ausdrücklich auf die Kopfzahl der Betriebsratsmitglieder bezieht. Weitergehende Freistellungserfordernisse könnten nur über § 37 Abs. 2 BetrVG oder durch gesonderte Betriebsvereinbarung geregelt werden. Wie das BAG aber z. B. *Fitting/Engels/Schmidt/Trebinger/Linsenmaier* (Fn. 110), § 38 Rdn. 12, die darauf hinweisen, dass die Streitfrage durch die Neufassung des § 38 Abs. 1 Satz 2 BetrVG und die Möglichkeit der Teilfreistellung i. S. d. Rechtsprechung des BAG geklärt sein dürfte.

115. BAG vom 7. 2. 1985, NZA 1985, 600 = DB 1985, 1346; *Fitting/Engels/Schmidt/Trebinger/Linsenmaier* (Fn. 110), § 37 Rdn. 111; MünchArbR/*Schüren* (Fn. 10), § 164 Rdnrn. 17–19; *Lipke* (Fn. 110), NZA 1990, 758 (761); *Schaub* (Fn. 22), BB 1990, 1069 (1073); *Bengelsdorf,* Freizeitausgleich für teilzeitbeschäftigte Betriebsratsmitglieder, NZA 1989, 905 (915); a. A. aber LAG Hamm vom 22. 10. 1992, NZA 1993, 573. Siehe dazu die Erläuterungen zum Vertragsmuster – Herkömmliche Teilzeitarbeit, § 10, S. 127.

116. Umstritten ist, ob der Betriebsrat die Einführung von Teilzeitarbeit mittels seines Initiativrechtes erzwingen kann. Dies wird von Schaub (Fn. 22), BB 1990, 1069 (1073) bejaht. Richtigerweise stellt die Einführung von Teilzeitarbeit eine mitbestimmungsfreie unternehmerische Entscheidung dar, so dass das „Ob“ der Einführung von Teilzeitarbeit allein vom Arbeitgeber zu entscheiden ist, so auch *Sowka/Köster* (Fn. 47), S. 85; *Stege/Weinspach,* Betriebsverfassungs-

gesetz, 8. Aufl. 1999, § 87 Rdn. 65 d; dazu auch *Richardi,* Die Mitbestimmung des Betriebsrats bei flexibler Arbeitszeitgestaltung, NZA 1994, 593.

117. Zum Komplex der mitbestimmungspflichtigen Tatbestände bei Ein- und Durchführung von Teilzeitarbeit siehe näher *Sowka/Köster* (Fn. 47), S. 84 ff.; *Lipke* (Fn. 110), NZA 1990, 758 (763 ff.).

117a. Zur sozialversicherungsrechtlichen Gleitzone, siehe näher: *Rolfs,* Scheinselbständigkeit, geringfügige Beschäftigung und „Gleitzone" nach dem zweiten Hartz-Gesetz, NZA 2003, 65 (70).

118. BSG vom 11. 5. 1993, SozR 3-2400, § 8 Nr. 3; BSG vom 23. 5. 1995, SozR 3-2400, § 8 Nr. 4. Vgl. auch gemeinsames Rundschreiben der Spitzenverbände der Sozialversicherungsträger, NZA Beilage 7/2003, S. 7, B.3.2.

119. BSG vom 28. 2. 1984, SozR 2100, § 8 Nr. 4 = DB 1984, 1350.

120. BSG vom 28. 6. 1995, BSGE 76, 162 (164 ff.); dazu *Breidenbach,* Nachforderung von Sozialversicherungsbeiträgen auf Tariflohn und Vertrauensschutz, BB 2002, 1910; *Peters-Lange,* Abkehr vom arbeitsförderungsrechtlichen Zuflussprinzip – Auswirkungen auf die arbeitsgerichtliche Vergleichspraxis, NZA 1996, 512.

121. Vgl. *Figge,* Zusätzliche Änderungen in der Sozialversicherung zum Jahreswechsel 2002/2003, DB 2003, 150; *Rolfs,* Scheinselbständigkeit, geringfügige Beschäftigung und „Gleitzone" nach dem zweiten Hartz-Gesetz, NZA 2003, 65 (67).

122. Verordnung über die Bestimmung des Arbeitsentgeltes in der Sozialversicherung (Arbeitsentgeltverordnung – ArEV) vom 18. 12. 1984 i.d.F. vom 18. 9. 2002, abgedruckt bei *Aichberger,* Sozialgesetzbuch, Nr. 4/10.

123. *Knur/Schlather,* Beck'sches Personalhandbuch II, Lohnsteuer und Sozialversicherung, Kapitel III, Stichwort: Geringfügig entlohne Beschäftigungen, Stand: November 2003.

124. Dazu *Lembke,* Die Neuregelung der „630-DM-Jobs", NJW 1999, 1825.

125. BSG vom 21. 5. 1996, BSGE 78, 229 (233); BSG vom 11. 6. 1980, SozR 2200, § 168 Nr. 5.

126. Zu den unterschiedlichen Konstellationen, vgl. das gemeinsame Rundschreiben der Spitzenverbände der Sozialversicherungsträger, NZA Beilage 7/2003, S. 6, B.2.2.3.

127. Dazu *Rolfs* (Fn. 121), NZA 2003, 65 (68).

128. Dazu gemeinsames Rundschreiben der Spitzenverbände der Sozialversicherungsträger, NZA Beilage 7/2003, S. 7, B.3.2.

129. Gemeinsames Rundschreiben der Spitzenverbände der Sozialversicherungsträger, NZA Beilage 7/2003, S. 4, B.2.1.2.2; siehe auch *Kazmierczak,* Die Neuregelung der geringfügigen Beschäftigungsverhältnisse zum 1. April 2003, NZS 2003, 186 (188); *Romach,* Neuregelungen für geringfügig Beschäftigte zum 1. April 2003, SGB 2003, 196 (198).

130. BSG vom 23. 5. 1995, SozR 3-2400, § 8 Nr. 4.

131. Dazu *Knur/Schlather* (Fn. 123), Kapitel III, Stichwort: Geringfügig entlohnte Beschäftigungen, S. 37 ff., Stand: November 2003.

132. Dazu *Knur/Schlather* (Fn. 123), Kapitel IV, 3.5 k), S. 69 f., 3.6 h), S. 73 a, Stand: April 2003.

133. *Boecken,* Die Neuregelung der geringfügigen Beschäftigungsverhältnisse, NZA 1999, 393 (398).

134. *Boecken* (Fn. 133), NZA 1999, 393 (399 f.); *Lembke* (Fn. 124); NJW 1999, 1825 (1827); *Goretzki/Hohmeister,* Zur Neuregelung der geringfügigen Beschäftigungsverhältnisse, NZS 1999, 369 (370).

135. Nach der Rechtsprechung des BAG vom 18. 11. 1988, NZA 1989, 389 = DB 1989, 781, kommt es für die Haftung des Arbeitgebers nicht auf ein Verschul-

den, sondern allein auf das Vorliegen der tatsächlichen Voraussetzungen der Sozialversicherungspflicht an.

136. Hierzu ErfK/*Rolfs* (Fn. 10), § 8 a SGB IV Rdn. 22.
137. Siehe dazu den Regelungsvorschlag im Vertragsmuster – Herkömmliche Teilzeitarbeit, § 11 – Variante 2, S. 127–131.
138. Ausdrücklich offengelassen vom BAG vom 18. 11. 1988, NZA 1989, 389 = DB 1989, 78. A.A. ArbG Bonn vom 8. 1. 1993, DB 1993, 1148 (rkr.), das davon ausgeht, dass eine Arbeitnehmerin auch bei entsprechender Nachfrage des Arbeitgebers bei Abschluss eines Arbeitsvertrages über eine an sich geringfügige, sozialversicherungsfreie Beschäftigung das Bestehen eines weiteren geringfügigen Beschäftigungsverhältnisses verschweigen darf, ohne dem Arbeitgeber zur Erstattung der Arbeitgeberanteile zur Sozialversicherung verpflichtet zu sein. Zum einen stelle der Arbeitgeberanteil am Gesamtsozialversicherungsbeitrag für diesen keinen Schaden dar, zum anderen läge in der Ablehnung der Beschäftigung einer Arbeitnehmerin wegen eines weiteren Beschäftigungsverhältnisses eine mittelbare Frauendiskriminierung, so dass es jedenfalls an der adäquaten Kausalität des Verhaltens der Arbeitnehmerin fehlte, weil der Beitragsaufwand auch bei rechtmäßigem Alternativverhalten entstanden wäre.
139. Vgl. zu diesem Problem die Erläuterungen zum Vertragsmuster Herkömmliche Teilzeitarbeit, § 5, 2. c), S. 102–104.
140. Vgl. dazu *Knur/Schlather,* (Fn. 123), Kapitel VII, 5.4, S. 39 ff.; siehe insbesondere die tabellarische Übersicht über den frühestmöglichen Rentenbeginn für die einzelnen Rentenarten und das jeweilige Anrechnungsverfahren unter Kapitel VII, 5.4., S. 41 ff., Stand: Juni 2001.
141. Zum Ganzen *Knur/Schlather* (Fn. 123), Kapitel VII, 5.4 d), S. 40, Stand: Juni 2001.
142. Dazu *Reiserer,* Das Aus für Altersgrenzen von 65 Jahren im Arbeitsverhältnis, BB 1994, 69 (70); ablehnend *Pfeiffer,* Einladung zum Abfindungspoker, Flexibilisierung der Lebensarbeitszeit oder Rettung der Rentenkasse?, ZIP 1994, 264 (273).
143. Zum Ganzen ErfK/*Rolfs* (Fn. 10), § 41 SGB VI, Rdnrn. 10 ff.
144. Vgl. dazu *Rolfs* (Fn. 121), NZA 2003, 65 (66 ff.).
145. So ausdrücklich BAG vom 5. 8. 1987, NZA 1988, 155 = DB 1988, 182.
146. Angesichts der in der Praxis durchgehend anzutreffenden Übernahme der pauschalierten Lohnsteuer durch den Arbeitgeber wird im Vertragsmuster ein Vorschlag für die Abbedingung dieser Praxis nicht formuliert.
147. BAG vom 5. 8. 1987, NZA 1988, 155 = DB 1988, 182.
148. So BFH vom 20. 12. 1991, BStBl. 1992 II, S. 695, vgl. auch Abschnitt 128 a (H) Lohnsteuer-Richtlinien 2004.
149. *Boewer* (Fn. 10); § 7 Rdn. 7; *Meinel/Heyn/Herms* (Fn. 10), § 7 Rdn. 5; a. A. *Rolfs* (Fn. 24), § 7 Rdn. 1.
150. *Meinel/Heyn/Herms* (Fn. 10), § 7 Rdn. 7.
151. *Annuß/Thüsing – Mengel* (Fn. 10), § 7 TzBfG Rdn. 3; *Boewer* (Fn. 10), § 7 Rdn. 4; ErfK/*Preis* (Fn. 10), § 7 TzBfG Rdn. 3; *Rolfs* (Fn. 24), § 7 Rdn. 1; *Kliemt* (Fn. 98), NZA 2001, 63 (68); *Preis/Gotthardt,* Das Teilzeit- und Befristungsgesetz, DB 2001, 145 (150); eingeschränkt *Meinel/Heyn/Herms* (Fn. 10), § 7 Rdn. 10; a. A. *Däubler,* Das geplante Teilzeit- und Befristungsgesetz, ZIP 2000, 1961 (1962).
152. ErfK/*Preis* (Fn. 10), § 7 Rdn. 4.
153. In diesem Sinne *Meinel/Heyn/Herms* (Fn. 10), § 7 Rdn. 10.
154. Dazu BAG vom 17. 6. 1999, NZA 1999, 1095; BAG vom 24. 4. 1997, NZA 1997, 1047 = DB 1997, 1776.
155. *Meinel/Heyn/Herms* (Fn. 10), § 7 Rdn. 10.

156. ErfK/*Preis* (Fn. 10), § 7 Rdn. 5; *Ehler,* Unterlassene Ausschreibung als Teilzeitarbeitsplatz, BB 2001, 1146 (1147); *Lindemann/Simon* (Fn. 98), BB 2001, 146 (147); *Schloßer,* Stellenausschreibung auch als Teilzeitarbeitsplatz – ein Gebot ohne Sanktion, BB 2001, 411.
157. Dafür *Boewer* (Fn. 10), § 7 Rdn. 20; *Kittner/Däubler/Zwanziger* (Fn. 27), § 7 TzBfG Rdn. 7; *Meinel/Heyn/Herms* (Fn. 10), § 7 Rdn. 13; *Hromadka* (Fn. 98), NJW 2001, 400 (401); *Däubler,* Das neue Teilzeit- und Befristungsgesetz, ZIP 2001, 217 (218); dagegen: *Annuß/Thüsing – Mengel* (Fn. 10), § 7 TzBfG Rdn. 5; ErfK/*Preis* (Fn. 10), § 7 TzBfG Rdn. 5; MünchArbR/*Schüren* (Fn. 10), § 162 Rdn. 43; *Beckschulze,* Die Durchsetzbarkeit des Teilzeitanspruchs in der betrieblichen Praxis, DB 2000, 2598 (2605); *Ehler* (Fn. 156), BB 2001, 1146 (1147).
158. ErfK/*Preis* (Fn. 10), § 7 Rdn. 9; *Meinel/Heyn/Herms* (Fn. 10), § 7 Rdn. 26; MünchArbR/*Schüren* (Fn. 10), § 162 Rdnrn. 46 ff.; *Hanau,* Offene Fragen zum Teilzeitgesetz, NZA 2001, 1168 (1169).
159. Dazu MünchArbR/*Schüren* (Fn. 10), 162 Rdnrn. 46 f.
160. Dazu *Meinel/Heyn/Herms* (Fn. 10), § 7 Rdnrn. 27 ff. m. w. N.
161. *Meinel/Heyn/Herms* (Fn. 10), § 8 Rdn. 17.
162. *Boewer* (Fn. 10), § 8 Rdn. 72; *Meinel/Heyn/Herms* (Fn. 10), § 8 Rdn. 29; *Richardi/Annuß* (Fn. 96), BB 2000, 2201 (2202); siehe auch *Bauer,* Neue Spielregeln für Teilzeitarbeit und befristete Arbeitsverträge, NZA 2000, 1039 (1040).
163. ErfK/*Preis* (Fn. 10), § 8 Rdn. 12; *Kittner/Däubler/Zwanziger* (Fn. 27), § 8 TzBfG Rdn. 10; *Rolfs* (Fn. 24), § 8 Rdn. 18; *Hanau* (Fn. 158), NZA 2001, 1168 (1170); a. A. LAG Düsseldorf vom 1. 3. 2002, DB 2002, 1222.
164. *Boewer* (Fn. 10), § 8 Rdnrn. 77 f.; *Meinel/Heyn/Herms* (Fn. 10), § 8 Rdn. 31; *Beckschulze* (Fn. 157), DB 2000, 2598 (2606); *Hanau* (Fn. 158), NZA 2001, 1168 (1169); *Reiserer/Penner,* Teilzeitarbeit – Ablehnung des Arbeitgebers wegen betrieblicher Gründe nach § 8 TzBfG, BB 2002, 1694 (1696).
165. *Meinel/Heyn/Herms* (Fn. 10), § 8 Rdn. 31; *Beckschulze* (Fn. 157), DB 2000, 2598 (2606); *Hanau* (Fn. 158), NZA 2001, 1168 (1169).
166. *Annuß/Thüsing – Menzel* (Fn. 10), § 8 TzBfG Rdn. 73; *Boewer* (Fn. 10), § 8 Rdn. 66; *Meinel/Heyn/Herms* (Fn. 10), § 8 Rdn. 30; *Preis/Gotthardt* (Fn. 151), DB 2001, 145 (147); a. A. *Straub,* Erste Erfahrungen mit dem Teilzeit- und Befristungsgesetz, NZA 2001, 919 (920).
167. BAG vom 18. 2. 2003, NZA 2003, 911 = AP Nr. 1 zu § 8 TzBfG; BAG vom 18. 2. 2003, NZA 2003, 1392 = AP Nr. 2 zu § 8 TzBfG.
168. *Meinel/Heyn/Herms* (Fn. 10), § 8 Rdn. 39; *Hopfner,* Formelle Wirksamkeitserfordernisse des Antrags des Arbeitnehmers auf Teilzeitarbeit, DB 2001, 2144 (2145).

168a. So ausdrücklich BAG vom 20. 7. 2004, NZA 2004, 1090. Ein verspätetes Änderungsverlangen ist grundsätzlich mit dem Inhalt auszulegen, dass es hilfsweise auf den nach der gesetzlichen Regelung zulässigen Termin – drei Monate nach der Geltendmachung – gerichtet ist. Die Zustimmungsfiktionswirkung tritt allerdings nicht ein. Die Einhaltung der Drei-Monats-Frist ist darüber hinaus für den Arbeitgeber verzichtbar, vgl. BAG vom 14. 10. 2003, NZA 2004, 975.

169. *Annuß/Thüsing – Menzel* (Fn. 10), § 8 TzBfG Rdn. 47; ErfK/*Preis* (Fn. 10), § 8 TzBfG Rdn. 13; *Meinel/Heyn/Herms* (Fn. 10), § 8 Rdnrn. 39 f.; *Hopfner* (Fn. 168), DB 2001, 2144 (2145); *Preis/Gotthardt* (Fn. 151), DB 2001, 145.

169a. So BAG vom 20. 7. 2004, NZA 2004, 1090; ähnlich auch schon BAG vom 14. 10. 2003, NZA 2004, 975.

170. BAG vom 18. 2. 2003, NZA 2003, 911 = AP Nr. 1 zu § 8 TzBfG; *Preis/Gotthardt* (Fn. 151), DB 2001, 145 (146), ErfK/*Preis* (Fn. 10), § 8 TzBfG Rdn. 15; *Meinel/Heyn/Herms* (Fn. 10), § 8 Rdn. 42.

171. Dazu ErfK/*Preis* (Fn. 10), § 8 TzBfG Rdnrn. 50–55.
172. Nach § 8 Abs. 5 Satz 1 TzBfG ist die (schriftliche) Form des § 126 BGB erforderlich, so dass auch ein Telefax nicht ausreichend ist; so z. B. *Boewer* (Fn. 10), § 8 Rdnrn. 242 ff.; *Meinel/Heyn/Herms* (Fn. 10), § 8 TzBfG Rdn. 88. ErfK/*Preis* (Fn. 10) § 8 TzBfG Rdn. 17, hält demgegenüber die Textform des § 126 b BGB für ausreichend, empfiehlt aber aus Vorsichtsgründen die Einhaltung der Form des § 126 BGB.
173. Zu der Zustimmungsfiktion im Einzelnen vgl. ErfK/*Preis* (Fn. 10), § 8 TzBfG Rdnrn. 19–22; *Meinel/Heyn/Herms* (Fn. 10) § 8 Rdnrn. 90–95. Ein verspätetes Angebot löst die Zustimmungsfiktion allerdings nicht aus, BAG vom 20. 7. 2004, NZA 2004, 1090.
174. Vgl. bspw. *Annuß/Thüsing – Menzel* (Fn. 10), § 8 TzBfG Rdn. 124; ErfK/*Preis* (Fn. 10), § 8 TzBfG Rdnrn. 23–25; *Meinel/Heyn/Herms* (Fn. 10), § 8 Rdnrn. 54–54 a.
175. So BAG vom 20. 7. 2004, NZA 2004, 1090; BAG vom 16. 3. 2004, NZA 2004, 1047; BAG vom 14. 10. 2003, NZA 2004, 975; BAG vom 30. 9. 2003, NZA 2004, 382; BAG vom 19. 8. 2003, AP Nr. 4 zu § 8 TzBfG; BAG vom 18. 3. 2003, AP Nr. 3 zu § 8 TzBfG; BAG vom 18. 2. 2003, NZA 2003, 1392 = AP Nr. 2 zu § 8 TzBfG.
176. So ausdrücklich BAG vom 18. 2. 2003, NZA 2003, 1392 = AP Nr. 2 zu § 8 TzBfG. Ebenso in der Folgezeit BAG vom 20. 7. 2004, NZA 2004, 1090; BAG vom 16. 3. 2004, NZA 2004, 1047; BAG vom 14. 10. 2003, NZA 2004, 975.

176a. So ausdrücklich BAG vom 16. 3. 2004, NZA 2004, 1047.

177. Dazu BAG vom 30. 9. 2003, NZA 2004, 382.
178. So. BAG vom 19. 8. 2003, AP Nr. 4 zu § 8 TzBfG; BAG vom 18. 3. 2003, AP Nr. 3 zu § 8 TzBfG.
179. Dazu BAG vom 18. 2. 2003, NZA 2003, 1392 = AP Nr. 2 zu § 8 TzBfG.
180. *Annuß/Thüsing – Menzel* (Fn. 10); § 8 TzBfG Rdn. 131; *Meinel/Heyn/Herms* (Fn. 10), § 8 Rdn. 65; *Beckschulze* (Fn. 157), DB 2000, 2598 (2602).
181. Dazu *Boewer* (Fn. 10), § 8 Rdn. 182; ErfK/*Preis* (Fn. 10), § 8 TzBfG Rdnrn. 31 f.; *Meinel/Heyn/Herms* (Fn. 10), § 8 Rdnrn. 68–72; *Beckschulze* (Fn. 157), DB 2000, 2598 (2601).
182. Dazu ErfK/*Preis* (Fn. 10), § 8 TzBfG Rdnrn. 48 f.; *Meinel/Heyn/Herms* (Fn. 10), § 8 Rdnrn. 105–108; *Hopfner* (Fn. 168), DB 2001, 2144 (2145).
183. *Boewer* (Fn. 10), § 8 Rdnrn. 315 ff.; ErfK/*Preis* (Fn. 10), § 8 TzBfG Rdn. 48; *Meinel/Heyn/Herms* (Fn. 10), § 8 Rdn. 108.

184 BAG vom 21. 1. 1989, NZA 1989, 848 = DB 1989, 1425.

185. Zum Verhältnis von § 8 TzBfG und § 15 BErzGG vgl. *Rudolf/Rudolf,* Zum Verhältnis der Teilzeitansprüche nach § 15 BErzGG, § 8 TzBfG, NZA 2002, 602; siehe auch ErfK/*Dörner* (Fn. 10), § 15 BErzGG Rdnrn. 15 ff. Siehe auch BAG vom 20. 7. 2004, NZA 2004, 1090.
186. Dazu ErfK/*Dörner* (Fn. 10), § 15 BErzGG Rdnrn. 30 ff.
187. Dazu ErfK/*Rolfs* (Fn. 10), § 81 SGB IX Rdnrn. 19 f.; *Hanau* (Fn. 158), NZA 2001, 1168 (1173).
188. Vgl. dazu bspw. *Moderegger,* Gesetz zur Fortentwicklung der Teilzeitarbeit, DB 2000, 90; *Wolf,* Die beiden Gesetze zur Fortentwicklung der Altersteilzeit, NZA 2000, 637; *Gaul,* Das Gesetz zur sozialrechtlichen Absicherung flexibler Arbeitszeitregelungen, BB 1998, 1634; *Wonneberger,* Das Gesetz zur sozialrechtlichen Absicherung flexibler Arbeitszeitregelungen, DB 1998, 982; *Boecken,* Das Altersteilzeitgesetz 1996, NJW 1996, 3386; *Diel,* Neuregelungen zur Frühverrentung, DB 1996, 1518; *Diller,* Das neue Altersteilzeitgesetz, NZA 1996, 847; *Diller,* Das neue Gesetz zur Absicherung flexibler Arbeitszeitregelungen („Flexi-Gesetz"), NZA 1998, 792.
189. So *Meinel/Heyn/Herms* (Fn. 10), § 8 Rdn. 7.

190. *Schaub* (Fn. 11), § 44 XII 1 a, d Rdnrn. 158, 161 will aus § 42 Abs. 3 SGB VI grundsätzlich nur einen Verhandlungsanspruch für den Arbeitnehmer, nicht aber einen Anspruch auf Abschluss eines Teilzeitarbeitsvertrages herleiten, meint allerdings, dass ein solcher Anspruch in Ausnahmefällen aus § 315 BGB folgen kann.
191. Zu beachten ist aber das Nachweisgesetz. § 2 NachwG verpflichtet den Arbeitgeber zur Niederschrift der wesentlichen Vertragsbedingungen und Aushändigung der Niederschrift an den Arbeitnehmer. Dazu *Lunde/Lindemann,* Der Nachweis tarifvertraglicher Ausschlussfristen, NZA 2003, 649; *Richardi,* Formzwang im Arbeitsverhältnis, NZA 2001, 57; *Krabbenhöft,* Stolpersteine – Schriftformerfordernisse aufgrund des Nachweis- und des Arbeitsgerichtsbeschleunigungsgesetzes, DB 2000, 1562; *Preis,* Das Nachweisgesetz – Lästige Förmelei oder arbeitsrechtliche Zeitbombe? NZA 1997, 10; *Zwanziger,* Ausgewählte Einzelprobleme des Nachweisgesetztes, DB 1996, 2027.
192. *Schaub* (Fn. 11), § 32 III 4 a Rdnrn. 53 f.
193. Wird der Arbeitnehmer trotz Formunwirksamkeit des Arbeitsvertrages beschäftigt, richten sich die gegenseitigen Rechte und Pflichten von Arbeitgeber und Arbeitnehmer nach den Grundsätzen des fehlerhaften Arbeitsvertrages. Der Arbeitgeber ist einerseits verpflichtet, die von ihm entgegengenommene Arbeitsleistung des Arbeitnehmers in üblicher Höhe zu vergüten, er kann andererseits aber das fehlerhafte Arbeitsverhältnis durch einseitige Erklärung jederzeit beenden, ohne an kündigungsschutzrechtliche Beschränkungen gebunden zu sein. Zu den Folgen rechtsmangelhafter Arbeitsverhältnisse, vgl. ErfK/*Preis* (Fn. 10), § 611 BGB Rdn. 171; *Schaub* (Fn. 11), § 35 Rdnrn. 32 ff.
194. Zum Ganzen, *Palandt-Heinrichs,* BGB-Kommentar, 63. Aufl. 2004, 148 Rdn. 7.
195 Hierzu *Palandt-Heinrichs* (Fn. 194), § 150 Rdnrn. 2 f.
196. Grundsätzlich sind bei Bestehen der Ehe beide Eltern für den Minderjährigen personensorgeberechtigt. Nach § 1629 Abs. 1 BGB vertreten sie den Minderjährigen gemeinsam. Wird die Ehe der Eltern geschieden, kann das Personensorgerecht nach § 1671 BGB durch Entscheidung des Familiengerichts einem der Eltern zugesprochen werden. Gleiches gilt gemäß § 1672 BGB für nicht nur vorübergehend getrennt lebende Eltern.
197. *Palandt-Heinrichs* (Fn. 194), § 113 Rdnrn. 3 ff.
198. *Schaub* (Fn. 11), § 42 I 3 Rdn. 7; *Gola/Hümmerich,* Das „Sprachrisiko" des ausländischen Arbeitnehmers, BlStSozArbR 1976, 273 (275); siehe auch BAG vom 9. 8. 1984, NZA 1985, 125 = DB 1984, 2703.
199. Zur rechtlichen Konstruktion, vgl. oben Fn. 193. Das fehlerhafte Arbeitsverhältnis ist für den Arbeitgeber nicht ungefährlich, weil die die Rechte des Arbeitnehmers einschränkenden Regelungen des unwirksamen Vertrages nicht wirksam werden. Für den Arbeitnehmer ist der fehlerhafte Vertrag nachteilig, weil das fehlerhafte Vertragsverhältnis jederzeit aufgelöst werden kann. Hierzu ErfK/*Preis* (Fn. 10), § 611 BGB Rdnrn. 170–174.
200. Diese Ansicht vertritt zumindest das BAG in der Entscheidung vom 8. 8. 1984, NZA 1985, 124 (125) = DB 1984, 2703 für den Zugang einer Abmahnung. In der arbeitsrechtlichen Literatur wird demgegenüber überwiegend der Zugangszeitpunkt aus Gründen der Rechtssicherheit mit der Übergabe des Schriftstückes gleichgesetzt, vgl. *Gola/Hümmerich* (Fn. 198), BlStSozArbR 1976, 273 (275). Erheblich ist diese Streitfrage nur, wenn der ausländische Arbeitnehmer das Angebot des Arbeitgebers zu spät annimmt und deshalb streitig ist, ob der Vertrag wegen Ablaufs der Annahmefrist nicht zustande gekommen ist.
201. Mehrere rechtliche eigenständige Unternehmen können einen gemeinsamen Betrieb führen, wenn durch einen von den beteiligten Unternehmen durch vertragliche Vereinbarung oder „rechtliche Verbindung" geschaffenen einheit-

lichen Leitungsapparat die für die Erreichung der arbeitstechnischen Zwecke eingesetzten personellen, technischen und immateriellen Mittel einheitlich gelenkt werden. Vgl. zu diesem Problemkreis *Fitting/Engels/Schmidt/Trebinger/Linsenmaier* (Fn. 110) § 1 Rdnrn. 78 ff. m. w. N.

202. Wegen der mit der Rechtsfigur des „Konzernarbeitsverhältnisses" zusammenhängenden Probleme siehe nur ErfK/*Eisemann* (Fn. 10), § 5 BetrVG Rdn. 20; *Schaub* (Fn. 11), § 17 1 Rdn. 3; *Zöllner/Loritz* (Fn. 10), § 27 V 3, S. 338 jeweils m. w. N.

203. *Schaub* (Fn. 11), § 31 III 2 a Rdn. 12.

204. Aus der zwischen Arbeitgeber und Arbeitnehmer einvernehmlichen Ausführung bestimmter Arbeiten über einen längeren Zeitraum kann bei Hinzutreten besonderer Umstände der Wille der Arbeitsvertragsparteien erkennbar werden, die vertragliche Verpflichtung des Arbeitnehmers auf diese Tätigkeit zu konkretisieren. Vgl. dazu näher BAG vom 24. 4. 1996, NZA 1996, 1088 = DB 1996, 1931; ErfK/*Preis* (Fn. 10), § 611 BGB Rdnrn. 800 ff.; *Schaub* (Fn. 11), § 45 IV 1 Rdn. 29.

205. Dazu *Kopp*, Arbeitsrechtslexikon, Stichwort: Direktionsrecht; Stand:November 2002.

206. BAG vom 27. 3. 1980, DB 1980, 1603 = BB 1980, 1267.

207. Dazu BAG vom 10. 10. 2002, NZA 2003, 483 = DB 2003, 830; BAG vom 24. 4. 1996, NZA, 1088 = DB 1996, 1931; BAG vom 19. 5. 1992, NZA 1992, 979 = DB 1992, 1143; BAG vom 29. 8. 1991, NZA 1992, 67 = DB 1992, 147; vgl. auch ErfK/*Preis* (Fn. 10), § 611 BGB Rdn. 278; *Schaub* (Fn. 11), § 45 IV 7 Rdn. 41.

208. Zur Problematik der Änderungskündigung zur Veränderung einzelner Arbeitsbedingungen eines Arbeitsvertrages, vgl.: *Schaub* (Fn. 11), § 123 III 4, 6 Rdnrn. 43 ff., 49 ff.; ErfK/*Ascheid* (Fn. 10), § 2 KSchG Rdnrn. 45 ff.

209. ErfK/*Preis* (Fn. 10), § 611 BGB Rdn. 279; *Schaub* (Fn. 11), § 45 IV 8 Rdn. 43.

210. Dazu ErfK/*Preis* (Fn. 10), § 611 BGB Rdnrn. 862 f.; *Heinze,* Konventionalstrafe und andere Sanktionsmöglichkeiten in der arbeitsrechtlichen Praxis, NZA 1994, 245; *Kraft,* Sanktionen im Arbeitsverhältnis, NZA 1989, 779.

211. Vgl. BAG vom 27. 3. 1980, DB 1980, 1603 = BB 1980, 1267.

212. Vgl. BAG vom 20. 12. 1984, NZA 1986, 21 = DB 1985, 2689; BAG vom 24. 5. 1989, NZA 1990, 144 = DB 1989, 2538; BAG vom 10. 10. 2002, NZA 2003, 483 = DB 2003, 830; bestätigt durch BVerfG vom 30. 7. 2003, NZA 2003, 959; zur „Kopftuchentscheidung" des BAG vgl. auch *Hoevels,* Kopftuch als Kündigungsgrund, NZA, 2003, 701; *Thüsing,* Vom Kopftuch als Angriff auf die Vertragsfreiheit, NJW 2003, 405; zu dieser Problematik aus beamtenrechtlicher Perspektive auch BVerwG, Urteil vom 4. 7. 2002, NJW 2002, 3344; dazu *Marlok/Krüper,* Auf dem Weg zum „forum neutrum"? – Die „Kopftuch"-Entscheidung des BVerwG, NJW 2003, 1020; zum Ganzen auch *Leuze,* Zur Arbeitsverweigerung aus Gewissensgründen, RdA 1993, 16.

213. BAG vom 20. 12. 1984, NZA 1986, 21 = DB 1985, 2689.

214. BAG vom 24. 5. 1989, NZA 1990, 144 = DB 1989, 2538.

215. BAG vom 10. 10. 2002, NZA 2003, 483 = DB 2003, 830; bestätigt durch BVerfG vom 30. 7. 2003, NZA 2003, 959.

216. BAG vom 24. 5. 1989, NZA 1990, 144 = DB 1989, 2538.

217. Dazu ErfK/*Ascheid* (Fn. 10), § 1 KSchG, Rdnrn. 461 ff.; KR-Gemeinschaftskommentar zum Kündigungsschutzgesetz, KR-*Etzel,* 6. Aufl. 2002, § 1 KSchG Rdnrn. 630 ff.; *Ascheid/Preis/Schmidt,* Kündigungsrecht – Großkommentar, GK-KSchR/*Kiel,* 2. Aufl. 2004, § 1 KSchG Rdnrn. 654 ff.

218. ErfK/*Ascheid* (Fn. 10), § 1 KSchG, Rdnrn. 471 ff., insb. Rdnrn. 481 f.; KR-*Etzel* (Fn. 217), § 1 KSchG Rdnrn. 614 ff., insb. Rdn. 617; GK-KSchR/*Kiel* (Fn. 217), § 1 Rdnrn. 677 ff.

219. GK-TzA/*Lipke* (Fn. 10), § 2 Rdn. 112 m. w. N.
220. BAG vom 4. 2. 1960, DB 1960, 556 = BB 1960, 1131; BAG vom 22. 2. 1960, DB 1960, 527 = BB 1960, 519.
221. GK-TzA/*Lipke* (Fn. 10), § 2 Rdn. 117.
222. Regelmäßig wird in derartigen Fällen eine ordentliche Kündigung erst nach Ausspruch einer Abmahnung in Betracht kommen. Besonders krasse Verletzungen der Treuepflicht können aber auch eine fristlose Kündigung rechtfertigen. Siehe dazu näher, ErfK/*Ascheid* (Fn. 10), § 1 KSchG Rdn. 305; BAG vom 25. 4. 1991, NZA 1992, 212 = DB 1992, 479.
223. Dazu ErfK/*Preis* (Fn. 10), § 610 BGB Rdn. 281; zu den Grenzen derartiger Zuweisungsklauseln ErfK/*Preis* (Fn. 10), §§ 305–310 BGB, Rdnrn. 51 ff., insb. Rdnrn. 55 f.
224. LAG Düsseldorf vom 9. 11. 1965, DB 1965, 1862; nach *Dieterich,* AR-Blattei, D, Probearbeitsverhältnis I, A III 4, spricht nicht einmal ein Anscheinsbeweis dafür, dass ein Probearbeitsverhältnis begründet werden sollte. Will der Arbeitgeber sich auf das Bestehen des Probearbeitsverhältnisses berufen, trägt er hierfür die Beweislast, vgl. *Schaub* (Fn. 11), § 40 I 4 Rdn. 10.
225. Im Zweifel wird eine vorgeschaltete Probezeit anzunehmen sein, da die Arbeitsvertragsparteien regelmäßig davon ausgehen, dass ein Arbeitsverhältnis auf unbestimmte Dauer abgeschlossen wird, vgl. *Schaub* (Fn. 11), § 40 I 4 Rdn. 10, § 40 III 1 Rdn. 19.
226. BAG vom 4. 7. 2001, NZA 2002, 288 (L); BAG vom 22. 7. 1971, DB 1971, 1922 = BB 1971, 1282; BAG vom 1. 8. 1968, DB 1968, 818 = BB 1968, 1200; BAG vom 3. 11. 1967, DB 1968, 227 = BB 1968, 169; LAG Düsseldorf vom 20. 10. 1996, NZA 1996, 1156; so auch ErfK/*Müller-Glöge* (Fn. 10), § 622 BGB Rdn. 30.
227. Eine derartige Konstellation ist trotz der Beschränkung der Wählbarkeit in den Betriebsrat nach § 8 BetrVG auf Arbeitnehmer, die dem Betrieb mindestens sechs Monate angehören, durchaus denkbar, da die Beschränkung des § 8 BetrVG auf den Zeitpunkt der Wahl abstellt, die Wahlbewerbung aber zwingend einige Wochen oder sogar Monate vorher erklärt werden muss. Sollte der in der Probezeit zur Wahl in den Betriebsrat kandidierende Arbeitnehmer nach Ablauf der Probezeit in den Betriebsrat gewählt werden, wird er gemäß § 15 KSchG bis zum Ablauf eines Jahres nach Ausscheiden aus dem Betriebsrat ordentlich unkündbar. Sollte der Wahlbewerber nicht gewählt werden, darf er trotzdem vor Ablauf von sechs Monaten nach Bekanntgabe des Wahlergebnisses ordentlich nicht gekündigt werden.
228. *Schaub* (Fn. 11), § 40 II 2 d Rdn. 16.
229. BAG vom 29. 6. 1989, NZA 1990, 63 = DB 1990, 635; *Schaub* (Fn. 11), § 40 II 2 d Rdn. 16; ErfK/*Müller-Glöge* (Fn. 10), § 622 BGB Rdn. 30.
230. So *Schaub* (Fn. 11), § 40 II 2 d Rdn. 16.
231. Vgl. BAG vom 23. 6. 1992, NZA 1993, 89 = DB 1993, 788; ErfK/*Preis* (Fn. 10), § 611 BGB Rdn. 813; *Schaub* (Fn. 11), § 45 VI 1 Rdn. 49.
232. BAG vom 12. 12. 1984, NZA 1985, 321 = DB 1985, 1240; ErfK/*Preis* (Fn. 10), § 611 BGB Rdnrn. 817 f.; *Schaub* (Fn. 11), § 45 VI 5 b Rdn. 69; für zulässig hält das BAG in der Entscheidung vom 12. 3. 1992, NZA 1992, 938 = DB 1992, 1785, jedoch die Festlegung variabler Arbeitszeitvolumina durch Tarifvertrag. Kritisch dazu *Schüren,* Anmerkung zur Entscheidung des BAG vom 12. 3. 1992, DB 1992, 1786; im Ergebnis zustimmend ErfK/*Preis* (Fn. 10), § 611 BGB Rdn. 818.
233. So ausdrücklich BAG vom 12. 12. 1984, NZA 1985, 321 = DB 1985, 1240.
234. Dazu unter Vertragsmuster Abrufarbeit, § 3, S. 137–139; siehe auch *Meinel/Heyn/Herms* (Fn. 10), § 12 Rdnrn. 21–30 m. w. N.
235. BAG vom 29. 1. 1992, NZA 1992, 1037 = DB 1993, 278; BAG vom 29. 1. 1992, NZA 1992, 611 = DB 1992, 998; dazu auch *Wildschütz,* Arbeitszeitverkür-

zung, Lohnausgleich und die Vergütung von Teilzeitarbeitskräften, NZA 1991, 925.

236. Ein solcher Anspruch wird vom BAG in der Entscheidung vom 29.1.1992, NZA 1992, 1037 = DB 1993, 278 anerkannt, dürfte sich heute aber auch aus § 8 Abs. 4 TzBfG ergeben.
237. Hierzu BAG vom 29.1.1992, NZA 1992, 1037 = DB 1993, 278; BAG vom 29.1.1992, NZA 1992, 611 = DB 1992, 998.
238. BAG vom 29.1.1992, NZA 1992, 1037 = DB 1993, 278; zum Ganzen auch *Sowka/Köster* (Fn. 47), S. 70.
239. Die Festlegung der Dauer der wöchentlichen Arbeitszeit unterfällt nach zutreffender überwiegender Ansicht nicht dem erzwingbaren Mitbestimmungsrecht des Betriebsrates nach § 87 Abs. 1 Nr. 2 BetrVG. So BAG vom 22.7.2003, NZA 2004, 507 = DB 2004, 76; BAG vom 27.1.1998, NZA 1998, 835 = BB 1998, 1419; BAG vom 22.6.1993, NZA 1994, 184 = DB 1994, 234; BAG vom 28.9.1988, NZA 1989, 184 = DB 1989, 1033; BAG vom 13.10.1987, NZA 1988, 251 = DB 1988, 341; BAG vom 18.8.1987, NZA 1987, 779 = DB 1987, 2257; ErfK/*Kania* (Fn. 10), § 87 BetrVG Rdn. 25; *Fitting/Engels/Schmidt/Trebinger/Linsenmaier* (Fn. 110), § 87 Rdn. 103; Gemeinschafts-Kommentar – BetrVG – *Wiese,* 7. Aufl. 2002, § 87 Rdn. 275; *Wlotzke,* Betriebsverfassungsgesetz, 2. Aufl. 1992, § 87 Anm. II.2. Ein erzwingbares Mitbestimmungsrecht des Betriebesrates nehmen demgegenüber an *Plander,* Kapazitätsorientierte variable Arbeitszeit als Gegenstand von Tarifverträgen und Betriebsvereinbarung, AuR 1987, 281 (286 ff.); *Schaub – Koch* (Fn. 10), § 235 II 2 a Rdn. 13.
240. BAG vom 16.7.1991, NZA 1992, 70 = DB 1992, 2492; BAG vom 28.9.1988, NZA 1989, 184 = DB 1989, 1033; BAG vom 13.10.1987, NZA 1988, 251 = DB 1988, 341; *Fitting/Engels/Schmidt/Trebinger/Linsenmaier* (Fn. 110), § 87 Rdn. 106; GK-BetrVG – *Wiese* (Fn. 239), § 87 Rdn. 295; *Goos,* Entscheidungen des BAG zur Mitbestimmung des Betriebsrates bei der Arbeitszeit von Teilzeitbeschäftigten, NZA 1988, 870; *Klevemann,* Die neuere Rechtsprechung des BAG zur Mitbestimmung des Betriebsrates über die Arbeitszeit und ihre Konsequenzen für die betriebliche Praxis, DB 1988, 334; *Buschmann,* Mitbestimmung bei Teilzeitbeschäftigung, NZA 1986, 277. Das Mitbestimmungsrecht bleibt auch bei einer auf den §§ 8 und 9 TzBfG beruhenden Veränderung der Lage der Arbeitszeit bestehen; so ErfK/*Preis* (Fn. 10), § 8 TzBfG Rdn. 41; *Meinel/Heyn/Herms* (Fn. 10), § 8 TzBfG Rdn. 11; *Rieble/Gutzeit,* Teilzeitanspruch nach § 8 TzBfG und Arbeitszeitmitbestimmung, NZA 2002, 7 (8); *Preis/Gotthardt* (Fn. 151), DB 2001, 145 (149).
241. Vgl. dazu Vertragsmuster Abrufarbeit, § 3, S. 140–141.
242. So BAG vom 11.2.1998, NZA 1998, 647; ErfK/*Preis* (Fn. 10), § 611 BGB Rdn. 816; MünchArbR/*Schüren* (Fn. 10), § 158 Rdn. 32.
243. Dazu *Knur/Schlather* (Fn. 123), Stand: Nov. 2003, Kapitel II, Nrn. 6, 7, S. 25 ff.
244. Von einer entsprechenden Regelung geht § 4, Ziffer 2, Variante 1 des Vertragsmusters Herkömmliche Teilzeitarbeit aus. Es wird dort auch für den Fall einer vereinbarten diskontinuierlichen Arbeitsleistung eine kontinuierliche Vergütungszahlung empfohlen. Für Abrufarbeitsverhältnisse soll § 12 Abs. 1 TzBfG die Verpflichtung zur kontinuierlichen Vergütungszahlung auch bei diskontinuierlicher Arbeitszeit begründen; vgl. dazu *Annuß/Thüsing – Jacobs* (Fn. 10), § 12 TzBfG Rdn. 22; ErfK/*Preis* (Fn. 10); § 12 TzBfG Rdn. 21; *Meinel/Heyn/Herms* (Fn. 10), § 12 Rdn. 27; MünchArbR/*Schüren* (Fn. 10), § 166 Rdnrn. 20 ff., a. A. *Buschmann/Dieball/Stevens-Bartol* (Fn. 3), § 12 TzBfG Rdn. 66; *Kittner/Däubler/Zwanziger* (Fn. 27), § 12 TzBfG Rdnrn. 9, 13; siehe auch die Ausführungen zum Vertragsmuster Abrufarbeit, § 4, S. 145–146.
245. Zur Problematik vertiefend GK-TzA/*Steinwedel* (Fn. 10), SozR Rdnrn. 43 ff.; *Schüren,* Arbeitszeitflexibilisierung und Sozialversicherung, BB 1984, 1235.

246. Die Einführung derartiger Zeiterfassungsgeräte unterliegt nach § 87 Abs. 1 BetrVG der erzwingbaren Mitbestimmung des Betriebsrates. Siehe dazu *Fitting/Engels/Schmidt/Trebinger/Linsenmaier* (Fn. 110), § 87 Rdn. 71. Zur Problematik der „Vertrauensarbeitszeit" vgl. *Fitting/Engels/Schmidt/Trebinger/Linsenmaier* (Fn. 110), § 87 Rdn. 115 a m. w. N.
247. BAG vom 13. 2. 2002, NZA 2003, 215 = DB 2002, 1381; BAG vom 21. 3. 2001, NZA 2001, 782 = DB 2001, 1369; BAG vom 21. 6. 2000, NZA 2000, 1050 = DB 2000, 1920; BAG vom 15. 11. 1994, NZA 1995, 939 = DB 1995, 580; BAG vom 19. 8. 1992, NZA 1993, 171 = DB 1993, 539; dazu auch ErfK/*Preis* (Fn. 10), § 611 BGB Rdn. 715, *Schaub* (Fn. 11), § 112 III 1 a Rdn. 33.
248. Näher dazu oben unter I.3.c), S. 14 ff.
249. So bereits BAG vom 12. 11. 1991, NZA 1992, 837 = DB 1992, 1432; BAG vom 10. 1. 1989, NZA 1989 683 = DB 1989, 1472; BAG vom 27. 7. 1988, NZA 1989, 428 (L) = DB 1988, 2519; dazu ErfK/*Preis* (Fn. 10), § 611 BGB Rdn. 715.
250. In der Entscheidung vom 19. 8. 1992, NZA 1993, 171 = DB 1993, 539, hat das BAG seine bisherige ständige Rechtsprechung zur Anwendbarkeit des Gleichbehandlungsgrundsatzes bei Vergütungsvereinbarungen noch einmal zusammengefaßt. Danach ist der Gleichbehandlungsgrundsatz im Bereich der Vergütung nur beschränkt anwendbar, weil der Grundsatz der Vertragsfreiheit Vorrang hat, soweit es sich um individuell vereinbarte Löhne und Gehälter handelt. Der Gleichbehandlungsgrundsatz ist jedoch anwendbar, wenn der Arbeitgeber die Leistungen nach einem bestimmten erkennbaren und generalisierenden Prinzip gewährt, wenn er bestimmte Voraussetzungen oder einen bestimmten Zweck festlegt. Gleiches muss nach der Rechtsprechung des BAG gelten, wenn der Arbeitgeber, ohne nach einem erkennbaren und generalisierenden Prinzip vorzugehen, im Betrieb mehrere Vergütungssysteme anwendet und dabei nicht nur einzelne Arbeitnehmer besserstellt. Anderenfalls wäre der Arbeitgeber im Vorteil, der von vornherein keine allgemeinen Grundsätze aufstellt, sondern nach Gutdünken verfährt. Das ist ihm im Anwendungsbereich des Gleichbehandlungsgrundsatzes, also wenn es sich nicht um individuelle Vereinbarungen handelt, verwehrt. Vgl. dazu auch BAG vom 13. 2. 2002, NZA 2003, 215 = DB 2002, 1381; BAG vom 24. 10. 1989, NZA 1990, 486 = DB 1990, 1040; BAG vom 27. 7. 1988, NZA 1988, 428 (L) = DB 1988, 2519.
251. BAG vom 19. 8. 1992, NZA 1993, 171 = DB 1993, 539; ErfK/*Preis* (Fn. 10), § 4 TzBfG Rdnrn. 45. ff.; *Meinel/Heyn/Herms* (Fn. 10), § 4 Rdnrn. 39 ff.
252. So bereits BAG vom 6. 4. 1982, DB 1982, 1466, 1563 = BB 1982, 1176. Nach der Entscheidung des BAG vom 3. 3. 1993, NZA 1993, 839 = DB 1993, 2491, liegt eine gegen § 2 Abs. 1 BeschFG a. F. verstoßende Ungleichbehandlung bei der Vergütungszahlung auch dann vor, wenn der teilzeitbeschäftigte Arbeitnehmer zwar nominell die gleiche Vergütung pro Arbeitsstunde wie ein vergleichbarer Vollzeitbeschäftigter erhält, ihm aber eine einer Gruppe von Vollzeitbeschäftigten aus sozialen Gründen gewährte Arbeitszeitverkürzung nicht – einmal anteilig – gewährt wird, obwohl er mit der privilegierten Gruppe vergleichbar ist. Die Herabsetzung der wöchentlichen Arbeitszeit unter Beibehaltung der bisherigen Monatsvergütung bewirkt nämlich eine Erhöhung der Vergütung pro Zeiteinheit, die den Teilzeitbeschäftigten nicht vorenthalten werden darf. Die Motivation des Arbeitgebers, durch die Arbeitszeitverkürzung eine altersmäßig bedingte Mehrbelastung des Arbeitnehmers auszugleichen, vermag die Ungleichbehandlung nicht zu rechtfertigen. Vgl. auch BAG vom 1. 11. 1995, NZA 1996, 813 = DB 1996, 1285, siehe dazu auch oben unter I.3.c), S. 14 ff.
253. So schon BAG vom 24. 10. 1989, NZA 1990, 486 = DB 1990, 1040. Insoweit ist allerdings nicht das Diskriminierungsverbot aus § 4 Abs. 1 TzBfG, sondern

der allgemeine arbeitsrechtliche Gleichbehandlungsgrundsatz einschlägig, vgl. dazu oben I.3.c), S. 17.

254. BAG vom 19.8.1992, NZA 1993, 171 = DB 1993, 539; vgl. auch BAG vom 12.1.1994, NZA 1994, 993 = DB 1994, 2550; siehe auch ErfK/*Preis* (Fn. 10), § 4 TzBfG Rdnrn. 26 ff.; *Meinel/Heyn/Herms* (Fn. 10), § 4 Rdn. 22.

255. Näher dazu MünchArbR/*Schüren* (Fn. 10), § 158 Rdn. 69, der davon ausgeht, dass derartige Differenzierungsgründe in der Praxis nur selten vorliegen werden; *Schaub* (Fn. 11), § 44 III 2 a Rdn. 38, schließt im Entgeltbereich jegliche Differenzierung jenseits des pro-rata-temporis-Grundsatzes aus; vgl. auch ErfK/*Preis* (Fn. 10), § 4 TzBfG Rdnrn. 38 ff.; *Meinel/Heyn/Herms* (Fn. 10), § 4 Rdnrn. 30, 42 ff., 59 ff.

256. BAG vom 19.8.1992, NZA 1993, 171 = DB 1993, 539; näher dazu ErfK/*Preis* (Fn. 10), § 4 TzBfG Rdnrn. 70 f.; *Meinel/Heyn/Herms* (Fn. 10), § 4 TzBfG Rdnrn. 44 ff. Zu den Möglichkeiten der Beweislastumkehr bei undurchsichtigen Vergütungssystemen siehe EuGH vom 26.6.2001, NZA 2001, 883 = DB 2001, 1620; EuGH vom 31.5.1995, EAS Nr. 36 zu Art. 119 EWG.

257. BAG vom 29.1.1992, NZA 1992, 1037 = DB 1993, 278; dazu auch ErfK/Preis (Fn. 10), § 4 TzBfG Rdn. 71; *Meinel/Heyn/Herms* (Fn. 10), § 4 Rdn. 46. Der Arbeitgeber muss die sachlichen Gründe für eine Ungleichbehandlung dem Arbeitnehmer spätestens mitteilen, wenn der nicht begünstigte Arbeitnehmer die Gleichbehandlung verlangt, sofern die Differenzierungsgründe nicht offensichtlich sind, vgl. *Meinel/Heyn/Herms* (Fn. 10), § 4 Rdn. 46.

258. So noch BAG vom 22.8.1990, NZA 1991, 107 = DB 1991, 285; so auch BAG vom 11.3.1992, NZA 1992, 893 = DB 1992, 1582; dagegen LAG Schleswig-Holstein vom 11.12.1990, ZTR 1991, 169, für den Fall, dass eine Arbeitnehmerin neben ihrer Teilzeittätigkeit zwar keine Hauptbeschäftigung ausübt, durch den Bezug einer Witwenrente jedoch in ihrer Existenz derartig gesichert ist, dass die Summe aus Witwenrente und Teilzeitvergütung die Vergütung eines vergleichbaren Vollzeitbeschäftigten übersteigt. Die 2. Kammer des ersten Senats des BVerfG hat in einem Nichtannahmebeschluss vom 18.2.1993, NZA 1993, 774, diese Rechtsprechung des BAG ausdrücklich bestätigt und betont, dass ein – vor Art. 3 Abs. 1 GG und § 2 Abs. 1 BeschFG Bestand habender – ausreichender Grund für eine ungleiche Vergütung von Vollzeit- und Teilzeitbeschäftigten, aber auch von Teilzeitbeschäftigten mit und ohne anderweitiger existenzsichernder Tätigkeit, in dem Vorhandensein einer anderweitigen existenzsichernden Beschäftigung liegt. Die unterschiedliche soziale Bedeutung der Nebentätigkeitsvergütung als „Hinzuverdienst" gegenüber der existenzsichernden Vergütung ist nach der Rechtsprechung des BVerfG genügend sachnah und gewichtig, um die Ungleichbehandlung zu rechtfertigen. Das BAG hat seine frühere Rechtsprechung mit zwei Entscheidungen vom 1.11.1995 ausdrücklich aufgegeben; BAG NZA 1996, 813 = DB 1996, 1285; BAG NZA 1996, 816 = DB 1996, 1287; bestätigt durch BAG vom 9.10.1996, NZA 1997, 728 = DB 1997, 1336; wie das BAG auch ErfK/*Preis* (Fn. 10), § 4 TzBfG Rdn. 55; *Meinel/Heyn/Herms* (Fn. 10), § 4 Rdn. 86.

259. So BAG vom 25.1.1989, NZA 1989, 209 = DB 1989, 1726.

260. BAG vom 27.7.1988, NZA 1989, 428 (L) = DB 1988, 2519.

261. EuGH vom 3.1.1981, NJW 1981, 2639; so auch EuGH vom 13.5.1986, NZA 1986, 599 = DB 1986, 1525; BAG vom 14.10.1986, NZA 1987, 445 = DB 1988, 994; vgl. auch ErfK/*Preis* (Fn. 10), § 4 TzBfG Rdn. 41; *Löwisch/Schüren,* Aktuelle arbeitsrechtliche Fragen von Teilzeitarbeit und kürzerer Arbeitszeit, BB 1984, 925 (926).

262. BAG vom 18.6.1991, NZA 1991, 903 = DB 1991, 2140.

263. BAG vom 18.6.1991, NZA 1991, 903 = DB 1991, 2140; dazu *Hunold,* Gleichbehandlung im Betrieb, DB 1991, 1670 (1671).

264. Siehe dazu oben I.3.c), S. 16–18.
265. So bspw. EuGH vom 1. 7. 1986, DB 1986, 1877 = NJW 1987, 1138; vgl. dazu auch *Schaub* (Fn. 11), § 165 I 3c Rdnrn. 10f.
266. LAG Hamm vom 21. 3. 1990, DB 1990, 1469; *Sowka/Köster* (Fn. 47), S 27.
267. BAG vom 5. 11. 1992, NZA 1993, 511 = AP Nr. 5 zu § 10 TV Arb Bundespost; BAG vom 29. 1. 1992, NZA 1992, 611 = DB 1992, 998 (zum Ausgleich tariflicher Arbeitszeitverkürzung); BAG vom 27. 7. 1988, NZA 1989, 428 (L) = DB 1988, 2519; so auch *Schaub* (Fn. 11), § 44 III 4a Rdn. 47.
268. Vgl. BAG vom 11. 9. 1985, NZA 1987, 156 = DB 1986, 2602.
269. BAG vom 29. 1. 1992, NZA 1992, 1037 = DB 1993, 278. Die Voraussetzungen einer nur die Vollzeitbeschäftigten, die Teilzeitbeschäftigten aber nicht einmal anteilig treffenden Belastung, die durch die Arbeitszeitverkürzung ausgeglichen werden sollte, konnte im vom BAG entschiedenen Fall vom Arbeitgeber nicht nachgewiesen werden; dazu auch *Meinel/Heyn/Herms* (Fn. 10), § 4 Rdn. 91.
270. LAG Hamm vom 18. 8. 1987, BB 1987, 2374.
271. BAG vom 29. 1. 1992, NZA 1992, 611 = DB 1992, 998; dazu *Schaub* (Fn. 11), § 44 III 4a Rdn. 47.
272. Vgl. dazu unten Vertragsmuster Abrufarbeit, § 4, S. 145–146.
273. Siehe dazu oben I.3.f) cc), S. 33.
274. BAG vom 20. 6. 1995, NZA 1996, 383 = DB 1996, 382; BAG vom 7. 3. 1990, NZA 1990, 567 = DB 1990, 1469; BAG vom 18. 1. 2001, NZA 2002, 47 = DB 2001, 1672 zu tariflich geregelten Abweichungen; BAG vom 20. 6. 1979, DB 1979, 1946 = BB 1979, 1401 zu arbeitsvertraglichen Abweichungen; dazu auch ErfK/*Dörner* (Fn. 10), § 616 BGB Rdn. 19; *Schaub* (Fn. 11), § 44 III 5a Rdn. 50; einschränkend MünchArbR/*Schüren* (Fn. 10), § 158 Rdnrn. 145f.
275. BAG vom 20. 6. 1979, DB 1979, 1946 = BB 1979, 1401.
276. BAG vom 22. 1. 1986, NZA 1986, 524 = DB 1986, 1524; BAG vom 29. 2. 1984, NZA 1984, 33 = DB 1984, 2720; so auch GK-TzA/*Lipke* (Fn. 10), § 2 Rdn. 157; MünchArbR/*Schüren* (Fn. 10), § 158 Rdn. 135; *Löwisch/Schüren* (Fn. 256), BB 1984, 925 (930); *Schaub* (Fn. 11), § 44 III 5a Rdn. 50; *Schaub* (Fn. 22), BB 1990, 1069 (1071). Siehe auch allgemein *Brill,* Arztbesuche während der Arbeitszeit, NZA 1984, 281.
277. GK-TzA/*Lipke* (Fn. 10), § 2 Rdn. 157; *Sowka/Köster* (Fn. 47), S. 46.
278. So ausdrücklich MünchArbR/*Schüren* (Fn. 10), § 158 Rdn. 144.
279. Siehe dazu z. B. *Schaub,* Entgeltfortzahlung im neuen (alten) Gewand?, NZA 1999, 177; *Zietsch,* Zur Frage der Lohnfortzahlung im Krankheitsfall beim Job-Sharing, NZA 1997, 526; *Worzalla,* Die Anzeige- und Nachweispflicht nach § 5 I EFZG, NZA 1996, 61; *Berenz,* Aktuelle Probleme bei der Entgeltfortzahlung im Krankheitsfall, DB 1995, 2166.
280. BAG vom 16. 8. 1991, NZA 1993, 17 = DB 1992, 1479; BAG vom 31. 8. 1989, NZA 1990, 433 = DB 1990, 790; ErfK/*Dörner* (Fn. 10), § 5 EFZG Rdn. 44; *Schaub* (Fn. 11), § 130 II 7 Rdn. 24.
281. BAG vom 15. 1. 1986, NZA 1987, 93 = DB 1986, 2443; LAG Sachsen-Anhalt vom 24. 4. 1996, NZA 1997, 772; dazu ErfK/*Dörner* (Fn. 10), § 5 EFZG Rdn. 44, *Lepke,* Pflichtverletzungen des Arbeitnehmers bei Krankheit als Kündigungsgrund, NZA 1995, 1084 (1090).
282. BAG vom 27. 8. 1971, DB 1971, 2265 = BB 1971, 1461; davon geht auch § 7 EFZG aus.
283. BAG vom 1. 10. 1997, NZA 1998, 369 = DB 1998, 580; *Schaub* (Fn. 11), § 98 V 4 Rdnrn. 130–132; dazu *Worzalla* (Fn. 279), NZA 1996, 61 (65).
284. BAG vom 1. 10. 1997, NZA 1998, 369 = DB 1998, 580; BAG vom 23. 1. 1985, NZA 1985, 427 = DB 1985, 1400; BAG vom 27. 8. 1971, DB 1971, 2265 = BB 1971, 1461; *Schaub – Linck* (Fn. 11), § 98 VII 2e Rdn. 193.
285. BAG vom 15. 1. 1986, NZA 1987, 93 = DB 1986, 2443.

286. Dazu *Schaub* (Fn. 279), NZA 1999, 177.
287. BAG vom 8.4.1992, NZA 1992, 838; BAG vom 9.10.1991, NZA 1992, 259 = DB 1992, 350.
288. EuGH vom 13.7.1989, NZA 1990, 437 = DB 1989, 1574. Die Entscheidung ist aufgrund eines Vorlagebeschlusses des ArbG Oldenburg vom 5.5.1988, NZA 1988, 697, ergangen; siehe auch die Entscheidung des ArbG Oldenburg vom 14.12.1989, NZA 1990, 438; abweichend LAG Hamm vom 27.2.1991, DB 1991, 1286; dazu auch *Wißmann,* Lohnfortzahlung auch für geringfügig beschäftigte Arbeitnehmer, DB 1989, 1922.
289. BAG vom 9.10.1991, NZA 1992, 259 = DB 1992, 350.
290. So bereits *Sowka/Köster* (Fn. 47), S. 37; siehe auch den Vorlagebeschluss an das BVerfG durch das ArbG Bremen vom 10.7.1990, BB 1990, 2340.
291. Zu den Problemen der Wartezeit in § 3 Abs. 3 EFZG, siehe nur ErfK-*Dörner* (Fn. 10), § 3 EFZG Rdnrn. 67 f.; *Vossen,* Die Wartezeit nach § 3 III EFZG, NZA 1998, 354.
292. BAG vom 4.5.1971, DB 1971, 1482 = BB 1971, 958; so auch ErfK-*Dörner* (Fn. 10), § 3 EFZG Rdn. 73; *Schaub – Linck* (Fn. 11), § 98 III 2 b Rdn. 61.
293. BAG vom 21.9.1971, DB 1971, 2485 = BB 1972, 40.
294. Zum Ganzen MünchArbR/*Schüren* (Fn. 10), § 165 Rdnrn. 63 ff.
295. BAG vom 2.2.1994, NZA 1994, 547 = DB 1994, 1039 zur Problematik bei mehreren Krankheitsursachen.
296. Hierzu BAG vom 2.2.1994, NZA 1994, 547 = DB 1994, 1039; BAG vom 14.9.1983, DB 1983, 2783 = BB 1984, 1365; ErfK-*Dörner,* § 3 EFZG Rdn. 87.
297. BAG vom 4.12.1985, NZA 1986, 289 = DB 1986, 600; BAG vom 14.11.1984, NZA 1985, 501 = DB 1985, 710; *Schaub – Linck* (Fn. 11), § 98 III 3 a Rdn. 64.
298. Nach der Entscheidung des BAG vom 29.9.1982, DB 1983, 233 = BB 1983, 197, hemmt eine andere Erkrankung in dieser Zeit den Lauf des Sechsmonatszeitraums nicht; so auch BAG vom 22.9.1984, NZA 1985, 359 = DB 1985, 659; *Schaub – Linck* (Fn. 11) § 98 III 3 c Rdn. 66.
299. Dazu Matissek, Arbeitsrechtslexikon, Stichwort: Krankenvergütung, IX, Stand: Januar 2004.
300. Zu den besonderen Problemen bei variablen Arbeitszeitformen von Abrufarbeit und Job-sharing vgl. unten S. 149 f. und S. 177 f.; dazu auch ErfK/*Körner* (Fn. 10), § 54 EVZG Rdn. 14; *Schmitt,* Entgeltfortzahlungsgesetz, 4. Aufl. 1999, § 4 Rdn. 29; *Zietsch* (Fn. 279), NZA 1997, 526.
301. Durch die Art. 36, 38, 40, 42 PflegeVG sind lediglich die §§ 616 BGB, 133 c GewO, 63 HGB sowie die früher in den neuen Bundesländern fortgeltenden §§ 115 a, 115 c bis 115 e AGB-DDR und die §§ 1 bis 9 LohnfzG außer Kraft gesetzt worden. Die §§ 10 ff. LohnfzG, in denen das Ausgleichsverfahren für kleinere Betriebe geregelt ist, sind unverändert geblieben.
302. BAG vom 10.7.1996, NZA 1996, 1324 = DB 1997, 782; *Schaub* (Fn. 22), BB 1990, 1069 (1072).
303. BAG vom 24.10.2001, DB 2002, 1110 = AP Nr. 8 zu § 2 EntgeltFG; BAG vom 20.9.2000, NZA 2001, 735 = DB 2001, 1510; BAG vom 9.10.1996, NZA 1997, 444 = DB 1997, 480; hierzu näher *Nebendahl,* Arbeitsrechtslexikon, Stichwort: Feiertagsvergütung, Stand: November 2002.
304. BAG vom 26.3.1966, DB 1966, 946; BAG vom 9.7.1959, DB 1959, 952 = BB 1959, 887.
305. So auch ErfK/*Dörner* (Fn. 10), § 2 EFZG Rdn. 46; *Schaub – Linck* (Fn. 11), § 104 II Rdn. 7; *Schmitt* (Fn. 300), § 2 Rdn. 113.
306. Vgl. BAG vom 3.5.1983, DB 1983, 2784; *Schaub* (Fn. 22), BB 1190, 1069 (1072).
307. BAG vom 26.3.1985, NZA 1986, 397 = DB 1985, 2692; *Löwisch,* Arbeits- und sozialrechtliche Hemmnisse einer weiteren Flexibilisierung der Arbeitszeit, RdA 1984, 197 (202).

308. Zum Ganzen siehe auch die Erläuterungen zum Vertragsmuster Herkömmliche Teilzeitarbeit, § 6, S. 108–109.
309. *Boewer* (Fn. 10), § 4 Rdn. 30; ErfK/*Preis* (Fn. 10), § 4 TzBfG Rdnrn. 38 ff., 42; *Meinel/Heyn/Herms* (Fn. 10), § 4 Rdnrn. 42, 29 ff.
310. BAG vom 9. 2. 1989, NZA 1989, 593 = DB 1989, 1424; ErfK/*Preis* (Fn. 10), § 4 TzBfG Rdn. 45.
311. MünchArbR/*Schüren* (Fn. 10), § 161 Rdnrn. 102 ff.
312. BAG vom 11. 12. 1996, NZA 1997, 661 = AP Nr. 19 zu §§ 22, 23 BAT – Zulagen; BAG vom 6. 12. 1990, NZA 1991, 350 = DB 1991, 866; *Boewer* (Fn. 10), § 4 Rdnrn. 52 ff.; ErfK/*Preis* (Fn. 10), § 4 TzBfG Rdn. 45; *Meinel/Heyn/Herms* (Fn. 10), § 4 Rdn. 41.
313. Zum sog. betriebsverfassungsrechtlichen Günstigkeitsprinzip und dessen Wirkungsweise, vgl. *Fitting/Engels/Schmidt/Trebinger/Linsenmaier* (Fn. 110), § 77 Rdnrn. 196 ff.
314. Zu den Voraussetzungen und Rechtswirkungen einer betrieblichen Übung vgl. nur *Schaub* (Fn. 11), § 111 Rdnrn. 1 ff.
315. Dazu *Nebendahl,* Arbeitsrechtslexikon, Stichwort: Anwesenheitsprämie, Stand: Februar 2003.
316. Dazu *Nebendahl,* Arbeitsrechtslexikon, Stichwort: Gewinnbeteiligung/Tantieme, Stand: November 2002.
317. Dazu *Nebendahl,* Arbeitsrechtslexikon, Stichworte: Anwesenheitsprämie, Gewinnbeteiligung/Tantieme und Zulagen/Zuschläge (bei Lohn und Gehalt), Stand: November 2003.
318. Vgl. *Nebendahl,* Arbeitsrechtslexikon, Stichwort: Prämienlohn, Stand: November 2003.
319. Eine in einem festen Betrag, nicht in einem prozentualen Verhältnis zur geschuldeten Vergütung gezahlte Jubiläumszuwendung darf gegenüber einem Teilzeitarbeitnehmer nicht anteilig gekürzt werden; BAG vom 22. 5. 1996, NZA 1997, 938 = AP Nr. 1 zu § 39 BAT; *Boewer* (Fn. 10), § 4 Rdn. 65; ErfK/*Preis* (Fn. 10), § 4 TzBfG Rdn. 47; *Meinel/Heyn/Herms* (Fn. 10), § 4 Rdn. 84.
320. BAG vom 17. 4. 1996, NZA 1997, 324 = AP Nr. 18 zu §§ 22, 23 BAT – Zulagen.
321. BAG vom 10. 2. 1999, NZA 1999, 1001 = AP Nr. 5 zu § 34 BAT.
322. BAG vom 7. 6. 1990, NZA 1990, 946.
323. BAG vom 23. 6. 1993, NZA 1994, 41 = DB 1993, 2188. Das BAG weist in dieser Entscheidung allerdings darauf hin, dass eine Regelung über die Kürzung der Wechselschichtzulage zulässig sein könnte, wenn sie an eine – eventuell bestehende – geringere Belastung von Teilzeitbeschäftigten aufgrund der Wechselschicht anknüpft. In diesem Fall könnte die Differenzierung aus arbeitsmedizinischen Gründen sachlich gerechtfertigt sein. Da eine derartige Motivation in der vom BAG, a. a. O., zu entscheidenden Sachverhaltskonstellationen nicht erkennbar war, konnte das BAG die abschließende Beantwortung der Frage jedoch dahinstehen lassen.
324. Vgl. BAG vom 9. 2. 1989, NZA 1989, 593 = DB 1989, 1424.
325. Dies hat das BAG in der Entscheidung vom 7. 10. 1992, NZA 1993, 902, bezüglich einer tariflich vorgesehenen Sozialzulage entschieden, deren Gewährung laut Tarifvertrag nur an dem Familienstand und der Kinderzahl orientiert war, darüber hinaus aber eine Kürzung entsprechend des Arbeitszeitvolumens nicht vorsah. Zu der grundsätzlichen Frage, ob eine derartige zeitanteilige Kürzung bei Sozialzulagen zulässig ist, hat sich das BAG, a. a. O., nicht geäußert; vgl. auch BAG vom 22. 5. 1996, NZA 1997, 938 = BAG AP Nr. 1 zu § 39 BAT, zur Jubiläumszulage; dazu auch *Boewer* (Fn. 10), § 4 Rdn. 56.
326. BAG vom 17. 6. 1993, NZA 1994, 764 = DB 1994, 1930; BAG vom 25. 9. 1997, NZA 1998, 151 = DB 1998, 730; dazu *Boewer* (Fn. 10), § 4 Rdn. 66; *Meinel/Heyn/Herms* (Fn. 10), § 4 Rdn. 79.

327. Vgl. dazu BAG vom 12.11.1969, DB 1970, 162 = BB 1970, 212.
328. BAG vom 22.5.1996, NZA 1996, 938 = AP Nr. 1 zu § 39 BAT; dazu *Boewer* (Fn. 10), § 4 Rdn. 65; ErfK/*Preis* (Fn. 10), § 4 TzBfG Rdn. 47; *Meinel/Heyn/Herms* (Fn. 10), § 4 Rdn. 84.
329. BAG vom 26.9.2001, DB 2002, 47 = AP Nr. 1 zu § 4 TzBfG; *Boewer* (Fn. 10), § 4 Rdn. 66; *Meinel/Heyn/Herms* (Fn. 10), § 4 Rdn. 73a.
330. BAG vom 27.7.1994, NZA 1994, 1130 = DB 1994, 2348. Das BAG geht davon aus, dass Teilzeitbeschäftigte von der Gewährung langfristiger Baudarlehen und Arbeitgeberdarlehen nicht ausgenommen werden dürfen, wenn als sachlicher Grund für die Differenzierung angeführt wird, dass die Darlehensgewährung eine Bindung des – vollzeitbeschäftigten – Arbeitnehmers an den Betrieb bezwecken soll. Die aufgrund des wegen Verstoßes gegen § 2 Abs. 1 BeschFG a. F. unwirksamen Ausschlusses der Teilzeitbeschäftigten von der Vergünstigung entstehende Lücke im Vertrag sei im Wege ergänzender Vertragsauslegung so zu schließen, dass dem Teilzeitbeschäftigten – auf Verlangen – ein Darlehen der Höhe nach anteilig im Verhältnis der wöchentlichen Arbeitszeit zu der wöchentlichen Arbeitszeit einer Vollzeitkraft gewährt werden muss; dazu *Boewer* (Fn. 10), § 4 Rdn. 66; *Meinel/Heyn/Herms* (Fn. 10), § 4 Rdn. 88; MünchArbR/*Schüren* (Fn. 10), § 162 Rdn. 212.
    Zur Problematik der Arbeitgeberdarlehen insgesamt, siehe *Nebendahl,* Arbeitsrechtslexikon, Stichwort: Arbeitgeberdarlehen, Stand: November 2003.
331. So BAG vom 10.11.1994, NZA 1995, 692 = AP Nr. 11 zu § 63 BAT; vorher bereits EuGH vom 27.6.1990, NZA 1990, 771 = DB 1990, 100; dazu auch *Boewer* (Fn. 10), § 4 Rdn. 59; ErfK/*Preis* (Fn. 10), § 4 TzBfG Rdn. 47.
332. GK-TzA/*Lipke* (Fn. 10), § 2 Rdn. 200; *Sowka/Köster* (Fn. 47), S 31 f.; *Schmidt,* Die neue EG-Richtlinie zur Teilzeitarbeit, NZA 1998, 576 (577); dagegen MünchArbR/*Schüren* (Fn. 10), § 162 Rdnrn. 209–211.
333. *Mager/Winterfels/Göbel/Seemann,* KK-BeschFG 1985 – *Göbel,* 1985, § 2 Rdn. 205; ablehnend MünchArbR/*Schüren* (Fn. 10), § 162 Rdn. 211.
334. Kritisch dazu MünchArbR/*Schüren* (Fn. 10), § 162 Rdn. 207, der einen Ausschluss nur für zulässig hält, wenn der Teilzeitbeschäftigte nur während der Nachtstunden arbeitet und im Betriebskindergarten Arbeitnehmerkinder während der Arbeitszeit der Eltern betreut werden. In diesem Fall müssen auch Vollzeitbeschäftigte, die nur nachts arbeiten, von der Nutzung ausgeschlossen sein.
335. Hierzu umfassend *Nebendahl,* Arbeitsrechtslexikon, Stichwort: Gratifikation, Sonderzuwendung, Stand: Januar 2001.
336. Hierzu *Nebendahl* (Fn. 335); *Hauck,* Die Entwicklung des Gratifikationsrechts in der Rechtsprechung des Bundesarbeitsgerichtes seit 1992, RdA 1994, 358; *Hanau/Vossen,* Die Kürzung von Jahressonderzahlungen aufgrund fehlender Arbeitsleistung, DB 1992, 213.
337. BAG vom 6.12.1990, NZA 1991, 350 = DB 1991, 866.
338. BAG vom 6.12.1990, NZA 1991, 350 = DB 1991, 866; so auch *Sowka/Köster* (Fn. 47), S. 30.
339. *Sowka/Köster* (Fn. 47), S. 30. Zulässig ist es aber Zeitungszusteller von der Gewährung des Weihnachtsgeldes auszunehmen, weil diese erfahrungsgemäß um die Weihnachtszeit erhebliche Trinkgelder erhalten; so BAG vom 19.4.1995, NZA 1995, 985 = DB 1995, 2221; MünchArbR/*Schüren* (Fn. 10), § 162 Rdn. 184.
340. BAG vom 6.12.1990, NZA 1991, 350 = DB 1991, 866; BAG vom 15.11.1990, NZA 1991, 346 = DB 1991, 865; ErfK/*Preis* (Fn. 10), § 4 TzBfG Rdn. 46; MünchArbR/*Schüren* (Fn. 10), § 162 Rdn. 183.
341. BAG vom 24.5.2000, NZA 2001, 216 = DB 2000, 2431; dazu *Boewer* (Fn. 10), § 4 Rdn. 58; *Meinel/Heyn/Herms* (Fn. 10), § 4 Rdn. 74; *Schaub* (Fn. 11), § 44 III 8 Rdn. 62.

342. Vgl. bspw. BAG vom 9.6.1993, NZA 1993, 935 = DB 1993, 2135; BAG vom 21.5.2003, NZA 2003, 1032 = DB 2004, 82 zur Kürzung bei Gratifikationen.
343. Vgl. hierzu *Nebendahl,* (Fn. 335), V.
344. *Sowka/Köster* (Fn. 47) S. 31; a. A. GK-TzA/*Lipke* (Fn. 10), § 2 Rdn. 213; *Schaub* (Fn. 11), § 44 III 8 Rdn. 62.
345. BAG vom 10.5.1962, DB 1962, 911 = BB 1962, 758.
346. BAG vom 22.2.2000, NZA 2000, 659 = DB 2000, 1083; BAG vom 13.5.1997, NZA 1997, 1294 = DB 1997, 2627; BAG vom 9.10.1996, NZA 1997, 728 = DB 1997, 1136; BAG vom 12.3.1996, NZA 1996, 939 = DB 1996, 2085; BAG vom 27.2.1996, NZA 1996, 992 = DB 1996, 1827; BAG vom 16.1.1996, NZA 1996, 607 = DB 1996, 939; BAG vom 7.3.1995, NZA 1996, 48 = DB 1995, 2020; BAG vom 25.10.1994, NZA 1995, 730 = AP Nr. 40 zu § 2 BeschFG 1985; BAG vom 16.3.1993, NZA 1993, 991 = DB 1993, 1983; BAG vom 28.7.1992, NZA 1993, 215 = DB 1993, 169; BAG vom 20.11.1990, NZA 1991, 635 = DB 1991, 1330; BAG vom 23.1.1990, NZA 1990, 778 = DB 1990, 1620; BAG vom 29.8.1989, NZA 1990, 37 = DB 1989, 2338; BAG vom 14.3.1989, NZA 1990, 25 = DB 1989, 2336; BAG vom 14.10.1986, NZA 1987, 445 = DB 1987, 994; BAG vom 6.6.1984, NZA 1984, 84 = DB 1984, 1577; BAG vom 6.4.1982, DB 1982, 1466, 1563 = BB 1982, 1176; siehe auch BVerfG vom 27.11.1997, NZA 1998, 247 (248).
347. EuGH vom 13.7.1989, NZA 1990, 437 = DB 1989, 1922; EuGH vom 13.5.1986, NZA 1986, 599 = DB 1986, 1525.
348. So ausdrücklich BAG vom 28.7.1992, NZA 1993, 215 = DB 1993, 116 für einen Arbeitnehmer, dessen individuelle Arbeitszeit geringer als 18 Wochenstunden war. Vgl. auch BAG vom 23.1.1990, NZA 1990, 778 = DB 1990, 1620; BAG vom 29.8.1989, NZA 1990, 37 = DB 1989, 2338; so auch *Boewer* (Fn. 10), § 4 Rdn. 40; *Meinel/Heyn/Herms* (Fn. 10), § 4 Rdn. 87; MünchArbR/*Schüren* (Fn. 10), § 162 Rdnrn. 188 f.; *Sowka/Köster* (Fn. 47), S. 35.
349. Anders BAG vom 12.3.1996, NZA 1996, 939 = DB 1996, 2085; BAG vom 27.2.1996, NZA 1996, 992 = DB 1996, 1827; dazu auch EuGH vom 14.12.1995, NZA 1996, 129 = DB 1996, 44. Die Entscheidungen beruhen auf dem Argument, dass die Herausnahme von geringfügigen Teilzeitbeschäftigten aus der Zusatzversorgung für den öffentlichen Dienst bei einer Ausgestaltung als Gesamtversorgungssystem aus sozialversicherungsrechtlichen Gründen sachlich gerechtfertigt ist. Nach Änderung der sozialversicherungsrechtlichen Stellung geringfügig Beschäftigter zum 1.4.1999, der Umgestaltung der VBL und der ausdrücklichen Regelung in § 4 Abs. 2 TzBfG ist diese Argumentation nicht mehr aufrechtzuerhalten; vgl. BAG vom 22.2.2000, NZA 2000, 659 = DB 2000, 1083; ErfK/*Preis* (Fn. 10), § 4 Rdn. 56; *Kittner/Däubler/Zwanziger* (Fn. 27), § 4 TzBfG Rdn. 13; *Meinel/Heyn/Herms* (Fn. 10), § 4 Rdn. 61; MünchArbR/*Schüren* (Fn. 10), § 162 Rdnrn. 188 f.; *Thüsing* (Fn. 26), ZfA 2002, 249 (266); *Ackermann,* Die Neuregelung der 630-DM-Beschäftigung im Betriebsrentenrecht, NZA 2000, 465; *Foder,* Kommt nun auch die Betriebsrente für die 630-Mark-Jobs?, DB 1999, 800; zum früheren Rechtszustand schon *Sowka/Köster* (Fn. 47), S 35.
350. EuGH vom 13.5.1986, NZA 1986, 599 = DB 1986, 1525.
351. EuGH vom 13.5.1986, NZA 1986, 599 = DB 1986, 1525.
352. BAG vom 17.2.1998, NZA 1998, 762 = DB 1998, 1139; BAG vom 11.11.1986, NZA 1987, 449 = DB 1987, 994; so auch *Meinel/Heyn/Herms* (Fn. 10), § 4 Rdn. 65.
353. Dazu näher BAG vom 20.11.1990, NZA 1991, 635 = DB 1991, 1330.
354. BAG vom 27.1.1998, NZA 1998, 1127 = DB 1998, 2328; BAG vom 9.12.1997, NZA 1998, 1173 = BB 1998, 2114; BAG vom 13.12.1984, NZA 1985, 886.

355. So MünchArbR/*Schüren* (Fn. 10), § 162 Rdn. 190.
356. EuGH vom 26.6.2001, NZA 2001, 883 = DB 2001, 1620; BAG vom 1.11.1995, NZA 1996, 813 = DB 1996, 1285; vgl. auch oben I.3.c), S. 17.
357. Std. Rspr., vgl. nur BAG vom 21.3.2001, NZA 2001, 782 = DB 2001, 1369; BAG vom 24.5.2000, NZA 2001, 216 = DB 2001, 2431. Speziell zur Ungleichbehandlung bei betrieblichen Altersversorgungen, BAG vom 28.7.1992, NZA 1993, 215 (218) = DB 1993, 169; so auch *Boewer* (Fn. 10), § 4 Rdn. 46; *Meinel/Heyn/Herms* (Fn. 10), § 4 Rdn. 57.
358. So ausdrücklich BAG vom 28.7.1992, NZA 1993, 215 (218) = DB 1993, 169.
359. Siehe beispielsweise *Blomeyer/Otto,* Gesetz zur Verbesserung der betrieblichen Altersversorgung, 2. Aufl. 1997, mit Nachtrag 1998; *Heubeck/Höhne/Paulsdorff/Rau/Weinert,* Kommentar zum Gesetz zur Verbesserung der betrieblichen Altersversorgung, Band I, Arbeitsrechtliche Vorschriften, 2. Aufl. 1982; *Höfer,* Gesetz zur Verbesserung der betrieblichen Altersversorgung, Band I, Arbeitsrecht, Loseblatt-Kommentar, mit Ergänzungsband. Das neue Betriebsrentenrecht; *Kemper/Kosters-Kölkes,* Betriebliche Altersversorgung, Beck'sche Musterverträge, 2. Aufl. 1999.
360. BAG vom 9.3.1982, DB 1982, 2089 = BB 1982, 1733; so auch *Schaub* (Fn. 11), § 81 IV 4 Rdn. 110.
361. BAG vom 6.4.1982, DB 1982, 1466 = BB 1982, 1176; so auch GK-TzA/*Lipke* (Fn. 10), § 2 Rdn. 221.
362. GK-TzA/*Lipke* (Fn. 10), § 2 Rdn. 222.
363. GK-TzA/*Lipke* (Fn. 10), § 2 Rdn. 221; *Schaub* (Fn. 11), § 44 III 8c Rdn. 63.
364. Hierzu *Schaub* (Fn. 11), § 81 IV 5 u. 7, Rdnrn. 112, 118ff.; speziell *Worzalla,* Arbeitsrechtliche Aspekte des Übergangs in die Teilrente, NZA 1993, 588; *Höfer/Pisters,* Betriebsrentenbemessung für Teilzeitkräfte nach Einführung der gesetzlichen Teilrente, DB 1992, 2295; *Förster/Jurkat,* Einführung der Teilrente in der gesetzlichen Rentenversicherung und ihre Auswirkungen auf die betriebliche Altersversorgung, NZS 1992, 87.
365. BAG vom 27.7.1988, NZA 1989, 428 (L) = DB 1988, 2519; so auch MünchArbR/*Schüren* (Fn. 10), § 162 Rdn. 188; *Sowka/Köster* (Fn. 47), S. 36.
366. Hierzu BAG vom 27.9.1983, DB 1984, 1940 = BB 1984, 1430. Das BAG legte in dieser Entscheidung eine Ruhegeldordnung, die bei wechselnden Arbeitszeiten für die Bemessung des Ruhegehalts auf den durchschnittlichen Verdienst der letzten fünf Jahre des Beschäftigungsverhältnisses abstellte, dahin aus, dass diese Durchschnittsberechnung auch für den Wechsel zwischen Vollzeit und Teilzeit anzuwenden ist. Die Erstreckung der Durchschnittsberechnung auf fünf Jahre ist nach Ansicht des BAG, a. a. O., nicht zu beanstanden; so auch GK-TzA/*Lipke* (Fn. 10), § 2 Rdn. 223; *Sowka/Köster* (Fn. 47), S. 36; *Blomeyer/Otto* (Fn. 359), § 2 Rdn. 79; *Heubeck/Höhne/Paulsdorff/Rau/Weinert* (Fn. 359), § 2 Rdn. 61.
367. Vgl. hierzu *Mechnik,* Arbeitsrechtslexikon, Stichwort: Vermögensbildung, Stand: Februar 2003.
368. *Mechnik* (Fn. 367), II. 2. a).
369. So ausdrücklich BAG vom 19.1.1993, NZA 1993, 988 = DB 1993, 1781; vgl. auch *Sowka/Köster* (Fn. 47), S. 49; *Arndt,* Teilzeitarbeit, NZA 1989, Beilage 3, S. 8 (10).
370. So auch *Sowka/Köster* (Fn. 47), S. 56; das BAG hält in der Entscheidung vom 25.10.1984, NZA 1985, 461 = DB 1985, 820, eine Regelung für zulässig, durch die ein Teilurlaubsanspruch ausgeschlossen wurde, wenn der Arbeitnehmer vor Ablauf einer Wartezeit von drei Monaten ausscheidet.
371. So ausdrücklich *Schaub* (Fn. 11), § 44 III 7b, Rdn. 57; MünchArbR/*Schüren* (Fn. 10), § 162 Rdn. 263; siehe auch GK-TzA/*Lipke* (Fn. 10), § 2 Rdn. 168; *Sowka/Köster* (Fn. 47), S. 49.

372. Dazu *Schaub* (Fn. 11), § 44 III 7b, Rdn. 57; MünchArbR/*Schüren* (Fn. 10), § 162 Rdnrn. 254 ff.; *Sowka/Köster* (Fn. 47), S. 51–56 mit Berechnungsbeispielen.
373. Vgl. BAG vom 8. 9. 1998, NZA 1999, 665 = DB 1999, 694; BAG vom 14. 2. 1991, NZA 1991, 777 = DB 1991, 1987; zu der Berechnungsformel siehe auch MünchArbR/*Schüren* (Fn. 10), § 162 Rdn. 255; *Schaub* (Fn. 11), § 44 III 7 Rdn. 56. Zur Berechung bei Veränderung der Arbeitszeit im Verlauf des Urlaubsjahres siehe MünchArbR/*Schüren* (Fn. 10), § 162 Rdn. 259.
374. Vgl. dazu BAG vom 22. 10. 1991, NZA 1993, 79 = BB 1992, 1724.
375. Nach BAG vom 14. 2. 1991, NZA 1991, 777 = DB 1991, 1987; BAG vom 26. 1. 1989, NZA 1989, 756 = DB 1989, 2129 ist eine Abrundung von Urlaubsansprüchen, die weniger als einen halben Tag ausmachen, bzgl. des gesetzlichen Urlaubsanspruchs unzulässig. Für die den gesetzlichen Mindesturlaub übersteigenden Urlaubsansprüche dürfen die Tarifvertragsparteien von diesem Kürzungsverbot abweichen, so BAG vom 22. 10. 1991, NZA 1993, 79 = BB 1992, 1724.
376. Beispiel nach MünchArbR/*Schüren* (Fn. 10), § 162 Rdn. 258.
377. So auch *Sowka/Köster* (Fn. 47), S. 54 f.; auf die Möglichkeit der Berechnung nach Stunden verweist auch MünchArbR/*Schüren* (Fn. 10), § 162 Rdn. 258.
378. Siehe dazu auch MünchArbR/*Schüren* (Fn. 10), § 165 Rdnrn. 76–86, der mit rechnerisch gleichem Ergebnis genau umgekehrt die durchschnittlichen Arbeitsstunden pro Arbeitstag der Teilzeitbeschäftigung im Bezugszeitraum ermitteln will, um den Urlaubsanspruch des Teilzeitbeschäftigten festzulegen. Nimmt der Teilzeitbeschäftigte bei diesem Berechnungsmodell an einem Arbeitstag Urlaub, an dem er mehr als die durchschnittlichen Stunden arbeiten müsste, will *Schüren* für diesen Arbeitstag verhältnismäßig entsprechend mehr Urlaubstage anrechnen.
379. So auch BAG vom 19. 1. 1993, NZA 1993, 988 = DB 1993, 1781; BAG vom 22. 10. 1991, NZA 1993, 79 = DB 1993, 349; GK-TzA/*Lipke* (Fn. 10), § 2 Rdnrn. 187 ff.; MünchArbR/*Schüren* (Fn. 10), § 162 Rdn. 261; *Schaub* (Fn. 11), § 44 III 7c, Rdn. 58; *Sowka/Köster* (Fn. 47), S. 57; *Basel,* Urlaubsdauer und –vergütung bei Änderungen der vertraglich geschuldeten Arbeitszeitdauer, NZA 1996, 1246 (1247).
380. So auch – allerdings nur für vom Arbeitgeber veranlasste Arbeitszeitverteilungen – *Schaub* (Fn. 11), § 44 III 7c, Rdn. 58.
381. So auch GK-TzA/*Lipke* (Fn. 10), § 2 Rdn. 190; im Ergebnis auch MünchArbR/*Schüren* (Fn. 10), § 162 Rdn. 261.
382. BAG vom 23. 4. 1996, NZA 1997, 160 = DB 1996, 2290; BAG vom 15. 11. 1990, NZA 1991, 346 = DB 1991, 865; MünchArbR/*Schüren,* § 162 Rdnrn. 200, 266; *Schaub* (Fn. 11), § 44 III 7d Rdn. 59.
383. BAG vom 23. 4. 1996, NZA 1997, 160 = DB 1996, 2290; BAG vom 15. 11. 1990, NZA 1991, 346 = DB 1991, 865; MünchArbR/*Schüren* (Fn. 10), § 162 Rdn. 200; *Schaub* (Fn. 11), § 44 III 7d Rdn. 59.
384. Dazu MünchArbR/*Schüren* (Fn. 10), § 162 Rdn. 134; *Schaub* (Fn. 11), § 44 III 3b Rdn. 45; GK-TzA/*Lipke* (Fn. 10), § 2 Rdnrn. 108 ff.; die von der Unzulässigkeit der Anordnung von Überstunden bei Teilzeitarbeitnehmern ohne vertragliche Regelung ausgehen. A.A. aber *Sowka/Köster* (Fn. 47), S. 47; *Sowka,* Teilzeitarbeit – ausgewählte Rechtsprobleme, DB 1994, 1873 (1878). Dazu auch *Friedhofen/Weber,* Flexibler Personalersatz – Direktionsrecht oder Änderungskündigung, NZA 1986, 145.
385. Dazu ErfK/*Preis* (Fn. 10), § 611 BGB Rdnrn. 825 f.; *Schaub* (Fn. 11), § 45 VI 4 Rdn. 68.
386. GK-TzA/*Lipke* (Fn. 10), § 2 Rdnrn. 108 ff.; MünchArbR/*Schüren* (Fn. 10), 162 Rdn. 134; *Schaub* (Fn. 11), § 44 III 3b Rdn. 45; *Sowka/Köster* (Fn. 47), S. 47.

387. So z.B. *Annuß/Thüsing – Thüsing* (Fn. 10), § 4 TzBfG Rdn. 37; *Boewer* (Fn. 10), § 4 Rdn. 42; GK-TzA/Lipke (Fn. 10), § 2 Rdnrn. 139 ff.; *Meinel/Heyn/Herms* (Fn. 10), § 4 Rdn. 67; *Rolfs* (Fn. 24), § 4 Rdn. 5; *Sowka/Köster* (Fn. 47), S. 47 f.; *Sowka,* Mittelbare Frauendiskriminierung – ausgewählte Probleme, DB 1992, 2030; *Arndt* (Fn. 369), NZA 1989, Beilage 3, S. 8 (10); wohl auch *Schaub* (Fn. 11), § 44 III 3b Rdn. 46; MünchArbR/*Schüren* (Fn. 10), § 161 Rdnrn. 214–217; a. A. ErfK/*Preis* (Fn. 10), § 4 TzBfG Rdn. 32, früher auch *Schüren,* Überstundenzuschläge für Teilzeitkräfte, NZA 1993, 529; *Schüren,* Der Anspruch Teilzeitbeschäftigter auf Überstundenzuschläge – „Frauendiskriminierung per Tarifvertrag“, RdA 1990, 18; *Schüren,* Neue rechtliche Rahmenbedingungen der Arbeitszeitflexibilisierung, RdA 1985, 22; LAG Baden-Württemberg vom 9. 6. 1993, BB 1993, 1948; LAG Hamm vom 22. 10. 1992, NZA 1993, 573 (Vorlagebeschluss an den EuGH, verworfen durch Entscheidung des EuGH vom 15. 12. 1994, NZA 1995, 218).
388. BAG vom 21. 4. 1999, NZA 1999, 939 = DB 1999, 2116; BAG vom 25. 7. 1996, NZA 1997, 774 = AP Nr. 6 zu § 35 BAT; BAG vom 20. 6. 1995, NZA 1996, 597 = DB 1996, 685; BAG vom 20. 6. 1995, NZA 1996, 600 = DB 1996, 687; BAG vom 21. 11. 1991, DB 1992, 1091 = BB 1992, 1562; BAG vom 21. 11. 1991 – 6 AZR 549/89 – JurisDok Nr. 738576; BAG vom 21. 11. 1991 – 6 AZR 550/89 – JurisDok Nr. 765937; BAG vom 7. 2. 1985, NZA 1985, 600 = DB 1985, 1346.
389. EuGH vom 15. 12. 1994, NZA 1995, 218.
390. Vgl. *Schaub* (Fn. 11), § 44 II 3b Rdn. 15; Münch ArbR – *Schüren* (Fn. 10), § 162 Rdnrn. 141 ff.
391. BAG vom 18. 11. 1988, NZA 1989, 289 = DB 1989, 781.
392. GK-TzA/*Lipke* (Fn. 10), § 2 Rdn. 117; MünchArbR/*Schüren* (Fn. 10), § 162 Rdn. 157; *Wertheimer/Krug,* Rechtsfragen zur Nebentätigkeit von Arbeitnehmern, BB 2000, 1462 (1465); Grunewald, Inhalt und Grenzen des arbeitsvertraglichen Nebentätigkeitsverbots, NZA 1994, 971.
393. BAG vom 26. 8. 1976, DB 1977, 544 = BB 1977, 144; GK-TzA/*Lipke* (Fn. 10), § 2 Rdn. 117.
394. MünchArbR/*Schüren* (Fn. 10), § 162 Rdn. 142; *Schaub* (Fn. 11), § 44 II 3b Rdn. 15 erkennen ein Fragerecht des Arbeitgebers nach weiteren Nebentätigkeiten an. Nach der Entscheidung des BAG vom 18. 1. 1996, NZA 1997, 41 = AP Nr. 24 zu § 242 BGB – Auskunftspflicht, ist der Arbeitnehmer auf Nachfrage des Arbeitgebers verpflichtet, über bestehende Nebentätigkeiten Auskunft zu geben. Da das Bestehen und die Grenzen einer Verpflichtung zur Information des Arbeitgebers keineswegs unbestritten sind, empfiehlt sich auch insoweit eine ausdrückliche Regelung im Teilzeitarbeitsvertrag.
395. Zu der steuer- und sozialversicherungsrechtlichen Behandlung geringfügig beschäftigter Arbeitnehmer siehe oben I. 3. f) bb), S. 30 ff.; zur inzwischen geringen praktischen Bedeutung siehe aber z. B. auch ErfK/*Rolfs* (Fn. 10), § 8 SGV IV Rdn. 22.
396. So BAG vom 18. 11. 1988, NZA 1989, 389 = DB 1989, 781. Eine Verpflichtung des Arbeitnehmers zur Erstattung von vom Arbeitgeber aufgrund unrichtiger Information durch den Arbeitnehmer zu viel gezahlter Sozialversicherungsbeträge kommt unter dem Gesichtspunkt des Schadensersatzes allerdings in Betracht; vgl. MünchArbR/*Schüren* (Fn. 10), § 162 Rdn. 147, Fn. 131.
397. Hierzu *Sowka/Köster* (Fn. 47), S. 106.
398. So auch *Sowka/Köster* (Fn. 47), S. 105; MünchArbR/*Schüren* (Fn. 10), S. 162 Rdn. 148 unter Hinweis auf die Entscheidung des BAG vom 16. 3. 1984 – 8 AZR 112/93 –.
399. So ausdrücklich MünchArbR/*Schüren* (Fn. 10), § 162 Rdn. 146. Allgemein zum Fragerecht des Arbeitgebers: *Ehrich,* Fragerecht des Arbeitgebers bei Einstellungen und Folge der Falschbeantwortung, DB 2000, 421.

400. MünchArbR/*Schüren* (Fn. 10), § 162 Rdnrn. 149–155. Die Auffassung von GK-TzA/*Lipke* (Fn. 10), § 2 Rdn. 118, wonach der Arbeitnehmer nur zur Erfüllung der wichtigeren Verpflichtung gezwungen ist, ist nur dann begründbar, wenn der Arbeitgeber bereits bei Abschluss des Arbeitsverhältnisses Kenntnis von der weiteren Beschäftigung des Teilzeitbeschäftigten hatte und wusste, dass der Arbeitnehmer zu bestimmten Zeiten nicht zur Arbeitsleistung zur Verfügung steht. Bei der Anordnung von Mehrarbeit hat der Arbeitgeber darüber hinaus aber die ihm bekannten anderweitigen Verpflichtungen in die Entscheidungsfindung einzubeziehen, zu welcher Zeit welche Arbeitnehmer zur Mehrarbeit herangezogen werden.

401 Zu diesem Fragenkreis, vgl. *Hunold,* Arbeitsrechtslexikon, Stichwort: Wettbewerbsverbot, Stand: November 2002.

402. Z. B. *Hunold* (Fn. 401); *Schaub* (Fn. 11), § 58; *Bauer/Diller,* Wettbewerbsverbote, 2. Aufl. 1998.

403. Zutreffend weist MünchArbR/*Schüren* (Fn. 10), § 166 Rdn. 12, darauf hin, dass ein Abrufarbeitsverhältnis auch bei Vollzeitarbeitskräften angesichts sich immer weiter verkürzender Wochenarbeitzeiten denkbar ist. Hierbei wird es sich jedoch regelmäßig schon deshalb um eine Ausnahmekonstellation handeln, weil die wöchentliche Arbeitzeit eines Vollzeitbeschäftigten in der betrieblichen Praxis nur sehr schwierig nach Bedarf abgerufen werden kann. Auf Vollzeitbeschäftigte ist § 12 TzBfG angesichts der eindeutigen gesetzgeberischen Festlegung durch Einordnung der Vorschrift in den zweiten Gesetzesabschnitt „Teilzeitarbeit" nicht anzuwenden, so z. B. *Boewer* (Fn. 10), § 12 Rdn. 10; ErfK/*Preis* (Fn. 10), § 12 TzBfG Rdn. 7; *Meinel/Heyn/Herms* (Fn. 10), § 12 Rdn. 7; früher auch schon GK-TzA/*Mikosch* (Fn. 10), § 4 Rdn. 17; LAG Frankfurt vom 17. 1. 1997, NZA-RR 1997, 487; a. A. aber *Annuß/Thüsing – Jacobs* (Fn. 10), § 12 TzBfG Rdn. 5; MünchArbR/*Schüren* (Fn. 10), § 166 Rdn. 12. Nach *Henssler/Wilhelmsen/Kalb – Schmalenberg* (Fn. 29), § 12 TzBfG Rdn. 6, soll § 12 Abs. 2 TzBfG entsprechend auf Vollzeitbeschäftigte anwendbar sein. Zu beachten ist, dass ein Teilzeitarbeitsverhältnis auch schon bei geringfügiger Verkürzung der Arbeitzeit vorliegt und darüber hinaus die Wertungen des § 12 TzBfG im Rahmen des Vertrags-(AGB-) Kontrolle des Arbeitsvertrages nach den §§ 307 ff. BGB zu berücksichtigen sind.

404. Vgl. dazu oben unter I. 3., S. 6 ff.

405. Dies ist in § 12 Abs. 1 TzBfG nunmehr ausdrücklich klargestellt, entsprach aber auch früher schon der allgemeinen Auffassung, vgl. Boewer (Fn. 10), § 12 Rdn. 12; *Buschmann/Dieball/Stevens–Bartol* (Fn. 3), § 12 TzBfG Rdn. 50; *Kittner/Däubler/Zwanziger* (Fn. 27), § 12 TzBfG Rdn. 10; *Meinel/Heyn/Herms* (Fn. 10), § 12 Rdn. 19; MünchArbR/*Schüren* (Fn. 10), § 166 Rdn. 18.

406. So ausdrücklich auch *Boewer* (Fn. 10), § 12 Rdn. 22; ErfK/*Preis* (Fn. 10), § 12 TzBfG Rdn. 24; *Kittner/Däubler/Zwanziger* (Fn. 27), § 12 TzBfG Rdn. 14; *Meinel/Heyn/Herms* (Fn. 10), § 12 Rdn. 29; MünchArbR/*Schüren* (Fn. 10), § 166 Rdn. 10; *Rudolf,* Bandbreitenregelungen, NZA 2002, 1012 (1013); so auch schon BAG vom 12. 12. 1984, NZA 1985, 321 = DB 1985, 1240, unter Hinweis auf die Umgehung zwingender Kündigungsschutzvorschriften. *Henssler/Wilhelmsen/Kalb – Schmalenberg* (Fn. 29), § 12 TzBfG Rdn. 14 hält Bandbreitenregelungen in Tarifverträgen für zulässig.

407. Vgl. hierzu GK-TzA/*Mikosch* (Fn. 10), § 4 Rdn. 48 mit Auslegungsbeispielen; dazu auch MünchArbR/*Schüren* (Fn. 10), § 166 Rdnrn. 23 ff.

408. ErfK/*Preis* (Fn. 10), § 12 Rdn. 26; *Meinel/Heyn/Herms* (Fn. 10), § 12 Rdn. 31; zum früheren Recht *Schaub,* Teilzeitbeschäftigung und befristete Arbeitsverhältnisse als Formen einer Personalentscheidung; BB 1988, 2254 (2256). Von dem Fehlen einer gesetzlich angeordneten Mindestdauer der tariflichen Ar-

beitszeit ist die Notwendigkeit zu unterscheiden, die Dauer der täglichen Arbeitszeit vertraglich zu regeln, siehe dazu unten S. 139.

409. So *Boewer* (Fn. 10), § 12 Rdn. 13; *Kittner/Däubler/Zwanziger* (Fn. 27), § 12 TzBfG Rdnrn. 9, 13; *Buschmann/Dieball/Stevens-Bartol* (Fn. 3), § 12 TzBfG Rdn. 74; *Däubler* (Fn. 157), ZIP 2001, 217 (222).
410. Dazu GK-TzA/*Mikosch* (Fn. 10), § 4 Rdn. 50.
411. *Annuß/Thüsing – Jacobs* (Fn. 10), § 12 TzBfG Rdn. 22; ErfK/*Preis* (Fn. 10), § 12 Rdn. 21; *Henssler/Wilhelmsen/Kalb – Schmalenberg* (Fn. 29), § 12 TzBfG Rdnrn. 10f.; *Meinel/Heyn/Herms* (Fn. 10), § 12 Rdn. 27; MünchArbR/*Schüren* (Fn. 10), § 166 Rdnrn. 20ff.; *Busch,* Aus für die Arbeit auf Abruf?, NZA 2001, 593 (594); *Hanau,* Offene Fragen zum Teilzeitgesetz, NZA 2001, 1168 (1175).
412. BAG vom 9.8.2000 – 4 AZR 452/99 – n.v.; BAG vom 20.6.1995, NZA 1996, 597 = DB 1996, 985; *Annuß/Thüsing – Jacobs* (Fn. 10), § 12 TzBfG Rdn. 22; ErfK/*Preis* (Fn. 10), § 12 TzBfG Rdn. 22; *Meinel/Heyn/Herms* (Fn. 10), § 12 Rdn. 27; MünchArbR/*Schüren* (Fn. 10), § 166 Rdn. 29; *Hanau* (Fn. 411), NZA 2001, 1168 (1175); MünchArbR/*Schüren* (Fn. 10), § 166 Rdn. 31 weist allerdings – zutreffend – darauf hin, dass ein Jahresbezugszeitraum für den Arbeitnehmer nur akzeptabel ist, wenn er durch eine Langzeitplanung zumindest partiell konkretisiert wird.
413. So zum alten Recht *Stevens-Bartol,* Probleme der „KAPOVAZ" – Anmerkungen zu Art. 1 § 4 des Beschäftigungsförderungsgesetzes, AiB 1985, 122 (123); im Ergebnis wohl auch *Boewer* (Fn. 10), § 12 Rdn. 22.
414. *Annuß/Thüsing – Jacobs* (Fn. 10), § 12 TzBfG Rdn. 27; *Buschmann/Dieball/Stevens-Bartol* (Fn. 3), § 12 TzBfG Rdnrn. 16, 74; *Meinel/Heyn/Herms* (Fn. 10), § 12 Rdn. 36 ; MünchArbR/*Schüren* (Fn. 10), § 166 Rdnrn. 23–28, *Rudolf* (Fn. 406), NZA 2002, 1012 (1013); anders noch ErfK/*Preis* (Fn. 10), § 12 TzBfG Rdnrn. 24f.
415. *Meinel/Heyn/Herms* (Fn. 10), § 12 Rdn. 33; a. A. aber *Buchmann/Dieball/Stevens-Bartol* (Fn. 3), § 12 TzBfG Rdn. 76.
416. Siehe dazu bspw. *Boewer* (Fn. 10), § 12 Rdn. 31; ErfK/*Preis* (Fn. 10), § 12 TzBfG Rdn. 27; *Meinel/Heyn/Herms* (Fn. 10), § 12 Rdnrn. 31f.; demgegenüber halten *Buschmann/Dieball/Stevens-Bartol* (Fn. 3), § 12 TzBfG Rdn. 77 die Vereinbarung einer zusammenhängenden täglichen Arbeitszeit für erforderlich.
417. Dazu ErfK/*Preis* (Fn. 10), § 12 TzBfG Rdnrn. 27f.
418. BAG vom 24.5.1989 – 2 AZR 537/88 – n.v.; *Boewer* (Fn. 10), § 12 Rdn. 35; *Meinel/Heyn/Herms* (Fn. 10), § 12 Rdn. 38; MünchArbR/*Schüren* (Fn. 10), § 166 Rdn. 61; a. A. *Annuß/Thüsing – Jacobs* (Fn. 10), § 12 TzBfG Rdn. 29; ErfK/*Preis* (Fn. 10), § 12 TzBfG Rdn. 29.
419. So richtig MünchArbR/*Schüren* (Fn. 10), § 166 Rdn. 61; a. A. aber *Lorenz/Schwedes,* Das Beschäftigungsförderungsgesetz 1985, DB 1985, 1077 (1080); *Malzahn,* Das Beschäftigungsförderungsgesetz und kapazitätsorientierte und variable Arbeitszeiten, AuR 1985, 386 (387); *Wlotzke,* Zum arbeitsrechtlichen Teil des Regierungsentwurfes eines Beschäftigungsförderungsgesetzes 1985 – Ein Bericht – NZA 1984, 217 (219); so auch ErfK/*Preis* (Fn. 10), § 12 TzBfG, der dem Arbeitnehmer ein Wahlrecht einräumen will.
420. So *Boewer* (Fn. 10), § 12 Rdn. 35; *Meinel/Heyn/Herms* (Fn. 10), § 12 Rdn. 38; MünchArbR/*Schüren* (Fn. 10), § 166 Rdn. 61.
421. So GK-TzA/*Mikosch* (Fn. 10), § 4 Rdn. 91.
422. Hinzuweisen ist allerdings zur Variante 2 darauf, dass der telefonische Arbeitsabruf zur organisatorisch wohl einfachsten Regelungsmöglichkeit führt, mangels stofflicher Fixierung des Arbeitsabrufs selbst im Streitfall aber durchaus Beweisschwierigkeiten auftreten können.

423. So *Boewer* (Fn. 10), § 12 Rdn. 47; *Meinel/Heyn/Herms* (Fn. 10), § 12 Rdn. 39; MünchArbR/*Schüren* (Fn. 10), § 166 Rdnrn. 43 f., a. A. ErfK/*Preis* (Fn. 10), § 12 TzBfG Rdn. 34, der ein einseitiges Änderungsrecht des Arbeitgebers annimmt.
424. *Boewer* (Fn. 10), § 12 Rdnrn. 43 f.; ErfK/*Preis* (Fn. 10), § 12 TzBfG Rdn. 36; *Meinel/Heyn/Herms* (Fn. 10), § 12 Rdn. 43; MünchArbR/*Schüren* (Fn. 10), § 166 Rdnrn. 50 ff.
425. *Boewer* (Fn. 10), § 12 Rdn. 45; ErfK/*Preis* (Fn. 10), § 12 TzBfG Rdn. 37.
426. So früher GK-TzA/*Mikosch* (Fn. 10), § 4 Rdnrn. 53 f.
427. MünchArbR/*Schüren* (Fn. 10), § 166 Rdn. 34; ErfK/*Preis* (Fn. 10), § 12 TzBfG Rdn. 22.
428. Zu den Grenzen siehe MünchArbR/*Schüren* (Fn. 10), § 166 Rdn. 35.
429. Vgl. dazu Vertragsmuster Herkömmliche Teilzeitarbeit, § 4 Nr. 1 a, S. 94 f.
430. MünchArbR/*Schüren* (Fn. 10), § 166 Rdn. 63, *Schüren,* Neue rechtliche Rahmenbedingungen der Arbeitszeitflexibilisierung, RdA 1985, 22 (24); GK-TzA/*Mikosch* (Fn. 10), § 4 Rdn. 95; *Richardi* (Fn. 47), NZA 1992, 625 (628 f.).
431. Siehe dazu GK-TzA/*Mikosch* (Fn. 10), § 9 Rdn. 98; MünchArbR/*Schüren* (Fn. 10), § 166 Rdn. 33.
432. MünchArbR/*Schüren* (Fn. 10), § 166 Rdn. 65.
433. Dazu oben unter I.3.f) cc), S. 33–34; siehe auch MünchArbR/*Schüren* (Fn. 10); § 162 Rdn. 172 f.
434. So auch MünchArbR/*Schüren* (Fn. 10), § 166 Rdn. 64.
435. Siehe hierzu GK-TzA/*Mikosch* (Fn. 10), § 4 Rdn. 97.
436. Siehe oben Vertragsmuster Herkömmliche Teilzeitarbeit, § 5 Nr. 1, S. 100 f.
437. So auch MünchArbR/*Schüren* (Fn. 10), § 165 Rdn. 68.
438. *Annuß-Thüsing – Jacobs* (Fn. 10); § 12 TzBfG Rdn. 36; GK-TzA/*Mikosch* (Fn. 10), § 4 Rdn. 106; *Meinel/Heyn/Herms* (Fn. 10), § 12 Rdn. 54; MünchArbR/*Schüren* (Fn. 10), § 166 Rdn. 76; *Sowka/Köster* (Fn. 47), S. 47.
439. GK-TzA/*Mikosch* (Fn. 10), § 4 Rdn. 106.
440. *Meinel/Heyn/Herms* (Fn. 10), § 12 Rdn. 53; MünchArbR/*Schüren* (Fn. 10), § 166 Rdn. 77; *Sowka/Köster* (Fn. 47), S. 46. Nach GK-TzA/*Mikosch* (Fn. 10), § 4 Rdn. 107 kann der Arbeitgeber den Arbeitszeitabruf in derartigen Fällen einseitig zurücknehmen. Diese Auffassung dürfte unzutreffend sein.
441. Dazu oben Vertragsmuster Herkömmliche Teilzeitarbeit, § 5 Nr. 2, S. 102–104.
442. So auch MünchArbR/*Schüren* (Fn. 10), § 166 Rdn. 71.
443. GK-TzA/*Mikosch* (Fn. 10), § 4 Rdn. 101; MünchArbR/*Schüren* (Fn. 10), § 166 Rdn. 73; dazu auch BAG vom 10. 7. 1996, NZA 1996, 1324 = DB 1997, 782; BAG vom 9. 10. 1996, NZA 1997, 444 = DB 1997, 480.
444. Vgl. BAG vom 9. 10. 1996, NZA 1997, 444 = DB 1997, 480.
445. So MünchArbR/*Schüren* (Fn. 10), § 166 Rdn. 75.
446. Vgl. hierzu *Nebendahl* (Fn. 303).
447. MünchArbR/*Schüren* (Fn. 10), § 166 Rdn. 67; dazu auch BAG vom 10. 7. 1996, NZA 1996, 1324 = DB 1997, 782; BAG vom 26. 3. 1985, NZA 1986, 397 = DB 1985, 2692.
448. BAG vom 24. 10. 2001, DB 2002, 1110 = AP Nr. 8 zu § 2 EntgeltFG; *Meinel/Heyn/Herms* (Fn. 10), § 12 Rdn. 52; MünchArbR/*Schüren* (Fn. 10), § 166 Rdn. 68.
449. MünchArbR/*Schüren* (Fn. 10), § 166 Rdn. 69; a. A. GK-TzA/*Mikosch* (Fn. 10), § 4 Rdn. 108, der die Ansicht vertritt, dass eine Durchschnittsberechnung entfallen könne, weil der Arbeitnehmer bei Abschluss des Abrufarbeitsvertrages erkennbar und denknotwendig das Risiko einer geringeren Arbeitsvergütung an Feiertagen eingegangen ist, da er nicht damit rechnen konnte, dass seine Arbeitsleistung an arbeitsfreien Feiertagen durch den Arbeitgeber abgerufen werden wird. Darüber hinaus sei der Arbeitnehmer nicht übermäßig be-

lastet, weil er nicht Gefahr laufe, zum Ausgleich des Feiertages verstärkt zur Arbeitsleistung herangezogen zu werden. Die Auffassung von Mikosch ist jedoch abzulehnen, weil sie letztlich dazu führt, dass die Gewährung einer Feiertagsvergütung in die beliebige Entscheidung des Arbeitgebers gestellt wird und so zufälligen Ergebnissen Tür und Tor geöffnet wird.

450. MünchArbR/*Schüren* (Fn. 10), § 166 Rdn. 78; *Boewer* (Fn. 10), § 12 Rdn. 69; vgl. dazu auch Vertragsmuster Herkömmliche Teilzeitarbeit, § 9 Nr. 1, S. 119 ff.
451. So insbesondere GK-TzA/*Mikosch* (Fn. 10), § 4 Rdn. 111.
452. So auch GK-TzA/*Mikosch* (Fn. 10), § 4 Rdn. 111. Für Abrufarbeitsverhältnisse mit längeren Freizeitperioden schlägt MünchArbR/*Schüren* (Fn. 10), § 165 Rdn. 78, aus Praktikabilitätsgründen vor, den Urlaubsanspruch von vornherein vom Arbeitszeitdeputat eines Jahres abzuziehen. Die Urlaubsgewährung reduziert sich dann auf die Fortzahlung der durchschnittlichen Vergütung für eine der Urlaubsdauer entsprechende Freizeitperiode. Allerdings bedarf es auch nach MünchArbR/*Schüren* (Fn. 10), § 165 Rdn. 79, der konkreten Festlegung der Urlaubstage im Kalender, da anderenfalls die bei Erkrankung des Arbeitnehmers während des Urlaubs auftretenden Probleme – Nichtanrechnung der Krankheitstage auf den Urlaubsanspruch, § 9 BUrlG – nicht gelöst werden können.
453. Vgl. dazu GK-TzA/*Mikosch* (Fn. 10), § 4 Rdn. 113; MünchArbR/*Schüren* (Fn. 10), § 165 Rdnrn. 78 ff.; *Sowka/Köster* (Fn. 47), S. 58.
454. MünchArbR/*Schüren* (Fn. 10), § 165 Rdnrn. 80–83.
455. Dies wird auch von *Sowka/Köster* (Fn. 47), S. 58, vorgeschlagen.
456. So auch GK-TzA/*Mikosch* (Fn. 10), § 4 Rdn. 113.
457. GK-TzA/*Mikosch* (Fn. 10), § 3 Rdn. 112.
458. Bei kontinuierlicher Vergütungszahlung trotz diskontinuierlicher Arbeitszeit entstehen wiederum keine Probleme, weil die Durchschnittsvergütung während des Urlaubs fortgezahlt werden kann, vgl. auch MünchArbR/*Schüren* (Fn. 10), § 165 Rdn. 87.
459. Zu den Berechnungsbeispielen siehe *Danne,* Urlaubsdauer bei unterschiedlicher Tagesarbeitszeit, DB 1990, 1965 (1968); GK-TzA/*Mikosch* (Fn. 10), § 4 Rdn. 112.
460. Vgl. dazu oben Vertragsmuster Herkömmliche Teilzeitarbeit, § 9, Nr. 3, S. 125.
461. ErfK/*Preis* (Fn. 10), § 4 TzBfG Rdn. 46; *Meinel/Heyn/Herms* (Fn. 10), § 4 Rdn. 85.
462. Vgl. dazu oben Vertragsmuster Herkömmliche Teilzeitarbeit, § 10, S. 126–127.
463. So bspw. GK-TzA/*Mikosch* (Fn. 10), § 4 Rdn. 55; *Meinel/Heyn/Herms* (Fn. 10), § 12 Rdn. 47; MünchArbR/*Schüren* (Fn. 10), § 166 Rdnrn. 36 f.; *Schüren,* Abrufarbeit mit variabler Arbeitszeit oder: Was steht eigentlich in § 4 I BeschFG, NZA 1996, 1306 (1307); *Schaub* (Fn. 11), § 44 VII 2 Rdn. 105.
464. So aber – zum alten Recht – *Stevens-Bartol,* Probleme der „KAPOVAZ„- Anmerkungen zu Art. 1 § 4 des Beschäftigungsförderungsgesetzes, AiB 1985, 122 (123 f.), der davon ausgeht, dass Überstunden bei jeder Erhöhung des Arbeitszeitdeputates vorliegen und daher die Anordnung von Überstunden gegen die in § 4 Abs. 1 BeschFG a. F. enthaltene Verpflichtung zur Vereinbarung eines bestimmten Arbeitszeitdeputats verstößt.
465. *Meinel/Heyn/Herms* (Fn. 10), § 12 Rdn. 47; MünchArbR/*Schüren* (Fn. 10), § 166 Rdn. 37.
466. Dazu *Schüren* (Fn. 463), NZA 1996, 1306 (1307).
467. GK-TzA/*Mikosch* (Fn. 10), § 4 Rdn. 56.
468. Vgl. dazu oben Vertragsmuster Herkömmliche Teilzeitarbeit, § 10, S. 127.

469. Siehe dazu *Meinel/Heyn/Herms* (Fn. 10), § 13 Rdnrn. 8 ff.; *Boewer* (Fn. 10), § 13 Rdnrn. 7 ff; MünchArbR/*Schüren* (Fn. 10), § 166 Rdnrn. 80 ff.; *Schaub* (Fn. 11), § 44 V 1 Rdn. 77.
470. Vgl. dazu oben I. 3., S. 6 ff.
471. So auch *Boewer* (Fn. 10), § 13 Rdn. 14; MünchArbR/*Schüren* (Fn. 10), § 166 Rdn. 86; *Reichold,* Zeitsouveränität im Arbeitsverhältnis: Strukturen und Konsequenzen, NZA 1998, 393 (396), a. A.: *Buschmann/Dieball/Stevens-Bartol* (Fn. 3), § 13 TzBfG Rdn. 22; ErfK/*Preis* (Fn. 10), § 13 TzBfG Rdn. 5; *Meinel/Heyn/Herms* (Fn. 10), § 13 Rdn. 8.
472. Siehe dazu ErfK/*Preis* (Fn. 10), § 13 TzBfG Rdn. 28; *Schaub* (Fn. 11), § 44 V 1 Rdn. 78.
473. ErfK/*Preis* (Fn. 10), § 13 TzBfG Rdn. 7; *Meinel/Heyn/Herms* (Fn. 10), § 13 Rdn. 10; *Schaub* (Fn. 11), § 44 V 3b Rdn. 85; MünchArbR/*Schüren* (Fn. 10), § 166 Rdn. 93.
474. Dazu oben Vertragsmuster Herkömmliche Teilzeitarbeit, § 1 S. 78 ff.
475. MünchArbR/*Schüren* (Fn. 10), § 166 Rdn. 95 hält die Vereinbarung eines Bezugszeitraums von einem Jahr ohne weiteres für zulässig.
476. Die einseitige Umwandlung eines Vollzeit- oder herkömmlichen Teilzeitarbeitsvertrages in ein Job-sharing-Arbeitsverhältnis durch den Arbeitgeber mittels Anwendung des Direktionsrechts kommt nicht in Betracht, da dem Arbeitnehmer hierdurch die zusätzliche, ihm bisher nicht obliegende Pflicht zur Abstimmung seiner Arbeitszeit mit dem Job-sharing-Partner auferlegt wird. Darüber hinaus verändern sich regelmäßig auch die konkreten Arbeitszeiten des Arbeitnehmers gegenüber den bisherigen vertraglichen Vereinbarungen. Eine solche Veränderung der wechselseitigen Pflichtenstellung ist nur durch Änderung des Arbeitsvertrages, nicht aber durch dessen Ausfüllung durch das arbeitgeberseitige Direktionsrecht möglich; so auch *Boewer* (Fn. 10), § 13 Rdn. 10; ErfK/*Preis* (Fn. 10), § 13 TzBfG Rdn. 6; GK-TzA/*Danne* (Fn. 10), § 5 Rdn. 75; *Meinel/Heyn/Herms* (Fn. 10), § 13 Rdn. 13; *Schaub* (Fn. 11), § 44 V 3 a Rdn. 84.
477. Vgl. hierzu GK-TzA/*Danne* (Fn. 10), § 5 Rdnrn. 72 ff.
478. Vgl. zu der hiermit zusammenhängenden Problematik GK-TzA/*Danne* (Fn. 10), § 5 Rdnrn. 80–85.
479. GK-TzA/*Danne* (Fn. 10), § 5 Rdn. 81 m. w. N.
480. Eine entsprechende Auslegung einer namensmäßigen Bestimmung des Job-sharing-Teams in den Arbeitsverträgen der beteiligten Mitarbeiter nehmen GK-TzA/*Danne* (Fn. 10), § 5 Rdn. 81; von *Hoyningen-Huene,* Rechtliche Gestaltungsmöglichkeiten beim Job-sharing-Arbeitsverhältnis, BB 1982, 1240 (1241) vor.
481. Wird eine derartige Arbeitszeitverteilung zwischen den Job-sharing-Partnern vereinbart und mit einer diskontinuierlichen Vergütungszahlung kombiniert, müssen die sozialversicherungsrechtlichen Konsequenzen berücksichtigt werden. Vgl. hierzu oben I. 3. f) cc), S. 33–34.
482. So auch MünchArbR/*Schüren* (Fn. 10), § 166 Rdn. 98.
483. *Meinel/Heyn/Herms* (Fn. 10), § 13 Rdn. 16; MünchArbR/*Schüren* (Fn. 10), § 166 Rdn. 101.
484. Ist im Arbeitsvertrag über diesen Problembereich eine Regelung nicht enthalten, fällt nach einer Ansicht gemäß § 315 BGB automatisch dem Arbeitgeber das Bestimmungsrecht zu; so *Boewer* (Fn. 10), § 13 Rdn. 18; GK-TzA/*Danne* (Fn. 10), § 5 Rdn. 97; *Meinel/Heyn/Herms* (Fn. 10), § 13 Rdn. 16. Nach anderer Ansicht erfolgt die Leistungsbestimmung gemäß § 319 Abs. 1 Satz 2 BGB durch arbeitsgerichtliches Urteil, so MünchArbR/*Schüren* (Fn. 10), § 166 Rdn. 103. Noch andere gestatten dem Arbeitgeber in derartigen Fällen die Festlegung der Arbeitszeit nur bei ausdrücklicher vertraglicher Vereinbarung, so *Buschmann/Dieball/Stevens-Bartol* (Fn. 3), § 13 TzBfG Rdn. 25, oder

verlangen sogar den Ausspruch einer Änderungskündigung, so *Annuß/ Thüsing – Maschmann* (Fn. 10), § 13 TzBfG Rdn. 12. Da insbesondere die letztgenannte Ansicht in der Praxis nicht zu handhaben sein dürfte, empfiehlt sich die arbeitsvertragliche Regelung dieses Komplexes dringend.

485. So auch *Boewer* (Fn. 10), § 13 Rdn. 19; ErfK/*Preis* (Fn. 10), § 13 TzBfG Rdn. 9; *Meinel/Heyn/Herms* (Fn. 10), § 13 Rdn. 19; *Schaub* (Fn. 11), § 44 V 3d Rdn. 87; *Heinze,* Flexible Arbeitszeitmodelle, NZA 1997, 681 (686).

486. Es handelt sich um eine arbeitsrechtliche Selbstverständlichkeit, dass ein Arbeitnehmer, der sich in einem Einzelfall zur Vertretung verpflichtet hat, die Vertretung auch ausführen muss; so auch MünchArbR/*Schüren* (Fn. 10), § 166 Rdnrn. 110f. § 13 Abs. 1 Satz 2 TzBfG schließt es allerdings aus, die Vertretung im Einzelfall durch einseitige Anordnung des Arbeitgebers bzw. durch Änderungskündigung zu erzwingen, so *Boewer* (Fn. 10), § 13 Rdn. 19.

487. *Boewer* (Fn. 10), § 13 Rdn. 22; *Buschmann/Dieball/Stevens-Bartol* (Fn. 3), § 13 TzBfG Rdn. 30; ErfK/*Preis* (Fn. 10), § 13 TzBfG Rdn. 10; *Meinel/Heyn/ Herms* (Fn. 10), § 13 Rdn. 21; MünchArbR/*Schüren* (Fn. 10), § 166 Rdn. 115; *Schaub* (Fn. 11), § 44 V 3d Rdn. 87.

488. Zu denken ist hier bspw. an die Situation, dass der Arbeitnehmer eine Schlüsselstellung inne hat, ohne die ganze Betriebsteile nicht arbeiten können, oder dass der Arbeitnehmer in eine Produktionsstruktur eingebunden ist, die bei dem Ausfall des Arbeitnehmers funktionslos wird, wie dies z. B. bei aufeinander abgestimmten Zuarbeiten der Fall sein kann.

489. Hierunter fallen besonders spezialisierte Tätigkeiten eines Arbeitnehmers, z. B. eines Konstrukteurs, Programmierers oder technischen Zeichners. Ist dessen Arbeitsleistung notwendig, um einen Auftrag termingerecht und unter Vermeidung von mit dem Kunden vereinbarten Vertragsstrafen zu erfüllen, dürfte auf jeden Fall ein dringendes betriebliches Erfordernis gegeben sein.

490. Vgl. dazu *Schaub* (Fn. 11), § 44 V 3d Rdn. 87.

491. Dazu MünchArbR/*Schüren* (Fn. 10), § 166 Rdnrn. 116–119, der bei der Beurteilung der Zumutbarkeit u. a. auf den Zeitpunkt der arbeitgeberseitigen Information des Arbeitnehmers über das Vertretungserfordernis anknüpfen will und Vertretungsabrufe unter Beachtung der für Abrufarbeitsverhältnisse geltenden Abruffristen für in der Regel zumutbar hält. Näher dazu auch GK-TzA/*Danne* (Fn. 10), § 5 Rdnrn. 93–96.

492. Dies stellt § 13 Abs. 1 Satz 3 TzBfG gesetzlich klar. Vgl. auch *Meinel/Heyn/ Herms* (Fn. 10, § 13 Rdn. 19; MünchArbR/*Schüren* (Fn. 10), § 166 Rdn. 111.

493. MünchenArbR – *Schüren* (Fn. 10), § 166 Rdn. 108.

494. Siehe dazu oben Vertragsmuster Herkömmliche Teilzeitarbeit, § 10, S. 127.

495. Siehe hierzu ausführlich oben I.3.c), S. 14–18, und Vertragsmuster Herkömmliche Teilzeitarbeit, § 4 Nr. 1, S. 93–97.

496. Hierzu GK-TzA/Danne (Fn. 10), § 5 Rdn. 110.

497. Wegen der hiermit verbundenen sozialversicherungsrechtlichen Probleme siehe oben I.3. f) cc), S. 33–34.

498. GK-TzA/*Danne* (Fn. 10), § 5 Rdn. 127; MünchArbR/*Schüren* (Fn. 10), § 166 Rdn. 127.

499. GK-TzA/*Danne* (Fn. 10), § 5 Rdn. 127. Nach Ansicht von *Danne,* a. a. O., ist es daher Sache des Arbeitnehmers, die Erforderlichkeit der Dienstbefreiung darzulegen und dabei insbesondere zu begründen, warum die Arbeitsbefreiung nicht durch die flexibel gestaltete Arbeitszeit aufgefangen werden konnte. Der Arbeitgeber hat darzulegen, dass ein gröblicher Verstoß gegen das von einem verständigen Menschen zu erwartende Verhalten vorliegt, d. h. der Verhinderungsgrund mit Verschulden des Arbeitnehmers eingetreten ist.

500. So MünchArbR/*Schüren* (Fn. 10), § 166 Rdn. 128, der eine Verpflichtung der Job-sharing-Partner zur Anpassung eines einmal vereinbarten Arbeitszeiten-

planes unter Hinweis auf die § 616 Abs. 1 BGB zugrunde liegende Wertung ablehnt, wonach der Arbeitnehmer nicht zur Nachleistung der ausgefallenen Arbeit verpflichtet sei. Die vertragliche Vereinbarung einer Anpassungsverpflichtung des Arbeitnehmers hält aber auch *Schüren,* a. a. O., für zulässig, wenn diese unter Beachtung des arbeitsrechtlichen Gleichbehandlungsgebotes erfolgt. Dies ist dem Verweis auf seine Darstellung MünchArbR/*Schüren* (Fn. 10), § 162 Rdn. 242, zu entnehmen.

501. Vgl. daher oben Vertragsmuster Herkömmliche Teilzeitarbeit, § 5, S. 101–104.

502. So MünchArbR/*Schüren* (Fn. 10), § 166 Rdn. 125; *Schaub* (Fn. 11), § 44 V 4 e Rdn. 92, will ebenfalls auf den vorangegangenen Arbeitszeitenplan zurückgreifen, hält aber – wohl unabhängig von der Vereinbarungspraxis der Arbeitnehmer – einen Bezugszeitraum von drei Monaten für erforderlich. Probleme ergeben sich hier, wenn die Arbeitnehmer ihren Arbeitszeitenplan in kürzeren Abständen aufstellen und ihre Pläne der entsprechenden Perioden deutliche Unterschiede aufweisen. Es ist daher zu empfehlen, für die Berechnung der Krankenvergütung auf den letzten Arbeitszeitenplan zurückzugreifen.

503. *Meinel/Heyn/Herms* (Fn. 10), § 13 Rdn. 25; MünchArbR/*Schüren* (Fn. 10), § 166 Rdn. 125.

504. Zu den Anspruchsvoraussetzungen im Allgemeinen, *Nebendahl* (Fn. 303).

505. So auch GK-TzA/*Danne* (Fn. 10), § 5 Rdn. 128.

506. Siehe dazu Vertragsmuster Herkömmliche Teilzeitarbeit, § 9, S. 119 ff., Vertragsmuster Abrufarbeit, § 9, S. 154 ff.

507. Siehe dazu Vertragsmuster Herkömmliche Teilzeitarbeit, § 9 Nr. 1, S. 119–123.

508. So auch GK-TzA/*Danne* (Fn. 10), § 5 Rdn. 122 m. w. N.

509. Näher dazu oben Vertragsmuster Herkömmliche Teilzeitarbeit, § 9 Nr. 1, S. 121–123.

510. Vgl. Vertragsmuster Herkömmliche Teilzeitarbeit, § 9 Nr. 2, S. 123–125.

511. Dazu Vertragsmuster Herkömmliche Teilzeitarbeit, § 9 Nr. 3, S. 125.

512. *Meinel/Heyn/Herms* (Fn. 10), § 13 Rdn. 26; MünchArbR/*Schüren* (Fn. 10), § 166 Rdnrn. 130 f.

513. MünchArbR/*Schüren* (Fn. 10), § 186 Rdn. 121 geht für das Job-sharing entgegen seiner ansonsten für Teilzeitarbeitsverhältnisse vertretenen Auffassung sogar davon aus, dass eine vertragliche Regelung der Befugnis zur Anordnung von Mehrarbeit nicht erforderlich ist.

514. Siehe dazu oben Vertragsmuster Herkömmliche Teilzeitarbeit, § 10, S. 126–127.

515. Dazu oben Vertragsmuster Herkömmliche Teilzeitarbeit, § 10, S. 126 f.

516. So auch MünchArbR/*Schüren* (Fn. 10), § 166 Rdn. 122.

517. Dazu oben Vertragsmuster Herkömmliche Teilzeitarbeit, § 10, S. 127 f.

D. Sachregister

(Die Zahlen verweisen auf die Seiten.)

Die Beck'schen Musterverträge im Überblick

Arbeitsrecht

1	Kopp	Arbeitsvertrag für Führungskräfte	4. Auflage	2001
2	Jaeger	Der Anstellungsvertrag des GmbH-Geschäftsführers	4. Auflage	2001
9	Bengelsdorf	Aufhebungsvertrag und Abfindungsvereinbarungen	4. Auflage	2004
12	Kemper/ Kisters-Kölkes	Betriebliche Altersversorgung	2. Auflage	1999
16	Gnann/Gerauer	Arbeitsvertrag bei Auslandsentsendung	2. Auflage	2002
17	Röder/Baeck	Interessenausgleich und Sozialplan	3. Auflage	2001
21	Nebendahl	Der Teilzeitarbeitsvertrag	3. Auflage	2005
23	Münzel	Chefarzt- und Belegarztvertrag	2. Auflage	2001
24	Abrahamczik	Der Handelsvertretervertrag	2. Auflage	1999
39	Hunold	Befristete Arbeitsverträge nach neuem Recht	1. Auflage	2001
43	Haas/Ohlendorf	Anstellungsvertrag des Vorstands der Aktiengesellschaft	1. Auflage	2004

Famlienrecht

7	Brambring	Ehevertrag und Vermögenszuordnung unter Ehegatten	5. Auflage	2003
10	Grziwotz	Partnerschaftsvertrag für die nichteheliche und nicht eingetragene Lebensgemeinschaft	4. Auflage	2002
15	Krenzler	Vereinbarungen bei Trennung und Scheidung	3. Auflage	2000
32	Vogt/Hannes	Verträge mit Familienangehörigen	2. Auflage	2004
44	Winkler	Vorsorgeverfügungen	1. Auflage	2003

Erbrecht

18	Wegmann	Ehegattentestament und Erbvertrag	3. Auflage	2004
19	Kössinger	Das Testament Alleinstehender	3. Auflage	2004
45	Burandt/Franke	Unternehmertestament	1. Auflage	2003

Neue Medien

37	Schröder	Softwareverträge	2. Auflage	2002
38	Müller/Bohne	Providerverträge	1. Auflage	in Planung

Gesellschaftsrecht

6	Langenfeld	Gesellschaft bürgerlichen Rechts	6. Auflage	2003
8	Reichert/ Harbarth	Der GmbH-Vertrag	3. Auflage	2001
11	Ott	Die Vereinssatzung	2. Auflage	1996
13	Veltins	Der Gesellschaftsvertrag der Kommandit-gesellschaft	2. Auflage	2002
14	Sommer	Die Gesellschaftsverträge der GmbH & Co. KG	2. Auflage	1997
25	Stuber	Die Partnerschaftsgesellschaft	2. Auflage	2001
28	Lutje/Dünnbier	Kauf und Verkauf eines Gewerbebetriebes	1. Auflage	1996
29	Wahlers	Die Satzung der kleinen Aktiengesellschaft	2. Auflage	2000
33	Weigl	Stille Gesellschaft und Unterbeteiligung	2. Auflage	2004
36	Schlitt	Die Satzung der Kommanditgesellschaft auf Aktien	1. Auflage	1999
47	v. Holt/Koch	Stiftungssatzung	1. Auflage	2004
49	Jaletzke/Kästle	Unternehmenskauf	1. Auflage	2005

Miete und Wohnungseigentum

3	Sauren	Verwaltervertrag und Verwaltervollmacht im Wohnungseigentum	3. Auflage	2000
20	Schultz	Gewerberaummiete	2. Auflage	1999
35	Munzig	Die Gemeinschaftsordnung im Wohnungs-eigentum	1. Auflage	1999
40	Lützenkirchen	Wohnraummiete	1. Auflage	2002

Wirtschaftsrecht

4	Westphalen	Allgemeine Verkaufsbedingungen nach neuem Recht	5. Auflage	2003
5	Westphalen	Allgemeine Einkaufsbedingungen nach neuem Recht	3. Auflage	2002
22	Möffert	Der Forschungs- und Entwicklungsvertrag	2. Auflage	2001
26	Weiand/Poser	Sponsoringvertrag	3. Auflage	2005
30	Flohr	Franchisevertrag (mit Nachtrag 2003)	2. Auflage	2001
31	Wauschkuhn	Der Vertragshändlervertrag	2. Auflage	2003
34	Fammler	Der Markenlizenzvertrag	1. Auflage	1999
42	Flohr	Masterfranchise-Vertrag	1. Auflage	2005